老北京的建筑与文化

郎守廉　著

图书在版编目(CIP)数据

老北京的建筑与文化/郎守廉著. —北京:首都师范大学出版社,2023.5(2023.12 重印)

ISBN 978-7-5656-7476-1

Ⅰ. ①老… Ⅱ. ①郎… Ⅲ. ①古建筑—北京 Ⅳ. ①K928.71

中国国家版本馆 CIP 数据核字(2023)第 050394 号

LAO BEIJING DE JIANZHU YU WENHUA

老北京的建筑与文化

郎守廉 著

责任编辑 林 尧

首都师范大学出版社出版发行

地 址 北京西三环北路 105 号

邮 编 100048

电 话 68418523(总编室) 68982468(发行部)

网 址 http://cnupn.cnu.edu.cn

印 刷 北京印刷集团有限责任公司

经 销 全国新华书店

版 次 2023 年 5 月第 1 版

印 次 2023 年 12 月第 2 次印刷

开 本 710mm×1000mm 1/16

印 张 24.25

字 数 402 千

定 价 69.00 元

前言

我是土生土长的北京人，如今已过古稀之年。我家祖辈自17世纪中叶定居北京以来，就一直生活在这里。我从小就住在北京的四合院里，过着接地气儿的日子，亲身经历和见证了北京的辉煌、变迁与荣辱。

我热爱北京，热爱真正的北京人。这种爱是真挚、深沉的，是发自内心的。

我热爱北京，因为她是我的故乡，是我们国家的首都，更因为她那三千多年的建城历史和八百多年的建都历史所积累的丰硕而精深的传统文化养育了我。

我热爱北京人，是因为他们热情、正直、大度、仗义而幽默。无论贫困还是富足，他们的内心都是平和的。在物资匮乏的年代，他们很少怨声频频、唉声叹气，而是积极、乐观地寻求着快乐。如今生活富裕了，真正的北京人也没有因此而迷失方向，他们依然过着波澜不惊的平淡生活，日子当然更加快乐，更加无忧无虑。

怀着对北京和北京人的热爱之情，怀着对北京申奥成功的振奋和喜悦，我于2004年在我的单位北京建筑工程学院(北京建筑大学的前身)开设了一门校级选修课——“北京文化史略”。

让我没有想到的是，不论是本地的学生还是外地的学生，对这门课都表现出浓厚的兴趣。更让我感动和敬佩的是，他们当中有些人对北京某方面的了解，在深度和广度上比起我这位长他们好几十岁的人来说要强得多。在“教学相长”力量的感召下，我不断地加深学习探讨，加大实际野外踏勘的力度和广度，多次调整、增删、修改我的教学内容和讲稿。

在学习和探索过程中，我了解到有很多的专家、学者，如朱启钤、裴文中、贾兰坡、夏鼐、梁思成、林徽因、侯仁之、罗哲文、单士元、郑孝燮、谢辰生、刘敦桢、吴良镛、王彬、翁立等，他们对北京的历史、传统文化、古代建筑、古迹遗存进行了深入的考察和研究，为厘清北京的发展演变过程、发掘文物的历史价值和文化价值、保护文物和文化遗址，将北京建设成为一座一流的国际大都市等方面，都做出了卓越的贡献。更让我感动和钦佩的是，他们当中大多并不是北京人，而他们对北京的热爱程度甚至超越了很多北京本地人。我内心不禁生起一种敬佩之情，同时也有一股内在的动力在推动着我、激励着我要以他们为师，以他们的精神为榜样，在更深入地了解北京，更积极地介绍北京的同时，将我的讲稿进行细致的整理和修改，使之能成为正式的出版物面向更多的受众，以实现一个老北京人对北京这块热土的感恩与回馈的夙愿。

2006 年我退休后时间充裕了，一方面继续研读古今文献和考古成果，以积累更多的资料；另一方面走访了更多的文化古迹和北京城内几乎所有的胡同，获得更多一手资料。这样坚持干了十年，资料日渐丰富，心里有了一定的底气，于 2016 年开始动笔，以原讲稿的内容和框架为基础，进行写作。经过三年艰难的努力，完成了初稿，大约五十余万字，但感觉内容有些庞杂。在首都师范大学出版社编辑老师的指导下进行了精简和提升，最后将内容确定在北京的城垣、北京的古建筑和北京的胡同，以及它们身上所折射出的文化内涵等方面，并确立了书名：《老北京的建筑与文化》。

具体来说，本书内容分为四个主要部分：第一，北京城垣历经三千多年的演变与发展，对于中国古代城池的等级、规制和古城的遗存等问题做了探讨和介绍。第二，介绍中国古代建筑的特征，等级识别的要素，北京各类古代建筑的风采及其相关的文化内涵。包括皇宫建筑的礼制、北京故宫建筑的布局和功能，以及故宫的防震、排水、取暖、消防、安保等辅助性设施；中国的祭祀文化和北京皇家祭祀的场所（“九坛八庙”）；中国园林的特色和北京皇家园林与私家园林的实物介绍；帝王的葬仪文化和北京帝王陵寝的选址与建筑布局；皇子的封爵体系、王府建筑的规制及实物介绍；宗教建筑文化与北京宗教活动场所的实体建筑；北京的古塔和牌楼。第三，北京近、现代的建筑，包括东交民巷的使馆建筑群、银行建筑群、通州的教育建筑群、大栅栏商业建筑群及 1949 年以后历届评选出的十大建筑等。第四，介绍北京胡同的原始形成与发展变化、北京城九经九纬的走向及其对胡同发展的影响；四合院的原始形成模式、四合院的形制与布局、标准四合院的样式和四合院实物介绍等；名人故居、百姓的市井生活、沿街串巷的手艺人和北京业已消失的行当等。

由于写作中坚持了以考古、文献、实际踏勘及课堂教学实践经验相结合的原则，因此本书的内容不仅丰富详尽，而且坚实可靠。透过书中所介绍的这些饱含着历史沧桑的古城池、古建筑与胡同中的四合院，读者可以如临其境地体会到它们多姿多彩的风貌，从更深层次了解北京的政治、历史、经济、民族、宗教、伦理、艺术、科技等各方面的发展历程，以及中国传统文化和先人建筑智慧的核心价值观所在。我相信，读者阅过此书后，会有一种意外收获的喜悦。

笔者同时相信，本书对于传统文化类、建筑类及旅游类的从业人员或教学人员来说，同样具有一定的参考价值。

作者
2022 年 7 月 20 日
于北京车公庄

目　　录

第一章　北京城池的发展和变化

第一节　城池概述

一、我国早期的城池

对于现代化的城市来说，城墙早已失去了其原本的防御意义，但是在冷兵器时代对于一个城市的安全而言，城墙却是至关重要、不可或缺的。在早期部落战争和王权统治建立的过程中，人们就逐渐掌握了筑城御敌的技术。

考古发掘证实，我国迄今最早的城墙出现于新石器时代，属大溪文化早期，距今 6000 年，其遗址位于今天的湖南省澧(lǐ)县车溪乡南岳村城头山。在该遗址处，考古发掘出面积 8 万平方米的圆形古城，环以城壕，有四道城门。

考古发现的我国早期的城池遗址还有仰韶文化晚期筑造的河南郑州西山古城遗址，距今 5300—4800 年；新石器时代的浙江良渚古城遗址，距今 4600—4300 年；江苏连云港藤花落遗址，属新石器时代末期的龙山文化，距今约 4300 年；陕西神木县的石峁(mǎo)遗址，是龙山晚期到夏早期规模最大的城，距今 4000 年左右；河南偃师二里头遗址，被初步确认为夏代中晚期都城遗址，距今 3800—3500 年。

有人统计，我国古代修建的城池大约有四五千座。其中有些城池完整或部分地保留至今，例如，江苏的南京城、湖北的襄阳城和荆州城、山东的蓬莱水城、河南的商丘古城、陕西的西安城、山西的平遥城和晋城市阳城县润城镇的砥洎(dǐ jì)城、辽宁的兴城古城、安徽的寿县古城以及台湾的恒春古城等。

这些古城各具特色，各有各的故事，比如南京明城墙是我国最长的城墙，仅内城城垣的周长就达 33.7 公里，外城城墙则更是超过 60 公里，其另一特点是，没有马面；襄阳城的护城河是我国最宽的护城河，平均宽度180米，最宽处达250米；山西省晋城市阳城县润城镇的砥洎城更有独特之处：城之内墙体是用炼铁后废弃的坩埚垒砌而成的，固若金汤，十分坚固。

恒春古城则是全台湾目前唯一保存下来的清代老城，古朴而庄重。该城始建于光绪元年(1875年)，四面城墙各开城门一座，每座城门上都建有炮台、马道、城楼、城台，同时还有护城河环绕。恒春古城是清末名臣沈葆桢为防御日军入侵而奏请朝廷修建的。

北京地区也曾发掘出不少的古城遗址，如房山区琉璃河镇董家林村的商末周初古城(即周初燕国的始封地)遗址，房山蔡庄和窦店两座战国末期至西汉时期的古城遗址，房山区长沟乡和海淀区清河镇的两座汉代古城遗址以及被誉为“2016年度全国十大考古新发现”之一的通州汉代路县故城遗址等。

二、城池的礼制

几千年来，城池是中国古代社会崇尚礼制的一个重要的体现，形制有严格的规定，比如城池的规模、城垣的高低、城门的数目以及位置等，若有僭越，罪不可赦。

先秦时期，城池分为四个等级，“天子之城方九里，诸侯礼当降杀，则知公七里，侯伯五里，子男三里”。这个时期的城池地上实物早已荡然无存，只能看到考古发掘的遗址。

秦汉以后，中国城池通常分为三个等级：都城、州府城和县城。

都城，帝王之所，级别最高，规模最大，依然遵从《周礼·考工记》的规定：“匠人营国，方九里，旁三门。国中九经九纬，经涂九轨。左祖右社，面朝后市，市朝一夫”。纵观我国古代都城的格局，大多建有三重城墙——宫城(大内、紫禁城)、皇城或内城、外城(郭)，城门数量也多。比如，金中都是金朝的都城，原址在今北京城区西南部，其城墙有三重——宫城、皇城、大城；大城居外，周长37里，共设13座城门。又如元大都城也是三重城墙，外城周长60里，设城门11座，城内南北干道及东西干道各九条；皇城内建有太庙和社稷坛；宫城为“大内”。

州府城级别次之，有两重城墙：子城和郭城。城门数量较都城少，一般每边两个城门，道路骨架成井字形，城中有的也有王城或衙城(或称子城)。目前我国遗存的府城实物还不少，如浙江中部的台州府城、海南的琼州府城等。

县城级别最低，规模很小，为一重城墙，城门数量最少，通常是每边一门，道路成十字形。历史上北京地区的各座县城城垣，均属这类级别，例如通州城，城址在今通州区，只有一重城墙，周长 9 里多，城高(连垛墙在内)3.5 丈，设四门。又如房山县城，城址在今房山区，城墙一重，周长约 4 里，城高仅丈余，设四门。

三、城池的结构、筑城的材料、筑城技术的发展和变化

我国古城池的建筑经过几千年的发展，从筑城材料、筑城技术到城池结构及城池的配套设施等方面都有了很大的变化。从土夯版筑发展到土芯外砌城砖、木吊桥改为石桥；城池结构及城池的配套设施也由简单发展到十分完备和周密，到了明代正统年间已达到顶峰，整个城池被建成了一个庞大的综合性防御设施，其中主要包括：城墙、马道、敌台(或称马面)、铺舍(守城士兵用房)、城门、城楼、角楼；城楼外还建有箭楼、瓮城(又称月城)、闸门(瓮城门)、闸楼；箭楼外挖有环城的护城河，河上建造石桥等。

四、北京现存的古城

目前北京依然存有几处古城，均为明代所建，它们是：丰台区的宛平城、昌平区沙河镇的巩华城、门头沟区的沿河城和斋堂城、延庆八达岭镇的岔道城。

丰台宛平城位于北京城西南卢沟桥东侧，建于明末崇祯年间，原名“拱极城”，是目前我国华北地区唯一一座保存完好的两开门卫城，其实际作用是守护卢沟桥的桥头堡。1937 年日军侵略者挑起的“七七事变”就发生在这里，因此，宛平城既是重要的历史文物，又是抗日战争的纪念地。至今，城墙上还有当年日本侵略军炮击宛平城时留下的弹洞。1961 年宛平城同卢沟桥一起，被国务院定为第一批全国重点文物保护单位。该城墙东西长 640 米，南北宽 320 米，全城占地约 20 公顷。城设东、西两座门，并各筑有城楼、瓮城和闸门；东门称“顺治”，西门称“永昌”(清代改称“威严”)。根据 1958 年在宛平城东门处发现的武俊碑的碑文记载，原城建有“城楼两座、闸楼两座、瓮城两座、角台四座、角楼四座、中心台两座、敌楼两座、小敌台四座、共房十二间、马道八道、门楼八间、城上旗杆十二根”。上述这些设施，由于年久失修，加之 1937 年又遭日军的炮轰枪击和之后的损坏，城楼、闸楼、中心台、角楼、敌楼和部分垛口已倒塌，城墙顶面已毁坏，城墙残破，1958 年为了交

通便利之故，又将东、西城门和闸门拆除。1984 年国家拨专款，以“修旧复旧”为原则，对宛平城进行整体修缮，于 1987 年 7 月 7 日竣工。现在的宛平城基本保持了原貌，日本侵略军当年炮轰的弹洞，亦原样保留。2004 年和 2005 年又在城内分别复建了原宛平县衙和卢沟驿。

巩华城，北京市文物保护单位，位于昌平区沙河镇东侧的南、北沙河之间，距德胜门约 20 公里，建于明嘉靖年间。沙河镇明朝时称为“沙河店”。永乐十九年(1421 年)明成祖朱棣迁都北京之后，便于此地修建行宫，作为巡守和后代子孙谒陵途中休息之处，但后来被大水冲毁。嘉靖十六年(1537 年)在行宫原址修建的巩华城呈方形，每边长 1 公里，城高 10 米，四面辟门，东为“镇辽门”，西为“威漠门”，南为“扶京门”，北为“展思门”。各门均建有瓮城，“巩华城”匾额嵌于南门瓮城内墙。城内建行宫。该城地理位置十分重要，处于咽喉要地，是保卫北面皇家陵寝和南面京城的军事重镇。到了清代，巩华城失去了原来的作用，但清廷一直派兵驻守，清末逐渐冷落。1900 年巩华城遭到八国联军的洗劫和焚毁，1939 年又遇洪水之灾，大部城墙被冲毁，致使全城只剩下残垣断壁、四座破败的城门和瓮城。近期国家对巩华城进行了全面的规划，并已着手四座城门的修缮工程，相信不久巩华城将以崭新的面貌出现在世人的面前。

延庆八达岭镇的岔道城，位于八达岭关城西北约 1500 米处，是从前八达岭的前哨指挥部所在地，建于明嘉靖三十年(1551 年)，隆庆五年(1571 年)重新加固并在墙外包砖。当时，岔道城内驻扎八达岭守军，所以该城又称为“兵城”。岔道城内设有守备衙署，有把总官 3 名，军士 788 人。整个古城呈不规则长方形，依山势而建，北部城建在半山之上。古城东西长 449 米，南北宽 185 米，呈船形；城墙高 8.5 米。城设东、西两门(原来带有瓮城)，东、西城门的门额分别为“岔东雄关”和“岔西雄关”，题款均为“万历三年”(1575 年)。清代满蒙和睦，此地不再有战争，兵城变为村庄，称岔道村。如今，岔道城内外的二百多户人家同属岔道村，部分村民是当年守城的军人的后裔。岔道城是北京通往西北的重要军事据点和驿站，于 2001 年被公布为北京市文物保护单位，现保存尚好。

京西著名的沿河古城坐落在门头沟西北部的崇山峻岭之中，依山势而建，北临永定河，故名沿河城，隶属长城三关之一的紫荆关所辖。该城建于明万历六年(1578 年)。城虽不大，却因其地势险要，而成为屯兵要塞，担负着拱卫京城、扼守山口要道、防御外侵的重任。沿河城东、北、西三面城墙为直线，南墙为弧形。城垣以大鹅卵石和条石砌筑。城设四门，东门“万安”，西门“永胜”，北门为水门，南门高居山上。城楼毁于抗日战争期间，东门于20世纪50年代拆除，今已修复。城西二里，现存戚继光任蓟州镇守总兵时所建敌台两座。1984年，沿河城和这两座敌台被列为北京市文物保护单位。

斋堂城位于门头沟区斋堂村，距北京市区90多公里，建于明代万历朝后期。斋堂城坐落在重山之间的开阔地带，是东通北京、西达河北省至蒙古高原的要道，具有重要的军事价值。城设东、西两座门，东门叫“廓清”，西门叫“辑宁”。清嘉庆六年(1801年)，山洪冲毁南面城墙；1937年东门顶楼失火烧毁，西门于同年被日军拆除。目前仅存东城门门洞和东城门外东南侧的戏台。东城门为北京市门头沟区文物保护单位。

第二节　北京城池的发展与变化

北京城的建设，始于公元前1045年，从这时起北京城便开始了它漫长而悲壮的发展与变迁的路程，历经三千多年的沧桑岁月，曾经几毁几建，位置、形制也屡有变动。北京演变成今天的这般格局和面貌，实属历史的造化。我们在追溯北京城的演变历史时，可以将其发展轨迹划分为五个历史阶段：先秦至隋唐、辽、金、元、明清。涉及的城址有两处：金及金以前的城址在今天的广安门一带，而元、明、清的城址则是在今天二环路内的东城区和西城区所辖域内。

一、先秦至隋唐时期的蓟城(公元前1045—907年)

(一)先秦至隋唐的蓟城

根据《史记》的记载，西周之初的公元前1045年，周武王在今天的北京地区分封了两个诸侯国：燕国和蓟国。蓟国的都邑称“蓟”或“蓟城”，是北京最早的名称。燕在蓟的西南方向上，相距数十里。

春秋时，燕国兼并了蓟国，并将国都迁入蓟国的国都——蓟城。自此，蓟城就变成了燕国的都城。公元前222年燕国被强大的秦国所灭，其国都蓟城随燕国一起被纳入秦国的版图。秦至隋唐期间，蓟城是中国北方的重镇，不论行政管辖区域的划分发生怎样的变化，蓟一直都是行政管理的中心——州、郡的治所。

考古发掘的成果揭示出燕国都城的遗址，是在今房山区琉璃河镇的董家林村一带，即今日商周遗址博物馆所在地。而蓟国的国都蓟城在哪里呢？考古工作者虽至今还未发掘出周初时的蓟城遗址，但是他们依据考古资料所提供的线索却大多趋向于这样的推断：西周时武王分封的蓟都城应当是在“广安门外护城河一线的东西两侧。燕国迁都于蓟，则在此基础上向北向东开拓，形成一个东西长、南北窄的大城”。其大致范围应当是：“北城墙位于西长安街与复兴门大街一线，南城墙则在法源寺东西一线以北，东墙在前门大街一线，西墙则在白云观东侧南北一线。”有人提出疑问：为什么这么多年以来一直未能在上述这一地区发现商周蓟城文化的遗存呢？有学者是这样回答的：第一，北京地区的地质运动和卢沟河河性共同作用下，导致河流泛滥改道，造成早期文化遗存的严重冲蚀和深度掩埋；战国文化层在宣武区（今属西城区）被埋藏地下七米处，以及距今仅八百余年的金中都南水门被淤埋在五六米以下的事实，便是很好的说明。第二，自古以来蓟城所在地区的开发强度和城市的反复建设是其他地区所没有的，这种开发及城市拓展带来的遗址破坏相当严重。第三，按商周时期“衣服有制，宫室有度，人徙有数，丧祭械用皆有等宜”的王制及商代南方方国都城、湖北黄陂盘龙城的规模推测，商代蓟都方圆也应在二里左右。这一小城显然容易遭到破坏和改造。笔者赞同上述学者的看法。

时至东汉，灅（lěi）水（即今永定河）改道，蓟城位置发生了变化，向西移动到了今天的广安门内外一带，此后至唐，位置基本未变。其具体方位已被考古学家和历史学家们确定下来。东墙在今西城区烂缦胡同与法源寺之间的南北一线；西墙在今莲花河东侧的小马厂、甘石桥、小红庙的南北一线；南墙在白纸坊大街南面的里仁街东西一线；北墙在白云观以西土城台及头发胡同的东西一线。唐代幽州城有多大呢？据唐代李吉甫撰、清人缪荃孙辑的《元和郡县图志阙卷逸文》卷一记载，唐代幽州城“南北九里，东西七里，开十门”。据此，幽州城周长 32 唐里，约合今天的 23 里，呈南北略长的矩形。至于十座城门的名称，今大多不详，只知其东南门俗称铜马门，因十六国时前燕主慕容儁（jùn）曾铸铜马立于此处，故得名。

（二）北京现存的唐及唐以前的古迹文物

1. 潭柘寺

位于门头沟区的丛山之中，始建于西晋（265—317 年），原名嘉福寺。因寺旁有龙潭和柘树，人们习惯称之为潭柘寺。

2. 魏太和石佛像

位于海淀区西北部的车耳营（俗称车儿营），完成于北魏孝文帝太和二十三年(499年)，是北京现存最古老的石雕佛像，现存于首都博物馆。

3. 云居寺石经

位于房山区南尚乐乡水头村，寺创建于隋唐之际。隋代僧人静琬遵照其师父慧思的嘱咐为防备再度发生类似北魏太武帝和北周武帝的灭佛事件，从隋大业年间到唐贞观年间，在此建寺刻经。静琬圆寂后，他的弟子们继续主持刻经事业。虽唐末五代偶有中断，辽金时期又转盛，直至明末始告结束，前后历时近千年，刻经百余部，经版万余块。这些石经是我国的“国之重宝”，也是世界的宝贵文化遗产。它对我国古代文化、历史、艺术以及佛教历史和典籍的研究都具有重大价值和意义。

4. 悯忠寺(现在的法源寺)

位于西城区法源寺前街，创建于唐贞观十九年(645年)。是年，唐太宗亲自率兵东征，对高丽作战。为悼念阵亡将士，安抚军心，唐太宗下诏在蓟城东南隅修建佛寺，赐名悯忠寺。该寺是北京城内最古老的寺院之一。

5. 贾岛墓

位于房山区石楼镇二站村，是唐代著名诗人贾岛(779—843)的墓。“推敲”一词的典故，就发生在他的身上。

6. 乐毅墓

位于房山区官道乡富庄村东。乐毅，战国时期燕将，封望诸君，灵寿(今河北平山东北)人。此墓战国时期立，墓高约10米，底部长、宽各约60米。墓的四周和墓顶上绿树丛生，原碑亭、石门已无。仅剩下民国时期的石碑，碑上刻有馆阁体“望诸君墓”四个大字。乐毅墓为房山区文物保护单位。

有人认为，乐毅墓不应在北京房山，而应在河北，房山的乐毅墓可能是后世伪托。《史记·乐毅列传》记载：“乐毅为燕赵客卿，卒于赵。”据此，乐毅应葬于赵国境内。实际上，位于河北省邯郸市邯郸县城东10公里处的代召乡境内大乐堡村北，确实有一座乐毅墓，俗称将军墓，是邯郸市市级文物保护单位。今邯郸市为战国时期赵国的国都。

7. 琉璃河商周遗址

琉璃河商周遗址位于房山区琉璃河镇，方圆5.25平方千米，为全国重点文物保护单位。自20世纪70年代初到2021年的50年间，经过小型的试挖到多次的正规发掘，基本厘清了居住区、古城址和墓葬区的三个区域，出土了数量可观的重要文物。发掘的古城址位于董家林村，呈东西向的长方形，多数学者认为这就是周初武王所封的燕国国都所在地。该遗址已建成西周燕都遗址博物馆，对外开放。

8. 大葆台西汉墓遗址

大葆台西汉墓遗址位于丰台区花乡世界公园东南不远处，有两座墓，一座是西汉广阳顷王刘建的墓，另一座为其妻之墓。刘建墓保存较完好，木结构，由封土、墓道、甬道、外回廊(外藏椁)、黄肠题凑、内回廊、前室和后室(正藏)组成。墓室的中心是梓宫、便房、黄肠题凑，为研究汉代帝王葬制提供了重要的实物资料。此墓于 1979 年被辟为北京市大葆台西汉墓博物馆，对外开放。

二、辽代的南京城(938—1122 年)

(一)辽朝轻易获取幽州城

辽王朝为契丹族耶律阿保机于公元 916 年所创建，初称“契丹”，以临潢(今内蒙古巴林左旗)为都城。契丹人对包括幽州在内的中原十分感兴趣，垂涎盼得。时值后唐时期，后唐节度使沙陀族石敬瑭叛唐欲建后晋称帝，于是向契丹当时的统治者耶律德光(契丹名：耶律尧骨)求借兵援。他请求耶律德光帮他灭后唐，立自己为帝，条件是：(1)认耶律德光为父，与契丹结为父子国；(2)将燕云两地包括北京(时称幽州)在内的十六州割让给契丹；(3)每年向契丹贡帛三十万匹。

石敬瑭事成登基后，于公元 938 年正式向辽交出了十六州的图籍。这十六州是：幽州(今北京市区)、蓟州(今天津蓟州区)、瀛州(今河北河间市)、莫州(今河北省任丘市)、涿州(今河北涿州市)、儒州(今北京市延庆区)、檀州(今北京市密云区)、顺州(今北京市顺义区)、新州(今河北省张家口市涿鹿县)、妫(guī)州(今河北省张家口市怀来县)、武州(今河北省张家口市宣化区)、云州(今山西省大同市云州区)、朔州(今山西省朔州市)、应州(今山西省应县)、寰州(今山西省朔州市东)、蔚(yù)州(今河北省张家口市蔚县)。

938 年，契丹将幽州城升为南京析津府，又称燕京。当时的上京是临潢府(今内蒙古巴林左旗)，东京是辽阳府(今辽宁省辽阳市)，西京是大同府(今山西省大同市)，中京是大定府(今内蒙古宁城县大明镇)。

(二)辽南京城的建设与布局

辽南京的城垣，是在唐代幽州藩镇城的基础上修建的。城的位置和范围都没有做大的变动，仍是在今广安门一带，城的周长约 23 里。同时，沿用前人的夯土版筑方法，整修加固了城墙。城门有些变化，唐代 10 座，辽代 8

座。城内在西南隅营建宫城，加盖了宫殿。

关于辽南京城的周长，各历史文献的记述存有差异。《辽史·地理志》：36 里；宋代路振的《乘轺(yáo)录》：25 里；宋代许亢的《行程录》：27 里。出现这种情况可能有以下三点原因：第一，测量的方法不同，如有学者认为，《辽史·地理志》所说的 36 里"可能连九里三十步的皇城也计算在内"。第二，路振和许亢测量所用的宋尺与今天的尺寸长度不同。第三，丈量有误差。据今天的专家考证，辽南京城四至约为 23 里。辽南京城的城墙高三丈，宽一丈五尺，敌楼、战橹完备，环城四周有护城河，各城门外建有吊桥。八座城门分别是：东面(南)迎春、(北)安东；西面(南)显西、(北)清晋；南面(东)开阳、(西)丹凤；北面(东)拱辰、(西)通天。如今，在广安门内大街原辽南京东城垣上的安东门故址处立有标志碑。

城西南隅的宫城设四个门：东为宣和；西为显西(设而不开)；南门二重，内为宣教(后改元和)，外为三门——南端、左掖(后改万春)、右掖(后改千秋)；北为子北。大内有元和殿。西城巅有凉殿。东北隅有燕角楼，正处辽南京城的中央地带，登楼可俯瞰繁华的街景。现已在原址，即今广安门立交桥下东南角处，建立了燕角楼遗址纪念标志物。辽南京城城北有市，百货丰富。城内分为二十六个坊，袭用唐名，每个坊口都建有门楼，门楼上悬匾额书写坊名。

(三)北京现存的辽代古迹文物

1. 天宁寺塔

位于广安门外的天宁寺内。该寺创建于北魏孝文帝时，当时叫作光林寺，明代改称天宁寺。塔建于辽代，为八角十三层密檐式砖塔，历经兵火，阅尽人世沧桑，依然巍峨挺立，是北京城区仅存的辽代建筑，为研究辽南京城的地理位置提供了重要的参照物。

2. 大觉寺

位于海淀区北安河西南的阳台山麓，始建于辽代咸雍四年(1068 年)，初名清水院，后改称灵泉寺，明代重修，改名大觉寺。按照契丹人在建筑上喜向东的"朝日"之俗，大觉寺坐西朝东。寺内有一块记述建寺经过的辽碑，是北京现存最早的辽代碑刻。此外，寺内一棵古银杏树，干围 7.5 米，树龄已逾千年，现依然枝繁叶茂。另有一株玉兰树，花繁瓣大，玉洁香浓，是寺内最为名贵的花木。

3. 团城

位于北海公园南门西侧。始建于辽代，时为湖中一小岛。后经历代修建，成为北京城内最优美的园林之一，也是研究北京发展的极为重要的实物。

4. 牛街清真寺

位于广安门内牛街，始建于辽圣宗统和十三年(995 年)，是北京规模最大、历史最悠久的清真寺。建筑造型以中国古代建筑风格为主，结合伊斯兰教的装饰艺术。红墙碧瓦，严谨壮观，是全国重点文物保护单位。

5. 燃灯塔

亦称燃灯佛舍利塔，在通州北城，大运河北端西畔。北周始建，辽代重建。康熙十八年(1679 年)地震，其身倾圮，发现一颗佛牙与数百粒舍利；康熙三十年(1691 年)至三十五年(1696 年)重修复原。塔为砖木结构，密檐实心，十三层，呈八角形，通高 53 米。塔檐的椽头系柏木制作，每根椽头都挂有一个精制的铜铃，重一斤余，共计 2000 多枚。铜铃外壁镌刻着捐助者的姓名和籍贯，也有另加祝语、祷词或小诗的。燃灯塔的塔刹部分造型独特，结构巧妙，是辽代塔刹建筑的精华。此塔被视为京杭大运河北端终点的象征，也是通州的象征。1979 年被公布为北京市文物保护单位。

6. 良乡多宝佛塔

又称良乡塔、昊天塔，史书所记载的始建年代已无从考证，但目前的良乡多宝佛塔为辽代遗物。塔坐落在房山区良乡城东北的燎石岗上，塔高 36 米，塔的平面呈八角形，为五级空心楼阁式塔。塔身挺拔高耸，造型优美，外观完全仿木结构形制，古朴苍劲，是北京地区唯一的一座楼阁式砖塔。登塔可北望京师，南眺涿州，在宋辽交战时曾起一定的作用。当地至今还流传着孟良盗骨的动人传说。此塔 2013 年被公布为全国重点文物保护单位。

7. 杨令公祠(今称杨令公庙)

位于密云区古北口镇。为纪念杨继业和表达对其英勇不屈英雄气概的敬仰，辽朝于雍熙之役后辽宋和好时，特在宋使经过的古北口外山坡上修建了杨令公祠。祠坐北朝南，两进院落，建有山门、前殿、后殿、东西禅房。前殿内塑杨家众男将，后殿内塑杨家各女英，以后历代进行维护修缮。新中国成立后市政府曾拨专款予以维修，使得千年古建得以保存。“文革”期间，祠堂遭到严重破坏。现在的杨令公庙是古北口镇政府于 1992 年拨款重建的。

三、金代的中都城(1153—1215 年)

(一)金人两次攻占南京城

自辽太宗会同元年(938 年)石敬瑭遣使赵莹，将包括幽州(北京之前身)在内的燕云十六州图籍献给耶律德光之时，北京就脱离了中原的管辖，因此当北宋创立之时，北京就不在大宋版图之内了。这对于中原政权来说，无疑是极大的耻辱。加之幽州是南北军事重镇，辽人占领之后，以此为据点，屯兵积粮，随时可以南发进军，对北宋构成致命的威胁。宋太祖赵匡胤及以后的北宋帝王对此都十分清楚，因此对于收复幽州之事一直耿耿于怀。北宋政权稍事巩固，消灭了割据太原的北汉政权之后，便立即挥师东进，急欲夺回幽州。宋辽打了两次大战，一次是高粱河之战(979年，即宋太平兴国四年、辽乾亨元年)，另一次是涿州之战(986年，即宋雍熙三年，辽统和四年)，但遗憾的是，两次战役，宋军均以失败告终。尤其是第二次战役，宋军败得更为惨烈，名将杨继业被俘身死，兵士死伤数万。至此，北宋已无力再主动向辽发动进攻了。此时，北方另一个少数民族女真人所建的金朝，正在崛起。于是宋朝将收复幽州的愿望寄托在金人身上，和金人订立了“海上之盟”。盟约规定，宋金合力夹击辽朝：宋军攻打燕京(今北京)、西京(今山西大同)，金军攻打辽上京(今内蒙古巴林左旗)、中京；灭辽后，燕、云等地回归北宋，奚、契丹、渤海等地皆归金朝。此外，北宋将原来依宋辽“澶渊之盟”向辽所纳“岁币”转纳于金。1122年(辽保大二年、金天辅六年、宋宣和四年)金军攻下燕京，将燕京诸州县劫掠一空后，于1123年(金天辅七年、宋宣和五年)退出燕京，交由北宋管辖。

金太宗天会三年(宋宣和七年)，即1125年，金灭辽。同年，金以宋朝包庇叛将张觉，收留逃回燕京的民户，以及所定“岁币”、粮谷迟迟不交等为借口，下诏伐宋，再次攻占了回归北宋不到三年的燕京。1127年金灭北宋。

天德三年(1151年)，海陵王下诏，建设新都城——金中都。金贞元元年(1153年)，金朝迁入新都城。自此，北京始为封建王朝的统治中心，而1153年则被视为北京建都肇始之年。

(二)金中都的建设与布局

金中都城的建设始于天德三年(南宋绍兴二十一年，1151年)，在辽南京城的基础上，仍以莲花池和莲花河为水源，参照北宋京都汴梁城的规制，对旧城进行了大规模的扩建和改造。城垣向东、西、南三面各扩展了3里，因受河道影响，北城未做大的变动。改建后的金中都，整体略呈长方形，分为大城、皇城、宫城三重结构。皇城与宫城也依辽代旧址扩建而建。2019—2020年对金中都大城护城河、城墙、马面及南城墙下的唐代和辽代墓葬等的考古发掘，为金中都城在唐幽州、辽南京城基础上改、扩建的史实提供了直接的考古学证据。

大城周长约37里许，其城墙走向大致是：北城垣，自宣武门内的翠花湾迤南起向西经头发胡同一线至羊坊店；向南拐为西城垣，沿羊坊店路向南经高楼村到丰台区凤凰嘴村；向东拐为南城垣，经万泉寺、石门村、祖家庄至永定门外北京南站的四路通；向北拐为东城垣，经陶然亭东侧向北至翠花湾。至今，高楼村、凤凰嘴村、万泉寺仍有金中都大城的城垣遗存。

金中都大城初建时，四周城墙各设三座城门，共计十二座。后因皇帝每年都要到城东北的万宁宫去避暑，所以在北城墙的东部又增建一门，于是城门数就变成了十三座，即东、南、西各开三门，北开四门。东垣各门由北向南为施仁门、宣曜(yào)门、阳春门，南垣各门由西向东为端礼门、丰宜门、景风门，西垣各门由北至南为彰义门、颢(hào)华门、丽泽门，北垣各门由西至东为会成门、通玄门、崇智门、光泰门。大城以南为正向；正南门，即丰宜门为中都的正门。丰宜门与北面的皇城正门宣阳门及宫城正门应天门在一条直线上，有御道相连，并与皇城北门拱辰门及大城北墙的通玄门形成全城的中轴线。城中民居划分六十二坊。

金中都的皇城建在大城中央偏南，即今广安门大街以南。皇城的平面呈长方形，周围九里三十步，设四门：东为宣华门、西为玉华门、南为宣阳门、北为拱辰门。皇城内建宫城(大内)、太庙、尚书省及其六部(吏、户、礼、兵、刑、工部)、千步廊、御道、文楼及武楼。

太庙在千步廊的东侧。中都城内还建有社稷坛，其方位未见史书记载，但根据金朝制度多承袭于唐、宋的史实判断，社稷坛的位置应在千步廊的西侧，与太庙隔廊相望。

金中都的宫城建在皇城之内，设四门：南为正门通天门(后改叫应天门)，其两旁有左、右掖门；东为东华门；西为西华门；宫城北门尚未见史书记载，待考。

宫城内建宫殿。前殿为大安殿，是皇宫中级别最高的建筑，为皇帝举行盛典之所；后殿为仁政殿，皇帝常朝所在地。

随着朝代的更易，如今金中都容貌早已荡然无存，仅留下几个地名和两三堆都城遗迹的土堆，引发着人们的追思与遐想。

1990年，北京市文物研究所沿着原宣武区(今属西城区)滨河路两侧，探得金中都宫殿夯土十三处，南北分布逾千米，并做局部发掘，从而确定了应天门、大安门和大安殿等遗址位置。2003年为金中都建都850周年，原宣武区人民政府特在金中都大安殿故址前建造纪念阙，聘请历史地理学家侯仁之先生撰写碑文，以示纪念。

(三)北京现存的金代古迹文物

1. 金中都遗址

21 世纪初，保留的还有三处，均在今丰台区辖内。一处在凤凰嘴村，为城西南角遗址；一处在万泉寺村，为金中都之南墙残存遗迹；还有一处在高楼村，为金中都之西墙一段残存遗迹。2019 年北京考古部门开始对金中都遗址进行了考古发掘，地点选在高楼村附近的遗址，2021 年初取得了可喜的成果，首次发现了金中都的部分外城城墙、马面及护城河等。外城城墙宽 24 米，护城河宽 66 米。

2. 金陵

位于房山区车厂村至龙门口一带，初建于金海陵王时期(1149—1161 年)。金朝灭亡后，金陵陵寝尚存，且享有祭祀，元朝和明朝前期亦未中断。清代，乾隆帝下令重修金陵，并亲往致祭。1986 年，金睿宗的景陵遗址在北京房山区龙门口村东北被发现，2006 年被宣布为全国重点文物保护单位。关于金陵的详细内容，请参阅本书第二章第六节的相关内容。

3. 卢沟桥

因横跨卢沟河(即今永定河)而得名，卢沟桥又名“广利桥”，位于丰台区，是北京最著名的古代桥梁之一，于金大定二十九年(1189 年)开工建设，明昌三年(1192 年)建成，迄今已逾八百年。卢沟桥是一座十一孔连拱大型石桥，工程宏伟，结构科学，技艺高超，是我国桥梁建筑史上的一颗明珠，至今仍保留着古桥的风貌，并具有巨大的承载能力。桥的总长度，包括两端的引桥在内，为 266.5 米，总宽 9.3 米。桥上栏板 279 块，望柱 281 根。由于卢沟桥历经金、元、明、清四代长达 800 余年的历史沧桑，桥体及望柱上的石狮，都有过多次的维修，单是明清两代有记录的修葺就达 13 次之多。不同时期修桥的工匠在雕刻时受到当时社会的影响，审美观也存在着很大的差别，所以望柱上的石狮神态各异，妙趣横生，大狮子带着小狮子，多得难以数清。1983 年，卢沟桥文物保管所的工作人员建档编号，认真统计出了望柱上狮子的准确数目：望柱上有大狮子 281 个，小狮子 211 个，桥上石狮共计 492 个；加上华表顶部的石狮 4 个，伏地石狮 2 个，总计 498 个。而今天立在卢沟桥头的《卢沟桥简介》称“卢沟桥共有大小石狮 501 个”。至此，“卢沟桥的狮子，数不清”的老话仍未过时。

为了保护古桥，1985年经北京市政府批准，卢沟桥禁止机动车通行，使之成为真正的历史文物加以保护，并于1987年除去柏油路面，恢复其原本条石桥面的原貌。这座饱经沧桑的历史古桥早已成为中华民族的高度智慧和顽强斗争精神的象征。

4. 金中都水关遗址

位于北京丰台区右安门玉林小区凉水河以北，是金中都南城墙水关的遗址，1990年在此处建筑施工中发现。水关是古代城墙下供河水进出的水道建筑。金中都水关遗址残存的基础部分，全长43.4米，其中，过水涵洞长21.35米、宽7.7米。水关建筑整体为木石结构，木桩、衬石枋、石板紧密相连，整体坚固合理。金中都水关遗址是迄今北京城内仅存的几处金代遗址之一，也是已发现的中国古代都城水关遗址中规模最大的一处，与宋代《营造法式》中“卷水窗”的规定一致，是研究我国古代建筑和水利设施的重要实例。为了保护和研究这一遗址，已在原址建立了辽金城垣博物馆。

5. 镇岗塔

相传为风水镇物，位于丰台区云岗村。金代建筑，明代重修，是一座砖结构的实心花塔。本书第二章第九节对此塔有较详细的介绍。

6. 钓鱼台

在海淀区阜成门外玉渊潭公园的北面，面积2.1公顷，是京郊一处历史悠久的皇家园林。据《日下旧闻考》记载，“钓鱼台在三里河西里许，乃大金时旧迹也，台下有泉涌出汇为池，其水至冬不竭。”《明一统志》也记载，“柳堤环抱，景气萧爽，沙禽水鸟，多翔集其间，为游赏佳丽之所。”据说金章宗完颜璟曾在此垂钓，金人王郁也曾隐居于此。清乾隆年间筑城关式钓台，高宗乾隆御书“钓鱼台”三字。1984年被北京市公布为市级文物保护单位。

7. 燕京八景

始称于金章宗明昌年，指的是北京地区八处著名的风景：太液秋风、琼岛春阴、金台夕照、蓟门飞雨、西山积雪、玉泉垂虹、卢沟晓月和居庸叠翠。清乾隆十六年将此八景定名为：太液秋风(在中南海)、琼岛春阴(在北海公园内)、金台夕照(在朝阳门外，已在该处设地铁站，取名“金台夕照”)、蓟门烟树(在北京邮电大学西面，元大都土城遗址上)、西山晴雪(在香山公园内)、玉泉趵突(在海淀区玉泉山上)、卢沟晓月(在卢沟桥畔)和居庸叠翠(在居庸关)。乾隆皇帝分别为这八景题字作诗并刻石立碑以志。除“居庸叠翠”外，其余七处碑石至今仍在。

四、元代的大都城(1272—1368 年)

(一)蒙古人攻占金中都

金末，草原上的蒙古人强大起来，成吉思汗于 1206 年建国，以族为国名，称大蒙古国，首都定在漠北的和林(今乌兰巴托西南)。

1211 年，成吉思汗开始发动对金战争，两次威逼金中都。1214 年(金贞祐二年)，金宣宗逃离中都，迁往汴梁(时为金南京，今河南开封)。1215 年蒙古人攻占金中都，结束了金朝对其九十年的统治。蒙古人占领金中都后，并未迁都于此。成吉思汗于 1227 年进攻西夏前夕病逝。三子窝阔台即位，是为太宗。1234 年，太宗灭金，统一了中国北部地区，但仍以和林为都。1260 年成吉思汗之孙忽必烈即汗位，年号中统，中统四年(1263 年)将开平定为上都，至元元年(1264 年)八月将燕京定为中都，作为陪都；至元八年(1271 年)十一月，定国号为“大元”；至元九年(1272 年)，改中都为大都，是为元朝的京都，并将上都的中书省迁到大都。从此，北京取代了长安、洛阳、开封等古都的地位，成为大一统中国的政治中心。

(二)元大都的建设

元大都城是唐朝以来中国规模最大的一座新建城市，是按图纸施工而建的城市。其整体规划、设计、施工过程十分科学合理，和今天的建筑工程整体过程几乎没什么区别：先是选址、勘测，然后进行规划、设计，最后是组织施工。

1. 选址

元大都的总设计师刘秉忠经对原金中都现实状况及其周边环境的勘察、分析之后，决定奏请皇帝放弃金中都旧城，而在其东北隅另选新址建元大都城，忽必烈接受了这一建议，同意另辟新址。刘秉忠之所以另选新址建城，原因可能有三个。

一是金中都历经百年沧桑，已经破旧不堪。金大安三年(1211 年)，金中都曾发生过一场大火“延烧万余家，火烧五日不绝”，致使金碧辉煌的中都被烧得破败不堪。加上多年战火的焚毁，尤其是蒙古军队入城后纵火烧毁了金朝的宫殿，使原本已残破不全的金中都，愈加满目疮痍，“瓦砾填塞、荆棘丛林”，简直就是一座废城，失去了营造的价值。

二是水的问题。旧金中都城的供水，主要靠莲花池水系。当时莲花池水系的水量已小，不能满足新建城市的供水需求。

三是统治者的心理问题。元代翰林欧阳玄在其《圭斋文集》中写道，“至元三年，定都于燕，时方用兵江南，金甲未息，土木嗣兴，属以大业甫定，国势方张，宫室城邑，非巨丽宏深，无以雄八表”。这说明，从政治上看，统一全国的形势已定，只有建造一座巨丽宏深的宫室都城，才能显示功业的伟大，威慑天下。

原中都旧址已远不能满足上述这些需要，必另辟新址。

2. 勘测、规划、设计

刘秉忠等人首先对新址进行了周密的实地勘测，确定了拟建城市的中心点、中轴线及四周轮廓；在此基础上进行规划、设计。规划、设计的指导思想，现在分析起来，大致有三个。

一是以《周礼·考工记》作为大都城建设的礼制指导：“方九里，旁三门。国中九经九纬，经涂九轨。左祖右社，面朝后市，市朝一夫。”突出皇权至上的理念，注重布置的规制。

二是以《易经》等儒家经典作为文化指导，作为确定方位和命名的依据。

三是以传统的封建迷信理念作为灵活创新的思想之源，为庄严、宏大的都城蒙上一丝神秘的色彩。

这些规划、设计的主导思想在竣工后的大都城上，无论是城池的外部形状、城市的平面布置、区域划分，还是建筑物的结构、内部装饰和命名都得到了尽善尽美的体现。刘秉忠在赵秉温等人的辅助下，经过充分准备，将燕京地区的山川形势，新都城的规模大略，太庙、社稷、官衙、坊市的布置，绘成图册，又将修造兴建的方法写成条文，一起上奏忽必烈，得到批准。

3. 组织施工

首先成立工程的指挥、监督的领导机构。如中书省官员刘秉忠负责都城的总规划设计；工部尚书张柔负责整个工程的监督，其子张弘略协理，担任筑造宫城主管；色目人也黑迭儿负责宫殿的建设；督水监郭守敬负责水务工程；杨琼负责石工和石材；尼波罗国(今尼泊尔)的阿尼哥，任诸色人匠总管府总管，负责寺庙建塔、造像的工事等。

施工过程严格按照设计者的规划要求进行，需要变更时，必须上奏请示。施工顺序和材料供应等都按计划有条不紊地进行。

施工顺序：先地下，后地上；先宫城、皇城，后大城。首先在地下顺着地形的坡度，铺设下水道，装置排水设施，然后开始地上工程。地上工程按序先后建宫城、皇城和大城，最后才是官邸、民宅、院落。大城城墙的构筑，采取版筑夯土的施工方法进行。

建筑材料主要由下面几个地方提供：琉璃构建由海王村（今和平门外琉璃厂）琉璃窑和原址在今海淀公主坟附近的窑厂烧制。石材取自房山西南的石窝村。部分木料取自拆除的金旧宫殿，如中统三年（1262 年），开始由金南京（今河南开封）等地拆除金旧宫殿，运其木石北上，以备造新宫殿之用。

元大都新城的兴建，自至元四年（1267 年）正式开工；至元五年（1268 年）宫城的城墙基本建成；至元十一年（1274 年）宫殿主体建筑大明殿（即正殿）建成，忽必烈在此接受皇太子及诸王、百官的朝贺；至元中后期皇城建成；至元十三年（1276 年）城内主要工程完工；大约在至元十八年（1281 年）外城城墙修成；至元二十二年（1285 年）大都城基本竣工。

（三）元大都城的布局

元大都城以金中都城北郊离宫大宁宫之琼岛为中心建成，由三重城墙构成：外城、皇城和宫城。

1. 元大都的外城

据《元史·地理志一》记载，大都城外城“方六十里”（经考古实测为 28.6 公里），呈南北略长的矩形状，系版筑夯土墙，外面没有包砖，所以老北京人习惯称之为“土城”。如今我们在北京市区地图上寻找元大都的城垣轮廓，并不十分困难。东墙就在今东二环路及其北端的延长线上；西墙在今西二环路及其北端的延长线上（西墙北段至今仍有残存的土城实体）；南墙在今长安街南侧一线；北墙在北三环再往北不远的东、西土城路上。北京市政府已在北土城遗址上建造了元大都土城遗址公园。

值得注意的是，元大都南城垣并非一条直线：居中的丽正门与西侧的顺承门之间有一处城墙呈向外凸出的弧形。造成这一现象的原因，元代学者熊梦祥在所著《析津志》中说：“庆寿寺西，有云团师与可庵大师二塔，正当筑城要冲，时相奏世祖。有旨，命圈裹入城内，于以见圣德涵融者如是。”就是说，在修筑元大都南城墙时，该段城墙走向正是庆寿寺西的海云、可庵大师二塔所在，元世祖忽必烈下旨将此段城墙南移，“远三十步环而筑之”，古寺和双塔被纳入城内，得以妥善保护。

庆寿寺是金章宗奉皇太后之命于大定二十六年（1186）兴建的。当时寺内规模宏阔，气象庄严，古树参天，香火盛极一时。寺内西南隅的双塔不仅是该寺的重要标志，更是这一地区的地标性建筑。

1954 年，庆寿寺及双塔因扩建西长安街成为障碍而被拆除，其原址就在今电报大楼一带的路中心。相距不远的报子街、邱祖胡同和旧刑部街、卧佛寺街，也在不久后被拆除。而同样因元大都南城垣旧基而形成的裱褙胡同、水磨胡同和洋溢胡同等古老胡同群，也在20世纪90年代旧城改造中逐步消失了。

大都城设11座城门，皆依据《周易》命名。南面三门，自东而西是文明门（今东单南，又称哈德门）、丽正门（今天安门偏西南）、顺承门（今西单南），丽正门为正门；北面两门，自东而西是安贞门（今安外小关）、健德门（今德外小关土城遗址）；东面三门，自南而北是齐化门（今朝阳门）、崇仁门（今东直门）、光熙门（今朝阳区西部的光熙门北里之南）；西面三门，自南而北是平则门（今阜成门）、和义门（今西直门）、肃清门（今北京邮电大学附近的小西门）。各门均有瓮城，城垣外侧建有墩台。按照《周礼·考工记》的要求，都城应是“旁三门”，可是元大都的城门，东、西、南三面各三座门，而北面却只有两座门，这是为什么呢？有的学者认为，这是大都的设计者刘秉忠在设计大城时夹杂了民间的迷信色彩，即大都城的外形是按照“三头六臂”的哪吒形象设计的：南面三座门是“三头”，东、西各三座门则是“六臂”，北面的两座门就是哪吒的两只脚。有的学者则认为，这是因为设计者受了《易经》的影响。按照易经“八卦”的方位，正北为“坎”位，而“坎”为“隐伏”，为“危险”，而且北方为阴，阴取偶数，因此北面只开了两座门。

城外有护城河，于瓮城处设吊桥。今天城北的小月河，就是在元大都北护城河旧迹的河道上疏通修成的。另据专家考证，今崇文门内、东单以南的麻线胡同以及西城的东、西安福胡同都是当年元大都南城墙外护城河的遗迹。

大都城的四隅建有角楼，今建国门南面的明清观象台，即为元大都东南隅的角楼所在地。

南北干道和东西干道各九条，呈棋盘式布局，居民区划分为五十个坊（实际四十九个坊）。城中建钟楼和鼓楼（时称齐正楼）。齐化门内建太庙；平则门内建社稷坛；在城之东南隅建司天台。城内市场集中在海子（即今之什刹海）和钟鼓楼周围及羊角市（今之西四）一带，是大都城最繁华的地区。尤其当漕河挖成之后，河道自大通桥向西进文明门，经正义路、南北河沿一直向北，直至海子，南方的船只通过运河可直接到达积水潭。码头处“舳舻蔽水”，“百物输入之众，有如川流不息”，好一派繁荣昌盛的景象。

城内的市政设施十分完备，道路、水井、下水道及排水明沟等一应俱全。尤其值得一提的是，大都的污水排放系统很是科学、有效。在城内主要街道和居民区的地下，修有长长的暗沟，暗沟与地面上一座座用砖砌成的渗井相通。污水倒入渗水井后，慢慢渗入暗沟中，再从暗沟流向水关、河道里。这种排污系统到了明清时代还在使用。考古人员曾在西四十字路口的地下发掘出元大都时期的地下水道实物。

但大城之城墙系用夯土筑成，容易受到雨水的侵蚀破坏，所以城墙的防水工作至关重要，也很繁重。当时采取的措施是，雨季到来之时，用芦苇编成的苇箔将土城自下而上包裹起来，以使雨水顺席淌下。为此元代在文明门外专门设立了苇场，收购芦苇编苇箔，此项工作耗资巨大。元末当过大都路儒学提举官的熊梦祥在其所著的《析津志》中记述："世祖筑城已周，乃于文明门外向东五里立苇场，收苇以蓑城。每岁收百万，以苇排编，自下砌上，恐致摧塌，累朝因之。"今崇文门外有一条小席胡同，据考证形成于元代，此处居民多以编席为生，附近旧时有编苇草席作坊；此外，周边的南芦草园胡同、中芦草园胡同、草厂头条至十条等多条以"芦、草"为名的胡同均形成于元代。这些地方很可能就是当时为元大都城墙提供芦苇的所在。

为了防水，筑城时还在城上修建导水瓦槽，城墙底部留排水孔洞，洞底、洞壁用石板砌筑，洞的上部用砖起券，洞口两头各留约 6.5 米长的出入水口，洞的中部安装一排铁棍间隔 10 公分左右的铁栅栏，洞底地基要经过"打钉""铺横木""掺石""夯实""灌浆"等工序处理。至今在北土城遗址公园还能看到元大都北城墙的水关遗址，该处立有标识牌。

尽管采取了上述的防水措施，但"雨坏都城"的情况依然未能得到有效的解决，仍需"每岁役市民修补"城墙。

2. 元大都的皇城与宫城

元大都的皇城位于大都城南部中偏西的区域。皇城在元代称萧墙，俗称红门阑马墙，周长约 20 里(考古实测约 18.7 里)。皇城四墙有红门 15 座，但大多都没有名称，因此只能泛称红门。目前只知正南门称灵星门，正北门称厚载红门。以金代离宫太宁宫(后更名为宁寿宫、寿安宫、万宁宫)所在湖泊与琼华岛为中心布局，由湖东岸之大内宫城，湖西岸之隆福宫、兴圣宫三组宫殿群组成。

皇城的南墙在今东华门与西华门的连线以南，北墙在今地安门南，东墙在今南河沿西，西城墙在今西黄城根南街西。元大都的皇城没有护城河。

元大都的宫城，即元大内，在皇城的东部，呈南北长的矩形，周长约 9 里，没有护城河。宫城的西侧是太液池。宫城开六座门：南面三个门，东、西、北各一门。南面正中是崇天门，相当于今之午门，其左为星拱门，其右为云从门；北面是厚载门；东面是东华门；西面是西华门。宫城四隅各建有十字角楼。宫城内的建筑主要有两组：南面以面阔 11 间的大明殿为主体的建筑群，是为前朝；北面以面阔 9 间的延春阁为主体的建筑群，是为后廷。这两组建筑均坐落在大都城的中轴线上，与大明门、崇天门、灵星门、丽正门以及延春门、厚载门、厚载红门前后直线相对。各宫殿都采用了汉、蒙特点相结合的建筑风格。宫殿的外观，采用中原王朝宫殿的传统风格，红漆门窗楹柱，绘有金龙及其他各种彩画；屋顶则以琉璃瓦覆盖；殿前悬有绣缘朱帘，又用青花石做成台阶，白玉石雕成栏杆等。殿内布置保留蒙古族特有的毡帐色彩；地上铺有厚厚的地毯；墙壁用黑貂、银鼠、黄鼬等名贵兽皮缝制成的壁障挂起，以挡风寒；殿内摆设，如御榻、胡床等，皆依照蒙古毡帐的风格设置。宫殿四周遍植茂草，被称为“誓俭草”，观者好像置身于大草原之上。宫殿群的空隙之处，又遍布毡帐、毡车，为岁时北行上都的必用之物，更能体现出草原文化的特色。可惜明初建紫禁城时，元代的宫殿被全部拆除，早已荡然无存了。

可喜的是，20 世纪 60 年代，考古学家结合考古材料与古代的地图和文献在故宫的隆宗门西，发掘出掩埋在地下的元代宫殿遗迹。近期考古学家又发现了元代地层。这些考古成果，在故宫发展史上具有标志性作用，对研究元代中轴线的建设、明代建北京城时中轴线是否发生过变迁、北京紫禁城建筑史，以及中国古代建筑史都具有极为重要的意义。

3. 废弃的金中都城

元大都的新城建好后，金中都旧城里的居民大多迁往新城，元世祖忽必烈担心旧城被利用来威胁新城的安全，下令尽拆城垣，填平壕沟，但原城门所在地被保留下来成了通道，改称为关。人们习惯将元大都城称为“大都新城”或“北城”，而将旧金中都城称为“旧城”或“南城”。南城虽废，宫殿早已焚毁殆尽，但城中的古刹、道观却未损毁，得以保留下来，如悯忠寺（即今法源寺）、延寿寺、双塔、黄金台、长春宫（即今白云观）等。这些在当时仍属名胜，每年三月，北城的官民到南城踏青游乐，成为大都居民的一种风俗。那些金人的旧宫遗址也成了元代人们凭吊徘徊的处所。“南城多佛刹，结构自辽金。傍舍遗民在，残碑好事寻”是元代诗人张翥（zhù）对此情景的写照。元末名臣迺（nǎi）贤擅诗词且是书法大家，曾和友人游历南城古迹十六处，有感而发，成就五言律诗十六首。迺贤的这十六首诗的书法真迹行楷书《南城咏古诗帖》卷成为稀世珍品，现藏于故宫博物院。

大都新城和金中都旧城是北京历史上的一大奇观。两座曾经先后拥有过百万人口的大都市在地理上是如此之迫近——北城的南墙西段即在今天的西长安街沿线，而南城的北墙东段则在今天的新文化街以南的头发胡同一线——两城之间的距离，不过是两条城壕的宽度。

然而尽管如此临近，南北城又是两个截然相反的世界。北城繁华而簇新，街衢纵横，但古迹稀少；南城一派凋零，丘墟遍野，却经历唐、辽、金三代，积累了几百年的历史文化，文物遗存颇多。

这南、北两座城，一座是在历史上曾经先后被称作蓟、幽和析津的古老城池，一座是奠定明清乃至今日北京城市格局的元代京师，两座城好似一对姐妹城，情深意长，难舍难分，同时存在了很多年。在元末的战乱中，南城再次遭到破坏，其中大部分建筑遗存都因日久年深而在明代最终消失殆尽。明嘉靖年间，北京修筑外城，因为财力有限而只包裹了南郊，使北京这座城市得以拥有了一个明确的南城。这个新生的南城展现出了会馆、戏楼、坛庙和餐饮、商业、庙会等诸多内容丰富、特色鲜明的文化内涵，致使南城这片曾经的废墟到了清代中后期，再一次成为繁华的闹市。新南城和老南城的重叠部分，孕育出北京文化中厚重而又独具魅力的“宣南文化”。

4. 元上都和元中都城

元朝的都城除了元大都外，还有上都和中都，同样值得我们关注和了解。

元上都位于内蒙古锡林郭勒盟正蓝旗境内，始建于1256年，建成后其城郭被称为开平。1260年忽必烈在开平即位，将开平定为临时都城。大都城建成后，上都的官署和居民大多迁入新都城。但开平之上都并未被废弃。大都和上都，都有其作为统治中心的优越条件和重要作用，相辅相成而又不能相互取代。因此，忽必烈确定了两京制度。每年夏季，元朝皇帝都会率文武百官、嫔妃和侍从，到上都处理蒙古地区的军政事务；冬季则回大都处理汉地的军政事务。这种两京听政的制度一直延续到元朝灭亡。

元中都城位于今河北省张家口市张北县馒头营乡，是元大德十一年(1307年)由刚刚即位的元武宗海山下令兴建的。中都作为都城的时间并不长，但是元人将其与大都、上都并列。今天的元中都遗址是保存最好、后期遭破坏最小的元代都城遗址。

(四)北京现存的元代古迹文物

1. 元大都城垣遗迹

元大都西墙北段和部分北墙的残存夯土遗迹，至今仍有保存。其具体位置：西段城垣在西二环的北延长线上，北墙在北土城路上。目前已被辟为元大都土城遗址公园。在遗址公园的西南隅，还存有元大都北城垣的水关遗址。

2. 元大都东南角楼遗址

位于建国门立交桥西南角，即今古观象台所在地。

3. 元大都下水道遗存

位于西四十字路口地下，上覆条石，石壁上刻有“致和元年五月石匠刘三”等字样，是元大都城内重要的排水设施。这一遗存是中国科学院考古研究所和北京市文物工作队于 1964 年至 1974 年期间对元大都的城垣、街道、河湖水系等遗迹考古时发掘的。

4. 都城隍庙

位于今天金融街群楼之间，建于元世祖忽必烈至元四年(1267 年)[一说创建于至元七年(1270 年)]，祀城隍神，初名佑圣王灵应庙。元天历二年(1329 年)加封大都城隍神为护国保宁王，夫人为护国保宁王妃。明永乐初重修扩建，改名大威灵祠。以后历经明清多次复修或重建。庙坐北朝南，五进院落。主要建筑有庙门、顺德门、阐威门、钟鼓楼、大威灵祠、寝祠、两庑(十八司)以及治牲所、井亭、碑亭等。大殿为黑琉璃瓦顶，内奉护国保宁王及夫人像。明、清两代，每年仲秋遣太常官致祭。现仅存寝祠五间，置身于金融街的群楼深处，前出轩三间，黄琉璃瓦黑剪边屋顶，内外装饰讲究。

都城隍庙是研究元代大都城地理方位的重要遗迹，1984 年被公布为北京市文物保护单位。

5. 居庸关云台

位于昌平区居庸关关城中心，全国重点文物保护单位。云台是一座汉白玉的石台，台上原来矗立着三座元代至正五年(1345 年)元顺帝亲自下令修建的“过街塔”。约在元末明初三塔被毁，后在此基础上建寺院一座，明正统四年(1439 年)重修后命名为“泰安寺”。该寺在清康熙四十一年(1702 年)被火焚毁。现存的云台是元、明时代三塔和寺院的基座。台下券门内的石壁上雕刻有四大天王和佛像，刻工精美。石壁上还刻有梵文、藏文、八思巴文、维吾尔文、汉文和西夏文六种文字的《陀罗尼经咒》和《造塔功德记》。

北京现存的元代古迹文物，除了上述几处以外，还有孔庙、国子监、寿安寺、妙应寺白塔、白云观、碧云寺和东岳庙等处。对于它们，我们在第二章第八节中还会作详细的介绍，在此不予赘述。

五、明北京城(1403—1644年)

(一)明成祖迁都北京

1368年2月，朱元璋凭借农民起义军的力量，建立了明朝，定都南京(时称应天府)。1368年8月明朝开国元勋、后来成为朱棣岳父的徐达率军攻入元大都，将其改称为北平。朱棣于洪武三年(1370年)受封燕王，洪武十三年(1380年)就藩北平，居住在元皇太子的住所隆福宫，其位置在今中南海。朱元璋死后，朱棣不满皇太孙朱允炆即皇位，于建文元年(1399年)发动“靖难之役”，血战四年，于建文四年(1402年)攻破南京，夺取帝位，改建文四年为洪武三十五年；于1403年建元永乐，是为永乐皇帝，同年升北平为北京。永乐十八年(1420年)永乐帝把北京立为京师，将南京变为陪都；永乐十九年(1421年)正式迁都北京，原南方的京师被称为南京。

(二)明代北京城的建设

明代的北京城是在元大都城的基础上改建而成的，继续沿用了元代的城市中轴线，即明朝紫禁城和皇城仍建在元朝的南北中轴线上，但城市中心位置向南移动了四五百米。在紫禁城和皇城的布局上，既依旧遵循着“面朝后市，左祖右社”的礼制，同时又注意仿照朱元璋所建的南京城。据《明实录·太宗实录》记载：“初，营建北京，凡庙社、郊祀、坛场、宫殿、门阙，规制悉如南京，而高敞壮丽过之。”内城的东、西城墙基本借助于元代原来的城墙；内城的南、北城墙以及整个外城城墙，则为明代新建。

总体而言，明代北京城的建设历经四个阶段完成：明初、永乐年间、正统年间和嘉靖年间。

明初自洪武元年(1368年)起，对北部城垣进行改建。拆除元大都的北城墙，向南移动约五里，另筑新墙。废弃了元大都北部的东、西两座城门——光熙门和肃清门，致使城门数量由元大都的十一座减至为九座。其中有两座城门被易名：崇仁门改称东直门，和义门改称西直门。另外，在与元大都城北墙健德门、安贞门相对的新墙位置建德胜门和安定门。元大都城垣的其他部分，即东、西、南三面城垣没有变动。

永乐年间，为迁都北京做准备，首先修建了紫禁城和皇城。由于竣工后的皇城南墙与元大都城南墙的距离太近，且城内缺少修建衙署的地方，因此继续对元大都的城垣进行改建：拆除其南墙，向南移动约二里建新墙。在与文明门、丽正门、顺承门相对的新墙位置建新门，名称未变。南面所展宽的土地，以修建衙署为主。此外，在元大都原来的夯土墙外面砌上青砖。永乐年间还兴建了太庙、社稷坛、天坛等坛庙和象征皇帝授时的钟楼和鼓楼。（关于钟鼓楼的位置，有人说是建于元大都钟鼓楼的原址上未变，也就是说，元明两代的钟鼓楼同址；也有人说是从元大都钟鼓楼原来的位置向东移动了一段距离。笔者赞同前者的说法。）与此同时，利用挖掘紫禁城护城河和太液池南海所取出的泥土，以元大内中轴线上的延春阁旧址为中心，堆建了一座土山，高"一十四丈余"，取名"万岁山"，又称"镇山"，旨在压住前朝的风水、镇除元朝的王气。这座人工堆起的土山就是今天的景山。

在元大都基础上改建的新城，将元大都文明门外的一段通惠河圈入了北京城内。明宣德年间将皇城东墙向东移建了一段距离，使元大都皇城东墙外的一段通惠河被圈入皇城之内。其结果，大运河被截断，不能通航到积水潭，导致积水潭码头废弃，而大运河的终点只能到崇文门东面的大通桥下，只留下了几个地名作为对大运河京城一段河道的凭吊：正义路、南河沿大街、北河沿大街和东不压桥胡同。大运河终点的南移导致了积水潭商业区的南移，转移到前门一带。前门地区开始繁华起来。

正统年间，在九座城门上修建城楼，同时完成瓮城、箭楼及城垣四隅角楼的建筑；加深护城河，河岸砌石，将木桥改为石桥，在九门外各立精美牌楼一座。在城之东南隅建观星台（清代改称观象台）。丽正门、文明门、顺承门、齐化门、平则门等五门，分别易名为正阳门、崇文门、宣武门、朝阳门、阜成门。

嘉靖年间，即距正统年间100多年之后，为防御故元势力的侵犯，修建了外城。原计划在内城外的四周，修建完整的外郭城，将内城完全包围起来。按此规划修建的外城范围将是很大的，南至今重建的永定门东西一线，北至今北土城一线，东至通惠河庆丰闸（俗称"二闸"，遗址在今庆丰公园处）南北一线，西约至公主坟一线。这样，今天朝阳门外的东岳庙，北城外的大钟寺、五塔寺，西直门外的动物园，南面的天宁寺、白云观，就都在外城之内了。可惜由于资金不足，只完成了南部永定门一线外城的部分城墙，其东、西两端的城墙仅比内城的东、西城墙宽出600—700米，便折而向北，止于内城东南、西南两角上，即今之东便门和西便门处。外城共设七门，各门建有城楼和瓮城，但未建瓮城的箭楼。嘉靖年间还修建了天坛的圜丘坛、地坛（自此天地分祭）、日坛、月坛、山川坛、先农坛、历代帝王庙以及皇家档案馆——皇史宬。

(三)明代北京城的布局

1. 紫禁城

紫禁城，或称宫城，内建皇宫，是中国现存规模最大、保存最完整的皇家宫殿城墙，在中国筑城史上占据极其重要的地位。紫禁城的平面呈南北走向的长方形，周长3400多米，高约10米，占地面积72万多平方米。城垣上窄、下宽，墙体外表砌砖，磨砖对缝，中间填以黄土和碎砖石。紫禁城设四门：午门、玄武门(清代改称神武门)、东华门、西华门，以南面的午门为正门。城门上建有城台和城楼。城垣四隅建有角楼。角楼为黄琉璃瓦，三重檐，“九梁十八柱七十二条脊”，十分精美，既具有瞭望警戒的实用性，又起到了装饰的作用，是我国古代艺术建筑的杰作。紫禁城四周有护城河环绕，俗称“筒子河”，河宽52米。河水源于海淀区的玉泉山，自积水潭、北海经景山西墙引入筒子河，又经地沟注入内金水河。

2016年11月开始对紫禁城的城垣进行全面整修，目前游客可以登上紫禁城城墙俯瞰金碧辉煌的皇宫建筑群。

2. 皇城

皇城，位于内城的中央，紫禁城的外围墙体全部用砖砌筑，墙面涂成红色，墙顶覆盖黄色琉璃瓦，高一丈八尺，周长约十八里，没有护城河。北京皇城内的规划、建筑，完全仿照南京。

皇城城墙的走向至今仍依稀可辨。人们根据现存的东、西黄城根，东安门、西安门等地名可以勾勒出皇城的轮廓。南墙在今天安门前的东、西长安街上，东至南河沿南口，西至府右街南口；北墙在地安门东、西大街一线，东至南河沿北口，西至西黄城根北街北口；东墙自南河沿南口起，北至地安门东大街；西墙不是直线走向，由府右街南口起，先是往北，然后向西拐入灵境胡同，再沿西黄城根南街北行，直至地安门西大街。

皇城共设七座门：大明门、长安左门、长安右门、承天门、北安门、东安门、西安门。最南端是大明门(清代改称大清门，民国改称中华门)，门上有大学士解缙题写的楹联“日月光天德，山河壮帝居”。大明门往北正对着的是承天门(清代改称天安门)，这是皇城的正门，大明门是承天门的外拱门；承天门左前方，即今东长安街上，是长安左门；与之相对的是位于今西长安街上的长安右门；北面是北安门(清代改称地安门)；东面是东安门；西面是西安门；东、西安门不在一条直线上，西安门偏北一些。如今在东皇城根的遗址处，整修了部分皇城墙，建设了一座“皇城根遗址公园”。

3. 内城

内城，在皇城之外，周长约 45 里(一说 40 里)；东、西、南三面城墙各高约三丈，北墙高约四丈，四周挖有护城河。由于内城的四面城墙筑建的时间不同，东、西两面城墙大部分建于元代，北城墙建于明初，南城墙建于永乐年间，因此四面城墙的墙体结构不尽相同。

内城的城墙早已被拆除，目前已看不见它的历史风貌了，但其遗址轮廓走向寻找起来并不困难。东、西、北三面的城墙就分别建在今天的东、西、北的二环路上，南面城墙则是在前门城楼东、西一线上。

内城外侧的护城河目前只有北面河段尚存，东、南、西三面的护城河已于 20 世纪 50 年代后从地面上消失了。

内城有九座城门，南面三座，东、西、北面各两座。南面：自东而西，崇文门(习称“哈德门”，北京人将“哈”读作“hǎ”，“德”字读轻声)、正阳门(习称“前门”)、宣武门(习称“顺治门”)；正阳门为北京城的正门，为皇帝出入专用，规制最高。北面：自东而西，安定门、德胜门。东面：自北而南，东直门(元代称崇仁门)、朝阳门(元代称齐化门)。西面：自北而南，西直门(元代称和义门)、阜成门(元代称平则门)。

内城九门中除正阳门外，其他八座城门的形制基本相同：城楼面阔五间，进深三间；堡垒似的箭楼面阔七间，三面建有箭窗，后出抱厦座五间，开三个门。城楼及箭楼均为歇山顶，灰瓦绿剪边三滴水结构。箭楼下不设门，于瓮城左或右侧设“闸门”以供通行，车马行人经过城楼下的城门后，必须拐弯走闸门才能出城。

正阳门的规制高于其他八座城门：城楼面阔七间，箭楼下设券洞与城门洞相对，瓮城左、右两侧各设闸门一座。箭楼之门设而不开，唯供皇帝御驾出入；官民出入只能走左、右闸门。箭楼北侧的墙面上开有一个窗，这在其他城门和箭楼的建筑中是绝无仅有的。这扇窗并非始建之初就有，而是于民国十七年(1928 年)才开的。民国十七年(1928 年)八月，南京国民政府下令，将实业部国货陈列馆从彰义门迁到正阳门箭楼。箭楼东、南、西三面共有箭窗 94 个，普通灯光照明尚显不足。为了改善照明条件，就在北面墙上开了一个窗，成为现在的状态。

内城设施齐备，城外环以护城河，各城门处均建有马道、城楼、箭楼、瓮城、闸门、闸楼。

瓮城内除德胜门和安定门建真武庙外，其他门的瓮城都建有关帝庙，以求关老爷福国佑民和鼓励守城将士之忠勇。正阳门瓮城内，除了关帝庙，还建了一座观音庙，于是就有了“九门十座庙”的说法。

箭楼外的护城河上都架设石桥；城墙上建有敌台(或称马面)，敌台上有供士兵使用的“铺舍”；四隅各建有角楼，角楼有四排箭孔，造型奇特壮美，且具很强的防御功能。

4. 外城

外城，建在北京内城的南城垣之外，与内城的南城墙相连，犹如一顶帽子，因此北京人又将外城戏称为“帽子城”。外城开七座门。南面三座：自东而西，左安门、永定门、右安门，永定门为外城正门。东面一座：广渠门(俗称“姜擦门”或“沙窝门”，“窝”字在这里读轻声)。西面一座：广宁门(俗称“彰义门”，清道光年间改称“广安门”)。外城的东、西墙，因财力不足，只建了很短的一段就不得不往里收，与内城城墙衔接。为方便交通，在这两段连接墙的中部，分别修建了南北向的东便门和西便门。外城各门均建有城楼、瓮城，外城四隅建有角箭楼，城外开挖了护城河。

外城的规制低于内城。城墙的高度，城门的高、宽、进深，城楼、瓮城、箭楼、角楼等的体量，都小于内城。比如城墙的高度，内城东、西、南三面墙各高约三丈五尺，约合 11.3 米，北墙高约四丈，约合 13.2 米；外城高度约为两丈，约合 6.6 米。又如城门高度，内城各门都在 32 米以上，正阳门城门高达 40 多米；而外城门高度都低于 30 米；永定门为外城正门，高度也不过 27.1 米。东、西便门更低，只有 12 米左右。再比如城门门楼的规格，内城正阳门面阔七间，进深三间，三重檐歇山顶，其他各门楼面阔五间，进深三间，也是三重檐歇山顶；外城门楼面阔三间，进深一间，单檐歇山顶。外城正门永定门于清乾隆年间进行了改建，变为三重檐歇山顶，面阔五间，进深三间，但其规制仍大大低于正阳门。此外，外城的瓮城未建箭楼。

永定门的地位十分重要，它不仅是外城的正门，而且它是贯穿北京旧城的南北中轴线之南端终点，北端终点是钟鼓楼。

中轴线是一条看不见却又真实存在的建筑艺术之线，是北京旧城的灵魂之线。建筑大师梁思成先生在赞美这条中轴线时曾动情地说，“一根长达八公里，全世界最长，也最伟大的南北中轴线穿过全城。北京独有的壮美秩序就由这条中轴线的建立而产生。前后起伏、左右对称的体形或空间的分配都是以这中轴线为依据的；气魄之雄伟就在这个南北引伸、一贯到底的规模。”这条中轴线在古今中外的城市规划建设史上是极为罕见的，具有极高的建筑艺术价值和美学价值。此外考古发掘证实，元大都的中轴线与明清两代北京的中轴线是相沿未变的。

正因为永定门在中轴线上具有标志性的作用，因此在其拆除 50 多年后的 2004 年，为了中轴线申请列入世界文化遗产名录成功之需要，在其原址稍稍偏北的位置上重新建造了永定门的城楼。

5. 京城各城门的管理

明代北京内外城诸门均由太监管理，设提督九门太监一员，副提督一员，各门总设掌司一员。各门俱由正副提督、掌司节制，总隶属于司礼监钤辖。正阳门当时还下设管事官数十员，兼管外城南面居中的永定门。另外，永乐年间，正阳门曾设宣课司办理税务。

六、清代北京城(1644—1911 年)

(一)清朝统治者入主北京

明末政治黑暗，经济萧条，灾荒频仍，民不聊生，出现“饿殍(piǎo)遍野”“人相食”的现象，加之辽饷、练饷、剿饷这“三饷”的加派，使激化的社会矛盾更趋激烈、尖锐。广大的人民特别是农民再也无法忍受，终于揭竿而起。农民起义军迅速发展壮大，很快就扩充到数十万人。明朝统治摇摇欲坠。

公元 1644 年北京发生了互为关联的三件大事。第一件，李自成领导的农民军攻破北京城，崇祯皇帝吊死煤山，明朝灭亡。第二件，李自成对北京得而复失。李自成取代明朝统治者统治了北京，但施政不利，政策有误，部分农民军高级将领志骄意满，贪权图利，腐化变质，军心懈怠，加之对山海关用人不当，致使门户失守，不能久居北京。这就给早已图谋明朝政权的关外清人以可乘之机，于是引发第三件大事：清人入主北京。1644 年 5 月(一说 4 月)，多尔衮率领清军，打着帮助明朝“灭寇”的旗号，在降将吴三桂的配合下攻进山海关，6 月(一说 5 月)夺取北京城。李自成放火焚烧了紫禁城宫殿及内城九门城楼后，撤出北京，向南退守，次年死于湖北省咸宁市通山县九宫山。1644 年 10 月，清顺治皇帝由沈阳迁都北京；11 月，在紫禁城皇极门(顺治二年改称太和门)即位，从此开始了清朝对中国长达 268 年的统治。

(二)清代北京城的建设

清朝统治者入关取代明王朝后，全盘承用北京城，城池和主要的宫殿、皇家祭祀坛庙等基本未做更改变动。在城池宫室的建造上，清代主要做了如下的工作。

第一，对个别城门名称进行更改：皇城的大明门改为大清门，承天门改为天安门，北安门改为地安门；紫禁城的玄武门改为神武门；外城的广宁门于道光年间改称广安门。

第二，对大火焚毁破坏的皇宫建筑予以重建和修复；更改了紫禁城内一些门和宫殿的名称，如紫禁城内的奉天门(又名大朝门，明嘉靖改称皇极门)改为太和门，会极门(又名左顺门)改为协和门；奉天殿(明嘉靖改称皇极殿)改为太和殿，华盖殿(明嘉靖改称中极殿)改为中和殿，谨身殿(明嘉靖改称建极殿)改为保和殿等。

第三，增建了一些宫殿和建筑，如毓庆宫、传心殿、景福宫、佛日楼、梵华楼、畅音阁、乐寿堂、箭亭、九龙壁、紫禁城城隍庙等。

第四，乾隆年间，为外城的七座瓮城加筑了箭楼；并将外城各城楼改建成三重檐重楼；加大永定门城楼的体量，将面阔三间、进深一间改建为面阔五间、进深三间。

第五，兴建了不少的坛、塔和寺院，如在北海东南隅建先蚕坛；在城内、外敕建多座寺院，其中最著名的有西黄寺及清净化城塔、雍和宫、福佑寺、觉生寺、香山昭庙、玛哈噶喇庙(即普度寺)、碧云寺的金刚宝座塔等。

第六，园林方面，对北海进行多次大规模的兴建：顺治八年(1651年)山上建寺建塔，乾隆年间修建了阐福寺、小西天、澂(澄)观堂、静心斋、濠濮间、画舫斋，以及众多的亭、台、楼、榭等。修建了畅春园、圆明园和颐和园等大型皇家园林和离宫。

第七，改善性工程：如太庙前的7座汉白玉桥，桥下原为干沟，乾隆二十五年(1760年)引进金水河流经桥下；乾隆年间还将宫殿的窗户进行了改造，装上了玻璃；光绪年间用上了电灯；末代皇帝溥仪在宫内安装了电话。

(三)清代北京城的布局

1. 内城九座城门及其分工

北京内城九座城门所处的地理环境不同，逐渐形成了各自独特的职能差异，这种状况自明一直延续到清代。

正阳门是国门，其南门(即箭楼之门)是皇帝专用的门，只走皇宫轿车，因此被称作“宫车”之门。皇帝每年到天坛祭天，到先农坛行耕耤(jí)礼，都是走正阳门。民国以后，箭楼之门仍不对市民开放，以备大总统出入。1929年5月，孙中山先生的灵柩从北京奉安南京中山陵，移陵时通过正阳门，打破了明清两代正阳门不能走灵车的定制。1949年1月31日北平宣告和平解放，2

月 3 日人民解放军举行的北平入城式就是在正阳门开始的。

崇文门是运送酒的通道。当年的美酒佳酿大多是从河北涿州等地运来，进北京自然要走南路。运酒的车先进了外城的左安门，再到崇文门上税。京师税务衙门就设在崇文门外。因此，崇文门又被称为“酒门”“税门”。

清代的刑场设在宣武门外的菜市口，押送死刑犯人的囚车通常走宣武门。因此，宣武门又被称作“死门”或“刑门”。

朝阳门元代称齐化门，是运粮通道。明清时期，南粮北调走通惠河水路，先运抵通州，然后再装车经朝阳门运入城内。在朝阳门瓮城门洞壁上，刻有一束谷穗儿的标记，有“朝阳谷穗”之称。粮食进了朝阳门后，存储于附近的“禄米仓”“海运仓”“新太仓”等官仓。因此，朝阳门又被称为“粮门”。

东直门是过往运送柴炭车的通道。据说明代修建北京城时，运送木料的车也多从此门进入。因此东直门又被称作“木门”或“柴门”。

阜成门是运煤的通道。京西门头沟一带出产的煤炭，通常由驼队或大车经大峪、三家店、模式口、阜成门运入京城。当时阜成门瓮城的门洞壁上刻有一朵梅花，以“梅”寓“煤”，有“阜成梅花”之称。因此北京人常把阜成门称为“煤门”。

西直门元代称和义门，是运水通道。明清皇帝的饮用水由玉泉山特供，运水车经西直门，再经皇城送入紫禁城内。西直门的城门洞上面刻有水的波纹。因此，西直门又被称为“水门”。

德胜门，是兵马出征之门。取“武将疆场奏绩，得胜回朝”之意。因此，德胜门又被称作“兵门”。

安定门，是将士得胜，班师回朝所进之门，取“天下安定”之意。因此，安定门又被称为“生门”“进兵门”。还有一种说法：安定门外有数处大粪场，常有粪车出入安定门，故又被称为“粪车之门”。

2. 城门管理

清代京都诸门由步军统领衙门监管，统领亦称九门提督。顺治年间各门设指挥千户。康熙十三年(1674 年)，始命步军统领提辖九门事务，并置城门尉、城门校。乾隆十九年(1754 年)改为城门领、城门吏，正阳门例设领、吏各一员及管事官数十人。

3. 清末的北京城

清代晚期，政治腐败，国力衰微，外国侵略者乘虚而入，两次武装侵入北京城。光绪二十六年(1900 年)八国联军入侵北京，在天坛架炮轰击正阳门，致使箭楼被毁。印度兵在正阳门城楼内取火，引发火灾，烧毁了城楼。八国联军用炮轰塌了崇文门箭楼和朝阳门箭楼。1981 年北京市文物局主持对崇文门东面的角楼进行维修时，从其东侧墙体内发现 1900 年八国联军炮轰角楼的炮弹残体，并在二层挑檐檩上取出大量的铁砂弹核。在崇文门角楼北面墙体上至今还残留着侵略军的刻名。1901 年英军修铁路，在崇文门瓮城东西两侧开洞子门，以使火车从中穿行。

七、民国时期的北京城(1912—1948 年)

(一)北京政治地位的变化

辛亥革命推翻了清朝的统治。1912 年 1 月 1 日，孙中山在南京就任临时大总统，宣告中华民国成立，定都南京。1912 年 2 月 12 日，清政府接受中华民国提出的《关于清室优待条件》，宣布清帝溥仪逊位，至此结束了清王朝 268 年的统治，同时也意味着中国长达两千多年的帝王专制时代的终止。1912 年 2 月 14 日，孙中山向临时参议院辞去临时大总统的职位。2 月 29 日，袁世凯移都北京，并于 3 月 10 日就任临时大总统。北京再次成为首都。民国十七年(1928 年)，北京改名北平，为特别市，直辖于中华民国中央南京政府，失去了国都的地位；民国十九年(1930 年)再次降格，成为北平市，改隶河北省政府。抗日战争时期，日伪当局非法于民国二十六年(1937 年)十月十二日，擅将“北平”改为“北京”。日本投降以后，于民国三十四年(1945 年)八月二十一日恢复“北平”的名称。

(二)城垣的变化

民国以后，北京城的城垣发生了不小的变化，现简述如下。

1. 皇城

(1)改名称、改门额。

民国元年(1912 年)，将皇城南端的大清门改称为中华门，并更换了内、外城门的门额。清代，北京各城门的门额用满文和汉文两种文字并行书写。民国二年(1913 年)，内务总长朱启钤撤掉了门额，特请书法名家邵炯章书写只有汉字的新门额，镶嵌在门洞的上方。

(2)扒豁口。

民国时期，为了便于交通，在城墙上开口子成为通道，北京人把这种开口叫作“豁子”，官称“豁口”。民国初年，先后在南池子、南河沿、南长街、灰厂夹道(1913 年改称府右街)、翠花胡同、宽街、厂桥等处的皇城上开豁口。

同时拆除大清门(民国改称中华门)内的东西千步廊及长安左门和长安右门两侧的皇城墙。

(3)开门洞，辟新门。

1913年袁世凯要做皇帝，将中南海改称为新华宫，在皇城南墙，天安门西侧开了个豁口，把望月楼改成门楼，称新华门。门内建一堵青砖到顶的大影壁，门外石狮一对，两侧的墙呈八字形，随高就低一抹而下，形式自然。这是皇城墙上开辟的第一座新门。如今此门已成为中华人民共和国中央政府所在地中南海的正门，门内照壁上的“为人民服务”五个大字，金光灿灿。

(4)拆皇城墙。

民国六年(1917年)段祺瑞讨伐张勋，为攻打张勋住宅拆除了东安门以南的皇城墙，拉开了拆毁皇城墙的序幕。同一年拆除了皇城西墙及西墙上的西安门。民国十三年(1924年)至民国十五年(1926年)陆续拆除皇城北墙和东安门以北的皇城墙。自此，周长十八里的皇城几乎被拆完，仅剩天安门东西两侧的南墙保存了下来：东侧至南河沿大街路口，西侧至府右街路口。2001年，在南起长安街、北至平安大道的东皇城根一线，建设“皇城根遗址公园”，并在东墙北端发掘的皇城遗址上，依照文献记载的尺寸，参照现存皇城南墙的形制，复建了一段皇城，以供世人观赏。

2. 内城城墙

(1)扒城墙开新门。

①和平门：冯玉祥下令在正阳门与宣武门之间开设一座双门洞城门，但无城楼；在城外护城河上架设石桥。这座门于民国十五年(1926年)正式启用，先是起名为兴华门，后来改称为和平门。如今，门已无存，地名仍在。

②建国门和复兴门：民国二十八年(1939年)日本侵略者分别在东、西长安街延长线的内城城墙上各开一座拱券石门洞，无城门。东面的取名叫启明门，西面的叫长安门；1945年日本投降以后，启明门改称建国门，长安门改称复兴门。这两座门，后来也随着城墙一起被拆除，两个地名一直沿用至今。

(2)拆除瓮城。

①民国四年(1915年)为改善前门地区的交通，拆除正阳门瓮城，并在正阳门两侧各开两个门洞；为修建北京环城铁路，拆除了朝阳门、东直门、安定门和德胜门等城门的瓮城。

②民国二十一年(1932年)为了修路，拆除了宣武门的瓮城。

(3)拆除箭楼。

①民国九年至十年(1920—1921 年)期间，宣武门箭楼作为危险建筑被拆除，木料被售卖。

②民国十六年(1927 年)，东直门箭楼作为危险建筑被拆除，木料被售卖。

③20 世纪 30 年代，广渠门箭楼因年久失修、残破危险被拆除。

④民国二十四年(1935 年)，阜成门箭楼因年久失修、残破危险被拆除。

(4)拆除城楼。

民国十年(1921 年)，德胜门城楼因梁架朽坏，作为危险建筑被拆除。

八、现代的北京城(1949 年至今)

(一)北京成为新中国的首都

1949 年 1 月 1 日，中国人民解放军北平市军事管制委员会、北平市人民政府分别宣告正式成立。1949 年 1 月 22 日，经过长时间的工作，傅作义正式接受中国共产党提出的和平解放北平的条件。1 月 31 日，中国人民解放军入城接管防务，文化古都北平宣告和平解放。1949 年 9 月 21 日至 30 日，中国人民政治协商会议第一届全体会议在北平举行，会议决定，中华人民共和国定都于北平，改北平为北京。北平市人民政府通知所属单位，自 1949 年 10 月 1 日起，将印信、证章、牌匾、文书用纸上的“北平”字样，一律改为“北京”。

(二)北京城池为首都建设让路

北京重新登上历史的舞台，成为全中国的政治、文化、经济中心，成为世界瞩目的都市。然而北京市新政府和人民所接管的是一个千疮百孔、百废待举、破旧不堪的古城，距世界大都市的要求相去甚远。要想在北京旧城的基础上建造出一个世界型的现代化大都市，就得给北京城动“大手术”。于是在“不破不立”“大破大立”的思想指引下，开始了轰轰烈烈的建设新北京的热潮。经过多年的不懈努力，北京终于以崭新的面貌跻身于世界大都市的行列，宽广的道路、林立的高楼大厦、四通八达的现代化立体交通，都闪烁着耀眼的光芒，展示着政治中心、文化中心、经济中心、教育中心的风采。这种成就的取得浸透着几代人的智慧、心血和付出，当然，也包含着历史文物所做出的牺牲与贡献。比如，北京古老的城垣建筑就为此做出了较为彻底的牺牲，北京的建设者们在开发建设中，对城垣、城楼等进行了大刀阔斧的拆除、分解。

1. 扒豁口

新中国成立初期，为了方便交通的需要，陆续在北京的城墙上扒开近三十个豁口。

(1)1950 年内城墙扒雅宝路、北门仓即今十条东口、旧鼓楼大街北口、新街口以北即今新街口北大街北口、井儿胡同西口偏北、松鹤庵即今松鹤胡同西口偏北等六个豁口。同时 1950 年起，先后在崇文门西侧、广安门南侧、永定门东西两侧、阜成门南侧、宣武门东侧、和平门东侧、朝阳门北侧、东直门北侧、德胜门东侧、安定门东侧等处开辟豁口。

(2)1951—1953 年，扒东直门北小街、武定侯、雍和宫、东总布、范家胡同(即今长椿街北口)、陶然亭、白纸坊、天坛东路、龙潭湖、架松(即今光明桥西端)等处开豁口。

(3)1955 年，在广渠门以北，即今广渠门内大街北端，开辟豁口。由于广渠门城门狭隘不敷交通需要，又在城门两侧开凿豁口。

2. 拆城墙

(1)1952 年起，陆续拆除了外城城墙。

(2)20 世纪 60 年代北京开始修建地铁，受当时的技术条件和资金条件所限，地铁线路沿内城城墙走向。这样做是出于四个方面的考虑：一是避免大量拆房，二是施工中不妨碍城市正常交通，三是方便施工，四是降低造价。采取的施工方法是：花钱少见效快的“明挖法”和“浅埋法”。这样就不得不拆除内城城墙，为地铁让路。

1965 年 7 月 1 日，北京地下铁道工程正式开工。一期工程拆掉内城南墙，宣武门、崇文门；二期工程由北京站经建国门、东直门、安定门、西直门、复兴门沿城环线拆除城墙、城门以及房屋，全长 16.1 公里。

20 世纪 60 年代，内城城墙全部拆完，仅残存东南角楼毗邻的城墙和西便门附近的残墙遗迹。这两处残破的城墙均已被列为北京市市级文物保护单位，并辟为城墙遗址公园。

3. 拆城楼、箭楼、瓮城

北京的内、外城门共计十六座，每座城门都建有城楼、箭楼和瓮城。这些城门，有的因为年久失修，存在着坍塌伤及行人的隐患而被拆除，而大多数城门则是在修建地铁和二环路的过程中被拆除的。

(1)拆城楼。

①1952 年，西便门城楼，因筑路、取砖土被拆除。

②1956 年，朝阳门城楼因年久失修、危破，被拆除，拆下的材料予以保存。广安门城楼因失修、筑路等原因，被拆除。

③1958 年，东便门城楼因建北京火车站铁路线，被拆除。

④20 世纪 50 年代，左安门、右安门、永定门因筑路，被拆除。广渠门因失修残破且需筑路，被拆除。

⑤1965 年，宣武门、东直门、阜成门因修筑地铁，被拆除。

⑥1966 年，崇文门因修筑地铁，被拆除。

⑦1969 年，安定门、西直门，因修筑地铁，被拆除。

(2)拆箭楼。

①1952 年，西便门箭楼因筑路、取砖土，被拆除。

②1955 年，广安门箭楼作为危险建筑，被拆除。

③1958 年，朝阳门箭楼在下水道施工中，作为危险建筑被拆除。

④20 世纪 50 年代，左安门、右安门、永定门等箭楼因筑路、水道取直，被拆除。东便门箭楼因筑路，被拆除。

⑤1969 年，安定门、西直门箭楼因修筑地铁，被拆除。

(3)拆瓮城。

①1950 年，崇文门瓮城因筑路，被拆除。

②1951 年，永定门瓮城因筑路，被拆除。东便门瓮城因修筑铁路，被拆除。

③1952 年，西便门瓮城因筑路、取砖土，被拆除。

④1953 年，阜成门瓮城因修筑铁路，被拆除。左安门瓮城因筑路，被拆除。右安门瓮城作为危险建筑，被拆除。

⑤1955 年，广安门瓮城因筑路，被拆除。

⑥20 世纪 50 年代，广渠门瓮城因筑路、取砖土，被拆除。

⑦1969 年，西直门瓮城因修筑地铁，被拆除。

(三)北京现存的城墙遗址

虽然北京的城垣在历史的变迁与时代的发展过程中，不断被拆毁，逐渐走向了消亡，但是至今仍留下了一些遗址或痕迹。下面是不同时期的北京城所留下的一些遗址、遗迹。它们的幸存，为研究北京城池的建设、发展及演变提供了弥足珍贵的历史实物。

西周时期：西周燕都城垣遗址，在房山区琉璃河镇董家林村。

金代：金中都水关遗址，在右安门外玉林小区凉水河北岸(辽金城垣博物馆内)；金中都城墙西南角遗址，在丰台区三路居凤凰嘴村；金中都南城墙遗址，在丰台区万泉寺村；金中都西城墙遗址，在丰台区东管头高楼村。

元代：元大都西城墙和北城墙遗址，西城墙南起西二环路北端延长线上，到中国儿童电影制片厂，向东拐上北土城西路，即进入元大都北城墙遗址，经北土城西、东路，直到朝阳区芍药居附近(元大都土城遗址公园)止；元大都东南角楼遗址，在建国门立交桥西南角，古观象台所在地。

明清时代：内城东南角楼及部分南城墙，在崇文门以东(明城墙遗址公园)；东城段明城墙，在北京站东；西便门明城墙遗址，在西便门立交桥附近；皇城墙南墙，在天安门东西两侧；皇城东墙根遗址，在皇城根遗址公园。

九、北京的名称

(一)正式名称

北京在西周时称为“蓟”，此名一直沿用至隋。唐代北京称“幽州”。辽代于会同元年(938 年)升为南部陪都，称“南京”，后于辽开泰元年(1012 年)更名为“燕京”。金时于天德五年(1153 年)成为金之国都，称“中都”。元代移址建新城，于至元九年(1272 年)将新城定为国都，成为大一统的首都，称“大都”。

明洪武元年(1368 年)，将元“大都”改名为“北平”；永乐元年(1403 年)改名“北京”，称“行在”，这是“北京”这一名称第一次出现在历史上；永乐十九年(1421 年)正月改称“京师”；清代仍称“京师”；民国初年称“北京”，民国十七年(1928 年)改名“北平”；1949 年 9 月改“北平”为“北京”。

综上所述，历史上，北京所用的正式名称为，“蓟”“蓟城”“幽州”“南京”“燕京”“中都”“大都”“北平”“北京”“行在”“京师”等。

(二)别称

除了上述各正式名称外，北京在历史上还有一些别称或别号：“蓟丘”“蓟门”“燕都”“旧都”“故都”“国门”“帝京”“长安”“天府”“日下”“宸垣(chén yuán)”“皇都”“析津”等。这些别称有时会出现在书名中，如《蓟门纪乱》《析津志》《析津志辑佚(yì，散失)》《宸垣识略》《燕都丛考》《长安客话》《日下旧闻》《日下旧闻考》《旧都文物略》《帝京景物略》等。

第三节　北京城行政管辖区的划分及管理

我国自秦统一全国后，在行政管辖区的划分上，广泛实行郡县制，一直到元、明、清诸朝，采用的仍是郡县制，虽然名称上有些变化，但行政区的划分和管理上没有本质性的变化。北京城区一直分由两个县管辖。

一、元代大都城行政管辖区的划分

元代大都城的行政区分为东、西两部分，东部归大兴县管理，西部归宛平县管理。大兴和宛平两县均归大都路总管府辖制。大都路总管府在今东城交道口东公街 45 号。

除大兴(辖大都城东及近郊)、宛平两县(辖大都城西及近郊)外，大都路总管府还辖其他四个县和十个州：良乡、昌平、永清、宝坻四个县；涿州、霸州、通州、蓟州、漷(huǒ)州(今北京市通州区南部一带地区)、顺州、檀州(今北京市密云区)、东安州(今河北省廊坊市旧州)、固安州、龙庆洲(今北京市延庆区东北)十个州。

大都城内的居民区被划分为 50 个坊，实际按照元代官修全国性地理总志的《元一统志》记载只有 49 个坊。其名称分别是：1. 福田坊，2. 阜财坊，3. 金城坊，4. 玉铉坊，5. 保大坊，6. 灵椿坊，7. 丹桂坊，8. 明时坊，9. 凤池坊，10. 安富坊，11. 怀远坊，12. 太平坊，13. 大同坊，14. 文德坊，15. 金台坊，16. 穆清坊，17. 五福坊，18. 泰亨坊，19. 八政坊，20. 时雍坊，21. 乾宁坊，22. 咸宁坊，23. 同乐坊，24. 寿域坊，25. 宜民坊，26. 析津坊，27. 康衢(qú)坊，28. 进贤坊，29. 嘉会坊，30. 平在坊，31. 和宁坊，32. 智乐坊，33. 邻德坊，34. 有庆坊，35. 清远坊，36. 日中坊，37. 寅宾坊，38. 西成坊，39. 由义坊，40. 居仁坊，41. 睦亲坊，42. 仁寿坊，43. 万宝坊，44. 豫顺坊，45. 甘棠坊，46. 五云坊，47. 湛露坊，48. 乐善坊，49. 澄清坊。

二、明代北京内外城行政区的划分

明代以南北中轴线为界，把北京城分为东、西两部分。城东属大兴县管辖，县衙在安定门内教忠坊(今东城区交道口南大街的大兴胡同内东城公安分局所在地)；城西属宛平县管辖，县衙在北安门西的积庆坊(今西城区地安门西大街的中国妇女报社所在地)。

同时，北京城的内、外城实行东城、西城、中城、北城、南城的五城行政区域管理。为了便于管理，五城下面又分为 36 个被称作“坊”的行政区域：内城 28 坊，外城 8 坊。坊下设“牌”，“牌”下设“铺”。

“铺”的职能作用大致有两个：一是负责官文书籍的及时传递，二是负责附近居民的治安。明代这种铺舍的管理体制，从今天的一些胡同名称上还能看到点滴的痕迹，如东总布胡同和西总布胡同(二者原合称总铺胡同)、六铺炕、十里堡(铺)、马家堡(铺)等。

下面将明代五城各坊的分布情况介绍如下：

(1)东城，在崇文门内，街东向北，至城墙并东关外，共 5 坊，1 关外，33 牌，195 铺。

明时坊，位于内城东南角，西 4 牌，16 铺；东 4 牌，26 铺。

黄华坊，位于明时坊正北，4 牌，21 铺。

思诚坊(思成坊)，位于黄华坊正北，5 牌，21 铺。

南居贤坊，位于思诚坊正北，6 牌，36 铺。

北居贤坊，位于南居贤坊正北，5 牌，38 铺。

朝阳东直关外，位于朝阳关外往南，至都城东南角、大通桥城东便门处，5 牌，37 铺。

(2)西城，在宣武门内，街西往北，至城墙并西关外，共 7 坊，1 关外，下设 24 牌，120 铺。

阜财坊，位于大、小时雍坊西，下设 4 牌，20 铺。

咸宜坊，位于阜财坊北，下设 2 牌，10 铺。

金城坊，位于阜财坊、咸宜坊西，下设 5 牌，22 铺。

鸣玉坊，位于咸宜坊北，积庆坊西，下设 3 牌，14 铺。

河漕西坊，位于鸣玉坊西，下设 3 牌，13 铺。

朝天宫西坊，位于河漕西坊西，下设 3 牌，15 铺。

日中坊，位于内城之西北角，下设 4 牌，19 铺。

阜成西直关外，位于阜成门外，河沿往南，白纸坊至都城西南角西便门，下设 7 铺。

(3)中城，在正阳门内，皇城的东侧和西侧，共 9 坊，68 铺。

南熏坊，位于皇城东南，下设 8 铺。

澄清坊，位于南熏坊之东，下设 9 铺。

明照坊，位于澄清坊之北，下设 6 铺。

保大坊，位于皇城东，下设 4 铺。

仁寿坊，位于皇城东北，明照坊北，下设 8 铺。

大时雍坊，位于皇城南，下设 18 铺。

小时雍坊，位于皇城西南，下设 5 铺。

安富坊，位于小时雍坊正北，下设 6 铺。

积庆坊，位于安富坊正北，下设4铺。

(4)北城，北安门至安定、德胜门内并北关外，共7坊，1关外，90铺。

教忠坊，位于中城仁寿坊正北，下设10铺。

昭回靖恭坊，位于教忠坊西，下设14铺。

崇教坊，位于教忠坊正北，下设14铺。

灵春坊，位于崇教坊正西，下设8铺。

金台坊，位于灵春坊正西，下设9铺。

日忠坊，位于皇城北，金台坊、昭回靖恭坊西，下设22铺。

发祥坊，位于皇城西北角，日忠坊西，下设7铺。

安定、德胜门关外，位于安定、德胜门外，下设6铺。

(5)南城，外城全部，共8坊，49牌，247铺。

正东坊，位于正阳门大街东，崇文门大街西，天坛以北，下设8牌，40铺。

正西坊，位于正东坊西，山川坛北，下设6牌，24铺。

正南坊，位于正西坊西南，山川坛西，下设4牌，20铺。

崇北坊，位于外城东北角，崇文门大街东，下设7牌，37铺。

崇南坊，位于崇北坊南，下设7牌，33铺。

宣北坊，位于外城西北角，下设7牌，45铺。

宣南坊，位于正南坊西，宣北坊南，下设5牌，27铺。

白纸坊，位于宣南坊西，外城西南角，下设5牌，21铺。

大兴县和宛平县明初同属北平府辖治，永乐元年(1403年)北平府改名顺天府；顺天府的衙署在今天的东城区交道口东公街45号，即元代大都路总管府所在地。明代顺天府除辖城区的大兴、宛平两县，及良乡、固安、永清、东安、香河等五县外，还辖五州十五县：通州，领三河、武清、漷县、宝坻四县；涿州，领房山一县；昌平州，领顺义、怀柔、密云三县；蓟州，领平谷、玉田、丰润、遵化四县；霸州，领文安、大城、保定三县。明顺天府总计共辖二十二个县。

三、清代北京内外城行政区的划分

清代沿用明代北京城行政区的划分制度，大兴、宛平两县仍隶属顺天府，分别掌管北京城区的东、西部及部分郊区。其治所均袭明旧址未变。

清代顺天府除辖城区的大兴、宛平两县外，还辖其他二十二个州县，即通州、涿州、霸州、蓟州、昌平州、良乡、房山、东安、固安、永清、保定、大城、文安、武清、香河、宝坻、宁河、三河、平谷、顺义、怀柔、密云等县。

由于清代实行“旗民分治”，旗人居住在内城，余者居住外城，因此，内外城行政区域的划分出现了差异。

1. 内城按八旗驻地分区

内城，“分列八旗，拱卫皇居”。各旗驻地，依据“行军、蒐(sōu)狩”的传统组织法划分，即“以左右翼为辩”。左翼：镶黄旗驻皇城东北，管辖钟鼓楼以东和东直门内大街以北地区；正白旗驻皇城东，管辖东直门内大街和朝阳门内大街之间地区；镶白旗居正白旗南，管辖朝阳门内大街和今东长安街之间地区；正蓝旗驻内城东南隅，管辖天安门广场以东和东长安街以南地区。右翼：正黄旗驻皇城西北，管辖钟鼓楼以西和西直门内大街以北地区；正红旗驻皇城西，管辖西直门内大街和阜成门内大街之间地区；镶红旗居正红旗南，管辖阜成门内大街和今西长安街之间地区；镶蓝旗驻内城西南隅，管辖天安门广场以西和西长安街以南地区。

每旗下有满洲旗、蒙古旗和汉军旗，依次从内向外排列，使满洲旗紧邻皇城四周，次为蒙古旗，汉军旗在最外围。满洲旗和蒙古旗的编入成分比较简单，分别由满人和蒙古人组成。汉军旗的编入成分则比较复杂，大部分是明代居住在满洲的汉人及入关后编入的河北、山东各地的汉人，同时也有其他民族的人，如回族人、俄国阿尔巴津人、朝鲜人、安南人等。

2. 外城按五城建置

外城实行五城建置，即将整个外城划分成东、西、南、北、中五城，俗称外五城。东城在外城东部，即崇文门外大街和天坛以东地区；西城在外城西部，即宣武门外大街和今陶然亭公园以西地区；南城在天坛北；北城在先农坛西和西北；中城在前门大街两侧，包括天坛和先农坛在内。

3. 保留“坊”制

清代北京除了内城按八旗分旗划界、外城按五城划分外，还保留了按“坊”划分行政区域的传统典制，将内外城统分为10个坊。这10个坊分别是：中西坊、中东坊、朝阳坊、崇南坊、东南坊、正东坊、关外坊、宣南坊、灵中坊、日南坊。其中日南坊的区域范围涵盖整个外城。

实际上，“坊”作为“城”下面的一个行政区划，在以八旗方位为区划的内城，已无实际意义，仅存其名罢了。

4. 清代旗民分城居住的政策

清廷在北京实行旗、民分城居住的政策，始于清初。由于满人进入北京城后圈占房屋，满、汉居民发生矛盾，且愈演愈烈。顺治五年(1648 年)，城内旗人、汉民之间的关系更加紧张，争端日起，劫杀抢夺，而旗人、汉民彼此推诿，竟无已时。面对着这种形势，清廷认为："迁移虽劳一时，然满、汉各安，不相扰害，实为永便。"于是，在顺治五年颁布了"凡汉官及商民人等尽徙(xǐ，迁移)南城"的谕令。此后，汉族官员及平民全部迁居到崇文门、正阳门、宣武门以南的外城了。

旗、民分城居住，导致内外城的管理有所不同。内城尽由八旗官兵及随带眷属驻防。八旗人丁不得私自离开本佐领居住，不许离城四十里，更不能到外地经商或从事手艺工作；禁止旗、民交产，不许旗、民通婚，正身旗人不得抱养民人之子为子；内城不得开戏院、旅店，旗人也不准去外城听戏；内城旗人的房屋不得售予汉人。外城人，一应汉官、汉民只能日间进城，夜晚则不得留宿内城。寺院庙宇中居住的僧道和少数常驻衙门的汉官除外。汉族官员，尤其汉族重要官员，家居外城，皇帝召唤起来很不方便，于是便出现了皇帝赐汉官宅院于内城的现象。

5. 清末内外城行政区域划分的变化

清末，北京改为区建制，设区 46 个：内城 26 个，外城 20 个。后经过几次合并，至光绪三十四年(1908 年)，内城合并为 13 个区，外城并为 10 个区；宣统二年(1910 年)，内城再合并为 10 个区，外城仍为 10 个区。

四、民国时期北京内外城行政区的划分

民国初期北京仍是国都。1928 年 6 月国都迁至南京，北京改称北平，设立北平特别市，直属国民政府行政院，只辖城区及近郊极少地域。1930 年，北平再次降格为北平市，改隶河北省。

民国时期北京仍按区制管理。1928 年，内城划分为 6 个区，外城为 5 个区。郊区 4 个：东郊区、西郊区、南郊区、北郊区。1943 年至 1947 年，北平内城划为 7 个区，外城为 5 个区，内、外城共计 12 个区。内城称内一区至内七区；外城称外一区至外五区；郊区增至 8 个，称郊一区至郊八区。当时城、郊各区还有一种表述方法，城区称一区至十二区，郊区称十三至二十区。

五、1949 年以后北京内外城行政区的划分

1949 年中华人民共和国成立以后，北京再次成为全国的首都，其城区的

行政划分迄今经历了五次变更。

1950 年，北京市政府决定将原民国内外城的 12 个区，调整、合并成 9 个区。内城划为 5 个区，外城划为 4 个区，依次定为一区至九区。内城：第一区为内城东南部，第二区为内城西南部，第三区为内城东北部，第四区为内城西北部，第五区为内城中南部。外城：第六区为外城中北部，第七区为外城东部，第八区为外城西部，第九区为外城中南部。

1952 年 6 月 20 日，北京市政府行政会议及 7 月 18 日北京市委临时会议决定：将 1950 年内外城的 9 个区缩减到 7 个，撤销第五区和第九区，分别并入临近区。内城 4 个区，外城 3 个区，并以地名命名区名。第一区改称东单区，第二区改称西单区，第三区改称东四区，第四区改称西四区，第六区改称前门区，第七区改称崇文区，第八区改称宣武区。被撤销的第五区分别并入东单区、西单区、东四区、西四区等四个区；被撤销的第九区分别并入崇文区和宣武区。

1955 年，德胜门、安定门、东直门、朝阳门、东便门、广渠门等关厢地区分别划归西四区、东四区、东单区与崇文区管辖，区域面积有所增加。

1958 年 4 月，国务院批准撤销前门区，其地域分别划入崇文和宣武两区。5 月，东单区和东四区合并，改称东城区；西单区和西四区合并，改称为西城区。同时，原属东单区的朝阳门外、东便门外关厢地区划归朝阳区。城区由 7 个区变为 4 个区，即内城两个区：东城区和西城区；外城两个区：崇文区和宣武区。

2010 年 7 月 1 日，北京原东城区与原崇文区合并为新东城区，原西城区与原宣武区合并为新西城区。

第二章 北京的古代建筑

第一节 概述

北京的建筑是北京文化的重要组成部分，人们认识北京首先是从参观游览北京的建筑开始的。金碧辉煌的故宫，优美宏大的颐和园，古朴庄严的天坛等古代建筑，以及风格各异的近代和现代的建筑，都给人们留下了美好深刻的印象，无论在视觉，还是心灵上都是一种享受。

建筑是物质的，是因为任何一座建筑物都是为着某一种使用功能而营造的，从实体的建筑物上我们可以窥探到其建筑材料和建筑技术的发展过程；建筑又是精神的，因为任何一座建筑物都蕴含着某一时代的文化，正所谓“托物寄史，托物寄情”。不同时代的建筑折射着不同时代的政治、文化与精神追求。透过古代建筑我们可以了解先人的政治、伦理、价值取向。

一、中国古代建筑物的特征

我国古代建筑的特点，概括起来，主要有以下几点。

(一)建筑结构以木结构为主

我国的古代建筑，其结构以木结构为主，在梁、柱、檩(lǐn)等构件的衔接上采取的是精美、独特的斗拱和卯榫(mǎo sǔn)技术手段。一般斗拱只用于宫殿及其他高等级的建筑上。木结构带给我们的，是使用功能和美学的完美结合，是精美独特的建筑艺术，但同时也暴露出其易受虫蛀和火焚、难抵自然侵蚀、使用寿命不够长久等弱点。例如，故宫中等级最高的太和殿就曾至少于明永乐十九年(1421 年)、嘉靖三十六年(1557 年)、万历二十五年(1597 年)和康熙十八年(1679 年)四次遭受火焚。

(二)以中轴线为方位基准线，左右对称

由多座建筑组成的建筑群，如宫殿、官署、寺院、庙宇，乃至住宅，在总体规划安排上多采取以南北走向的中轴线为方位基准线，左右分立、均衡对称的布局，以“适于礼仪之庄严场合；公者如朝会大典，私者如婚丧喜庆之属”。以北京城的建筑中轴线为例，它南起永定门，北至钟鼓楼，轴线上建有10座最重要的城门和6座最雄伟的宫殿：永定门、正阳门、大清门(明代称大明门)、天安门(明代称承天门)、端门、午门、太和门(明代称奉天门、皇极门)、太和殿(明代称奉天殿、皇极殿)、中和殿(明代称华盖殿、中极殿)、保和殿(明代称谨身殿、建极殿)、乾清门、乾清宫、交泰殿、坤宁宫、神武门(明代称玄武门)、地安门(明代称北安门)；轴线东西两侧的建筑对称布局：自南而北是天坛与先农坛、太庙与社稷坛、文华殿与武英殿、东六宫与西六宫、东华门与西华门等。

(三)以《周礼》、《易经》、星图等作为设计和建设的指导思想

古人在建筑城池、宫殿、坛庙时，基本都以《周礼》为依据进行规划和布局，依据《周易》进行建筑物的定位、取数和命名。古人的这种建筑指导思想，从元大都及其后的明清城垣、宫殿、坛庙上表现得十分明显。

城垣建筑基本是按照《周礼·考工记》“匠人营国，方九里，旁三门。国中九经九纬，经涂九轨”进行设计和施工的，虽然北京大多数城门已不存在了，但“九经九纬”，尤其“九经”至今仍大致可辨，由东而西：东城根的顺城街(今为东二环路西侧部分，名称已不存)，安定门与东城墙之间的小街(含东直门南、北小街及朝阳门南、北小街)，崇文门至北城墙的大街(含崇文门内大街，东单北大街，东四南、北大街及雍和宫大街)，安定门内大街及美术馆后街，前门至北城墙的大街(分为两段，南段：前门城楼内一段，已属天安门广场；北段：地安门内、外大街)，德胜门内大街，宣武门至新街口豁口的大街(含宣武门内大街，西单北大街，西四南、北大街，新街口南、北大街)，德胜门至西城墙之间的小街(今仅存西直门南小街一段)，西城根的西顺城街(今西二环路东侧，目前还存有阜成门北顺城街一段)。

根据《周礼·考工记》要求，建造皇宫，须“左祖右社，面朝后市，市朝一夫”。元明清的太庙和社稷坛均建在皇宫的东、西两侧：元代太庙在今朝阳门内，社稷坛在今阜成门内；明清太庙在今劳动人民文化宫，社稷坛在今中山公园内。

《大清会典》中曾明确规定：“凡相度风水，遇大工营建，钦天监委官，相阴阳，定方位，诹(zōu)吉(选择吉日)兴工，典至重也。”“辨方正位，以正朝夕。”显然，这一规定就是根据《易经》确立的。北京的天、地、日、月坛位置的确定都是依据易经来确定的。《周易·说卦》曰："乾，天也，故称乎父。坤，地也，故称乎母"；"离为火为日，坎为水为月"。乾的方位在正南，坤的方位在正北，有"天南地北"之说，故天坛在南，地坛在北；离的方位在正东方，坎的方位在正西方，故日坛在东郊，月坛在西郊。

北京的古建筑涉及数字时，也参照了《易经》的说法，如"九"和"五"象征帝王的权威，称之为"九五至尊"。这也是出自《易经》。《周易·乾》曰："九五，飞龙在天，利见大人。"因此皇帝的宫殿等多为"面阔九间，进深五间"，以显帝王身份。又如，根据周易的阴阳说，"天为阳，地为阴"。用数字来表达，代表天的是"阳数"，也称"奇数"或"天数"；代表地的是"阴数"，也称"偶数"。所以，天坛的圜丘的台面直径、每圈所用石块、四周望柱、栏板、阶数，都是天数、阳数之极的 9 或 9 的倍数。而地坛、方泽坛各层的石板数、台阶数，水渠的长、深、宽尺寸，则均为阴数。再比如，元代大都城内分为五十坊，实际有名称的共计四十九坊，有一坊为虚设，没有名称。出现这种情况，难道是因为古人疏忽而造成的吗？当然不是。这是古人在以此演绎《周易·系辞上传》中"大衍之数五十，其用四十有九"的说法。

以《易经》为建筑物命名，在古代建筑上十分普遍。如元大都各城门的命名均以《易经》为据。丽正门，南城垣正门，离卦，《易经》曰："日月丽乎天，百谷草木丽乎土，重明立乎正，乃化成天下。"文明门，南垣东门，离卦与巽(xùn)卦之间，《易经》曰："文明以健，正中而应。"顺承门，南垣西门，坤卦，《易经》曰："万物滋生，乃顺承天。"再如，《易经》的核心理念是崇尚和谐，强调阴阳之和，包括天地之和、天人之和、身心之和、人际之和等。清代将明代紫禁城内的外朝三大殿奉天殿(后称皇极殿)、华盖殿(后称中极殿)、谨身殿(后称建极殿)，分别改名为太和殿、中和殿、保和殿，将皇城四门承天门、北安门、东安门、西安门，略加变动改称天安门、地安门、东安门、西安门，以此突出"内和外安"的意愿。后宫的乾清宫、坤宁宫、交泰殿，明清两朝同名，其布局取的是《易经》中的泰卦，乾上坤下，乾内坤外，强调天地交泰，阴阳合和，天地合一，万物有序。

此外，古人以天象记录着人间的秩序，"在天成象，在地成形"，从而形成了"象天设都"的理念，即都城的布局与天上的星系相对应：紫禁城的后宫对应紫薇垣，前朝大殿对应太微垣，后市对应天市垣；太庙对应天庙星，社稷坛对应天社星和天稷星。紫薇垣、太微垣和天市垣在我国古天文学中被称为"三垣"，即三个星区，因每个星区都有东西两藩的星座，左右环列，形如墙垣，故名之为“垣”。

(四)宫殿、城楼、寺庙大殿等重要建筑物上安放压胜镇物

安放压胜镇物是中国古代建筑的传统做法，用以驱除邪魔，祈求入住平安。早在汉代，就有了用镇物保宅第平安的记载。宫殿、城楼等处安放的多为金属或木质宝匣，匣内一般放经卷，金钱，金、银、铜、铁、锡五种元宝，五色宝石，五色缎，五色线，五香，五药和五谷等物。寺院、佛塔一般放置经咒和香泥小塔等物。宝匣通常放置在建筑物正脊正中的脊筒内，脊筒正中位置也叫“龙门”或“龙口”。宝匣有等级之分，根据殿宇等级不同，其材质、尺寸及纹饰亦不尽相同。

兴建宫殿挑大脊时，工匠从大脊两端向中间垒砌脊筒，最后要预留出正中一块脊筒暂不封瓦，合龙期间将宝匣放入正脊筒，盖上脊瓦密封起来。这个过程即为“合龙门”，也称“合龙口”或“合龙”。宫殿进行修缮时，首先要拆开龙口取出宝匣，俗称“请龙口”或“迎龙口”。取出的宝匣被请至工部供奉起来，修复工程结束后宝匣会被迎回。在清代，宝匣的放置与取出属朝廷重大事项，须举行祭祀仪式后才能进行。

故宫博物院从20世纪50年代开始修缮古建筑，在修缮过程中取出的宝匣和清宫遗留下来的宝匣共计五十余件。大到太和殿，小至门楼等几乎都有。目前发现有宝匣的殿宇有几十处：太和门、太和殿、保和殿、坤宁宫、体仁阁、武英殿、储秀宫、长春宫、天穹宝殿、奉先殿、漱芳斋、体和殿、皇极殿、养心殿等。不过不是所有殿宇都可以请出宝匣，2017年5月体元殿修缮时，工作人员打开正脊筒瓦就没有发现宝匣的存在。

1970年初，重建天安门城楼时，在专家的指导下于正脊处取出一个30厘米见方的金丝楠木宝盒，外面雕有二龙戏珠的图案，宝盒内装着金元宝、红宝石、朱砂和五彩粮(黄豆、高粱、黑豆、谷子和玉米)。完工之前，在原来放宝盒的地方，安置了一块高17厘米、宽12厘米、厚3厘米的汉白玉石，上面竖着刻有“一九七〇年三月一日重建”的金色字样。

2018年9月3日启动故宫养心殿维修工程时，在其屋顶正脊中发现并取出一表面绘有彩色青龙纹的宝匣，制作于嘉庆六年(1801年)。匣内放有经卷，金钱，金、银、铜、铁、锡五种元宝，五色宝石，五色缎，五色丝线，五香，五药和五谷。

1983年对景山寿皇殿进行修葺时，发现在其正脊脊筒中放置着一个锡制宝盒，盒内贮有鎏金银币24枚，正面铸汉文“天下太平”四个字，背面为同样四个字的满文。盒内还有金、银、铜、铁、锡制的五锭之宝，以及谷物、丝线等，均用红绫哈达包裹。

古代建筑物的镇物，除了皇宫宫殿大量存在外，在北京的城门楼、寺庙建筑及佛塔内也有发现。

1915 年前门改建工程中，在城楼梁上发现光绪年间重建时用来压胜的银盒及五谷杂粮、五彩丝线、五色宝石和五金（金、银、铜、铁、锡）元宝等物。

1978 年对妙应寺（白塔寺）白塔进行修缮时，在塔顶铜制刹顶内发现乾隆十八年（1753 年）存留的一批佛教文物。其中有清朝唯一官刻汉文大藏经 724 函、乾隆帝手书的经咒、高 20 厘米的铜质三世佛像、黄檀木观音像、精雕的赤金舍利长寿佛、五佛冠、补花袈裟和哈达等。

此外，古人在治水、修桥的水务工程中，也都习惯采用镇物的做法，如乾隆皇帝在清漪园昆明湖的整治工程时，在廓如亭北面的堤岸上，安置了一尊铜牛作为“永镇悠水”的镇物。再如，地安门外的万宁桥（俗称后门桥）下两侧南北岸上各筑有一尊名叫“蚣蝮”的神兽，其目的亦为镇水。

古建筑安放镇物的传统做法得到了传承。2004 年在重建北京中轴线最南端的标志性建筑永定门时，在正脊合龙之际，于正脊下安放了五金、五线等物。

（五）隐喻文化运用普遍

在语言学中，有一种修辞手法叫作比喻。其基本作用，是突出事物的特征，把抽象的事物形象化，从而提高语言的表达效果。比喻有三种类型：明喻、隐喻、借喻。在中国的古建筑中，也有类似于语言修辞学中“隐喻”的表现手法，即通过建筑物的形貌、体量、线条、方位、名称以及建筑材料、建筑构件、装饰（如雕饰、彩画、陈设）等等，借用“象征”“附会”“谐音”“比拟”等手法，来传达建筑物的设计者或使用者的心理暗示，反映建筑物的文化内涵、等级观念，以及使用者的理想追求和美好愿望等。这便是建筑的隐喻文化，它为建筑实物增添了一种很独特的文化内涵，使之一下子“活”了起来，有了文化的生命。

这种建筑的隐喻文化在古代建筑上，运用得十分普遍。比如建筑物的形状，以圆形代表“天”，以方形代表“地”；在雕饰或彩画中，以龙代表皇帝、皇权，以凤代表皇后；用蝙蝠表达“福”，用鱼表达“余”，用桂花表达“贵”，用牡丹花表达“富贵”，用龟、鹤表达“长寿”；用母猴背小猴寓意“辈辈封侯”，用马背上骑猴寓意“马上封侯”，用儿童抱着大鲤鱼寓意“年年有余”，用松树下一对白鹤寓意“松鹤延年”，用公鸡和鸡冠花寓意“官上加官”，用红色的蝙蝠飞翔于白色的流云间寓意“洪福齐天”，用菊花下一对鸳鸯寓意“安居乐业”，用葡萄与葫芦藤蔓寓意“多子与子孙绵长”，用蝙蝠衔铜钱寓意对“幸福与财富”的祈盼，用柿子、“卍”字与如意寓意“万事如意”，用菊花加麻雀寓意“居家欢乐”，用大象加宝瓶寓意“太平有象”，用蝙蝠加石榴寓意“多子多福”，用蝙蝠、寿字加绶带寓意“福寿绵长”，用梅、兰、竹、菊寓意对“高尚人格风骨”的追求，用铜鹿、铜鹤和铜花瓶寓意“六合太平”，用玉兰、海棠、牡丹寓意“玉堂富贵”，用花篮加牡丹和太平花寓意“富贵太平”，用瓷、铜、玉、石等古器物组成的博古寓意“清雅高洁”，等等。

隐喻文化在紫禁城的皇宫建筑上比比皆是。如太和殿前的月台上摆设的物件——铜鼎、铜龟、铜鹤，都是大典时用来焚香的，放置在这里，寓意长寿，含有“江山永固”之意；月台上的日晷和嘉量，象征“皇权”，寓意“天下一统”。

太和殿内的陈设同样有讲究。宝座前，有铜胎珐琅嵌料石制成的大象驮宝瓶，瓶内有五谷，寓意“天下太平，吉庆有余”；象身四脚立地，稳如泰山，象征社会和政权的稳固，称为“太平有象”；角(lù)端——传说中的神兽，象征皇帝乃“圣明之君”；仙鹤象征着江山长存；香亭，由香炉演变而来，放在殿中，象征着“国家安定”。

可以说，隐喻文化在故宫中被运用得淋漓尽致。

(六)古建筑物的尺寸计量不一致

历史上，各朝代的长度计量尺寸不尽相同，比如“尺”的长度，以现代国际统一的“厘米”来合算，周朝1尺为19.91厘米，明代1尺为32厘米。这一点须特别注意，否则会出现错误。比如日坛的方形祭坛，边长五丈，这是明代建筑，应以明营造尺计算，核算成今天的尺寸应该是16米，而不是“约合17米”。

表2-1　历代尺度简表

朝代或时期	每尺折合公制	朝代或时期	每尺折合公制
商	0.169米	晋	0.245米
战国	0.227～0.231米	宋(南朝)	0.245～0.247米
西汉	0.230～0.234米	梁(南朝)	0.236～0.251米
新(王莽)	0.231米	北魏	0.255～0.295米
东汉	0.235～0.239米	东魏(北朝)	0.300米
三国(魏)	0.241～0.242米	北周	0.267米

续表

朝代或时期	每尺折合公制	朝代或时期	每尺折合公制
隋	0.273 米	明	0.320 米
唐	0.280～0.313 米	清(公元 1840 年以前)	0.310 米
宋	0.309～0.329 米		

注：中国古代尺度中的丈、尺、寸、分为十进位(1 丈＝10 尺＝100 寸＝1000 分)。每步为 6 尺时，1 里合 300 步；每步合 5 尺时，1 里合 360 步。1 里＝1800 尺。历代每尺长度折合公制略如表 2-1 所示。

资料来源：刘敦桢．中国古代建筑史[M]．北京：中国建筑出版社，1980.

(七)古建的等级分明

自古以来，人就是以不同等级的身份而生存于社会之中的，帝、后最高，其次皇族，然后官员，最低者是平民。再细分，帝、后有别，皇族按爵位有高低，官员按品级有上下，平民按富贫有贵贱。因此，建筑物随其使用者的身份、地位的不同，差异很大，其中皇家的宫殿建筑等级最高，突显着皇权至上的理念；其次是王公府邸；而后为官邸；再下是富宅；最下为底层的小门小户民宅。

二、北京古代建筑物的分类

北京的古建筑非常丰富，几乎处处可见，有集中在一起的古建筑群，也有分散在胡同深处的单体建筑，真可谓异彩纷呈，美不胜收。北京的古建筑种类很多，大致可分为以下七类。

第一类是皇家建筑，包括皇宫(如故宫)、皇家园林(如颐和园、圆明园、北海、香山)、皇家祭祀建筑(如天坛、太庙、社稷坛)以及皇家陵寝(明十三陵)等，这些建筑历经岁月的沧桑，保持至今，十分珍贵。

第二类是防御性建筑，如城池、城楼等。

第三类是宗教建筑，包括寺(如云居寺、法海寺)、观(如白云观)、庙(如孔庙、双关帝庙、碧霞元君庙)、教堂(如南堂、圣米厄尔教堂)、清真寺(如牛街礼拜寺、清真女寺)等。北京宗教建筑类型之齐全、数目之多、保护之完好，也是其他城市望尘莫及的。

第四类是住宅建筑，包括王府官邸、四合院等。

第五类是戏楼、会馆建筑，主要分布在前门、宣武门以南的外城，如正乙祠戏楼、湖广会馆等，是古代举子、文人墨客、戏剧名流汇聚的地方。

第六类装饰性和纪念性建筑，如牌楼、塔等。

第七类是桥梁建筑，如卢沟桥、琉璃河大桥、永通桥、万宁桥、德胜桥等众多的大桥。

这些饱含着历史沧桑的古建筑，座座都是北京历史文化的载体，都闪烁着中国传统文化的光芒。通过对北京古建筑实物的考察，我们可以较深入地了解北京的政治、历史、经济、民族、宗教、伦理、艺术、科技等各方面的发展历程，以及中国传统文化和先人建筑智慧的核心价值观所在。当我们踏进北京的古老建筑，贴近它们的肌肤，领略它们的魅力与风采的同时，也会从它们身上所折射出的文化内涵，真切地感悟到我国古代建筑的一些特征。

第二节　古代建筑物的等级

一、古代建筑等级的表现手法

中国古代建筑物等级的表现手法很多，概括起来主要有以下几点。

(一)建筑物的位置

中国自古崇尚“中正”，以中为尊，以中为贵。《吕氏春秋》称“王者择天下之中而立国，择国之中而立宫，择宫之中而立庙”。因此在我国的建筑上，均以中轴线为方位基准线，重要的建筑物，即级别高的屋宇都要建在这条中轴线上。最重要的建筑要占据中轴线的中央位置。宫城居北京之中，皇宫的三大殿、后三宫更要居宫城中轴线之中。在各类建筑群中，可能分为数个并列的庭院，中间的院落等级最高，中间院落中轴线上的建筑等级最高，而中轴线上居中的建筑则是整个建筑群中等级最高的。

(二)建筑物的体量

建筑物的体量包括建筑物的三维尺度、台基的高度、屋宇的间数(四柱之间的空间为一间)等。就单体建筑面南屋宇的横向间数而言，皇帝可享用 9 间(甚至 11 间，如太和殿)，亲王正殿 7 间，郡王正殿 5 间，百姓最多只能 3 间。智慧的百姓，为了增加房屋间数又不僭制，特在正房(多为北房)的两边各加盖一间，甚至更多的小耳房。

台基是高出地面的建筑物底座，用以承托建筑物，并使其防潮、防腐和防止雨水倒灌，同时可弥补中国古建筑单体建筑不甚高大雄伟的劣势。中国古建筑的台基部分，在其数千年的发展过程中也形成了等级制度，有学者将其分为四个等级：普通台基、较高级台基、更高级台基和最高级台基。

(1)普通台基：用素土，或灰土，或碎砖三合土夯筑而成，约高一尺，常用于小式建筑，即级别低的建筑。

(2)较高级台基：以石建造，比普通的台基高，常在台基上围建汉白玉栏杆，用于大型建筑或宫殿建筑中的次要建筑。

(3)更高级台基：即须弥座，又名金刚座，是受佛教文化影响的产物。须弥座用石砌成，上有凹凸线脚和纹饰。从侧面看，须弥座大致分成六个部分：圭脚、上枋、下枋、上枭、下枭、束腰。台上建有汉白玉栏杆。自须弥座用于中国古建筑的台基部分起，它就成了台基中高等级的符号，只用于高等级的宫殿、寺院、道观以及一些纪念性建筑上。

(4)最高级台基：由几个须弥座相叠而成，使建筑物显得更加宏伟高大，只用于最高级别的建筑，如：故宫三大殿，建筑在三层巨大的须弥座上；天坛祈年殿，建筑在三层圆形的须弥座上；太庙的前殿和十三陵长陵的祾恩殿也都是级别最高的建筑，其台基都是三层白石须弥座。

台基高于地面，为了上下安全、方便，在建筑物台基的正中建有台阶。皇宫宫殿的石台阶称为“陛”。为了分出尊卑，宫殿前要有三路台阶，按左、中、右排列，叫“三出陛”。正中之陛，为皇帝专用，较宽，路中有带雕刻的丹陛石；左、石两路陛，供官员行走，宽度略窄于中路陛。

(三)屋顶样式

中国古代建筑的屋顶样式多种多样，有庑殿顶、歇山顶、悬山顶、硬山顶、卷棚顶、攒尖顶、盝顶、盔顶、勾连搭顶等。庑殿顶、歇山顶和攒尖顶又分为单檐(一个屋檐)和重檐(两个或两个以上屋檐)两种。

古建筑的屋顶除功能性外，还是等级的象征。其等级高低依次为：重檐庑殿顶、重檐歇山顶、重檐攒尖顶、单檐庑殿顶、单檐歇山顶、单檐攒尖顶、悬山正脊顶、悬山卷棚顶、硬山正脊顶、硬山卷棚顶、盝顶。

下面介绍几种主要的屋顶样式。

1. 庑殿顶

庑殿顶又称四阿顶，有五脊四坡，所以又叫五脊顶，前后两坡相交处为正脊，左右两坡有四条垂脊。如故宫太和殿、乾清宫、太庙享殿、十三陵中的长陵祾恩殿以及北京孔庙的大成殿等都是级别最高的重檐庑殿式屋顶。太庙戟(jǐ)门为单檐庑殿式屋顶。

2. 歇山顶

歇山顶有九条脊，所以又称九脊顶，有一条正脊、四条垂脊、四条戗

(qiàng)脊。前后两坡为正坡，左右两坡为半坡，半坡以上的三角形区域为山花。故宫的太和门、保和殿、西黄寺正殿等为歇山顶，其中太和门和保和殿为重檐歇山顶。

3. 硬山顶

硬山顶有五脊二坡，屋顶与山墙齐平。因其等级低，所以硬山顶多用于附属建筑及民间建筑。如历代帝王庙的附属建筑神厨、神库、典守房和乐舞执事房等都是硬山式屋顶。而普通民宅只能使用硬山顶。

4. 悬山顶

悬山顶又称挑山顶，有五脊二坡。悬山顶与硬山顶基本相同，只是悬山式的屋顶不像硬山式一样与山墙齐平，而是伸出山墙之外。这部分伸出山墙之外的屋顶由下面伸出的檩承托。在皇家祭祀建筑群中主殿以外的建筑上，常见到这种屋顶的结构。颐和园等皇家园林中也有不少悬山顶建筑。北京建筑中的垂花门几乎都是悬山顶。但随着砖墙的普遍使用，悬山顶逐渐被硬山顶所取代。

5. 攒尖顶

攒尖顶无正脊，只有垂脊，多应用于面积不大的楼、阁、亭、塔等，平面多为正多边形或圆形，顶部有宝顶。根据脊数多少，攒尖顶又分为三角攒尖顶、四角攒尖顶、六角攒尖顶、八角攒尖顶等。此外，还有圆形攒尖顶，没有垂脊，如故宫御花园中的万春亭。攒尖顶多作为景点或景观建筑，如颐和园的廓如亭，就是八角重檐攒尖顶。在等级较高的建筑中，极少使用攒尖顶，而故宫的中和殿、交泰殿却使用了单檐四角攒尖顶。天坛内的祈年殿采用的是三重檐圆形攒尖顶。

6. 盝顶

盝顶(又称鹿顶)的特点是顶部是平的，由四条正脊围成平顶，下接庑殿顶。盝顶的顶部有两种做法：封顶和不封顶的。用于殿阁的顶部是封顶的，但用于井亭的就不用封顶，而是露天的。盝顶在金、元时期比较常用，元大都的建筑中很多房屋都是盝顶，明、清两代也有很多盝顶建筑。例如故宫御花园的钦安殿、瀛台的翔鸾阁、历代帝王庙的井亭都是盝顶。

7. 盔顶

盔顶的造型像古代将军的头盔，故名。其特征是没有正脊，各垂脊交会于屋顶正中，即宝顶。在这一点上，盔顶和攒尖顶相同；不同的是，盔顶的斜坡和垂脊上半部向外凸，下半部向内凹，断面如弓，呈头盔状。这种屋顶外形庄重优美、华丽，所以常常用于园林景观建筑和纪念建筑。如湖南的岳阳楼和重庆市云阳县的张飞庙皆是这种建筑的代表作品。北京尚未发现这种屋顶的建筑。

8. 卷棚顶

卷棚顶，又称元宝顶，屋面双坡相交处不起正脊，而是做成弧形曲面，多用于园林建筑或皇宫中太监、佣人等居住的边房。如颐和园谐趣园中的屋顶形式全部为卷棚顶，颐和园文昌院的建筑为悬山卷棚顶，北海公园的漪澜堂为筒瓦卷棚顶。

9. 勾连搭顶

勾连搭顶是指两栋或多栋房屋的屋面沿进深方向前后相连接，在连接处做一水平天沟向两边排水的屋顶样式，其目的是扩大建筑室内的空间，常见于大型宅第及寺庙大殿等建筑。北京清真寺的礼拜大殿基本都是这种屋顶。

有的花厅或过厅采用的也是这种勾连搭顶，如东城区帽儿胡同 11 号原清代大学士文煜住宅的第二进院的东厢过厅就是两卷勾连搭顶。

（四）斗拱

斗拱是我国古代建筑特有的结构构件，由方形的斗和弓形的拱及斜向的昂等若干个拱件组合而成。我们站在宫殿或寺庙大雄宝殿外面的屋檐下，抬头所看到的那些一串串由木块和木条像积木一样相互咬合、叠搭起来的物件便是斗拱。斗拱的作用是支撑屋顶出檐，减少室内大梁的跨度，将屋顶大面积的荷载经它递减到柱子上。斗拱是中华建筑技术的杰出代表，其原始创造的目的，首先是满足使用而非审美或其他。但斗拱后来却成了封建社会伦理等级观念在建筑文化中的一种符号，成为政治伦理、等级制度的建筑象征。到了封建社会的中后期，便只有宫殿、帝王陵寝、坛庙、寺观及府邸等一些高级建筑上才允许使用斗拱，并形成了如下的等级规则：有斗拱的高于无斗拱的，斗拱多的高于斗拱少的，层次多的高于层次少的。如北京紫禁城太和殿、太庙及明十三陵之长陵祾恩殿的斗拱，其等级无疑是最高的。即使紫禁城内部，其余殿宇的斗拱尺度，也不能与太和殿相比。在佛教寺院中，大雄宝殿的斗拱，也一定要比其他配殿上的斗拱更为雄大、复杂，因为这是象征着主佛释迦牟尼的建筑形象符号。其实，印度佛教本来不重视政治伦理这一套，当初释迦牟尼创立佛教时，就包含着对婆罗门“种姓”等级的蔑视，但是印度佛教一旦中国化，就以中国所特有的斗拱技术符号，表达出中国人的政治伦理观念。

(五)建筑材料

1. 琉璃构件

琉璃构件是用铝和钠的硅酸化合物经高温烧制成的釉质物。元、明、清宫殿、坛庙等建筑普遍使用琉璃瓦和琉璃装饰构件，颜色主要分黄、绿、黑三种，其次还有蓝、白两色等。帝都的宫殿以黄色为尊。低于帝都皇宫的建筑，如沈阳故宫，清朝统治者入关定都北京后，其宫殿改用黄琉璃瓦加绿剪边。又如北海公园内的智珠殿、法轮殿、观音殿(又名极乐世界、小西天)、永安寺以及团城上的承光殿等均为黄琉璃瓦绿剪边。王公府邸以绿色为贵。高于一般王府的建筑，则采用绿瓦加黄剪边，如北海公园内云依亭、意远亭、五龙亭等均为绿琉璃瓦黄剪边。黑色一般用于祭祀建筑，如日坛、月坛、太岁殿、历代帝王庙等；蓝色用于祭天，如祈年殿。社稷坛周边的矮墙，有一边用的是白琉璃瓦，代表西方王土之色。百姓建筑不得使用琉璃瓦或琉璃构件，也不得使用黄、绿二色。清初曾有明令：凡皇城内居住官民房屋门户及院墙有盖黄绿瓦者，悉行改换。天坛内的斋宫为皇帝专用，但没有用黄色而是用了绿琉璃瓦。这是因为皇帝自认是上天的儿子，使用绿色，表示谦卑。

2. 木材

金丝楠木为桢楠属树种，十分名贵，是皇家专用木材。明清两代均严格禁止皇家以外的建筑使用金丝楠木，清嘉庆皇帝公布了和珅二十条罪状，其中一条就是和珅家所盖房屋僭侈逾制，用了楠木。修建紫禁城的金丝楠木来自四川峨眉。

3. 金砖

金砖是一种工艺考究、造价昂贵的地面材料。其选料、和泥、成坯、烧制、加工均有严格的工序要求，入窑后要用文火烧 130 多天，因此一窑金砖烧制出来，前后需要两年的时间。出窑的砖要经皇家验收，如果一窑砖有 6 块不合格，就会全都报废，所以质量非常高。成品砖在使用前还要经过桐油浸泡、表面打磨等处理。这样制作出来的精品砖，敲起来有金石之声，加上价格高昂，故名“金砖”。金砖是皇家建筑地面的专用材料。

(六)油饰彩画

油饰彩画对于中国古建木结构来说，既是一种保护，又是一种十分重要的装饰。油饰彩画主要有三类：和玺彩画、旋子彩画和苏式彩画。

1. 和玺彩画

和玺彩画是在明代旋子彩画基础上发展起来的，是彩画中等级最高者，只用于皇宫的主要建筑和显要的寺庙。根据内容不同，和玺彩画分为“金龙和玺”“龙凤和玺”“龙草和玺”等不同种类。如故宫的太和殿、乾清宫、养心殿等宫殿多采用“金龙和玺”彩画；交泰殿、慈宁宫等处则采用“龙凤和玺”彩画；而太和殿前的弘义阁、体仁阁等较次要的殿宇使用的则是“龙草和玺”彩画。

2. 旋子彩画

旋子彩画的级别低于和玺彩画。而旋子彩画自身又按照用金量的多少来划分，梁思成先生在其《清式营造则例》中将旋子彩画分成七个等级：一是金琢墨石碾玉(金线雄黄玉)，二是烟琢墨石碾玉(墨线雄黄玉)，三是金线大点金，四是墨线大点金，五是金线小点金，六是墨线小点金，七是雅伍墨。雅伍墨是旋子彩画中等级最低的一种，无金，只用青、绿、丹、黑、白五色，线条轮廓都用墨线勾勒。

3. 苏式彩画

苏式彩画为清代首创，起源于江南苏杭一带的民间建筑，内容多为山水、人物、花鸟等。相传乾隆皇帝对苏式彩画情有独钟，致使苏式彩画被引入皇家建筑而流传下来。苏式彩画在三种彩画中级别最低，但具有很高的艺术价值和观赏价值。北京颐和园中的彩画最为丰富，在其 6 万平方米的古建中，有 5 万平方米的古建绘制了苏式彩画，尤其是始建于清乾隆十五年(1750 年)，后遭英法联军烧毁又重建的长廊，长 728 米，273 间，简直就是一条苏式彩画的画廊，枋梁上绘有人物、山水、花鸟等各种彩画 8000 多幅(一说 1.4 万余幅)。丰富的内容，精美的画面，吸引着无数的游客驻足观赏，细细品味。经《颐和园长廊彩画故事全集》编著者易明考证，长廊彩画中有一批临仿清代著名画家作品的绘画，其中包括临摹任伯年、任薰、任预、费丹旭、钱慧安、潘振镛、吴友如、沈心海、陆鹏、曹华、马骀等人作品的临摹画，由此大大增加了长廊彩画的艺术欣赏价值。

(七)大门样式

大门是指宅院的临街门，有等级之分。最高级别的门为皇宫大门，二等为王府大门，三等为屋宇式广亮大门，四等为屋宇式金柱大门，五等为屋宇式蛮子门，六等为屋宇式如意门，七等为小门楼式如意门，八等为随墙门。五等以上大门可用红色大门，百姓只能用黑色屋宇式如意门以下等级的门。皇宫大门和王府大门开在中间，即中轴线的位置上，而广亮大门、金柱大门、蛮子门和如意门等只能开在侧向位置上。为了图吉利，东西向的胡同，坐北朝南的宅院大门多开在东南角，坐南朝北的宅院大门多开在西北角。

1. 皇宫大门

皇宫大门级别最高，雄伟宏大，如天安门，既是皇城正门，又是宫城第一道大门，黄琉璃瓦，重檐歇山顶，面阔九间，进深五间，脊兽九种，开五个大门，每扇门均有鎏金铜门钉 81 颗；再如午门，宫城的正门，级别比天安门还要高，为重檐庑殿式黄琉璃瓦顶，正楼面阔九间，高 38 米，脊兽九种，开五座门，正面三座门，楼台左右各开一座门，每扇大门各有鎏金铜门钉 81 颗。

2. 王府大门

王府建于胡同之中，均坐北朝南，其大门等级仅次于皇宫大门。如亲王王府大门五间，绿琉璃瓦顶，有脊兽，大门有门钉，过道高出地面。开三个门，中间一座大门，为礼仪之门，平时不开，视时视事而开；正门左右各有一个角门，称阿斯门，供人们日常出入使用。府门外设石狮、上马石各一对，以及拴马柱、灯柱等设施；府门对面建有影壁。贝勒府的大门三间，但只能开一个门。

3. 屋宇式广亮大门

屋宇式广亮大门，屋宇一间，门楼较高，大门安在正脊之下的中柱上，将屋宇的空间一分为二。广亮大门地基比较高，一般高出地面，因此通常建有垂带踏跺。和王府大门一样，广亮大门的门外也有上马石、拴马桩或拴马石，在倒座房的后檐柱上装有拴马环。广亮大门的前檐枋下装有雀替，后檐枋下装有倒挂楣子。雀替之上附有三幅云。帝制时期，雀替与三幅云是官品的象征。广亮大门等级低于王府大门，但级别很高，住在这样宅门里的人家多为皇族以外的高品级官员。

4. 屋宇式金柱大门

屋宇式金柱大门，是将广亮大门往前移，安装在金柱上。这样，门外的空间就会大大小于门内的空间。所谓金柱，指的是檐柱以内的柱子。金柱大门的等级低于广亮大门，体量小于广亮大门，仍是具有一定品级的官员才能采用的。大门的前檐之下有雀替和三幅云。

5. 屋宇式蛮子门

屋宇式蛮子门，是将大门安置在前檐柱上，门房的空间全部留给了门内，而门庑前端没有任何的空间。蛮子门的形制低于广亮大门和金柱大门，没有雀替。这种宅院的房主多为品级不高的官员或非官宦的商贾富人之家。有学者认为，此种大门源于南方，是由南方人将这种大门的样式带到北京城的。

“蛮子”是当时北京人对南方人的一种笼统称谓，含有盲目傲慢、不够尊敬的成分。

6. 屋宇式如意门

屋宇式如意门，是一般民居的街门，在北京的胡同中最普遍，数量最多。如意门和蛮子门的安放方位相同，也是安装在前檐柱的位置上，但是门的体量要比蛮子门小得多。如意门的形式多种多样，尤其是大门的装饰上更是如花似锦。

7. 小门楼式如意门

小门楼式如意门属墙垣门(也叫随墙门)，是安装在院墙上的门，与院墙连在一起，但是盖有一个小门楼。门内多为小型四合院。

8. 随墙门

随墙门是直接安装在墙上的门，没有门楼。这种门可能是某一大宅院的后门或侧门。如果是宅院的正门，那门内多是一进院的小型或不规整的四合院或三合院，有的甚至称不上合院。

(八)门钉

门钉分为铜质和铁质两种，用于木门上，起到加固和装饰的作用，同时又是封建等级的标志。关于门钉的材质和使用的数量，明代没有明文规定，而到了清代则对此有着明确、详细的规定。皇宫大门：铜钉，纵九横九，共81颗；亲王王府：铜钉，纵九横七，共63颗；世子、郡王、贝勒、贝子、镇国公、辅国公等府第：铜钉，纵九横五，共45颗；公爵府第：铁钉，纵横皆七，共49颗；侯、伯、子、男爵等府第：铁钉，纵横皆五，共25颗。但也有例外，故宫东华门是宫门，本应纵横皆九81颗，而实际却是纵九横八72颗，何故？至今还是个谜，没有人能给出令人信服的解释。

(九)屋顶饰物

1. 垂脊小兽

垂脊小兽，又叫蹲兽、走兽，民间俗称“小跑”，是安放在古代建筑物垂脊或戗脊前端的瓦质或琉璃小兽。最前端的一个是“仙人骑凤”，俗称“仙人骑鸡”，不属小兽之列，其后才是。小兽共有10种，分别为：龙、凤、狮子、天马、海马、狻猊(suān ní)、狎鱼(或称押鱼)、獬豸(xiè zhì)、斗牛、行什(háng shí)。小兽的作用，一是防雨水侵蚀建筑物；二是具有装饰功能和建筑物等级的标志意义。“仙人”和这10种小兽各有寓意内涵。“仙人”意味着逢凶化吉，这里还有一个神奇的传说：战国时期，齐湣(mǐn)王一次战败后来到一条大河边，后面追兵穷追不舍，正在他走投无路之时，突然一只大鸟飞来，齐滑王赶忙骑上大鸟，飞过大河，躲过了劫难，转危为安。“仙人”后面的龙，象征着天子、皇权；凤，象征有圣德之人，也有人认为象征着吉祥富贵；狮子，代表勇猛、威严，可以驱魔、辟邪、护法；天马，象征尊贵、祥瑞、权威、智慧；海马，象征尊贵、威严、威德；狻猊，传说为龙之九子之一，象征威严、善良、好运；狎鱼，是海中异兽，能降雨喷水、灭火防灾；獬豸，独角，性忠，专顶不正直的人，代表公正；斗牛，能护宅、灭火防灾；行什，因排列在第十位，故称行什，只有故宫太和殿使用这一兽件，长相独特，猴面人像，背生双翅，金刚宝杵能伏魔。也有人说行什像雷公，能防雷击，还有人说行什是传说中的神物，善行走，表通畅之意。

按礼制，古建筑上安放的小兽数量有着严格的规定，只有紫禁城太和殿为全国最高等级的建筑，使用了全部的 10 种小兽，是孤例，象征着皇权的至高无上。紫禁城中皇帝专用的其他建筑上的小兽都是 9 种。中和殿、交泰殿、坤宁宫的等级低于太和殿、乾清宫，因此垂脊小兽各安放 7 种。亲王王府中最重要的建筑正殿，即银安殿可用 7 种小兽。

2. 螭吻和望兽

螭吻(chī wěn)，又名鸱(chī)尾、鸱吻，龙头鱼身，口阔噪粗，作为吞脊兽安装在殿脊的两端。古人认为螭吻可以起到镇邪、消灾、灭火的功能；实际上确实既能起到避雷火的功能，又有装饰建筑物的作用。中国建筑上出现螭吻，至迟在西汉时期就比较完备了。早在汉朝时建造宫殿，为防止起火就在屋顶正脊两端安装形状类似鸱尾的吞脊兽构件。唐代以后这种构件因其形状，逐渐被称为鸱吻。到了明清时期，人们称之为“正吻”“龙吻”，宫殿建筑上采用的是大型的鸱吻。有的鸱吻上有扇形的箭把。民间有个传说：雷雨交加之际，龙要吞掉正脊，雷公投下一把剑，把龙插在脊上不能动弹了。实际上，箭把也起到固定正脊和装饰的双重功能。

望兽也是中国古代建筑的一种屋脊装饰构件，位于房屋正脊的顶端。和吻兽朝内吞脊不同，望兽的兽头向外望去，故称望兽。望兽常被用在城墙的城楼和铺房上，例如北京鼓楼、正阳门城楼和箭楼、德胜门箭楼、北京国子监正脊上采用的都是望兽。

螭吻的级别高于望兽。只有宫殿和王府的正殿可以安装螭吻。比如和敬公主府，原为王府建制，因此安装了螭吻；以后爵位逐世降袭，府邸虽保留下来，但脊兽有所变动，原来的螭吻改换成望兽，以区别于王府。

(十)雀替

雀替是安置于横材(梁、枋)与竖材(柱)交接处的木构件，它的安装缩短了梁枋的净跨距离，发挥着一定的力学作用。明清以来的雀替上，雕有各种装饰，如龙、凤、仙鹤、花鸟、花篮、金蟾等，也有着装饰作用。此外，雀替也是建筑物等级的一种标识，只有王府大门、广亮大门和金柱大门才能见到雀替。

(十一)门簪

门簪(zān)安置在宅门中槛之上，起到制约门扇的作用。明清时，一般用两个，许多官员和一些殷实人家为了追求美观而使用四个，于是门簪也就成了身份与社会地位的象征。当然门簪的多寡和门的体量也有关，通常广亮大门、金柱大门、蛮子门安装四个，而如意门比前面三种大门体量要小一倍，所以只安装两个。门簪的正面有素面、雕花、锓(qǐn，雕刻)字三种表现形式。雕花的内容，主要有四季花卉：梅花、牡丹、荷花、菊花等。锓字主要有团寿字、吉祥、平安、福寿，最常见四个字的有“吉祥如意”“平安吉庆”等吉辞，也有“国恩家庆”“天开文运”等字样的，“文革”期间还出现有“革命”“世界和平”等内容的。

二、等级制度不可逾越

在中国封建皇权专制的年代，等级的制度是森严不可逾越的，如有违背必受惩罚，乃至头颅不保。

清初，摄政王多尔衮修府，“府第之制，高广比于皇居”，死后被追以僭制之罪。济尔哈朗是努尔哈赤三弟舒尔哈齐之子，随清太祖皇太极南征北战，武功卓著，是清代的开国元勋，于崇德元年(1636 年)就被封为郑亲王。清朝定鼎北京后，他又率师南下，屡建战功，为清朝统一中国立下了不可磨灭的功绩，被顺治帝加封为叔郑亲王。但因其建府，殿基逾制，且擅用铜狮、龟、鹤，于顺治四年(1647 年)遭弹劾，被罢官罚款。

清乾隆帝的宠臣和珅，官至文华殿大学士，封一等公，致使头脑昏聩，狂妄至极，大兴土木，逾制营建，经嘉庆皇帝亲自审定的和珅二十条罪状中，就有两条属于建筑逾制。一条是，修建自己的坟墓时，竟然“设享殿、置隧道”，攀比皇陵之制。另一条是，“所盖楠木房屋，僭侈逾制，其多宝阁及隔段式样，皆仿照宁寿宫制度。其园寓点缀，竟与圆明园蓬岛、瑶池无异，……”。

由此可见，在建筑规格上逾越等级制度的后果是多么的严重。如今，和珅那座仿故宫内宁寿宫乐寿堂所建的实物还在，就是现存于恭王府内的“锡晋斋”。锡晋斋是恭王府西路的最后一个院落，是该院的正房，和珅在此居住时称“庆颐堂”。恭亲王奕訢搬入后，于清光绪六年(1880 年)将其改称为“锡晋斋”。

第三节　北京的皇宫建筑

北京的皇宫，即明清故宫，始建于明代永乐四年(1406 年)，建成于永乐十八年(1420 年)，是世界上现存规模最大、保存最完整的宫殿建筑群。1914 年，在故宫的外朝部分成立“古物陈列所”；1925 年在内廷部分成立“故宫博物院”；1947 年故宫博物院将古物陈列所并入，组成新的故宫博物院，持续至今。

故宫博物院与英国的大英博物馆、法国的卢浮宫博物馆、美国的大都会博物馆、俄罗斯的艾尔米塔什博物馆即冬宫并称世界五大博物馆；故宫与法国凡尔赛宫、英国白金汉宫、美国白宫、俄罗斯克里姆林宫并称世界五大宫殿。

世界四大文明，古埃及文明、古印度文明、古巴比伦文明都中断了，它们虽然留下了宏伟的法老的陵墓——金字塔，留下了“世界完美艺术的典范”“世界新七大奇迹之一”的泰姬陵，留下了“世界七大奇迹之一”——“空中花园”的文字记述，但其当年瑰丽、辉煌的宫殿或全部荡然无存，或未完整保留下来(如印度)，实在令人感叹嘘唏。古希腊保留了帕特农神庙遗存，古罗马保留了斗兽场、潘提翁神殿等辉煌建筑的遗存，美洲玛雅文明保留了太阳金字塔、月亮金字塔和神庙等残迹，但都没有留下完美的宫殿建筑。只有中国文明历经五千年而不衰，而且完好地保留了中国古代文化的实物、世界上最大的皇家宫殿建筑群——故宫。

就建筑面积而言，世界上所有现存的皇宫建筑，都远远小于北京的故宫。法国巴黎的卢浮宫不到故宫建筑面积的四分之一；俄罗斯的两个宫殿，圣彼得堡的冬宫和莫斯科的克里姆林宫，分别为北京故宫的九分之一和二分之一；英国的白金汉宫仅相当于北京故宫的十分之一；日本京都的御所(皇宫)，仅约为北京故宫的六分之一，而日本东京的皇宫还不及北京故宫的三分之一。北京故宫是世界文化宝库中的瑰宝，因此世界教科文组织将其列入世界文化遗产名录，是当之无愧的。

故宫占地面积约72万平方米，总建筑面积15万平方米，有大小宫殿70多座，各类建筑1200座，房间共计9000余间。现存各殿宇，大多为清代所建。这里曾经住过24位皇帝：明代14位，清代10位。故宫博物院现有藏品总量达180余万件(套)，其中一级藏品8000余件(套)，堪称艺术的宝库。

紫禁城整体建筑的指导思想十分明确，就是突显皇权至上的主题，因此皇宫建筑规模庞大，气势宏伟，等级分明。宫城内的殿宇房屋可分为四个等级，最高等级的屋宇是皇帝、皇后的用房，如三大殿——太和殿、中和殿、保和殿，后三宫——乾清宫、交泰殿、坤宁宫，其中太和殿的级别最高。第二等级的屋宇是妃嫔宫室，如东、西六宫，即东六宫——景仁宫、承乾宫、钟粹宫、延禧宫、永和宫和景阳宫，西六宫——永寿宫、翊坤宫、储秀宫、太极殿、长春宫和咸福宫。第三等级的房屋是高级官员用房，如文华殿(东)、武英殿(西)、南书房、懋勤殿和军机处等。第四等级的房屋是低级官吏、太监、宫女及兵丁等用房。

一、故宫的平面布局和主要建筑

故宫整个建筑群按南北中轴线对称布局，层次分明，主次有序。主体建筑分为前后两大部分，即外朝和内廷，这是整个故宫的中心，均建在中轴线上。外朝以太和殿、中和殿、保和殿三大殿为中心，文华殿、武英殿为左右两翼，布局疏朗，宏伟壮观；内廷以乾清宫、交泰殿、坤宁宫为主体，其两侧有东、西六宫相对称，此外还有御花园等，布局严谨华丽。按照周朝制定的礼制，宫城建造应是“左祖右社，面朝后市”，因此在外朝的东、西两侧，分别建造了太庙和社稷坛。

整座故宫的几何中心点，根据学术界的说法是在故宫四个角楼的两条对角线的交叉点上，即中和殿下丹陛石向北11.6米处。

(一)外朝的中心及其两翼

1. 外朝的中心是三大殿：太和殿、中和殿和保和殿

外朝三大殿，坐落在同一座三层汉白玉须弥座上，台高8.13米，面积2.5万平方米，均于永乐十八年(1420年)建成。由于使用功能不同，三大殿的外形、体量、规格各有差异，但整体观之却又十分的协调、和谐，彼此呼应，相得益彰。

(1)太和殿。

太和殿，俗称金銮殿，明初称奉天殿，嘉靖四十一年(1562 年)改称皇极殿，清顺治二年(1645 年)更今名。

太和殿为外朝第一大殿，是三大殿中等级最高的，也是我国现存规格、等级最高的古代建筑。“太和”出自《周易》，意为天地万物和谐运行。

太和殿于明永乐十八年(1420 年)建成后，几经火焚，屡毁屡修。今之太和殿乃为清康熙三十四年(1695 年)所重建。黄琉璃瓦重檐庑殿顶，面阔 11 间，进深 5 间。建筑面积 2377 平方米。金扉(fēi，门)，金锁窗，檐下彩画为最尊贵的双龙和玺大点金。垂脊蹲兽 10 种，为中国古建筑装饰最高等级的孤例。殿前丹陛左右列有象征皇家统一集权的日晷、嘉量和象征江山万年永固的铜龟、铜鹤。

日晷，为古代利用太阳投射的影子来测定时刻的装置。在倾斜 50 度的晷盘中心，一根铁针穿过中心与盘垂直，针的上端指向北极，针的下端指向南极。正午阳光下铁针的影子正好落在正北的方向上。晷盘两面均有计算精密的时辰刻度，根据投影的方向和长短来确定时间。正面的时辰从早至晚向左转，下面的向右转。每年春分以后，看晷盘正面上的铁针投影；秋分以后看晷盘下面的投影。嘉量，是我国古代标准的量器。整个嘉量由斛(hú)、斗、升、合(gě)、龠(yuè)五种容量的量器组成。根据古制，1 斛=10 斗，1 斗=10 升，1 升=10 合，1 合=2 龠。

殿内，地面铺以金砖。全殿立柱 72 根，分为南北 6 行，每行 12 根。宝座周围的 6 根大柱，贴以金箔，是为金柱，高三丈，二合抱，柱身饰有蟠龙，栩栩如生。金柱中间是七级台阶的高台，上设镂空楠木金漆雕龙宝座，故宫博物院为之命名为“楠木髹(xiū，把漆涂在器物上)金漆云龙纹宝座”，其位置就在全城中轴线的核心部位，凸显皇权至尊。宝座上方是金龙藻井，下垂轩辕镜。宝座前，对称陈设景泰蓝宝象、甪端、仙鹤、香筒等，宝座后立彩绘云龙戏珠图案的屏风。宝座上方，挂有乾隆皇帝御书的“建极绥猷(yóu)”匾(复制品，原件在袁世凯称帝时被换下，下落不明)。宝座两侧的金柱上有乾隆御笔楹联一副，情真意切，引人深思：帝命式于九围，兹惟艰哉，奈何弗敬；天心佑夫一德，永言保之，遹(yù)求厥宁。天花为金饰彩画。整个宫殿，庄严尊贵，金碧辉煌。

太和殿是明清两代皇帝举行重大庆典的场所。每年三大节——元旦、冬至、万寿(皇帝生日)，以及皇帝登极、大婚、册立皇太子(清雍正帝起改为秘密立储）、册立皇后、公布进士皇榜（俗称金榜）、派将出征等重大庆典活动都在这里举行，礼仪庄重而烦琐。皇帝在亲祭圜丘、祈谷或常雩（yú，求雨）的前一天，要御太和殿阅视祝版。为了表达求贤若渴和对人才的重视，清康熙皇帝还曾在这里举行过“御试”（或曰御试典礼）。

清朝入关以后，有清一代共有过10次重大的登极大典，其中有9次是在太和殿举行的。只有入关后的第一位皇帝顺治皇帝的登极大典，不是在太和殿，而是在太和门（时称皇极门）举行的。因为太和殿（时称皇极殿）当时已毁于战火。

太和殿是历史的见证者，许多重大历史事件都曾发生在太和殿或太和殿前面的广场上，其中有荣，亦有辱。

1900年，八国联军入侵北京，在太和殿广场举行了胜利阅兵式。1913年，袁世凯在太和殿举行仪式，就任中华民国正式大总统。1918年11月28日，国民政府在太和殿广场举行盛大的中外军队阅兵式，庆祝中国在第一次世界大战中成为战胜国。1945年8月15日，日本天皇裕仁宣布无条件投降。1945年10月10日，日军华北方面军向中国政府投降仪式在太和殿前广场公开进行。中国受降代表是第十一战区司令长官孙连仲将军。苏联、美国、英国、法国和荷兰等国派代表出席了受降仪式；北平20多万民众聚集在太和殿广场，目睹了这一重大历史事件。1945年10月10日的受降典礼，恰是故宫博物院建院20周年之日。受降仪式在这里举行，为古老沧桑的紫禁城和太和殿增添了一缕光彩。

（2）中和殿。

中和殿，位于太和殿之北，初名华盖殿，嘉靖四十一年（1562年）改称中极殿，清顺治二年（1645年）更今名。中和出自《礼记》，意为凡事要做到不偏不倚，恰如其分，保持和谐，天地万物才会兴旺。

中和殿的平面呈正方形，每边长24.15米，殿体纵广各三间，共为9间，黄琉璃瓦单檐四角攒尖顶，上安铜胎鎏金宝顶，垂脊蹲兽7种。殿内地面满铺金砖。宝座居中而设，上方悬挂着乾隆皇帝御笔“允执厥中”匾，意思是，天道精微，人道艰难，只有精审纯一，执而用中，才能治理好国家。中和殿是在举行重大庆典仪式前皇帝休息、做准备，以及接受内阁、礼部和侍卫人等朝拜的地方。皇帝在亲祭先农坛、方泽坛（即地坛）、太庙或社稷坛的前一天，要御中和殿阅视祝版。如遇亲耕先农坛，皇帝还要在此查验农具，阅视五谷。此外，为皇太后上徽号的仪式、玉碟（皇帝家谱）十年一修订后的皇帝御审钦定及存放仪式也都要在中和殿隆重举行。

(3)保和殿。

保和殿是外朝三大殿中最北端的一座，明初名谨身殿，嘉靖四十一年(1562年)改称建极殿，清顺治二年(1645年)更今名。“保和”出自《易经》，意为保持宇宙间万物和谐。故宫各殿，自永乐年间建成后，几经火难毁损，特别是李自成撤出北京之前，更是一把火几乎将整个故宫烧毁殆尽。所幸，保和殿未被烧毁，得以保存至今。大殿虽曾于清乾隆年间大修过，但时至今日，其主体梁架仍为明代构建。殿阔9间，进深5间，建筑面积1240平方米，黄琉璃瓦重檐歇山顶，垂脊蹲兽9种。殿中，金砖地面，宝座居中而设，高度大于中和殿的宝座，乾隆皇帝御笔的“皇建有极”匾，悬挂于宝座的上方。殿内陈设偏重丹红色。

特别值得一提的是，保和殿后有一块长16.45米、宽3.06米的云龙大石雕。它是由一整块石头雕刻而成的，浮雕九龙云水纹，石材巨大质佳，雕凿精细，堪称国宝级古建石雕的艺术珍品。

保和殿的规格仅低于太和殿。明代大典之前，皇帝在保和殿穿礼服、戴冕。清代，每年的除夕和正月十五，皇帝都要在保和殿赐宴招待少数民族王公大臣。顺治和康熙两位皇帝都曾因乾清宫的修缮而暂时寝居于此。此外，顺治皇帝大婚时的洞房安排在保和殿，这在明清两代皇帝中是绝无仅有的。按惯例，皇帝一般只能居住在宫内，宫是起居之所，而不宜住在殿里，因为殿是处理政务之所。为了名正言顺，顺治帝在这里居住时更名为位育宫，康熙帝居住时更名为清宁宫。保和殿自乾隆五十四年(1789年)起，成为科举“殿试”的固定场所。

2. 外朝的两翼：文华殿和武英殿

明清两代沿袭汉代以来文官居东、武官居西的制度，将象征文、武的文华和武英两殿，分别建在太和殿的左右，即东西两侧，如同站班的文武大臣。

(1)文华殿。

文华殿在紫禁城外朝的左前翼，靠近东华门，建成于永乐年间，清康熙年间重建，乾隆年间重修。主殿面朝南，面阔5间，黄琉璃瓦单檐歇山顶，脊兽7种。明初为太子出阁处，殿顶覆以绿琉璃瓦；嘉靖十五年(1536年)改为皇帝设经筵之所，遂改换成黄琉璃瓦。明末被李自成烧毁，今日所见的文华殿为清康熙年间重建。所谓“经筵”，就是儒臣给皇帝上课，讲授儒家经典诸如四书五经之类或讲授治国之道等。这种经筵制度自汉代就已出现，宋代成形。光绪二十年(1894 年)慈禧皇太后六旬万寿，各国使臣递交国书以示祝贺的仪式也是在文华殿进行的。

(2)武英殿。

武英殿在紫禁城外朝的右前翼，靠近西华门，对应着外朝东路的文华殿，初建于明永乐年间。大殿面阔 5 间，黄琉璃瓦单檐歇山顶，垂脊蹲兽 7 种。武英殿是皇帝斋居和召见大臣之处，也是贵族命妇朝见皇后之所，还曾作为宫廷画家作画的地方。

明末李自成带领农民军攻入皇宫后，在此办理政务。李自成在山海关战败撤回北京，在武英殿举行登极仪式后即仓皇退出北京。走前纵火烧宫，致使许多宫殿被焚，而武英殿却幸免于难。

清兵入关后，摄政王多尔衮也以武英殿为理事之所，在此摄政七载。清初，武英殿往往作为皇帝的便殿，举行小型朝典。

自清康熙朝，武英殿始开书局。乾隆朝，武英殿作为皇家修书、刊印的地方，被称为“武英殿修书处”或“武英殿御书处”，先后出版了大量精美的珍本图书，世称“殿本”书或“武英殿聚珍版”书，《四库全书》即编辑于此。同治八年(1869 年)，武英殿遭火灾，连同周围的后殿、殿门、东配殿、浴德堂等被烧毁殿宇共 37 间，书籍版片焚烧殆尽，同年重建。2005 年故宫开始进行大修，武英殿区经修缮之后，被辟为故宫博物院的书画馆。其东西配殿为典籍馆，馆内珍藏的“殿本”书，已成为我国难得的文化珍品。

(二)内廷的中心及其延伸

1. 内廷的中心是后三宫：乾清宫、交泰殿和坤宁宫

(1)乾清宫。

乾清宫为内廷第一宫，明永乐十八年(1420 年)建成，屡毁屡建，今之所见乾清宫为清嘉庆三年(1798 年)重建。乾清宫与坤宁宫分别为传统意义上的帝、后寝宫，乾、坤是《周易》中的卦名，乾表天，坤表地，乾清宫前左右有日精门、月华门，喻有“乾坤日月明，四海皆升平”之意。

乾清宫的屋顶为黄琉璃瓦重檐庑殿式，垂脊蹲兽 9 种，面阔 9 间，进深 5 间，建筑面积约 1400 平方米。须弥座崇基，丹陛露台宽阔，白石雕栏，望柱环绕，前列铜鼎、龟、鹤及日晷、嘉量等。宫前丹陛之下，左右两侧有象征政权的“江山金殿”和“社稷金殿”。丹陛下设有地道，称“老虎洞”，侍从由此东、西往来。明天启皇帝率内侍玩捉迷藏，曾藏于洞内。宫内朱红立柱，正中设金漆雕龙宝座。座前有立案；座旁设有景泰蓝香筒、仙鹤、宝鼎等；座

后立金漆云龙雕铭文屏风。宝座上方悬有匾额，明代为“敬天法祖”匾，清代为顺治帝所书“正大光明”匾。雍正帝起实行的秘密立储锦匣，就置于正大光明匾的后面。宫内空间广大，为了便于居住，被分成若干小间。

自明至清初，乾清宫为皇帝寝宫和日常活动场所。明代著名的“壬寅宫变”就发生在这里。“壬寅宫变”，一称“壬寅宫婢案”，是发生在嘉靖皇帝身上的事。嘉靖皇帝的前任正德皇帝崩后无嗣，所以嘉靖皇帝不是以皇太子的身份即位的，而是以藩王世子身份登上九五至尊的。在他当政期间也做过诸如抗击倭寇等一些有益之事，但他性情偏执、暴戾，尤其是对宫中侍女更是残暴至极，侍女常常因一些小失误而遭受鞭打。为了能饮上天庭玉露，使精气充足，肠胃清洁，胸无积滞，他下令让后宫的嫔妃宫女每天凌晨到后花园为他采集天庭玉露——甘露。许多宫女因此累倒、病倒。更有甚者，嘉靖帝为了炼丹，求得长生不老，对无数的青春少女进行了惨无人道的摧残和折磨。他的野蛮残暴行径激起了嫔妃宫女的极大愤慨，她们竟然不惧皇威，不畏极刑，决定冒死除掉这位皇帝。嘉靖二十一年(1542 年)的夜里，趁嘉靖皇帝在其宠妃曹端妃的宫中熟睡之时，宫女们蜂拥而上。一个宫女用黄绫抹布蒙住嘉靖皇帝的脸，其他人有掐脖子的，有按前胸的，有按胳臂腿的，一个宫女就势将准备好的绳套套住他的脖子拼命地勒紧绳套，想勒死他。只可惜，忙乱之中，宫女误将绳扣系成死结，怎么也收不紧，嘉靖皇帝才苟免于死。事后，涉事的十六位宫女全部被“依律凌迟处死，剉(cuò)尸枭(xiāo)首示众”。出于忌妒，皇后还借机将当夜与嘉靖同寝的曹端妃也一同处死。这就是震惊朝野的“壬寅宫变”。

乾清宫是清代举行宫廷宴会的地方。康熙和乾隆两位皇帝曾在此举行过“千叟宴”。清政府还曾为乾隆五十年(1785 年)在乾清宫举行的“千叟宴”，颁发过银质纪念品——“千叟宴”银腰牌。北京市第三建筑公司就曾在海淀区皂君庙基建施工中发现过一枚这样的腰牌。该腰牌呈椭圆形，银质，长 14 厘米，宽 8.5 厘米，厚 0.3 厘米，重 350 克。牌上端作云头纹饰，中间开光横书“御赐”，纵书“养老”。牌的背面光素，中间阴刻楷书“乾隆五十年千叟宴”八个字，侧刻“重十两”三字。

雍正皇帝即位后，将寝宫移到养心殿，乾清宫就成为举行内廷庆典、召见使臣、会见外国使节的场所了。

乾清宫还是清代皇帝驾崩后停灵之处，以示“寿终正寝”。按照仪式祭奠后，转至景山内的寿皇殿或观德殿，最后正式出殡，葬入皇陵。

乾清宫还有一奇特现象值得一提。每年冬至正午时刻始，阳光从双重屋檐下直射到乾清宫地面的金砖上，明亮如镜的金砖将光线反射到“正大光明”匾下方的五条金龙身上，自西而东，一条条金龙顿时鲜活起来，奔放出金灿耀眼的光芒，实在是一种神奇的景象。

(2)交泰殿。

交泰殿为内廷第二宫，位于乾清宫之后，建成于明永乐十八年(1420年)，清嘉庆三年(1798年)重建。“交泰”出自《周易》“象曰：天地交泰”，所以交泰殿位于乾清宫(天)与坤宁宫(地)之间。形状与中和殿相同，但体量要小一些，黄琉璃瓦单檐四角攒顶，上置铜镀金宝顶，垂脊蹲兽7种，面阔、进深各为3间。殿内正中设宝座，宝座上方悬康熙皇帝御书“无为”，宝座后有四扇屏风，上有乾隆御笔《交泰殿铭》，殿内正中为斗八藻井。殿的东侧为中国古代计时器——铜壶滴漏，高5.91米，乾隆以后不再使用；右侧置大自鸣钟，高5.85米，宫内时间咸以为准，至今仍可转动。

交泰殿，在明代曾是皇后的居所；清代为皇后在重大节日接受朝贺之所，封后、授皇后册宝等仪式在此举行。每逢元旦和千秋日(皇后的生日)，皇后就要临殿接受皇贵妃以下嫔妃，以及公主、福晋诸命妇的跪拜。此外，交泰殿又是皇后行躬桑礼的前一日，阅视采桑用具(如采桑用的钩、筐等)的地方。

乾隆十三年(1748年)，乾隆皇帝取《周易》中“天数二十有五”之意，将代表皇权的25颗宝玺存放于交泰殿，希望大清江山能传25代。宝玺由内阁掌握，由宫殿监监政管理，由内阁请示皇帝，经许可，方能使用。每年腊月春节前要将25颗宝玺封存起来暂停使用，谓之“封印”；春节过后，即来年正月再择吉日开封，开宝之日，要举行开宝礼，皇帝要行三跪九叩礼。

(3)坤宁宫。

坤宁宫为内廷第三宫，在交泰殿之北、坤宁门之南，明永乐十八年(1420年)建成，在明代和清初是皇后正宫。坤宁宫面阔9间，黄琉璃瓦重檐庑殿顶。清顺治十二年(1655年)按满族习俗，仿盛京(今沈阳)故宫清宁宫形制进行内部改建。将正门开在偏东的一间，改成具有满族特色的“口袋房”，且窗户纸糊在外面。宫内西侧改建成安放神像的三面环形万字炕，并设置了制作祭品的煮肉大锅，成为清宫内举行宗教活动——萨满祭祀的神堂。大祭之日，帝、后亲临，所祭的神像多达十五六个，其中有佛祖释迦牟尼、观音菩萨、关圣帝君(关羽)、蒙古神等。祭祀时进糕、酒，颂歌，宰猪并就地煮吃。自康熙朝始，将东侧两间用作皇帝大婚的洞房。年幼登极的康熙、同治、光绪三帝以及逊帝溥仪大婚时，均先在此居住，然后再迁居别宫。坤宁宫内外装修与其他大型宫殿都不相同，是故宫中最具民族特色的宫室。

坤宁宫还是供奉堂子所祭诸神像之所，举行堂子祭祀活动前，先将诸神像迎至堂子，祭祀活动结束后再请回宫内。

坤宁宫外原竖有神杆一支，又称索伦杆，长丈许，杆上有锡斗，斗内放上碎肉和米饭，以供神鸟乌鸦享用。现在，神杆已无，立杆的石座犹存。

2. 内廷的外围：东、西六宫

在后三宫的东、西两侧分别建有六座宫殿，称为东六宫和西六宫。东六宫包括：景仁宫、承乾宫、钟粹宫、延禧宫、永和宫和景阳宫；西六宫包括：永寿宫、翊坤宫、储秀宫、太极殿、长春宫和咸福宫。

东、西六宫，明代为众嫔妃居住的地方；清代除了嫔妃们居住以外，皇后们也曾住过。如顺治帝的皇后佟佳氏曾居景仁宫，并在此生下玄烨，即后来的康熙帝；雍正帝的生母孝恭仁寿皇太后，曾住过永和宫；乾隆帝的孝贤皇后，曾住过长春宫；咸丰帝的皇后，即后来的慈安太后，曾住过东六宫的钟粹宫，故后来称东太后；慈禧太后曾在西六宫的咸福宫、翊坤宫、储秀宫住过，所以后来被称为西太后。

西六宫现在仍保持着清后期后妃居住的格局。其中之储秀宫，值得做一简介。储秀宫与翊坤宫、体和殿组成一个院落，位于西一长街和西二长街之间，建成于明永乐十八年(1420 年)，清代多次修葺。黄琉璃瓦单檐歇山顶，面阔 5 间。同治皇帝载淳就出生在此宫。清光绪十年(1884 年)慈禧太后 50 岁寿辰时，大修储秀宫。室内外彩画绮丽，紫檀木落地罩雕镂造型生动，层次繁多，廊壁上刻满大臣们阿谀奉承的《万寿无疆赋》。院内设有铜鹿和戏珠铜龙各一对。慈禧在这里居住了 10 年。民国期间，逊帝溥仪出宫前，皇后婉容曾居此。今之陈列，仍保持慈禧 50 岁生日时的原状。正间设宝座；西二间为慈禧休息和就寝的地方；东二间陈设名贵手工艺品，如象牙雕、挂屏、多宝阁等。

(三)其他一些重要的宫殿

1. 养心殿

养心殿为紫禁城内廷宫殿，位于后三宫西、西六宫南，临西一长街，建于明代，清康熙六十一年(1722 年)大修，雍正年间重修。康熙时，养心殿是皇帝的书斋，自雍正皇帝开始，就成了皇帝居住的寝宫和进行日常政务工作的地方。

养心殿为单檐歇山顶，前后殿相连，平面呈“工”字形。前殿办事，后殿就寝，廊庑环抱，建筑布局紧凑。前殿正间设宝座屏风，上悬“中正仁和”匾额，顶为盘龙斗八藻井，这里是皇帝召见大臣、引见官员的地方。

东暖阁原为雍正、乾隆、道光、咸丰四代皇帝召臣议政的地方，到了同治、光绪年间变为皇太后“垂帘听政”之所。在“男女大防”封建礼教制度下，男女不得随意见面接触，帝后临朝听政时，必须用黄幔或黄色纱屏隔离开，这便是所谓的“垂帘听政”。辛亥革命后，宣统三年十二月二十五日(1912 年 2 月 12 日)，隆裕皇太后接受了中华民国对清室的优待条件，在此宣布宣统皇帝退位。1917 年张勋在此演出了复辟的闹剧。

西暖阁，又称为“勤政亲贤殿”，设宝座，为雍正、乾隆、道光、咸丰四朝皇帝召见军机大臣、批阅奏章之处。其西与三希堂相连。三希堂为 8 平方米的小屋，典雅幽静，原名“温室”，乾隆皇帝在这里收藏着晋代大书法家王羲之的《快雪时晴帖》、王献之的《中秋帖》和王珣的《伯远帖》，因这些都是稀世之宝，遂将“温室”改为“三希堂”，乾隆皇帝御书匾额，并撰《三希堂记》。《快雪时晴帖》现存于台北故宫博物院，《中秋帖》和《伯远帖》则珍藏于北京故宫博物院。

正殿正间北，有穿堂连接后殿寝宫。寝宫五间，正间设坐炕，东暖阁是皇帝的寝室，仍按原状陈列。寝室的东面是皇帝和皇后共同生活的寝室——体顺堂，西面是嫔妃候召进御的燕禧堂。

养心殿前的东、西配殿是佛堂。殿门外是御膳房，东南近军机处。

今天全殿的陈列形式，基本以光绪年间的样式布置。其中，东暖阁保持“垂帘听政”原布置，三希堂保持乾隆朝的形式。

2. 乾隆禅让后的驻地：宁寿宫

早在乾隆皇帝即位之初，就曾多次焚香告天，“若蒙昊苍垂佑，得在位六十年，即当传位嗣子，不敢上同圣祖康熙纪元六十一年之数。”乾隆帝于乾隆三十八年(1773 年)，立皇十五子颙琰(yóng yǎn)为嗣子，郑重其事地祭告苍天，又到盛京祖陵祷祝。随即在紫禁城的东北修建宁寿宫，准备年老退位后居住。乾隆帝在乾隆六十年(1795 年)九月，恪守其誓言，下诏册立颙琰为皇太子，于次年正月初一举行了传位大典。这一天，乾隆率领颙琰和王公大臣到堂子、奉先殿、寿皇殿行礼毕，升太和殿宝座，亲自将传国玉玺授予嗣皇帝。颙琰跪受，颁诏宣示中外，改元嘉庆。对此，乾隆皇帝曾于乾隆六十年岁末作诗一首，名为《除夕》，诗曰：此日乾隆夕，明朝嘉庆年。古今难得者，天地赐恩然。父母敢言谢，心神增益虔。近成老人说，云十幸能全。

乾隆皇帝拟于八十五岁归政后居住的宁寿宫，称宁寿全宫或太上皇宫殿，是一组建筑群的总称，位于紫禁城东部偏北，是康熙二十七年(1688年)、乾隆三十六年(1771年)至四十一年(1776年)期间，在明代仁寿宫、哕(huì)鸾宫、喈(jiē)凤宫、外东裕库等处旧址上，兴建、扩建而成的。它南起九龙壁，以皇极门为正门，北至真顺门。清代测得南北一百二十七丈余，东西三十六丈余，今测占地4.6万平方米。全组建筑自成体系，仿紫禁城中轴线前三殿、后三宫格局，分前后两区。

前区有宁寿门、皇极殿、宁寿宫等。皇极殿备为太上皇接受朝贺之所，乾隆六十一年(嘉庆元年，1796年)正月，举行归政大典时，在此举办5000人的千叟宴；宁寿宫备为归政时移坤宁宫祀神之礼至此以用。前殿后宫分别仿太和殿和坤宁宫形制，建筑等级略低：皇极殿，崇基，重檐庑殿顶，九楹，通高19米；宁寿宫崇基，重檐歇山顶，九楹。

后区分三路。中路，养性门、养性殿、乐寿堂、颐和轩、景琪阁等，备为太上皇及宫眷居所；著名的珍妃井就在景琪阁处。东路，畅音阁、阅是楼、寻沿书屋、景福宫、梵华楼、佛日楼等，备为宴娱之地。西路，为宫廷园林，俗称乾隆花园，有古华轩、遂初楼、粹赏楼、符望楼等著名建筑。三路构成太上皇“小内廷”。

乾隆退位当了太上皇之后，并没有搬进耗时多年兴建的太上皇宫殿——宁寿宫去过颐养天年、优游无为的生活，而是依然居住在养心殿，且内廷继续使用着乾隆的年号。

3. *南书房*

南书房在紫禁城内廷后三宫之南庑，乾清门西，北向。南书房设于清朝初年。少年康熙智擒鳌拜的故事就发生在南书房。此时，南书房还只是皇帝的个人书房。康熙十六年(1677年)始设为翰林院大学士侍奉之处。因为当时，康熙皇帝还是个青年，自认学识不够，提出“朕不时观书写字，近侍内并无博学善书者，以致讲论不能应对”，需要学识渊博、善于诗文者，“常侍左右，讲究文义”。值侍人员选自翰林院，膺南书房行走衔。这些大臣，一般要有当朝名士举荐和通过皇帝面试，方能入职。

南书房的主要工作，一是指导皇帝写诗作文。在赋诗作文方面，康熙自知不如南书房的大臣，曾颇为恳切地向他们求教：“朕万机之暇，偶有吟咏，未能深造于古人。故尔等在内编纂，屡次请观，故出以示尔等。中有宜改定处，明言之，毋隐。”南书房的另一个工作是编纂、校勘内廷书籍，如曾编御札、御制诗等。

南书房的设立，促进、繁荣了康熙年间的文化活动。在南书房大臣的影响下，康熙增长了知识，扩大了眼界，对文化的兴趣与重视日增。他组织编纂了《全唐诗》《佩文韵府》《渊鉴类函》《康熙字典》等大型辞书、类书和文学典籍。康熙对中国文化的贡献，应该说与南书房的设立是分不开的。

虽然南书房不属于政府的一个行政机构，但由于它接近内廷，地处机密，便于皇帝利用其中的亲信讨论政事，甚至拟定诏旨。因此，南书房的地位骤然提高，“权势日崇”，成为众所瞩目的政治场所。康熙重视南书房，既含有削弱、限制其势方张的议政王大臣会议权力的意思，同时也是要将外朝内阁的部分职能归于内廷，是皇帝行施集权计划的一个重要步骤。雍正以后，因机密大事均由军机处办理，南书房的地位有所降低。光绪二十四年(1898 年)，慈禧因忌恨光绪皇帝常向南书房儒臣询问政事，遂逼使光绪传令撤除南书房机构。从此，南书房不复存在。

4. 上书房

上书房在紫禁城内廷后三宫之南庑，乾清门东，北向，是清代皇子、皇孙读书肄业之处。宣统年间，摄政王载沣曾在此中三间办公。西二间为存书处，转角北一间内祀孔子。

清朝各代皇帝为了巩固政权，保有江山社稷，对皇子的教育都十分重视。雍正初年，将上书房安排在乾清门左楹，为的是靠近皇子们的居住地毓庆宫，同时也近皇帝寝宫，便于随时稽查。从此皇子就读上书房成为制度。

上书房设上书房师傅和上书房行走，上面还有总师傅，“以贵臣为之，或一人，或二人”，经常到书房稽查功课。雍正年间，任鄂尔泰和张廷玉为上书房总师傅。两人都是翰林出身，身兼大学士、尚书、军机大臣于一身的中枢重臣。由他们负责皇子的教育，足以说明皇帝的重视。

上书房的规矩很严格。皇子们就读，每年除元旦、端午、中秋、皇帝“万寿”及皇子本人生日，可以免去课读，除夕准提前散学，其余便没有假日。他们每日卯刻(5 点至 7 点)到上书房。先教弓箭，后学满文、蒙文，再学汉课。幼年皇子课程简单，午前便行告退。年长者须等到未正二刻(下午两点半)才下学。读书者每日至下屋歇息不过一二次，每次不过一刻，且须师傅批准。读书间歇许可讲书论史，但不准外出闲逛。如果功课没有完成，或罚书或罚字，也有罚下榻站立诵读，唯无罚跪实例。

5. 军机处

军机处在乾清门外、隆宗门内，初名“军机房”，是清雍正年间由雍正皇帝设立的一个由皇帝掌控的枢密机构，为清代独创。它是有清一代作为政治中枢影响最广、起作用最大的一个机构。乾隆即位后改称军机处，其全称是“办理军机事务处”。军机处相当于皇帝辖下的秘书机构，其主要职能是：奉旨笔录，上传下达。军机处的办事程序是：“阅读奏折、请皇帝旨、拟皇帝旨意、皇帝过目确定、下发旨意”。军机处有人事咨询权，“文武官特简者，承旨则进其名单、缺单，差特简者亦如此。”其他如大臣换防，文武官和道府记名遇缺请旨升补者，都由军机大臣先进名单。

军机处自雍正年间设立起，只有乾隆继位之初因暂设总理事务处辅佐政事而一度取消外，一直延续到宣统三年(1911 年)年初。

军机处大臣的值房，建在乾清门西南外墙处，西近隆宗门，与御膳房一墙之隔。初建时，只有板房数间，乾隆年间改为瓦房。黄琉璃瓦盝顶，垂脊兽 5 种，和宫内的其他建筑相比，显得简陋矮小。

6. 文渊阁

文渊阁在紫禁城前朝东路，为明清两代宫内主要的藏书楼。明代文渊阁建在文华殿南，贮藏宋元版旧籍和从南京皇宫文渊阁运来的十船一百柜古籍及《永乐大典》正本。明代文渊阁曾多次遭受火灾，如正统十四年(1449 年)、正德四年(1509 年)大火，最终明文渊阁还是毁于火灾。遗憾的是，文献中只有火灾的记录，却没有谈及文渊阁的具体位置在何处。上面所述文渊阁在文华殿之南位置只是诸多说法中笔者认为比较合理的一种说法。

今天所见的文渊阁，建于清乾隆三十九年(1774 年)，其位置在文华殿的北面。文渊阁是遵乾隆皇帝之令仿照宁波天一阁而建的，为庭院式建筑。外观两层，中间夹一暗层。阁宽六间(34.7 米)，进深三间(17.4 米)，单檐歇山顶，黑琉璃瓦镶绿琉璃瓦剪边，阁顶正脊以绿琉璃瓦为底，花琉璃瓦镶嵌游龙图案。青砖墙，深绿色柱，檐下梁枋彩画重冷色。阁前凿有长方形水池，水引自内金水河，池上架白石拱桥；阁后、阁西叠假山，植松柏；阁东建有四脊攒尖方形御碑亭，亭内立乾隆皇帝的《文渊阁碑》。

清代文渊阁内藏《四库全书》《古今图书集成》等。当时收藏在文渊阁里的《四库全书》，除供皇帝浏览外，也允许一些文学侍从和大臣们入阁阅览，因此，文渊阁实际成了紫禁城内最大的图书馆。

《四库全书》编成后，最初用了六年的时间抄录正本四部，除一部藏文渊阁外，另三部分别藏于北京圆明园内的文源阁、承德的文津阁和沈阳的文溯阁，此四阁称“北四阁”。后又抄三部藏于镇江的文宗阁、扬州的文汇阁和杭州的文澜阁，此三阁称“南三阁”。七部之中或已亡失，或为各图书馆收藏。文渊阁本现藏台北故宫博物院。

7. 冷宫

所谓冷宫，是皇帝安置失宠的妃嫔所居住的地方，只是一个概念性的名词，并非皇宫内某一处宫室的正式命名。根据史料记载，明、清两代被作为冷宫的地方有好几处。比如故宫内的乾西，也称乾西五所，就曾部分被当作“冷宫”使用。现已对外开放的“西三所”可能就为其一。此外，长春宫、储秀宫、景阳宫、景祺阁，以及紫禁城外、西安门内的养蜂夹道也都充当过冷宫的作用。

入住冷宫的情况可分为两种，一种是养老性的，另一种则是惩罚性的。

新皇帝登极后，前朝的妃嫔通常移往别处，如明代蒋太后就搬到了嘉靖皇帝专为她修建的慈宁宫；清代孝庄皇太后入住慈宁宫；乾隆生母，在乾隆登极后，迁入专为她修建的寿康宫；慈禧太后在同治帝亲政以后，移居到了长春宫。以上这些均属于养老性质的。

后宫妃嫔因冒犯皇帝而被入囚冷宫的，则属惩罚性的。此类情况，屡见不鲜，连皇后都不乏被打入冷宫的，但居于何处却少有明述。比如，明代被宪宗朱见深所废的皇后吴氏，废居西宫。这西宫应是冷宫，但在何处却不得而知。嘉靖皇帝的第二任皇后张氏被废斥为庶人，迁入别宫，也未言是何宫。明穆宗的陈氏皇后只因“帝颇耽色”而“微谏”，就被皇帝“出之别宫”，实际就是打入冷宫，但别居何宫，亦未提及。

再如，清乾隆年间，乾隆帝第四次下江南，他的第二任皇后乌喇那拉氏随行，到杭州后“忤上旨，后剪发”，不顺从皇帝的旨意，且违国俗自行剪发，激怒了乾隆帝，即刻将其驱回北京，从此失宠被打入冷宫。一年后去世，葬仪降至皇贵妃规制。她所居住的冷宫在什么地方，也未提及。

清代被打入冷宫的皇妃，是人们十分熟悉的光绪帝的珍妃。戊戌变法失败后，光绪帝被软禁在南海的瀛台，珍妃因受宠于光绪帝，遭到慈禧太后的忌恨而被打入冷宫，幽禁在景琪阁北面的小院里。

(四)皇宫建筑文化的继承和发展

明清宫城的平面布置，是按照周朝的礼制进行的，即遵循“面朝后市，左祖右稷”的布局，在前朝三大殿的左前方建太庙，在右前方建社稷坛。关于太庙和社稷坛的介绍，请参阅本章第四节皇家祭祀建筑的相关内容，在此不予赘述。

前面讲述了，封建帝都的皇宫是按照周礼“面朝后市，左祖右稷”的制度布局的。由此，我们不禁想到新中国成立后，对天安门广场进行的扩建工程。1955 年第一次动工，对天安门广场进行扩建。1958 年为迎接中华人民共和国成立十周年的大典，对天安门广场再次进行了大规模的改造与增建工程。在明清两朝六部衙署的旧址上，建起了金碧辉煌的中国革命博物馆和中国历史博物馆及人民大会堂，前者在广场东侧，后者在广场西侧。也就是说，中国革命博物馆和中国历史博物馆，是在太庙的南向延长线上；人民大会堂是在社稷坛的南向延长线上。这种平面布置是工程设计人员无意间造就的一种巧合吗？笔者认为绝非巧合，而是有意为之，是在继承传统文化的基础上注入了新的内容。

封建帝王建太庙，是为表达不忘家族祖先的功德，而新中国建中国革命博物馆和中国历史博物馆，则是传达新政权的一种理念，即不忘中华民族的祖先，永远牢记中华民族悠久辉煌与屈辱的历史，永远牢记为建立新政权所走过的艰苦卓绝的奋斗历程，永远牢记和缅怀那些为建立新政权而牺牲的先烈们以及历史上为中华民族崛起而献身的民族志士们。封建帝王建社稷坛，是为了永远不忘牢牢掌握家之天下，而新政权建人民大会堂则是一种庄严的宣告：中华人民共和国是人民当家作主的国家，其最高权力机关是全国人民代表大会，换言之其所行使的权力是人民赋予的，因此是为人民服务的。两者是截然不同的，封建王朝所维护的是一家之私利，而新政权则是为公、为民的，是在一个全新的、崇高的基础上，去延续和传承中华民族传统文化的。

二、故宫内的门额

故宫内的各门、各殿宇的正面檐下，都有一块匾额，标明建筑物的名称。这些匾额全部是清及清以后的遗存。

1644 年，清朝定都北京以后，对原明朝宫殿等建筑上的匾额进行了更改，增加了满文，有的还加上了蒙文。后来不知何时又将匾额上三种文字中的蒙文去掉，变为满文、汉文合璧的，但慈宁宫的匾额仍用满、汉、蒙三种文字，因为此宫的主人孝庄皇太后是蒙古族人。

辛亥革命推翻了中国最后的一个封建王朝——清政府，建立了共和体制的中华民国。为了体现旧政权的不复存在，即将就任中华民国大总统的袁世凯，下令将紫禁城象征最高皇权的外朝三大殿等各匾额统统改为汉文书写。于是由外而内，除大清门改为“中华门”汉文单体外，其他各门、各殿宇，如天安门、端门、午门、东华门、西华门、太和门、协和门、熙和门、昭德门、贞度门、太和殿、中和殿、保和殿、体仁阁、弘义阁、文华门、文华殿、武英门、武英殿，以及太庙和社稷坛等，名称未变，而匾额均改为汉文单体书写。依照中华民国给清室开具的优待条件，逊位皇帝及其皇室成员仍可以居住在后宫，因此后宫，自乾清门起，往北的各门、各殿宇，如后三宫、东西六宫、乾隆皇帝计划养老的宁寿宫，以及御花园中的各殿宇和各门，如乾清门、内左门、内右门、乾清宫、交泰殿、坤宁宫、坤宁门、宁寿门、皇极殿、乐寿堂、储秀宫、万春亭、延辉阁、御景亭、钦安殿、神武门等的匾额仍然沿用满文、汉文合璧式的。此外，位于紫禁城外、皇城之东南隅的皇史宬亦为满、汉文同用，因此处按规定仍属逊清皇室所辖。这些满汉文合璧的匾额一直原状保留至今。

新中国成立后，天安门城楼上不再挂匾额，匾额处悬挂的是庄严、神圣的中华人民共和国的国徽。

中华门于1959年被拆除，在其原址上矗立着高大、壮观的人民英雄纪念碑，原大清门的匾额现藏于故宫博物院。

三、故宫的辅助性设施

(一)故宫的抗震

我国古代劳动人民虽然没有给我们留下很多的关于木结构建筑抗震的文字内容，但是他们在长期与自然灾害斗争中积累了丰富的经验，能把“以柔克刚，耗能减震”等抗震、减震、隔震机理运用于建筑实践中。故宫古建筑的抗震就是一个很好的实例。

近年，科学家们进行了一次故宫建筑模型抗震试验。“这是首次将故宫中某一建筑的整体结构模型放置在地震情况下进行测试，结果出乎意料，模型经受住了10.1级地震的考验”。人们在惊叹之余，不禁会问：“为何故宫的建筑能够禁得住如此强烈的地震呢？”

为探讨中国古建筑木结构的抗震机理，研究人员以故宫太和殿为例，采用分析论证的方法，对其抗震性能进行研究。根据太和殿构造组成特点，从布局、基础、柱子、榫卯节点、斗拱、梁架、屋顶、墙体等部件出发，分析各部件构造对结构整体抗震性能的有利影响。

研究结果表明：故宫太和殿具有良好的抗震构造。其原因在于：太和殿布局合理，可避免扭转形式振动；基础处理技术有利于缓冲地震波向上部结构的传递；柱底平摆浮搁，可产生滑移减震效果；榫卯节点及斗拱的分层构件，相互摩擦挤压，有利于耗散地震能量；梁架低矮，可满足地震作用下的抗滑移及倾覆要求；屋顶厚重，可提高结构的整体稳定性；墙体构造则有利于减小地震造成的木构架变形。上述诸因素结合在一起，为太和殿的整体抗震能力提供了可靠的保证。

古人的智慧令人肃然起敬，而这些从实践所获得的珍贵的经验，仍然值得今天的工程技术人员去学习和借鉴。

(二)故宫的供水与排水

紫禁城的供水，除帝后享用京西玉泉山特供泉水外，其余则完全依赖凿井取水来解决。绝大多数的井，都设置在内廷的东西六宫及其他若干建筑群中，井上还建有盝顶小亭，其造型玲珑别致，彩画秀美，成为故宫中一种独特的建筑陈设。

光绪三十四年(1908年)，经慈禧太后“谕允”筹建京师自来水股份有限公司，并于1910年开始正式供水。但由于种种原因，直到1924年溥仪被驱逐出宫以后，紫禁城才安上水管。

东六宫的永和宫后院，装有一台压水机，系德国制造。这是故宫内唯一的一台压水机，是永和宫最后一位主人瑾妃安装的，安装的时间应在1912年至1924年之间。

紫禁城的雨水排水系统，设计得非常合理。首先，在紫禁城的70多公顷的面积中，有一条人工河流，即长达约2千米的内金水河。从紫禁城西北角引来的护城河水，从城下涵洞流入，顺西城墙南流，由武英殿前东行迤逦(yǐ lǐ，曲折而连接不断)出东南城角与外金水河汇合。这条河流对于紫禁城内千株松柏的灌溉，对于调节小气候和消防利用，以及美化环境都发挥了很好的作用。同时这条弯弯曲曲的河流在夏季，又是全宫城雨水的排泄道。

故宫里的原雨水排水系统设计图纸虽已遗失，可是从现存的沟渠管道来看，除被地上建筑物的变革而破坏一部分外，整个系统基本完好如初，继续发挥着作用。经实际疏通调查，发现它的干道、支道、宽度、深度的设计都是比较科学的。其强大的排水能力，来自于干线、支线、明沟、暗沟、涵洞、流水沟眼等各种或明或暗的导水沟渠的有效配合，发挥了巨大的作用。

故宫内各庭院都是中高边低、北高南低的。下雨时，雨水先流入四周房基下的明沟石槽。明沟如遇到台阶或建筑物，下面都有“沟眼”。地面和明沟的水将通过入水口流入地下。这些入水口多为石板镂雕成铜钱形状，外圆内方雕成五个洞，称为“钱眼”。雨水通过这些钱眼流入地下暗沟。

宫殿的石质台基或露台的边缘凿有槽沟，望柱下伸出带有流水口的龙头，在栏板下还开有美丽的孔洞，形成了完美的排水体系。每逢大雨之际，望柱上的龙头成了雨水的排水口，远远望去，犹如千龙喷水，蔚为壮观。各殿院庭的雨水，循着排水系统导入紫禁城中的河流里，然后迂回出城进入外金水河，向东汇入通州运河。

明代开凿的筒子河，宽 52 米，深 6 米，长 3.8 公里，不但增加了宫城防御能力，而且形成排水干渠和调蓄水库的双重功能。蓄水量可达 118 万立方米，相当于一个小水库。即使紫禁城内出现日降雨量 225 毫米的极大暴雨，雨水全部流入筒子河，筒子河的水位也只会升高 1 米左右。

正是因为故宫有着强大的排水能力，所以 600 年来几乎未见其暴雨积水的记载。

(三)故宫的供暖

宫中取暖设备有两种，一是炭盆，二是地下火道。

地下火道，又称火炕，是和建筑连在一起的一种供热系统：在殿内地面下砌筑火道，火口在殿外廊上。火道为蜈蚣式，即主干坡道两旁伸出支道若干，这样使热力分散两旁，全室地面均可温暖；火道尽头有出气孔，烟气从台基下的出气洞散出。这种办法在皇宫中一直使用了 500 年。每年冬季来临之前，即每年农历八九月，相关的太监就着手过冬准备：通开火炕口，烤干湿潮气等。

在殿内地面上则利用炭盆供热。由于宫殿高大，为了冬季居住得舒适，凡是寝宫都利用装修隔扇、阁楼将室内高度降低，缩小殿内空间，以形成所谓暖殿、暖阁之类。

宫内取暖不准燃煤，只能用特制的木炭，因此烟灰不大。

(四)故宫的防火

紫禁城内殿宇楼阁，鳞次栉比，均为砖木结构，极易着火。一旦发生火灾，宫殿屋宇必遭焚毁。故宫曾发生火灾 20 余次。究其原因不外乎是失火、纵火或雷击起火。如太和殿于明永乐十九年(1421 年)、嘉靖三十六年(1557 年)，两次遭雷击，而明万历二十五年(1597 年)、清康熙十八年(1679 年)两次失火，则是人为所致。又如清嘉庆二年(1797 年)十月二十一日，负责管理乾清宫取暖的太监，未将炭火闷灭，致使死灰复燃，造成乾清宫失火，火势迅速延烧交泰殿及宏德、昭仁两殿。乾清宫终因抢救不及时而化为灰烬。

因此，对于故宫来说，防火是一个丝毫不容忽视的问题。为了防火，紫禁城的建设者们采取了一系列的措施。

首先在设计阶段，就将防火因素考虑进去。比如，李自成兵败北京时，将故宫中许多建筑焚毁。清朝重建时，就更多考虑了防火因素，设置了防火墙、隔火殿等。在建造銮驾、红本、实录等库时，均采用硬山式黄琉璃瓦顶，四周围以厚重的砖砌墙体，两山安装琉璃博风，前后采用封护檐的做法，不露出木构件。乾清宫、坤宁宫两宫的东西两庑，相对设置了两组防火墙。一旦两宫发生火灾，能隔断火势向两庑及后宫延烧。

防火的另一措施是，引活水进宫城，即将紫禁城护城河(俗称筒子河)自西北地沟引入紫禁城，暗河在马神庙内露出地面，一直向南，然后东拐，经武英殿前，流过断虹桥进而继续南流，呈玉带形环太和门前，然后穿过文渊阁，再折向南，由紫禁城东南流出，注入外护城河，最后经菖蒲河、御河入通惠河。紫禁城内这段曲折蜿蜒的河水被称为内金水河。这条河既达到了封建帝王宫室布局比拟天象、成天汉(即天河)之象的目的，又起到了消防供水的作用。据《明宫史》明天启六年(1626 年)，武英殿西油漆作发生火灾，人们就是从内金水河中取水灭火的。

此外，各宫殿前都设置了一些金属大缸，称之为“门海”，即门前“大海”。这些金属缸既是装饰物，又是消防设施，共计 308 口，现在约剩 200 多口。有专人负责往缸里加水，且夏天保证缸内水质清洁，不腐不臭，冬天保证缸里的水不结冰。冬天为了防冻，除了在缸外套上一层厚厚的棉套，还将大缸架在特制的石圈上，石圈内有点燃的炭火，昼夜不停，直到来年春天。

清代故宫还配备了其他灭火设备，比如激筒(又称唧筒)——一种人工操作的喷水灭火器。这种装置利用活塞的原理，将水射向火焰，所以又称“水铳(chòng)”。不过这种喷水灭火器只设置在重要的部位，如乾清宫安设 65 架，慈宁宫、宁寿宫各安设 10 架。每年春秋两季，激筒操作人员还要进行实际操作演练，以便能熟练使用。

雷击引发的火灾，对古建的损毁十分严重，引起帝王的高度重视。明代雷击引发故宫火灾多达 16 起，清代则在故宫中安装了类似避雷针的装置。康熙年间来中国访问的法国人戴马甘曾记述说：“中国屋脊两端，都有一个仰起的龙头，龙头吐出曲折的金属舌头，伸向天空，舌根连接一条细的铁丝，直通地下。”但是，当时人们不太懂得避雷针的原理，所以清代仍有雷击引发火灾的个案。即便到了近现代，故宫也依然出现过雷击毁损固件的现象。如1987年8月，景阳宫就曾因雷击起火。防雷击仍然是古建保护的重要研究课题。如今故宫已在古建筑物上安装了避雷针。

在物理防火的同时，明清两代都有防火管理制度。明代在紫禁城内，建立了值宿制度。清代沿袭明制，继续实行值宿制度，只是更加严格了。康熙二十六年(1687年)，诏命“八旗都统、副都统更番入值紫禁城”。紫禁城内诸王及满洲文武大臣、前锋都统、护军都统、内务府大臣轮流值宿，谓之“六大班”。值宿点在乾清门、内右门、神武门、宁寿门的为内班；太和门的为外班。紫禁城内还有管理激筒的大臣、官员兵丁，谓之“火班”。如一旦宫内起火，倘有传用激筒之事，各库官员司库报明管门大臣，迅速将火班调集景运门，归值宿统领指挥。对于松弛怠惰、玩忽职守者，给以严厉的制裁。“失火延烧宗庙及宫阙者，绞罪”。如康熙时，御膳房太监用火不慎，烧毁了太和殿，康熙命令将6人斩首。

时至今日，故宫的消防工作仍是其全部事务中的重中之重，不敢丝毫懈怠。除了严格的消防制度和力量雄厚、训练有素的专业消防队伍之外，各种消防设施也十分完备，设有消防栓165座，灭火器4800多个，智能烟感探测器5674个，火灾探测器113台，使得故宫连续多年未发生过火灾。

(五)紫禁城的安保措施

紫禁城的安保，分工明确，措施严密。乾隆朝《大清会典》规定：“每夕直宿司钥长，自后左门、后右门、中左门、中右门、左翼门、右翼门、太和门、昭德门、贞度门以次验视扃镭(jiōng jué，闩锁)。午门以隆宗门护军参领，东华门以苍震门护军参领，西华门以启祥门护军参领，神武门以吉祥门护军参领，分视扃镭。毕，各遣护军校纳钥于司钥长，司钥长受验诸门钥汇贮于箧(qiè，小箱子)，复加扃镭。诘朝(jié zhāo，第二天清晨)，各门校以次领钥启门，紫禁城外各门启闭，由阙左门司钥长委护军参领一人验视扃镭。紫禁城内景运门、隆宗门、东华门、西华门、神武门各颁阴文合符。如遇夜间有旨启门，大内出阳文合符，该护军参领即取阴文合符验明启钥。其苍震门、启祥门等门报统领赍(jī，取)阴文合符，至门与阳文合符，比验乃启，均于次日奏闻。”“凡门禁，百官、执事人出入紫禁城门，皆凭门籍。籍内备书爵秩、姓名，于经由之门各置一通，擅入及纵入者，并论。”

腰牌制度是另一种安保措施。腰牌为官吏、杂役及进宫服务的艺人、手艺人等进出紫禁城的凭证，常系于腰间，故名。腰牌上刻有颁发的部门，颁发的时间，持牌人的姓名、身份、年龄、面貌特征等，以备查验。

紫禁城还有紧急警报系统：石别拉和信炮。石别拉又名石海哨，建于故宫汉白玉石护栏的莲瓣望柱头上，是将望柱头里面挖空，使其成为一个形如空心葫芦的装置。需要报警时，守兵将三寸长的“小铜角”(一种牛角状的喇叭)插入石孔内吹响，通过石别拉的放大发出“呜、呜”类似螺声的警报，不同位置的警报随即迭次响起，声音传遍整个紫禁城。报警信炮五门，设置在紫禁城西北向的北海琼岛白塔山上，接到紫禁城内出现危险的放炮令牌，炮手即刻朝天空开炮。相应的守军将士听到炮声，迅速集合，奔赴现场。

(六)故宫内的电灯与电话

1. 电灯

光绪十四年(1888 年)，清朝为慈禧太后在西苑(今中南海)建西苑电灯公所，容量 75 千瓦，专供皇宫使用。这是京城亮起的第一盏电灯。

光绪三十三年(1907 年)，紫禁城宁寿宫装上电灯设施。

2. 电话

1908 年清政府开通了颐和园与西苑(中南海)之间的电话线，专供慈禧太后和光绪皇帝使用。这是中国历史上第一条皇家御用的电话专线。但是，此时紫禁城内并没有安装电话。直到民国以后，在溥仪的坚持下宫内才安上电话。当时溥仪因享受民国给予清室的优待条件，仍然住在宫内。溥仪好奇，按照电话簿的号码，拨通了京剧名演员杨小楼和文学家胡适的电话，和他们聊天、开玩笑。

(七)故宫内无厕所

整个紫禁城内没有一处厕所。有关这方面的正式文字材料很少，致使今人无从了解。笔者只在末代皇帝溥仪的《我的前半生》中，见到过这么一句：“据说皇帝没有厕所，就因为有一代皇帝外出如厕遇上了刺客。”这种说法是否可靠，缺乏佐证的资料。如厕的问题只好靠被称为“官房”或“恭桶”的“便盆”“便桶”来解决，而后通过“净车”，即粪车，适时运出城外。

第四节　北京的皇家祭祀建筑与祭祀文化

一、坛庙祭祀简述

祭祀是古人最重要的活动之一。大型祭祀活动如祭天、祭地、祭祖等，仪式之隆重，场面之宏大，祭祀人态度之虔诚都达到了无以复加的程度。四川三星堆和金沙两地发掘出的大型古代祭祀遗址，就是很好的证明。其祭祀的宏大场面以及包括大量青铜器、玉器和一堆堆巨型象牙在内的祭品，令参观者无不为之震撼而惊叹不已。

中国历代封建王朝都把祭祀立为八政之一。“八政”为古代国家施政的八个方面：食、货、祀、司空、司徒、司寇、宾、师。

通过祭祀的繁文缛节，表达皇帝敬天法祖的虔诚心意，并“立教于民”，以维护封建统治的秩序。

清朝对祭祀活动尤为重视，将其视为“国之大节”，是朝廷政务的组成部分，也是宫廷生活的重要内容。

坛与庙是古人祭祀神与鬼的场所，对皇帝而言，是敬天法祖之所。《说文解字》中，关于坛的注解即为“祭场”，因此坛通常被称为“祭坛”，主要用以祭祀天神和地祇(qí)。庙则是用以祭祀祖先的场所，如关帝庙、孔庙、历代王庙等。普通百姓祭祖的地方一般称为祠堂。而皇帝祭祖的地方则被称为太庙。

皇帝祭祀神鬼的坛庙，往往是一组建筑群，由主体建筑和附属性建筑组成。主体建筑的布局，多以前朝后寝为定则。前朝，即前面举行祭祀仪式的地方，可能是祭坛，如圜丘坛；也可能是祭殿，如祈年殿、享殿。后寝，即安奉神位之所，凡遇大祀则迎神位至前坛或享殿以受礼拜。举例来说，天坛内的圜丘坛为祭天之所，其北面的皇穹宇便是安奉上帝神位的寝殿；祈年殿为祈谷之所，其后为皇祈殿，是安奉上帝及配祀诸神位的地方。太庙，前殿为祭祖之所，其后的中殿，又称寝殿，是安奉历代帝、后神龛的地方。

坛庙的附属建筑主要有具服殿、斋宫、神库、神厨、宰牲亭及三库(祭器库、乐器库、棕荐库)等，是为举行祭祀仪式做准备的地方。

皇帝祭天法祖是按照《周礼》进行的。根据《周礼·春官·大宗伯》的记载，中国古代受祭的众神大致可分为三类：天神、地祇和人鬼。天神包括昊天上帝、日月星辰、司中(文昌第五星)、司命(文昌第四星)、风师、雨师等。地祇包括社稷、五祀、五岳、山林川泽、四方百物等。人鬼包括氏族祖先：始祖、远祖、近祖；民族祖先：三皇五帝。关于三皇所指，说法不一，通常的说法有二：一是天皇、地皇、人皇；二是伏羲、遂人、神农。相传伏羲是教人结网、从事渔猎畜牧的人；遂人是发明钻木取火、教人熟食的人；神农炎帝是农业与医药的发明者。五帝则是指黄帝、颛顼(zhuān xū)、帝喾(kù)、尧、舜。

皇家祭祀有大祀、中祀和群祀之分。大祀的级别最高，气势宏伟，由皇帝亲祭，如皇帝有事，可遣官代祭；中祀是指中等规模的祭祀活动，或由皇帝亲祭，或遣官告祭；而群祀，则是指小规模的祭祀活动，由皇帝遣官行祭。清初定制：祭祀圜丘(天坛)、方泽(地坛)、祈谷、太庙、社稷为大祀；祭祀天神、地祇、太岁、朝日、夕月、前代帝王、先师、先农为中祀；祭祀先医、北极佑圣真君(又称真武大帝、玄天上帝、玄武大帝)、东岳、都城隍等庙，及惠济祠、贤良祠、昭忠祠、旌勇祠等为群祀。乾隆时，改常雩礼为大祀，先蚕礼为中祀。咸丰时，改祭祀关圣、文昌为中祀。光绪末年，改祭祀孔子为大祀。先蚕由皇后主祭。

祭祀的仪程主要有，迎神、奠玉帛、进俎(zǔ，古代祭祀时盛肉的器物)、三献(初献、读祝文、亚献、终献)、受福胙(zuò，祭祀时所用的肉)、撤馔送神、望燎等。行祭时还要奏乐，舞八佾(bā yì，每行八人，共八行，计六十四人)(先蚕之祀有乐无舞)。奏乐的次数不尽相同，按照乾隆朝《大清会典》的规定分为四等：祀天九奏，祭地八奏，祭社稷、先农、朝日七奏，祭祀太庙、先蚕、夕月、太岁、历代帝王、先师孔子等六奏。

大祀、中祀前，皇帝要斋戒：大祀三日，中祀二日。南北郊祀，皇帝于大内斋宫致斋二日，坛内斋宫致斋一日。太常寺要奉上斋戒木牌和铜人，以提醒皇帝斋戒之时，不视它事。铜人，据传以唐代著名的谏官魏征为化身，铜铸，高1.5尺。另外，皇帝亲祀时，祭前一日，要阅览祝版。祭圜丘、祈谷、常雩，皇帝御太和殿阅祝版；祭方泽、太庙、社稷，则御中和殿阅祝版。阅毕，皇帝要行一跪三拜礼。

二、北京皇家祭祀场所

北京现存的皇家祭祀坛庙肇始于明初。永乐十八年(1420年)十二月，郊庙宫殿工程竣工，规制仿照南京，包括天地坛、山川坛、太庙、社稷坛等。

永乐皇帝所创建的北京坛庙格局维持了100年。到了1522年，明世宗朱厚熜即位改元嘉靖后，对北京的坛庙格局进行了较大的调整，嘉靖九年(1530年)始，恢复“天地分祀”的制度，于是，建造圜丘坛祭天，方泽坛祭地，朝日坛和夕月坛祭祀日月，形成了左祖右社、四郊分祀、先农祈谷并举的新格局，从此奠定了今日北京祭坛格局的基础。

清袭明制，除大规模扩建和整修外，主要的贡献是完善了祀典礼仪，编制了大量规范性文献，如《钦定大清会典则例》《钦定皇朝会典》《钦定皇朝礼器图示》《钦定太常寺则例》等。

北京明清皇家祭祀的坛庙有哪些？说法不一。有说“五坛八庙”的，也有说“九坛八庙”的，哪种说法对，并没有什么典章制度可循。我们采纳“九坛八庙”的说法，其中的九坛是：社稷坛、天坛(含圜丘坛和祈谷坛)、地坛、日坛、月坛、先农坛、太岁坛、蚕坛；八庙是：太庙、奉先殿、传心殿、寿皇殿、雍和宫、堂子、历代帝王庙、孔庙。

九坛八庙的建筑，在建筑等级上仅次于皇宫建筑，下面分别就它们的建筑特点以及相关的祭祀活动和文化内涵做一些简单的介绍。

(一)九坛及其祭祀活动

1. 天坛及天坛的祭祀活动

(1)天坛概述。

天坛是“圜丘”和“祈谷”两坛的总称，是“九坛”之首，位于北京中轴线近南端左前方的位置，与其西面的先农坛隔路相望，为明清两代皇帝祭天、祈谷(祈祷丰年)和祈雨的地方。

明初天地合祭，因此永乐帝建北京时首先在南郊，仿南京天地坛形制建天地坛(即后来的祈谷坛)，坛上建殿，初名大祀殿，后改称祈年殿，皇帝在此合祭皇天后土。时至100年后的嘉靖九年(1530年)改为天、地分祭。于是在大祀殿之南建了圜丘坛，专祭皇天；同时在北郊安定门外建方泽坛(即地坛)，专祭地祇。祈年殿则专供皇帝祈祷丰年之用。

祭天是皇帝最为重视的祭祀活动之一。历史上，历代皇帝都自称是“天之骄子”，皇位是“天赐神授”。“君权神授”“受命于天”成了皇帝的法理依据。因此，祭天必由皇帝亲行大祀。《礼记》载：礼，不王不禘(dì)。意思是：按照礼的规定，不是天子不得行禘祭之礼。

祈祷五谷丰收也是皇帝最为重视的祭祀活动之一。中国是以农业经济为主的国家，在科学技术不甚发达的古代，农业收成的好坏全凭老天赐给，而收成直接关乎民生，关乎统治者的政权，因此，历朝历代的皇帝都将农业视为巩固政权的第一要务，于是每年在祈谷坛祈祷五谷丰收自然就成了皇帝最为重要的事务之一。

明清两代皇帝祭天和祈谷的时间相同，冬至祭天，孟春(正月)上辛日祈谷，孟夏(农历四月)祈雨。祭天、祈雨在圜丘坛，祈谷在祈年殿。

(2)圜丘坛和圜丘坛的祭祀活动。

①圜丘坛。

圜丘坛是天坛的主要建筑，位于天坛内坛南部，为皇帝祭天行大礼之坛，所以又叫祭天台。圜丘坛始建于嘉靖九年(1530 年)，坛面用蓝色琉璃砖铺砌。清乾隆十四年(1749 年)扩建时，换成艾叶青石。

坛呈圆形，以象征天，南向，上下分为三层，每层四面出阶各九级。上层坛面直径 9 丈，中央是一块圆形中心石，名曰太极石。此石具有独特的音响效果，站在太极石的正中央，发出声音，可听到四面的回声，声音浑厚、洪亮，犹如天音。围绕中心石环转铺砌扇面形石块共九圈，第一圈 9 块，以后每圈按 9 的倍数递加，即第二圈 18 块，第三圈 27 块，第四圈 36 块，第九圈 81 块；中层和下层也按此排列，每层四周的栏板数目和台阶也是 9 或 9 的倍数。古代以奇数为阳数，而 9 又是阳数的最高数值，阳数又称天数，以示皇天至高至大。

圜丘坛北面的皇穹宇，也是行祭天礼的重要建筑，里面放置皇天上帝和皇帝祖先的神牌，与圜丘坛同时建于嘉靖九年(1530 年)，初名泰神殿，后改为皇穹宇，是一座重檐圆顶殿堂。如今人们所见的，是清乾隆年间改建的单檐圆形亭子式殿堂，蓝琉璃瓦，攒尖顶，鎏金宝顶。殿内正中布置了汉白玉雕花石座，座上设龛，供奉“皇天上帝”神牌，其前方两侧各有四个方形石台，是安置清代八位祖先神牌的地方。

皇穹宇南台阶前有三块回音石，名三音石。四周的圆形围墙，弧度规则，墙壁平整光滑，声音可沿内弧传递，从一面对墙壁小声说话，另一面墙壁上能清晰地听到话音，所以人们叫它“回音壁”。

②圜丘坛的祭祀活动。

在圜丘坛进行的祭祀活动有两项：祭天和祈雨。这两项祭祀活动均属大祀，因此，一般都由皇帝亲自进行。

祭天仪式在每年的冬至举行，仪礼隆重而繁缛。祀日前夕，皇帝入太和殿阅视祝版。阅毕，行一叩三拜礼；又至香亭上香，行一跪三拜礼。然后，銮仪卫率校尉抬香亭、祝版亭、玉帛亭送至圜丘。夜晚，皇帝乘辇入坛视坛位，到神库视笾（biān，竹编食器）、豆（盛食器具）和牲牢毕，宿于斋宫。

祀日，神幄（wò，帐幕）内外、祭坛上下、神路行道等处，均点燃古灯。圜丘坛望灯台杆上高悬三座望灯（也叫天灯），以警示全坛庄重严肃。

当日迟明（黎明前），礼部尚书率太常寺官至皇穹宇行礼，恭请神位，置于坛所。皇帝起驾，由大驾卤簿（lǔ bù，帝王出外时扈从的仪仗队）为前导，进内坛昭亨左门，至外壝（wéi）墙棂星门外神路西侧降舆。然后至具服台内，脱下朝服，盥洗，稍事休息后，换上黼（fǔ）服（即祭服）。接着，在导引官导引下，进内壝墙棂星左门，至二成祀位幄内，北向站立，从而开始了一系列的祭天仪式。

祭天仪式开始，典仪官高唱“燔（fán，焚烧）柴迎帝神”，燔柴炉内立即举火；司乐官高唱“举迎神乐”，乐队即奏“始平之章”。接着八佾舞起，由掌燎官等将预先准备好的牛犊置于燔柴炉内焚烧，同时又在铁燎炉内燃起松柏枝。赞引官接唱“升坛”，导引皇帝升一成，至香案前，跪上炷香，又向神位、配位三上香，行三跪九叩礼，礼毕复祀位。

典仪官唱“奠玉帛”，司乐官唱“举乐”，乐队奏“景平之章”。司玉帛官奉上玉帛，皇帝接玉帛后，由赞引官导引至神位前，跪行献玉帛礼，礼毕复位。

典仪官又唱“进俎”，司乐官唱“举乐”，乐队奏“咸平之章”。皇帝在赞引官的导引下，至神位前，进俎。再由司俎牲官“沃俎”，即执汤壶向俎牲牢上浇酒肉汤。之后，皇帝复祀位。

典仪官唱“行初献礼”，司乐官唱“举初献乐”，乐队奏“寿平之章”，并舞“干戚舞[gàn qī wǔ，手执干（盾牌）、戚（斧）的舞蹈]”。皇帝在赞引官导引下，至正、配位，行初献礼，跪献爵（酒），礼毕复祀位。

典仪官唱“读祝”，由读祝官在祝版案前朗读满文祝文。读祝官要“声音洪亮，高下得宜”，读毕行三叩礼，礼毕，皇帝复祀位。

典仪官又先后唱“行亚献礼”“行终献礼”，司乐官先后唱“举亚献乐”“举终献乐”，乐队先后奏“嘉平之章”“永平之章”，皇帝均至正位、配位前行礼，并跪献酒，礼毕复祀位。

三献礼毕，典仪官接唱“受福胙”，皇帝至正位前，接受奉爵官和奉胙官奉上的祭酒、祭肉，受饮毕，行三叩礼，礼毕复位。

典仪官唱“撤馔”，司乐官唱“举乐”，乐队奏“熙平之章”，皇帝率群臣行三跪九叩礼，撤馔送神。乐队奏“清平之章”。接着，奉祀官、奉帛官、奉馔官、奉香官等依次将祝版、玉帛、馔品、瓣香等送至燎所，乐队奏“太平之章”。

典仪官唱“望燎”，皇帝至望燎位，观看祝版、玉帛及供献祭品之焚烧，“半燎，礼成，还大次，解严。”赞引官导引皇帝仍由棂星左门至具服台幄内更衣。礼部尚书率太常官，恭请神位还御皇穹宇。皇帝盥洗和稍事休息后，至昭亨门外，乘礼舆离坛，大驾卤簿前导，乐队奏“祐平之章”，钟楼鸣钟，直至銮驾还宫而止。祭天仪式至此结束。

祈雨在每年的孟夏进行，其祭祀活动被称为常雩礼。常雩之礼也在圜丘坛举行，仪式与冬至的祭天仪式基本相同。如遇大旱，还要举行大雩之礼。

(3)祈谷坛和祈谷坛的祭祀活动。

①祈谷坛。

祈谷坛在天坛内坛北部，坛呈圆形，共三层，上层直径 68.2 米，高 1.82 米；中层直径 79.6 米，高 1.83 米；下层直径 90.8 米，高 1.91 米，总高 5.56 米。三层坛各出八阶：南北两面各三出，东西两面各一出。各阶皆为九级。三层坛面周围均有石护栏，各层栏板数均为 108 块，共计 324 块。护栏以下是须弥座式的坛座。护栏的望柱下面都设有排水嘴。

祈谷坛上层坛面的正中就是祈年殿，殿朝南向，为一蓝琉璃瓦圆攒尖顶的三重檐圆形大殿。高 38 米，直径 32.72 米，上层檐下悬“祈年殿”匾额，三层蓝色屋檐逐层向上收缩，殿顶兰花座上，安放着巨大的鎏金宝顶。

祈年殿创建于明永乐十八年(1420 年)，初名大祀殿，为一矩形大殿，皇帝在此合祭天地。嘉靖九年(1530 年)始行天地分祭后，改称祈谷坛；嘉靖二十四年(1545 年)始将祈谷坛改建为三重檐圆形殿，上、中、下三层檐为三色瓦，自上而下为蓝、黄、绿，分别代表昊天、皇帝和庶民，殿名改为大享殿。清乾隆十六年(1751 年)再次整修，将三层檐瓦全部改为蓝色，定名“祈年殿”，是孟春(正月)祈谷的专用建筑。光绪十五年(1889 年)八月，祈年殿毁于雷火。次年开始重建，于光绪二十二年(1896 年)完工。现在的祈年殿为 20 世纪 70 年代初重建的。

祈年殿的建筑充分体现了中国的农耕文化内涵。建筑师们将祈年殿的建筑设计构想，同“天方地圆”“天有九重”“天数”说以及二十四节气紧密结合。

殿内由 28 根楠木大柱环转排列，中间的 4 根为“龙井柱”，象征春、夏、秋、冬四季；外围两层圆柱，各 12 根，分别象征一年 12 个月和一日 12 个时辰；两层柱子共计 24 根，象征一年的 24 个节气；这 24 根柱加上 4 根“龙井柱”，象征二十八星宿；28 柱再加上相间于“龙井柱”上端的 8 根“童柱”，恰是 36 根，象征三十六天罡(gāng)。祈年殿的这种设计，是古人“重农”思想的反映。

殿内顶为九龙藻井，地面正中有一块天然龙凤花纹的圆形大理石，上下相应，为祈年殿增添了庄重与神秘的色彩。殿内北侧圆形石台上雕龙宝座和东西两侧石台上的宝座，分别安放上帝神主和皇帝祖先神主，宝座后有木质浮雕屏风。

祈年殿的北面，建有皇乾殿，五间，是祈谷坛奉祀神位的供养所。该殿始建于永乐十八年(1420 年)，初为六间黄琉璃瓦顶殿堂，命名天库；嘉靖二十四年(1545 年)重建，改为五间，改名为皇乾殿；清乾隆年间又将黄瓦改为蓝瓦。清代殿内安放爱新觉罗氏的八代祖先神主的神龛，民国元年(1912 年)将其移入太庙。

②祈谷坛的祭祀活动。

清代孟春(正月)上辛日，皇帝要到祈谷坛的祈年殿祭天，为民祈谷，以期丰收。

按乾隆三十七年(1772 年)定制，祈谷前一日，皇帝乘辇至入西天门，自斋宫东改乘礼舆，至西砖城左门。然后，徒步至皇乾殿上香。礼成，还斋宫，亲王阅视坛位。祀日，皇帝乘辇出斋宫，至甬道正中，改换礼舆，至神路西降舆，再自砖城步就幄次，入左门，礼同圜丘。

2. *地坛和地坛的祭祀活动*

(1)地坛。

地坛在东城区安定门外大街路东，是明清两代皇帝祭祀“皇地祇”的场所，也是我国现存最大的祭地之坛，1984 被列为北京市重点文物保护单位，正式对外开放，2006 年被列为国家级重点文物保护单位。

地坛内总面积 37.4 公顷，呈方形，整个建筑从整体到局部，都是遵照我国古代“天南地北”“天圆地方”“天青地黄”“龙与乾阳，凤与坤阴”等传统和象征传说进行构思设计的。由此形成地坛的建筑特色：场址选在北郊，皇祇室等建筑坐南朝北；内外坛垣、坛台泽渠、各殿区围墙均为方形；方泽坛的坛面、皇祇室屋面瓦件等均采用黄色；坛石、墁石、台阶等数额选为 8 或 8 的倍数；各建筑物的枋心图案全部为双凤，而不是龙凤或双龙。

地坛现存有方泽坛、皇祇室、宰牲亭、斋宫、神库、神马殿、钟楼等建筑。

祭坛，即方泽坛，始建于明嘉靖九年(1530 年)，乾隆十四年(1749 年)遵乾隆皇帝的旨谕进行改建，将黄琉璃砖坛面换成艾青石坛面。现建筑为 1981

年按清乾隆时规制进行恢复修建的。坛面呈方形，分上下两层。上层6平方丈，下层10.65平方丈。坛面方石铺砌，按照古代“天为阳，地为阴”的说法，坛面石数均为阴数，即偶数：上层坛面中心，铺砌36块较大的方石块，按纵横各6块排列；四周用较小的方形石块铺砌，围绕着36块中心石，四面向外砌出8圈，最外一圈92块，最内一圈36块，这样上层坛面共512块，加上36块中心石，共548块。下层也是从上层坛四周各砌出8圈，最外一层156块，最内一层100块，共1024块。上下两层坛面共计1572块。

祭坛四周建水池，长50丈，宽6尺，深8.6尺。此即方泽，是祭祀时储水用的。下层坛台南半部的东西两侧，各有一座山形纹石座，其上共设山形纹石神座15尊，供祭祀时奉安五岳、五镇、五陵山之神位；北半部的东西两侧，各有一座水形纹石座，其上共设山形纹石神座8尊，供祭祀时奉安四海、四渎之神位。坛外建有两重壝墙，四面各开棂星门。外壝东北部为望灯杆，与其相对称的西北部原有瘗(yì，掩埋)坎一处。

皇祇室，地坛的主要建筑之一，坐南朝北，面阔五间，始建于明嘉靖九年(1530年)，是明清两代供奉皇地祇神、五岳、五镇、四海、四渎、五陵山神位之所，现为地坛文物陈列室。斋宫位于地坛西北，坐西朝东，正殿七间，重基石栏，绿琉璃瓦顶。钟楼位于地坛东南，原楼内大钟现存于大钟寺。

(2)地坛的祭祀活动。

明清两代祭祀皇地祇神为大祀，于每年的夏至日出前举行。古人认为这一天“阳气至极，阴气始至”，所以选择这一天祭祀属于阴性的皇地祇。祭地礼仪与祭天大致相近，依次为迎神、奠玉帛、进俎、初献、读祝、亚献、终献、受福胙、撤馔、送神、望瘗、礼成。进行中奏乐八次，初献至终献分别舞武功之舞和文德之舞。所不同的是，不用燔燎，而用瘗埋，即祭后挖坎穴将牺牲等祭品埋入土中。大祀方泽的对象有：皇地祇、五岳、五镇、五陵山、四海、四渎及本朝先帝的神位。

3. 社稷坛和社稷坛的祭祀活动

(1)社稷坛。

北京的社稷坛位于紫禁城的右前方，即故宫午门西侧，与东面的太庙相对应，建于明永乐十八年(1420年)，是明清两代皇帝祭祀社稷神的重要场所，也是我国现存唯一的封建帝王祭祀社稷神的国家祭坛。

“社”，指的是土地神；稷，乃一种粮食作物，亦即今人所知的“粟”，北方称之为“谷”，是我国北方主要的粮食作物之一。古代以稷为百谷之长，被封建帝王奉祀为谷神。中国自古即是农业大国，其传统的农耕经济，形成了定居型的生产方式，发展起与之相适应的乡土社会，孕育了中国人独特的精神信仰与崇拜体系。对土地和谷物的崇拜是原始的本能，祈求和报恩是崇拜的动机，社神与稷神是崇拜的偶像。

封土为社的土地崇拜和祭祀制度，形成于夏商时期。周代的社稷坛已成为王城规划的一个重要组成部分，以后随着历史的发展逐渐形成五色、五方、五土的概念，并持守“左祖右社”“坛而不屋”“五色五土”等规制不变。社稷的概念也变成了“国家”的代名词。

社稷坛中轴线上的建筑群由社稷坛、拜殿、戟门等主体建筑和宰牲亭、神库、神厨等辅助建筑组成。

社稷坛为正方形制，《明会典》《清会典》记载均为两层，现为三层，其原因说法不一。坛基为青白玉砌筑的三层方台，上面按中黄、东青、西白、南红、北黑五行方位铺设五色坛土，俗称“五色土”，作为“溥天之下，莫非王土”的象征。当初五色土是由涿州、霸州、房山、东安等地纳贡而来。每年春、秋二祭由顺天府铺垫新土，明弘治五年(1492 年)规定将所铺坛土，由二寸四分改为一寸。此后，明清两代皆尊此制。土台中央矗立方形石柱，高五尺、宽二尺，称为“社主石”或“江山石”，表示“江山永固”。此石柱于 1950 年移去。

社稷坛北面的拜殿，也称享殿，为中轴线上最宏伟的建筑，是明清两代皇帝祭祀时休息或遇风雨行礼的地方。拜殿建于明永乐十九年(1421 年)，黄琉璃瓦单檐歇山顶，和玺彩画，面阔五间，进深三间。殿内不做天花吊顶，所有梁架全部外露，是我国古代建筑艺术的精品。据《北京古建筑》载，“史料中未发现(拜殿)被毁或重建的记录，可能是北京现存明代建筑中最古老的一座”，大木架构仍系明代原物。梁思成先生在其所著《中国建筑史》中，将该殿列为明之木构遗存实物。1925 年孙中山先生病逝后，曾在此殿停放灵柩。1928 年将该殿更名为“中山堂”。

(2)社稷坛的祭祀活动。

明清两代皇帝于每年农历二月和八月上旬的戊日，亲率百官前往祭祀。祭礼有迎神、供奉祭品行三献礼、撤馔、送神等程序。祭祀时演奏中和韶乐。据中山公园管理处统计，明清皇帝祭祀社稷坛，明代共进行了 617 次，其中嘉靖和万历两位皇帝祭祀的次数最多，分别为 149 次和 113 次；清代共进行了 755 次，其中康熙和乾隆皇帝祭祀的次数最多，分别为 157 次和 145 次。

1914 年改“社稷坛”为“中央公园”。1928 年又改名为“中山公园”，1988 年被列为全国重点文物保护单位。

4. 日坛和日坛的祭祀活动

(1)日坛。

日坛，又名朝日坛，地处朝阳门外，建于嘉靖九年(1530 年)，是明清两代皇帝祭祀大明神(太阳)的地方，每年春分卯时于此行祭祀礼。主要建筑物有拜神坛(或称拜台)、具服殿、神厨、神库、钟楼、祭器库、乐器库、棕荐库和宰牲亭等。钟楼于清道光年间失火被烧掉一层，楼中的大钟失落不知去向。宰牲亭内原有水井，现已填平。具服殿明代建于祭坛西棂星门外南侧，清乾隆年间移至坛的西北现址。

日坛的拜神坛，一层，西向，台呈方形，系白石砌成，边长五丈，高五尺九寸。坛面墁红琉璃砖，清代改为金砖。原祭坛早已毁坏，今坛为 1985 年所重建。坛的四面有高台阶，各九级。坛的四周，环以红色圆形矮墙，周长七十六丈五尺，高八尺一寸。墙体为大青砖，顶覆以绿琉璃瓦。矮墙的东、西、南、北四方各设有白石建成的棂星门，正西为三门，东、南、北各一门。西棂星门正对外坛，正门与西天门之间的路为神路。皇帝由北门步行到具服殿更衣后，经西天门通过神路进入日坛，朝拜太阳神。

(2)日坛的祭祀活动。

我国先民对于太阳的崇拜历史久远，日神崇拜在先民的信仰世界中占有崇高的地位，即使在“天神”崇拜形成以后，日神崇拜的重要性也仍然清楚可见，如借“日”祭天。不过从总的演变趋势看，日神崇拜逐渐在淡化，日神已转化为受“天”神统辖的神灵之一。

明代将“朝日”列为大祀，清代则列入中祀。明代皇帝于春分日寅时(3—5 时)日出之前祭大明之神(即太阳神)，神西向。祭用太牢、玉、礼三献，乐七奏，舞八佾。甲、丙、戊、庚、壬年，皇帝亲祭，其余各年遣文大臣摄祭(代行祭祀)。

清代与明相似，于春分日卯刻(5—7 时)祭大明神。皇帝亲祭时，自坛北门入，步行至具服殿更衣、盥洗毕，通过神路进入祭坛，升西阶就位，行三献礼。祭祀时乐队七次奏乐，舞八佾。乐为中和韶乐。如皇帝遣官代祭，承祭官则在坛下跪拜，只有读祝文时，跪于坛上。

从日坛博物馆展示的资料看，明清两代皇帝祭祀太阳神的次数并不多，明代：嘉靖皇帝一次，天启皇帝一次，崇祯皇帝两次；清代：乾隆皇帝三次，嘉庆皇帝一次，道光皇帝三次。

5. 月坛和月坛的祭祀活动

(1)月坛。

月坛，又名夕月坛，位于西城区阜成门外的月坛北街路南，是明、清两代皇帝祭祀夜明神(月亮)和天上诸星神的场所，建于明嘉靖九年(1530年)。月坛建有北、东两座天门，各为三间，绿琉璃瓦歇山顶。月坛内的祭祀建筑群由拜坛、具服殿、神库、神厨、祭器库、乐器库、宰牲亭、井亭、钟楼等组成。

拜台，即祭坛，一层，东向，呈方形，汉白玉砌筑。每边四丈，高四尺六寸，四出陛，白石台阶六级。明朝嘉靖时，月坛坛面以白色琉璃铺砌，象征着白色的月亮；清乾隆年间坛面改砌金砖。

具服殿，三间，南向，绿琉璃瓦单檐歇山顶，檐下双凤和玺彩画；左右配殿各三间，为蓝琉璃瓦绿剪边悬山顶。

钟楼两层，绿琉璃瓦歇山顶。二层原有一尊铸造于明代的黄铜大钟，现存大钟寺北京古钟博物馆。现在钟楼内的大钟是按照原来大钟的形状复制的。

(2)月坛的祭祀活动。

明清两代祭祀夜明神的时间略有不同，明代为秋分亥时，即晚9—11时月出之后；清代为每年秋分日的酉时，即晚间5—7时月升之时。致祭时，主祀夜明神，从祀以北斗星及木、火、土、金、水五星，二十八宿，周天星辰。凡遇丑、辰、未、戌年，皇帝亲祭，其余年份则遣官代祭。祭祀时，奏六乐，舞八佾。乐为中和韶乐。皇帝亲祭时，升东阶行二跪六拜礼，初献奠玉帛，读祝文，余如朝日礼仪。如皇帝遣官代祭，则承祭官在坛下跪拜，只有读祝文时，跪于坛上。

6. 先农坛和先农坛的祭祀活动

(1)先农坛。

先农坛，又名山川坛，建于明永乐十八年(1420年)。依照祭农亲耕在南郊的古礼，先农坛建在北京城市中轴线近南端的西侧，与东面的天坛隔路相望。先农坛是明清两代皇帝祭祀先农之神、进行亲耕大典以及祭祀山川、神祇、太岁等诸神的场所，由先农神坛、太岁坛、山川坛和地祇坛等组成。下面向读者介绍祭祀先农神和皇帝亲耕的两处场所。

这两处祭祀场所由先农神坛、拜殿、神库、神厨、具服殿、庆成宫、神仓、一亩三分地及观耕台等组成，其位置在先农坛的西北部。

先农神坛始建于明嘉靖年间，清乾隆十九年(1754年)重修。其祭坛坐北朝南，是一座一层砖石结构的方形平台，边长四丈七尺，高四尺五寸，四面各出八级台阶。

正殿，即拜殿，在祭坛正北的院落中，歇山顶，面阔五间，旋子彩画。殿内供先农神牌，祭祀时牌位移至外面的祭坛上。正殿前方有配殿：东配殿为神库，西配殿为神厨；两殿均为筒瓦悬山顶，面阔五间，旋子彩画。配殿之南各有筒瓦六角盝顶井亭一座。

具服殿位于观耕台北，绿琉璃瓦歇山顶，面阔五间，单翘单昂五踩斗拱，额枋为和玺彩画，殿外有砖砌条石边月台。每次皇帝亲祭先农坛时，先祭先农神，礼毕，到具服殿脱下礼服，换上龙袍，而后举行亲耕礼。

观耕台就在先农坛的东南，是皇帝亲耕耤田之后，观看王公大臣耕作的高台。明代的观耕台是木制的，清乾隆十九年(1754年)改成砖石垒砌。台呈方形，南向，边长五丈，高五尺，南、东、西三出陛，各有汉白玉台阶八级。台的四周围砌黄绿琉璃瓦，台面四周绕以汉白玉石护栏，台面墁铺金砖。

皇帝进行亲耕典礼的耤田，是象征性的一片黄土地，俗称一亩三分地，位置就在观耕台的东南。耤田长十一丈，宽四丈，分为十二畦。中间一畦为皇帝亲耕之位，三位王、九位卿从耕，位于两侧。

庆成宫，明代及清初称斋宫，清乾隆二十年(1755年)改称现名。庆成宫位于内坛东门外迤北，坐北朝南。宫内有正殿和后殿，均为绿琉璃瓦庑殿顶，和玺彩画；东、西各有配殿，均为绿琉璃瓦悬山顶，和玺彩画。庆成宫是皇帝在行耕耤礼后，休息和犒劳随从百官茶果及赐宴的地方。

神仓，位于观耕台的东北，建于清乾隆十八年(1753年)，是储藏五谷和祭器的地方。

(2)先农坛的祭祀活动。

先农坛是皇帝祭祀先农诸神和举行亲耕典礼(即耕耤礼)的场所，是中华民族自古以来重视农业生产、展示农业文明的历史见证之所。“国以农为本，民以食为天。”农业的丰歉直接关系到民生和国家的政治安定。因此，历朝历代的帝王都以祭祀神农和躬耕耤田的形式表达对先农之神的崇祭，借以求得五谷丰登、社稷永祚。依据先农坛展示的资料，我们对明清两代皇帝祭祀先农神的情况进行了统计。结果表明：明代，皇帝亲祭、亲耕共9次，遣官祭祀134次；清代，皇帝亲祭、亲耕共101次，遣官祭祀148次。显然，清代皇帝亲祭、亲耕的次数，远远超过明代。实际上，清代祭祀先农神不仅次数多，而且祭祀制度周密详备，典礼过程隆重有序。

清廷规定：每年仲春亥日，皇帝行耕耤礼，以示重农、劝天下从农之意。先期，户部、礼部二部尚书及顺天府尹，进耕耤耒耜(lěi sì，犁)和穜稑种(穜zhòng，先种后熟的谷类；稑 lù，后种先熟的谷类)。届期，皇帝先着礼服祭先农神，以太牢(牛、羊、猪三牲)飨之，行三献礼，饮福受胙。礼成，乃具服殿更换成龙袍后诣(yì，前往)耤耕之所。

皇帝就亲耕位南向立，从耕者随之就位。然后，户部尚书执耒耜，顺天府尹执鞭，面北跪呈皇帝。皇帝亲耕时所用之木犁，其式样与普通农家所用者无异，只是外面涂上金漆而已。皇帝执鞭秉耒三推、三返。府丞捧着青箱，由户部侍郎播种，耆老(致仕卿大夫，年长有地位的士绅；耆 qí，年老，60 岁以上者)随之覆土。事毕，皇帝将耒耜授予户部尚书，鞭授予府尹，至观耕台南向坐，王以下按次序站立。接着，三王五推、五返，九卿九推、九返，府尹属下手执青箱播种，耆老随之覆土。事毕，皇帝去斋宫(清乾隆二十年改称庆成宫)，府尹属下及众位耆老行礼，农夫 30 人手执农器随行。皇帝到斋宫后，农夫随从府尹、县官出至耕耤之所，皇帝赐王公座，观看农夫耕作。农夫耕作毕，鸿胪寺卿奏请礼成，百官、王公行庆贺礼。皇帝赐王公和耆老宴，并赏每个农夫一匹布，并在乐队奏乐声中还宫。

雍正二年(1724 年)，雍正帝在祭先农时，三推完毕后，又加一推。此后，除乾隆时期曾一度仍实行三推外，均“仍加一推”。

雍正年间还规定：皇帝在亲耕前要先进行“演耕”，即亲耕前皇帝先选择一处场所，按照亲耕的要求进行演习，以保证先农坛亲耕享先农大礼得以顺利完成。这一制度一直延续到清末。演耕地点，在今中南海丰泽园。

历史上也曾出现过失败的耕耤礼。事情发生在清嘉庆二十年(1815 年)三月。嘉庆帝先在具服殿更换龙袍后，来到耤田。一切准备就绪，嘉庆帝开始躬耕了。然而，顺天府准备的耕牛，失去了往日的乖顺，说什么也不往前走，只好更换备用的牛。不成想，换上的牛仍然不服驾驭，御前侍卫十余人，忙得不可开交才勉强完成四推。嘉庆帝登上观耕台，观其王公九卿从耕，但是他们所用的牛，更是不听驯服，甚至有的牛四处奔跑，不能终亩。嘉庆皇帝大怒，遂下令将专司供办的大兴、宛平两县知县“革去顶戴，交部严加议处”；顺天府尹等“交部议处”。以往的奖赏，这次全部停给。

让人感到有趣的是，中国的耤田礼在其他的农业国也曾产生过影响，比如法国路易十五在 1756 年(清乾隆二十一年)就曾仿照中国皇帝亲耕的样子举行了盛大的耤田仪式。

7. 太岁坛和太岁坛的祭祀活动

(1)太岁坛。

太岁坛，又名太岁殿，位于先农坛内之东北，始建于明永乐十八年(1420年)，嘉靖年间重建，是明清帝王祭祀太岁神和十二月将神之所。太岁神乃值年之神，明嘉靖八年(1529年)设坛露祭，嘉靖十一年(1532年)在坛内现址建太岁殿。太岁殿所处场所，实际是一个院落，四面都建有殿宇。正殿，即太岁殿，坐北朝南，黑琉璃瓦绿剪边单檐歇山顶，面阔七间，前有三出陛，各有汉白玉石台阶六级。东、西配殿，均为黑琉璃瓦绿剪边悬山顶，面阔十一间，前出廊，一出陛，台阶四级。东配殿祀春秋季六位月神将，西配殿祀夏冬季六位月神将。太岁殿的正南是拜殿，又称南殿，南向，黑琉璃瓦绿剪边单檐歇山顶，面阔七间，中间为穿堂。太岁坛现为北京古代建筑博物馆的办展地点。

(2)太岁坛的祭祀活动。

清代，每年正月上旬诹吉及十二月岁除前一日，大建于二十九日，小建于二十八日，要遣官致祭太岁之神。此外，逢水、旱或出征、凯旋等也要遣官前往祭祀。

祭祀时，承祭官立于中阶下，乐队六次奏乐，分献官立甬道左右，俱行三跪九拜礼。太岁坛行初献礼时，即读祝文、锡福胙，其两庑不行分献礼，不饮福、受胙。祭祀结束时，所用爵、帛、祝版均焚烧。

8. 蚕坛和蚕坛的祭祀活动

(1)蚕坛。

蚕坛是皇后领祭举行“亲蚕礼”的场所，但明清两代的蚕坛不在同一处。明代的蚕坛建于嘉靖年间，位于安定门外，即今地坛内，后因皇后、三宫夫人等自大内远涉安定门外不便，于是在嘉靖十年(1531年)改建于西苑仁寿宫西南，即今瀛台附近，设斋宫、具服殿、蚕室、茧馆。清代的蚕坛的场址也是几经变化。康熙年间，在西苑建丰泽园，构建房屋数间，开田数亩，作为天子养蚕耕田之所。于园左设蚕舍，每岁行亲蚕之礼。雍正年间，在安定门外地坛内建先蚕祠，稍复明嘉靖九年的旧制。乾隆七年(1742年)，因地坛内缺水，无法浴蚕，便决定在今址，即北海公园画舫斋之北，建先蚕坛。

先蚕坛内的建筑有先蚕神坛、蚕神殿(平时供奉先蚕之神嫘祖西陵氏)、具服殿(又称亲蚕殿或茧馆，皇后更衣及行献蚕礼和选蚕种之处)、织室(又称后殿，皇后行缫丝礼及织妇缫丝纺丝之处)、观桑台(又称采桑台)、蚕室(养蚕处，27 间)、蚕署(管理人员用房，3 间)。此外还有浴蚕河，引自什刹海，从蚕坛南墙流出，最后注入故宫筒子河。

如今蚕坛为北海幼儿园所用，院内先蚕坛已无存。

(2)蚕坛的祭祀活动。

每年皇帝都要举行“祭先农”，行“耕耤礼”；皇后要举行“祭先蚕”，行“躬桑礼”，以示“皇帝亲耕，皇后亲桑”。

祭祀先蚕之神嫘祖西陵氏的仪式于每年的季春桑叶繁茂之日举行。皇后到先蚕坛，敬行三献礼，其间奏乐六次，但有乐无舞。之前，两日斋戒，斋戒牌和铜人置于交泰殿。

躬桑礼于祭祀先蚕神后蚕宝初生日进行。前一日皇后在交泰殿阅视采桑工具钩子和筐等。当日，皇后率女众出神武门经陟山门到蚕坛，先登观桑台观桑，而后皇后采桑三片，采毕，登观桑台观视众人采桑。妃、嫔各采五片，福晋、夫人、命妇各采九片。之后，交蚕母送至蚕室，由蚕妇将桑叶散在蚕箔上。

成茧之日，皇后还要率领众嫔妃等人到蚕坛内织室，举行缫丝仪式，皇后缫丝三下，妃、嫔缫丝五下，然后将缫得的丝染成红、绿、黑、黄等各种颜色，绣制皇帝祭祀时穿的礼服。

(二)八庙及其祭祀活动

1. 太庙和太庙的祭祀活动

(1)太庙。

太庙是皇帝祭祖的地方，是皇宫不可或缺的组成部分。《礼记·曲礼》中记载“君子将营宫室，宗庙为先，厩库为次，居室为后”。将祭祖的宗庙列于宫室之上，足见宗庙的地位之显赫。

北京的太庙居“八庙”之首，是明清两代皇帝祭祀祖先的场所，依据周代王都“左祖右社”的规制，建在故宫外的左前方，即午门的东侧，与紫禁城及紫禁城右前方的社稷坛(即今中山公园)同时建造。北京太庙的主要建筑为三座大殿，由南往北依次为享殿、寝殿和祧(tiāo)庙。

享殿(即前殿)为祭祀主殿，建筑等级很高：三层汉白玉须弥座台基，黄琉璃瓦重檐庑殿顶，面阔 11 间，进深 6 间，脊兽 9 个，殿内 68 根大柱均为整根名贵的金丝楠木，地面铺设“金砖”。大殿高度比故宫太和殿还高出 2 米，被认为是至高无上的象征。

寝殿(中殿)为黄琉璃瓦单檐庑殿顶，面阔 9 间，进深 4 间，是供奉帝后神位的地方。清代宣统朝供奉自努尔哈赤以下 11 代帝后的神龛。祭典前一日由官员上香，及期将神牌置于神椅上，移至前殿，奉安神座木托上，祭礼毕送回供奉。

祧庙(后殿)面阔 9 间，进深 4 间，黄琉璃瓦单檐庑殿顶，是供奉皇帝远祖神位的地方。清代供奉追封的清代立国前的四代帝、后，即努尔哈赤以上四世祖先的神主牌位。袷(xiá)祭时，恭请前殿，祭礼毕送回供奉。因祧庙是祭祀远祖的庙，所以用一道红墙与前殿、中殿隔开。

太庙是我国现存最完整、规模最宏大的皇家祭祖的建筑群，堪称“天下第一庙”，是中华祭祖文化的集中体现。1949 年以后，太庙改为北京市劳动人民文化宫，毛泽东主席亲书匾额；1988 年被公布为全国重点文物保护单位。

(2)太庙的祭祀活动。

太庙祭祖文化有着源远流长的历史，从原始社会的“大房子”演变为夏商时代的殿堂，至西周正式建立了宗庙制度，将祭祀与宫殿分开，“左祖右社”又将祭祀祖先的宗庙和祭祀自然神的祭坛分开。历代太庙基本沿袭周制，至明清两代更趋完备。

清入关以后，尊崇沿袭了汉族“敬天法祖”礼仪制度，遂将太祖(努尔哈赤)、太宗(皇太极)等神位供奉于太庙，并会同明朝遗臣、太监将太庙内原明历代神主牌位移至历代帝王庙供奉。

清代自顺治朝起，每年四次享太庙，称“时享”，又称“四孟时享”(即每个季节的第一个月举行祭祀活动)。岁除前一日行“袷祭”，或称“大袷礼”，即合祭祖先之祭典。遇婚丧、登极、亲政、上尊号和徽号、万圣、册立、征战、献俘等家国大事还要举行“告祭”。

时享之日，恭奉后殿列祖、列后神位于殿中宝座，皆南向；奉中殿列圣、列后神位于前殿宝座。太祖(努尔哈赤)位南向；列圣以左右昭穆为序，东西向。皇帝于前殿行礼，后殿遣官致祭。

袷祭之前，皇帝斋戒三日。前一日，皇帝御中和殿阅视祝版。祀日，銮仪卫(负责掌管帝后车驾仪仗的官署)陈法驾卤簿于午门外，金辇于太和门阶下。太庙前殿安放列圣牌位：嘉庆四年(1799 年)以前，太祖(努尔哈赤)正中南向，其余依昭穆东西向；嘉庆四年后，加太宗(皇太极)、世祖(顺治)宝座南向，其余依昭穆东西向。

当日日出前四刻，太常卿至乾清门告时，皇帝乘礼舆出宫，至太和门外换金辇。接着，午门擂鼓，皇帝在法驾卤簿的引导下，入太庙街门左门，至太庙南门外神路右降辇，再有赞引官导引入太庙正门幄次。这时，王公大臣将先帝神主安奉于前殿宝座之上。

神主奉安完毕，太常卿奏请行礼，皇帝出幄次，盥洗后，在赞引官奏请下，入前殿左门，就拜位前北向立。司乐官唱“迎神”，乐队奏“贻平之章”。皇帝在赞引官引导下，至太祖神位香案前跪，先上一炷香，再三上香，然后起身，依次至历朝皇帝神主香案前上香行礼。上香行礼完毕，皇帝回至拜位，与陪祀百官一起行三跪九叩礼。

迎神之后，皇帝和百官要向先帝、后行三献礼，以及行饮福受胙礼，礼毕撤馔(以上礼仪同祭天)。这时，乐队奏“光平之章”，太常寺官向神主跪告祭礼完毕，三叩后，奏请神主还宫，乐队奏“乂(yì)平之章”，皇帝率群臣行三跪九叩礼。原奉神主之王公大臣奉神主还宫，上香行礼。接着，祝版、玉帛和香被送至殿外焚烧。当其焚烧一半时，典仪官向皇帝奏报礼成，皇帝在赞引官的导引下，由殿左门出，乘辇、舆回宫。

2. 奉先殿和奉先殿的祭祀活动

(1)奉先殿。

奉先殿位于故宫内景运门东北，是紫禁城内廷宫殿，为明清宫内皇帝祭祖的家庙。始建于明代，今殿为顺治十三年(1656年)重建，康熙、乾隆两朝曾三次重修。道光元年(1821年)，增修龛座。清代重建后的奉先殿，规制崇高：须弥座台基，殿前月台围以雕栏、望柱，月台正前石阶三出，左右各一出，后殿间月台左右各设石阶一出。奉先殿分为前后两殿，以穿廊连接，组成“工”字形殿，两殿各面阔九间；前、后殿均为黄琉璃瓦庑殿顶，只是前殿为重檐，规格更高，后殿为单檐。清代，前殿供奉努尔哈赤及皇太极等历代帝、后神牌；后殿供奉努尔哈赤之前的肇、兴、景、显四祖及其后的神牌。

(2)奉先殿的祭祀活动。

每年元旦、冬至、万寿节等三大节，及册立皇后、册封皇太子、御经筵、谒陵、巡守回銮、战争凯旋以及先帝、先后的圣诞(生日)、忌辰(死日)、清明等，皇帝都要亲自或遣皇子至殿祭告行礼。

仪式繁缛而隆重。祭祀前三日，皇帝及执事各官斋戒。前一日，掌仪司进祝版，割牲瘗毛血，洁治祭品。届日昧爽(拂晓，黎明)，内监启后殿寝室神龛，内务府官按仪式将列祖列宗及其后的神像安设于前殿座位上，行叩礼，殿外檐下同时设舞乐。尔后，皇帝御衮服出宫，过景运门，至奉先殿外诚肃门降舆，入奉先左门，在殿阶下盥洗完毕，就拜位，北面立，迎神，乐队奏“贻平之章”。接着，导引官引导皇帝至太祖香案前，跪上炷香一支，瓣香三支。上香毕，复位，行三跪九叩礼。导引官再引导皇帝至先后的香案前，立上香后复位。这时，依次行初献、亚献、终献礼，并读祝文，乐队奏乐六次，舞八佾，均与太庙时享同。礼毕，恭请神牌还后殿寝室，帝行三叩礼，复位。赞引官高唱“举还宫乐”，乐队奏“乂平之章”，皇帝再行三跪九叩礼。司祝、司帛依次送燎所，帝转立东旁。祭祀完毕，皇帝仍出左门，乘舆还宫。

如遣皇子代祭，礼仪基本同上，唯殿门外正中设拜位，入右门，至西阶下盥洗，然后升阶至拜位行礼。祝、帛送燎时，皇子避立西旁，礼成后仍自西阶退出。

每月初一，皇帝要亲自向列祖列宗荐新(贡献时鲜食品)。皇帝木兰秋狝(xiǎn，打猎)时亲射的鹿、獐等猎物，亦奉先于此。

3. 传心殿

传心殿在紫禁城前朝东路，文华殿东，建于康熙二十四年(1685 年)，坐北朝南，面阔五间。殿内祀皇师——伏羲、轩辕，帝师——尧、舜，王师——禹、汤、文、武，先圣——周公，先师——孔子等牌位。经筵当日黎明，遣大学士一人，到传心殿祗告皇师、帝师、王师、先圣、先师。如皇帝亲诣行礼，则于前一日进行。

4. 寿皇殿

寿皇殿是皇帝祭祀祖先的场所，原来的位置是在景山东北坡，为明代所建。清乾隆皇帝认为寿皇殿规模较小，且不应偏于一隅，于是乾隆十四年(1749 年)降旨，将寿皇殿移至景山正北处的北京中轴线上，仿太庙规制予以重建。这样不仅使这处清代的皇室内庙得以正式设置，而且极大地提高了寿皇殿的等级和地位，扩展了它的规模和职能功用。

乾隆十五年(1750 年)竣工的寿皇殿，建在崇基须弥座上，面阔 9 间，进深 3 间，前后出廊，黄琉璃瓦重檐庑殿顶，脊兽下层 7 种、上层 9 种，和玺彩画。殿前有月台，月台前面设 4 个香炉，两侧前后各列一组铜制鹤、鹿。1983 年对寿皇殿进行修葺时，在其正脊脊筒中发现锡制镇物宝盒。

与寿皇殿并列的东西两侧，分别是锦禧殿和衍庆殿，均为黄琉璃瓦歇山顶，都曾贮藏爱新觉罗族谱玉碟。

寿皇殿自雍正元年供奉康熙皇帝御容，乾隆元年又置雍正皇帝圣容，此后供奉历代皇帝圣容即成为定例。每逢圣诞、忌辰、元旦、令节，皇帝要前来致祭。乾隆三年(1738年)，乾隆皇帝又规定，皇帝谒陵、巡幸回銮后，也要亲自到寿皇殿行礼。

根据景山“寿皇殿祀礼展”提供的清代皇帝到寿皇殿亲祭次数的统计，乾隆在位60年，约307次；嘉庆在位25年，约132次；道光在位30年，约136次；咸丰在位11年，约79次；同治在位13年，约149次；光绪在位34年，约421次；宣统在位3年，约11次。从统计的数字可以看出，到寿皇殿祭祀先帝在清代宫廷生活中的重要性。

1929年寿皇殿作为古物陈列所对外开放，将所有清代供奉的“御容”收储；1955年起为北京市少年宫使用；2018年进行大规模修缮后，再次对外开放。

5. 雍和宫

(1)雍和宫概述。

雍和宫位于今东城区雍和宫大街路东，是北京地区最大的喇嘛庙，也是全国著名的喇嘛庙之一，至今已有300多年的历史。这里是雍正帝登极前的府邸、乾隆皇帝的出生地，也是后来祭祀雍正、为其祈求冥福的地方，还是藏传佛教的重要法事活动场所。1961年被确定为全国重点文物保护单位。

雍和宫占地面积6.64万平方米，是一组巍峨壮观的古建筑群，主要建筑由南而北分别是牌楼院、昭泰门、雍和门(天王殿)、御碑亭(四体碑亭)、雍和宫殿、永佑殿、法轮殿、班禅楼、戒台楼、昭佛楼、万福阁、永康阁、延绥阁等。此外，在东侧还曾建有东书院行宫，为乾隆皇帝的出生地。雍和宫的建造风格独特，融汉、满、蒙、藏等民族建筑艺术于一体。现将其中的主要建筑做些简单介绍。

①四体碑亭。

四体碑亭，又名御碑亭，乾隆五十七年(1792年)立，黄琉璃瓦重檐四角攒尖顶，上檐为重昂五踩斗拱，下檐为单翘单昂五踩鎏金斗拱，和玺彩画。亭内石碑四棱柱形状，碑文为乾隆帝所撰写的《喇嘛说》，用满、汉、蒙、藏四种文字镌刻。汉字为乾隆御笔，共2054个字。《喇嘛说》是研究清代民族政策和宗教政策不可多得的历史文献。

②雍和宫殿。

雍和宫殿原为王府银安殿，现相当于一般寺庙的大雄宝殿，黄琉璃瓦歇山顶，面阔七间，单翘重昂斗拱，和玺彩画，前有月台，围以黄、绿、红琉璃砖花墙，明间上悬雕龙华带匾，中刻满、汉、蒙、藏四种文字所题“雍和宫”。殿内供过去佛燃灯、现世佛释迦牟尼和未来佛弥勒三尊青铜质泥金佛像。两边是阿难、迦叶。佛前供七珍、八宝，是乾隆年间制造的珍品。殿内两侧是十八罗汉像。顶为八角祥云蛟龙彩绘藻井。殿前有明万历年间制造的铜质须弥山。

③永佑殿。

永佑殿在雍和宫殿北，原为王府正寝殿，是雍正皇帝即位前居住之所。雍正皇帝死后停灵于此。后殿因供奉雍正帝像而改名为“神御殿”，乾隆九年(1744年)行宫改建寺庙后，改为今名，黄琉璃瓦歇山顶，面阔五间，重昂五踩斗拱，前后均为三交六椀(wǎn，碗的异体字)棱花门、窗，下有龟背纹绿琉璃槛墙，前有三出陛台阶二层。殿内供佛三尊，中间为无量寿佛，左为药师佛，右为狮吼佛，皆为檀香木雕像。东墙挂白度母像，西墙挂绿度母像，据说为乾隆的母亲孝圣皇太后亲手补绣，做工精细，色彩协调。

④东书院行宫。

东书院行宫在雍和宫东侧，原为雍亲王府的东花园，是乾隆皇帝诞生的地方。雍王府改为喇嘛庙后，遂将此花园改为行宫，作为清帝到雍和宫拈香礼佛的休息处所。东书院行宫分中、东、西三路，中路有如意室、平安居、太和斋、东寝殿及后殿等；东路有画舫、五福堂和戏台等；西路有海棠院、两重殿房及配殿等。可惜，东书院行宫遭遇火灾被焚，现已无存。

⑤班禅楼和戒台楼。

在法轮殿的两侧各有一座建筑形式相同的楼阁，皆为规格很高的黄琉璃瓦歇山顶。东侧是班禅楼，西侧是戒台楼。这两座楼均建于乾隆四十五年(1780年)，是乾隆皇帝为迎接西藏第六世班禅进京给自己受戒、祝寿而建造的。乾隆皇帝曾在戒台楼内听六世班禅讲经说法，六世班禅为乾隆皇帝授戒、祝寿后曾在班禅楼休息。此外，这里也曾是乾隆帝为皇考雍正祈求冥福的地方。

这两座楼因其建筑形式特殊、历史作用显赫、馆藏文物珍贵而著称于世，是北京地区著名楼阁之一。班禅楼分上下两层，上层是广三间而深三进的“明三暗九”式，外九间带廊子；下层是广五间而深五进的“明五暗二十五”式，共二十五间不带廊子；上下两层共三十四间房。因上层暗藏一个“九”字，下层暗藏一个“五”字，所以名叫“九五坛楼”，是中国古代建筑艺术利用物理学建造的杰出作品。

⑥法轮殿。

法轮殿是喇嘛举行法事的殿堂，建筑平面呈十字形，面阔7间，黄琉璃瓦歇山顶，前出轩、后出抱厦各5间，轩、厦均为黄琉璃瓦歇山卷棚顶。殿顶四边各有一黄琉璃瓦悬山顶天窗，殿顶及天窗顶各建有一藏族风格的鎏金宝塔，具有浓厚的藏族建筑特色。殿内正中供奉一尊高6.1米的黄教创始人宗喀巴大师的铜坐像。像的背后有紫檀木雕成的罗汉山，五百罗汉是用金、银、铜、铁、锡五种金属制成。色彩鲜艳，造型生动，神态各异，是罕见的宗教艺术珍品，被誉为雍和宫“三绝”之一。

东、西墙壁绘有释迦牟尼传教活动的大型壁画，技术上采用了藏族工艺的传统手法，是藏汉文化融会的具体例证。殿内东西墙处的木架上存放着两部重要的藏文经典：西为《大藏经》108部，东为《续藏经》207部。

⑦照佛楼。

照佛楼在雍和宫万福阁东南，是万福阁东厢，又叫后东配楼，是乾隆皇帝母亲供佛诵经处。楼内北端供奉铜质旃檀(zhān tán)佛一尊，高7营造尺，头戴藏式五佛冠，身披黄绸袈裟，背后是用楠木雕成的佛龛和火焰背光，图案精巧，雕刻细致，为雍和宫“三绝”之一。

⑧万福阁。

万福阁位于法轮殿之北，是雍和宫建筑群中最高的建筑。阁为黄琉璃瓦歇山顶，重檐重楼，高25米，上、中、下各层面阔、进深均为5间。上层为重昂五踩斗拱，和玺彩画，正中匾为“圆观并应”；中层为重昂五踩斗拱，和玺彩画，四周带廊及护栏板，正中匾为“净域慧因”；下层为单翘单昂斗拱，和玺彩画，前后三出陛，正中悬雕龙华带匾，上以满、汉、蒙、藏四种文字书“万福阁”。阁内供奉一尊地上18米、地下8米，总高26米的木雕迈达拉佛(弥勒站像)，其主干由整棵白檀木雕刻而成，是雍和宫“三绝”之一。

此木系西藏七世达赖所赠，重金从尼泊尔购得，经四川历时三年运抵雍和宫。乾隆见后，十分欢喜，马上任命京师的察罕活佛负责造像的设计和指挥，令造办处的各类工匠会同造办佛像的喇嘛共同雕造。因佛像太高太大，所以当时是先砌佛座，安置佛像，待佛像定位稳妥，再建万佛阁。大佛于乾隆十八年(1753年)雕刻成功，距今已将近300年。

雍和宫的弥勒大佛是历史上汉藏友好的重要见证，目前又是国内最大的木雕佛像，有着很高的宗教历史和文物价值。1990年被收入吉尼斯世界纪录。

(2)雍和宫的金奔巴瓶。

雍和宫在藏传佛教中占有十分尊贵的地位，除了皇家背景和活佛曾在此讲经外，还因这里珍藏着体现活佛转世制度的金奔巴瓶。

“奔巴”是藏语“瓶”的意思，而“金奔巴瓶”就是汉语的“金瓶”之意。

金瓶高 35.5 厘米，瓶腹径 21 厘米，底径 14.5 厘米。瓶腹上部为一圈如意云头图案，中部錾刻“十相自在图”，此图又名“时轮金刚咒”，藏语称“朗久旺丹”，是修习藏传佛教密宗时轮金刚本尊大法时所持之咒语。金瓶的瓶座与瓶盖饰云头、海水、如意宝珠、缠枝莲图案，瓶盖顶部嵌白玉一颗，其下嵌松石、珊瑚、青金石等。金瓶外包瓶衣，另有象牙牌五支，系掣(chè，抽)签前书写灵童姓名和生日之用。

这样的金瓶一共制作了两个，一个供奉于西藏的大昭寺，另一个供奉于北京的雍和宫。雍和宫的金瓶为蒙古等地区活佛转世灵童掣签认定时使用。

根据佛经的意思，达赖、班禅、章嘉、哲布尊丹巴等藏、蒙地区的大活佛在圆寂以后都要投胎转世，出现所谓的“转世灵童”，由转世灵童继任为下一代的达赖、班禅等大活佛。乾隆时期，“转世灵童”活动受到贵族的操纵而出现种种积弊，情况十分严重。针对这种情况，乾隆皇帝设置了“金奔巴瓶”的转世灵童确定制度，即“金瓶掣签”制度。按照宗教仪轨规定的程序和仪式，将几个转世灵童候选人的姓名和出生年、月、日分别写在签牌上，然后放进金瓶内，以抽签的形式认定正式的转世灵童。

“金瓶掣签”制度是清代乾隆年间为加强对西藏的管理，使呼毕勒罕的转世秩序化和合法化，同时也为提高和强化驻藏大臣的职权而确立的一种制度。这一制度确立以来，自清代起，直至其后的中华民国南京政府、中华人民共和国都执行不渝，这就极大地稳定了藏传佛教在西藏的正统地位，确立了不同时期中央政府对西藏宗教的管理权，杜绝了在“金瓶掣签”中的各种违法现象，打击了各个时期西藏分裂主义分子的分裂活动，确保了中央职权行使的畅通无阻，加强了民族团结，维护了国家的统一。第十一世班禅额尔德尼·确吉杰布，就是中华人民共和国首位用“金瓶掣签”认定的大活佛。

6. 堂子和堂子的祭祀活动

(1)堂子。

清代皇家及其旗民信奉萨满教。堂子是皇家举行萨满祭祀活动的重要场所。清初的堂子建在天安门东南方向的长安左门外，御河桥东，即今台基厂大街北口路西一带。清末光绪二十七年(1901 年)，辛丑条约规定东交民巷为使馆区，堂子也在使馆区的范围之内。清政府为保留这一祭祖之地，曾与外交使团交涉多次，要求免予征收此地。外交使团主席奥匈帝国公使答复：如果大清十分坚持这一点，我们亦可照办，但每次皇帝到堂子行礼时，须事先向使馆界请求许可通过外国操场的护照。为保皇帝尊严，不得已而将堂子移建到东长安街南河沿南口路北，即今北京饭店西侧贵宾楼所在地，现已无存。

堂子的主要建筑有祭神殿、圜殿和尚神殿。祭神殿，即享殿，面阔 5 间向南，神位在北，黄琉璃瓦覆顶。圜殿，位于神殿之南，又称亭式殿，有八面刻有花格的窗门，向北，神位在南。尚神殿，位于圜殿之东南，又称尚锡神亭，面阔 3 间，向南，神位在北，受祭者是明将邓子龙(据传曾救过太祖努尔哈赤的命)。圜殿前有一个皇帝致祭神杆石座。神杆是用延庆出的高 2 丈、直径 5 寸的松树一棵，砍去枝叶，只留顶上 9 层，杆顶挂黄色高丽纸神幡。石座两旁还各有六行小石座，每行 6 个，共 72 个，为诸皇子、亲王、郡王、贝勒、贝子、公等致祭神杆石座。

神殿里供奉的是释迦牟尼、观音菩萨及关帝等。圜殿是祭主神的地方，主神是钮欢台吉(满语，指天神)和武笃本贝子(满语，指远祖之神)。平时诸神安奉在紫禁城的坤宁宫内，举行祭祀活动时迎请到堂子。

(2)堂子的祭祀活动。

在堂子举行祭祀活动被称之为“谒堂子”。堂子建成的第二年即顺治二年(1645 年)正月初一，顺治皇帝到堂子行礼，而后回宫拜神。这是清廷北京谒堂子的开始。

在堂子举行的祭祀分为两种情况：一种是诸如元旦拜天、出征、凯旋及立杆祭仪等大祭；另一种是一般的祭祀，如月祭、浴佛祭、马祭等。元旦祭天和出征祭祀，一般由皇帝亲祭，特殊情况下可遣官代祭。参加祭堂子的人员只有皇帝及八旗王公，没有汉人。康熙十二年(1673 年)明文谕令：“凡祭堂子，汉官勿随往。”由此可知，“谒堂子”实际上是以血统为纽带的皇族祭祀活动，是满族先人祭祀活动的一种演变形式。

7. 历代帝王庙

(1)历代帝王庙。

明成祖朱棣迁都北京后，诸祀毕举，唯无帝王庙。明世宗朱厚熜于嘉靖十年(1531 年)在北京阜成门内的保安寺原址上，按照南京历代帝王庙的规制，建成历代帝王庙。与南京不同，北京历代帝王庙，只设神位不设塑像。从此京师的历代帝王庙成为明清两代皇帝崇祀历代开业帝王和历代开国功臣的场所，其政治地位与太庙和孔庙相齐，合称为明清北京三大皇家庙宇。

清朝顺治皇帝定都北京后，将历代帝王庙内受祭的帝王确定为21位，并派官员会同明朝遗臣、太监以黄舆将太庙内原明朝的帝王神主牌位移入历代帝王庙供奉。

康熙、雍正、乾隆三代皇帝对历代帝王庙都非常重视。康熙曾经留下谕旨：除了因无道被杀和亡国之君外，所有曾经在位的历代皇帝，庙中均应为其立牌位。乾隆皇帝更是提出了“中华统绪，不绝如线”的观点，把庙中没有涉及的朝代，也选出皇帝入祀。乾隆皇帝反复思量，几经调整，最后将祭祀的帝王确定为188位。上自三皇五帝，下至明代历朝帝王、名臣，均增入祀典，只有无道被弑及亡国之君，不列入。未入祀的帝王中有人们十分熟悉的：商纣王，秦始皇嬴政、秦二世胡亥，三国时期的魏武帝曹操、魏文帝曹丕、吴大帝孙权，隋代开国皇帝文帝杨坚和隋炀帝杨广，唐代武周则天(武则天)，北宋徽宗赵佶，明神宗万历帝朱翊钧(明十三陵定陵的墓主)、明光宗泰昌帝朱常洛(在位仅一个月)、明熹宗天启帝等。

从祀的良臣武将80位，其中人们熟悉的有：仓颉、伯夷、周公旦、太公望(俗称姜太公)、伊尹、召公奭、吕尚、张良、萧何、诸葛亮、赵云、李靖、狄仁杰、寇准、范仲淹、司马光、文天祥、岳飞、徐达、常遇春、刘基(刘伯温)、于谦等。在陪祀的文臣武将中，关羽的待遇最高，在历代帝王庙西南隅专门为他修建了一座关帝庙，单独祭祀，以突出关羽独享其尊的特殊地位。

历代帝王庙占地21500平方米，建筑面积6000平方米，由影壁、东西牌楼、石桥、庙门、景德门、景德崇圣殿、东西配殿、四个碑亭、大小祭器库、东西燎炉、钟楼、神库、神厨、宰牲亭、井亭、关帝庙、遣官房、斋宿房、典守房、乐舞执事房等27座单体建筑组成。其中主要建筑，如景德崇圣殿等，还属明代原始建筑，门外的影壁始建于明嘉靖九年(1530年)，绿琉璃瓦硬山挑大脊，长32.4米，高5.6米，厚1.35米，是皇家祭祀建筑中保存原貌最好的一座影壁。

门外左右各有一座下马碑，两块碑都是用满、汉、蒙、回、藏、托忒(tè)六种文字镌刻着“官员人等至此下马”。托忒文，又称卫拉特文，是清代额鲁特蒙古使用的一种文字。

庙中的主体建筑——景德崇圣殿，坐北朝南，重檐庑殿顶，殿顶原为绿琉璃瓦，乾隆二十九年(1764年)进行大修时改为黄琉璃瓦，垂脊蹲兽7种。大殿面阔9间，进深5间，外檐绘以金龙和玺彩画。殿前月台，东、南、西三面石护栏，南面三出陛，中间为云水纹御道，东、西两面各出一陛。殿内金砖墁地，坐龙天花；60根金丝楠木大柱，距今已近500年，从未更换过一根，至今坚硬、挺拔如初。殿内上挂“报功观德”匾，两柱垂挂乾隆皇帝御笔楹联：治统溯钦承法戒兼资洵哉古可为鉴；政经崇秩祀实枚式焕穆矣神其孔安。殿中供奉三皇五帝和历代帝王的188个牌位。据说，牌位系清雍正皇帝御笔所书，只可惜随着时代的变迁，这些牌位的原物已散失殆尽，至今难寻。

景德崇圣殿前的东西配殿，均为黑琉璃瓦绿剪边单檐歇山顶，面阔7间，进深3间，前出廊，垂脊蹲兽5种。东配殿内，供奉文臣40人的牌位；西配殿内，供奉武将39人的牌位。

景德崇圣殿外两侧建有碑亭四座，均为黄琉璃瓦重檐歇山顶，垂脊蹲兽3种。碑亭呈方形，每面阔3间，和玺彩画，海水江崖石雕地面。亭内各有一碑：正东碑亭，内立乾隆五十年(1785年)《祭历代帝王庙礼成记》碑，通高7.54米，满汉合文；正西碑亭建于乾隆五十二年(1787年)，内立无字碑，通高7.83米；东南碑亭，内立“父子碑”，通高7.53米，碑阳为雍正十一年(1733年)《历代帝王庙碑文》，满汉合文，碑阴为乾隆五十年(1785年)《历代帝王庙礼成述事》碑文，汉文；西南碑，内立乾隆二十九年(1764年)御制碑，通高6米，碑阳为《重修历代帝王庙碑文》，满汉合文，碑阴为《历代帝王庙瞻礼诗》碑文，汉文。

专祭三国之蜀国名将关羽的“庙中庙”——关帝庙，是清代增建的，位于庙内西南隅的单独一个僻静小院内，黑琉璃瓦绿剪边硬山顶，垂脊蹲兽3种。庙体面阔3间，进深1间，前出廊。廊柱上的楹联是：浩气丹心万古忠诚昭日月；佑民福国千秋俎豆永河山。庙内正中是关羽手持笏板的坐像，左侧是关羽之子关平(《三国演义》中称关羽之义子)，右侧是手握大刀的周仓立像。庙内亦有楹联一对：功高当世允文允武；德被生民乃圣乃神。今之关帝庙为2003年复建。

庙外的石桥和东、西两座牌楼因影响交通，于1954年被拆除。石桥下落不明；两座牌楼的花板、斗拱等主要构件被保存下来。2004年首都博物馆新馆建成后，将其中的一座牌楼遗存修复组装、复原，在大厅展出。

北京历代帝王庙是中国古建筑宝库中的精品，更是吸引海内外华人祭祖、颂扬先贤、增强历史自豪感和民族凝聚力的重要文化场所，是我国现存唯一的祭祀中华三皇五帝、历代帝王和文臣武将的明清皇家庙宇，也是我国统一多民族国家发展进程一脉相承、连绵不断的历史见证。从明嘉靖十一年(1532

年)至清末的380年间，在历代帝王庙共举行过662次祭祀活动。

(2)清代的贤良祠。

历代帝王庙中供奉的是明及明以前各代的帝王及其良臣。清代先帝们的牌位被供奉在太庙；清代的贤臣、良将的牌位，被安置在今地安门西大街路北甲103号的贤良祠内。该祠建于清雍正八年(1730年)，面积约740平方米。大门3间，单檐绿琉璃瓦歇山顶，小兽5种，门钉横纵皆7。祠额"崇忠念旧"，为雍正帝御笔。正殿3间出轩，绿琉璃瓦，东西庑各3间。后殿5间，东西配房各3间。祠内祀有时至清末的王公、大学士、尚书、左都御史、都统、将军、总督、提督、巡抚、副都统等共99人，其中有人们熟悉的允祥、范文程、于成龙、施琅、张廷玉、刘统勋、汪廷珍、瓜尔佳·桂良、曾国藩、张之洞等。清末李鸿章有单独的受祀祠堂，为黑琉璃瓦顶建筑，由李鸿章在京住所改建而成，其位置在今西总布胡同27号，现已被拆除。李鸿章是清代唯一一位在京师建专祠的汉人官吏。

贤良祠现保存完好，为北京市文物保护单位，但不对外开放，属中华女子学院所辖。

8. 孔庙和孔庙的祭祀活动

孔子(公元前551—公元前479年)，名丘，字仲尼，春秋时鲁国人。他是我国古代著名的大思想家、教育家，其思想是我国2000多年封建社会的精神支柱，影响至今犹存。1963年，孔子被列为世界十大文化名人之一。

孔子逝世以后受到历代帝王的尊崇。尤其汉武帝"罢黜百家，独尊儒术"以来，更是将孔子尊为先师、先贤，不断给他加封尊号，冠以最神圣、最智慧的头衔：汉、晋及隋称先师、先圣、宣尼、宣父；唐代加谥文宣王；宋代又加"至圣"；元代复加号"大成"，尊称为大成至圣文宣王。祭孔场所的称呼也随之不断变化，汉至隋称仲尼庙、孔庙，唐代称孔圣庙、文宣王庙，宋代称宣圣庙、夫子庙，元代称先圣庙，现在一般称孔庙。

据统计，全世界约有孔庙2300多座，山东曲阜的孔庙是祖庙。曲阜城内的孔庙建于孔子逝世后一年，即公元前478年，由孔子的故宅三间改建而成，后经历代帝王扩建遂成一处规模宏大的古建筑群。

(1)北京孔庙概述。

北京孔庙位于东城区雍和宫对面的国子监街路北，是元、明、清三代祭祀孔子的场所，始建于元代大德六年(1302年)，大德十年(1306年)建成。以后，孔庙于明清两代都有修缮或扩建，规格越来越高。明嘉靖九年(1530年)

为祭祀孔子五代先祖，增建了崇圣祠。庙内核心建筑是大成殿，其规格也在逐渐提升，元代初建时屋顶为普通瓦，明万历年间改为青琉璃瓦，清乾隆二年(1737年)，按乾隆皇帝亲谕，又改用最为尊贵的黄琉璃瓦。大成殿原来面阔7间，进深3间，光绪年间扩建为阔9间，进深5间，享九五至尊。

今天我们所见的孔庙，为光绪三十二年(1906年)至民国五年(1916年)间进行大规模修缮后的规模和布局，是仅次于山东曲阜孔庙的第二大孔庙。中轴线上的重要建筑有先师门、大成门、大成殿、碑亭等。先师门和大成门之间的西墙，建有持敬门，与西面的国子监相通。正门先师门的斗拱仍保持元代风格。大成门为黄琉璃瓦，垂脊蹲兽7个；门前东侧立有“加号诏书”石碑，记述着元大德十一年(1307年)元成宗特诏命孔子加谥为“大成至圣文宣王”。

大成殿，黄琉璃瓦重檐庑殿顶，脊兽9种，面阔9间，进深5间。大成殿内正中木龛摆放“至圣先师孔子神位”木牌位，两侧为四配，东二龛——颜子(名回)、孔子(名伋，字子思，孔子之孙)，西二龛——曾子(名参)、孟子(名轲)。三国魏正始二年(241年)，开始有配祀，但只有颜回一位，到了南宋度宗咸淳三年(1267年)，增至颜回、曾参、孔伋、孟轲四位配祀，从此确立了“尊孔而以四贤配享”的制度。

在四配以下分列十二哲人牌位，他们是仅次于四配的儒家圣贤。哲位始设于唐玄宗李隆基开元八年(720年)，为十位，以后历代有升降，至乾隆三年(1738年)，定为十二位。东序各龛：闵损、冉雍、端木赐、仲由、卜商、有若；西序：冉耕、宰予、冉求、言偃、颛孙师、朱熹。

大成殿内的上方，悬有民国大总统黎元洪所书匾额“道洽大同”，以颂扬儒学为人间正道之学，崇尚儒家学说可成就世界大同。

在黎元洪的匾额之前，大成殿内悬挂的是清代皇帝亲题的悬匾。它们是：康熙的“万世师表”、雍正的“生民未有”、乾隆的“与天地参”、嘉庆的“圣集大成”、道光的“圣协时中”、咸丰的“德齐帱(dào)载”、同治的“圣神天纵”、光绪的“斯文在兹”，以及宣统的“中和位育”。

清朝帝王崇尚儒学，倡导尊孔，自康熙帝始，历代皇帝即位，必亲临国子监“辟雍”讲学一次，称为“临雍”。随后到孔庙大成殿悬额一方。这种做法一直延续到清末未变。

民国五年(1916年)，北洋军阀政府教育总长范源濂将清代诸帝所书匾额全部取下，改悬当时的大总统黎元洪所书“道洽大同”。

大成殿的后面，是孔庙的最后一进院落，建有绿琉璃瓦顶的崇圣祠，为祭祀孔子先祖的地方，于嘉靖九年(1530年)建成。清乾隆二年(1737年)将灰瓦顶改建为绿琉璃瓦顶。祠南向，由崇圣门、崇圣殿和东、西配殿组成。崇圣殿五间，又称五代祠，因殿内供奉孔子五代先祖的牌位：五世祖木金父、高祖睾夷、曾祖防叔、祖父伯夏、父亲叔梁纥。

崇圣门的门罩下，立有独占鳌头碑。碑上刻有魁星图像。魁星的脸似鬼脸，一脚后翘，一手执笔，一手持斗，意思是魁星手中的笔点中谁，谁就会中状元。魁星在清朝时期被视为主宰文章兴衰之神。当时大凡进京应试的举人们都要在魁星面前求签问卜，希望魁星能保佑自己今科得中，获得功名利禄。

(2)孔庙的祭祀活动。

历代祭孔仪式在大成殿举行。清代以来，每年祭祀两次，即仲春上丁日(农历二月初四)和仲秋上丁日(农历八月初四)，即所谓“上丁祭孔”，也叫“丁祀”。两次祭祀活动均为中祀。届时，遣大学士一人行祭，翰林官二人分献，国子监祭酒祭启圣祠，以先贤、先儒配飨从祀。如遇有事故，祭祀活动改为次丁日或下丁日。此规定通行于府、州、县、卫各学。顺治和雍正两位皇帝曾举行过亲祀。光绪三十二年(1906年)，孔子改为大祀后，“乐用八佾，增武舞，释奠躬诣，有事遣亲王代，分献四配用大学士，十二哲两庑用尚书。”祀日，皇帝入大成左门，升阶入殿左门，行三跪九拜礼及三上香礼。奠帛、爵俱跪。“三献俱亲行。出亦如之。”若遣官代祭，则四配用尚书，余用侍郎，均自大成右门出入，不饮福，不受胙。如今，每年公历9月28日举行祭孔仪式。

(3)孔庙三宝。

孔庙内至今保存着三组珍贵的历史文物：元、明、清三朝的进士题名碑、十三经刻石和石鼓。

①进士题名碑。

元、明、清三朝进士题名碑，共计198块，矗立在先师门内的东西两侧。这些碑上刻着51624名进士的姓名、籍贯和名次。其中元代3块、明代77块、清代118块。这些进士碑，为研究我国的科举制度提供了珍贵的实物资料。从碑上我们可以看到一些熟悉的名字：于谦、杨继盛、刘墉、林则徐、李鸿章、洪钧、康有为、沈钧儒等。

②十三经刻石。

十三经刻石碑189座，加上“御制告成”碑，共190座。这部石经，因刻于乾隆年间，所以又称“乾隆石经”。石经包括《周易》《尚书》《诗经》《周礼》《仪礼》《礼记》《春秋左传》《春秋公羊传》《春秋谷梁传》《论语》《孝经》《孟子》《尔雅》等十三部儒家经典著作。《十三经》是春秋、战国至西汉初期儒家经典，记录了夏、周以来我国古代历史、哲学、诗词和典章制度。作者主要是孔子及其弟子和传人。

《十三经》共计 63 万字，为康熙年间金坛贡生蒋衡手书。蒋衡(1672—1742)，清代著名书法家。他在西安见到唐《开成石经》出于众手杂书，既失校核，又混乱不齐，于是决心自书一部《十三经》。他从雍正四年(1726 年)到乾隆二年(1737 年)，历时 12 年，才大功告成。蒋衡手书的这部《十三经》被列为中国历史之最，是中国文化艺术宝库中的珍奇瑰宝。

乾隆五年(1740 年)江南河道总督高斌将此经献给乾隆皇帝，第二年乾隆皇帝降旨授蒋衡国子监学正。乾隆五十六年(1791 年)特指钦命和珅、王杰为总裁，董诰、刘墉、金简、彭云瑞为副总裁，并派金士松等八人随同校勘。然后将其“刊之石版，列于太学”，定名《乾隆石经》。

《十三经》原本作为国子监监生的标准范本而立于国子监东西六堂，1956 年修缮国子监时移到孔庙与国子监之间的夹道内，并对石经采取了一系列的保护措施，1981 年又加盖了屋顶，以避风雨。1988 年北京孔庙被列为全国重点文物保护单位后，对十三经碑林进行了大规模的修缮整理，于 1992 年 3 月 1 日正式对外开放。

③石鼓。

石鼓，共 10 个，布置在大成门内，是清乾隆年间的仿制品。原始文物于唐初在陕西凤翔县被发现。因为其形状似鼓，所以叫“石鼓”。鼓上刻的文字，称作“石鼓文”。又因为每个鼓面上各刻有狩猎四言诗，所以也叫“猎碣”。对于石鼓的制作年代、石鼓上的诗文内容，专家、学者说法不一。如有人认为是周宣王时代的遗物；有人认为是战国时期秦国遗物。出土的石鼓，最初被置于凤翔府学，后移至汴京(今开封)。金太宗时迁运到燕京(今北京)，元代皇庆二年(1313 年)移至孔庙大成门内。清乾隆时因其残损严重，故汇集缺损文字重镌新鼓。原始石鼓现存于故宫博物院。由于年代久远，上面的文字很多都模糊不清，难以辨认。大成门内的石鼓旁竖立着两通清代石碑：东侧一碑为“集石鼓所有文成十章制鼓重刻序”碑；西侧一碑为“张照书韩愈石鼓歌”碑，碑额“環辞神笔”为乾隆御笔，碑身环刻清代张照草书韩愈的《石鼓歌》。10 个清代仿制石鼓与 2 座石碑，至今保存完整，文字清晰，十分珍贵。

(4)孔子后代的殊荣。

历代帝王对于孔子的后代也给予了很高的荣誉。宋代将孔子第四十六代孙封为衍圣公，从此成为定制而被历代沿袭下来，历经宋、金、元、明、清而延至民国时期，子孙代代袭封。直到民国二十四年(1935 年)，国民政府始改任孔子第七十七代孙孔德成为“大成至圣先师奉祀官”以后，衍圣公这个封号才被废除。

明太祖朱元璋召见了孔子第五十五代孙孔克坚，并赏赐他一所住宅，一匹马和二十石米。朱元璋让孔克坚之子孔希学承袭了衍圣公的封号，“秩二品，阶资善大夫。”也就是说，孔希学的这个衍圣公的封号是一个相当于二品的官员，并无实职，只享受其待遇。后来，明仁宗朱高炽把北京东华门外的一所住宅赐给孔家后代；明英宗觉得东华门的宅园狭隘简陋，于是又赐宅于今西单太仆寺街，专为孔子后代的衍圣公进京觐见皇帝时居住。此府坐落在太仆寺街西口路北，四进院落。第一进院，正房三间；第二进院，也是正房三间，东西配房各三间；第三进院，正房五间，东西配房各三间；第四进院落，后罩房十二间。如今，原建筑已不复存在。原址建成教学楼，为西城宏庙小学低年级部校舍。

第五节 北京的园林

中国园林之美，在于山水之间的天工之美，在于自然、和谐之美。中国的园林同其他类型的建筑一样，讲究的是实用功能和艺术审美的有机结合。中国的园林分为皇家园林与私家园林。但不论气度非凡的皇家园林，还是小家碧玉的私家园林，其价值都在于它们的愉悦功能。中国人“崇尚自然，妙造自然”，追求的是自在、随意和舒畅的心境。因此，中国的园林不注重几何图案式的整齐划一，而是追求自然之美。即使有时需要人工引水，人工造山，也会尽其所能地顺从自然，保持自然，不将亭台楼榭视为主体，而是作为一种饰物，点缀在山水之间。曲折婉转的流水，通幽的小路，乃至花草树木，都显得那么悠闲自在，那么和谐自然，没有刻意雕琢的优柔造作之感。人们在自然和谐的山水之中，无疑会获得美的享受，必然心情愉悦，产生美好的遐想，甚至迸发强烈的感情。中国的许多文人和丹青大家都是身处山水美景之中，见景生情，催发出强烈的创作冲动和创作激情，于是出现了很多绝世之作。李白的“孤帆远影碧空尽，唯见长江天际流”的美丽诗句，范仲淹的《岳阳楼记》，王勃的《滕王阁序》，王羲之的《兰亭序》，这些精美绝伦的作品及其精辟深邃的哲理都形成于天人合一的景色之中。

北京的古建园林丰富多彩：大气磅礴、彰显皇家气派的帝后园林，国内外绝无仅有，独占鳌头，吸引着全球游客前来观赏；北京的私家花园同样多姿多彩，几乎包容天下名宅私园的各类情趣和风范，它们或如画卷一般建于青山绿水之间，或隐建于胡同深处的四合院内，独享宁静之美。这些四合院里的私家园林虽受到江南园林的影响，却又自成一格，带着帝都的大气，彰显文人趣味，寄托隐逸情怀，成为四合院中一道独特的景观。

林语堂说："所谓艺术，就是利用手中有限的东西，而又能让人类的想象力得到充分的发挥。"这句话用来描述四合院中的私家花园是再合适不过的。这些花园以咫尺之地，通过巧妙的设计构思，使主人在诗之情、画之意、游之景、书之趣中得到心灵的慰藉。

一、皇家园林

(一)紫禁城内的园林

紫禁城故宫内的花园主要有四个：御花园、乾隆花园、慈宁宫花园和建福宫花园。

1. 御花园

御花园在坤宁宫的北面，是紫禁城内廷的主要园林。全园南北纵 80 米，东西宽 140 米，有建筑 20 多座。主体建筑为钦安殿，建于明代，居全城中轴线，是紫禁城中轴线上唯一的一座神殿。该殿坐北朝南，宽五楹，重檐盝顶式，中央置渗金宝顶。钦安殿是皇宫内重要的道教建筑，殿内供奉道教的玄天上帝，明间主梁上悬挂乾隆皇帝御制"统握元枢"匾。玄天上帝，即真武大帝，是中国神话传说中的北方之神，为道教神仙中赫赫有名的玉京尊神。在此寓意镇守北方疆土，佑护皇居。明清宫廷常在此办道场，每年立春、立夏、立秋和立冬四节，皇帝都要亲临拈香行礼。钦安殿曾是明仁宗朱高炽的寝宫，也是他掌权仅一年就崩逝的地方。

围绕钦安殿建有四座亭子：北边的浮碧亭和澄瑞亭，南边的万春亭和千秋亭，造型纤巧秀丽，为御花园增色不少。

钦安殿前有天一门。殿东北有用太湖石迭砌的假山"堆秀"，山势险峻，磴道陡峭，叠石手法甚为新颖。山上建有御景亭，每年重阳节帝后在此登高。此外，园内建有绛雪轩、位育斋、摛(chī)藻堂、延晖阁等，分别依墙而建，东西对称布局，形式精巧多样。

园中奇石罗布，佳木葱茏，花树多系明代莳(shì，移植)栽。其古柏藤萝，皆数百年物，将花园点缀得情趣盎然。园内现存古树160余株，散布园内各处。其中的龙爪槐，虬(qiú)曲盘旋，气势宏大，堪称北京之最。天一门内的“连理柏”，久负盛名，由两棵古柏组成，相对倾斜生长，上部纠结缠绕在一起，内部的木质部已经融为一体，成为一棵树，形状奇特而自然。“遮阴侯柏”、“驼峰柏”、“凤凰柏”、“大肚罗汉柏”和“十八罗汉柏”同样姿态奇异，气宇非凡。

园中列有各色珍奇山石盆景，千奇百怪。甬道以各色细石砌成900余幅不同的主题图案，有人物、花卉、景物、戏剧、典故等，沿路观赏，妙趣无穷。

2. 乾隆花园

乾隆花园，即宁寿宫花园，位于紫禁城外东路的宁寿宫区内，占地面积约6000平方米，前后共四进院落。院内有建筑物20多座，其中著名的有古华轩、遂初堂、萃赏楼、符望阁、倦勤斋、延趣楼、禊(xì)赏亭等。平面和立面布局采用非对称手法，山石逶迤，游廊回转，楼阁堂轩富丽，内部装修与庭院花木交互映衬、融合，意境谐适，兼有江南园林之精美与宫殿之庄严，是故宫中著名的园林，更是故宫四座花园中艺术价值最高的一座。

3. 慈宁宫花园

慈宁宫花园位于紫禁城外西路，占地面积6800平方米，始建于明代，清乾隆年间改建，但规模和布局始终没有大的变化，是明清皇太后及太妃嫔们游憩、礼佛之处。北部有建筑11座：咸若馆为主体建筑；南部则地势平坦开阔，莳花种树，叠石垒池。全园布局章法以建筑物富丽取胜。园中树木以松柏为主，间有梧桐、银杏、玉兰、丁香；花坛中密植牡丹、芍药。春华秋实，晨昏四季，各有不同的情趣。在礼制森严的紫禁城中，慈宁宫花园是能令前代后妃们寻得心灵慰藉之地。

4. 建福宫花园

建福宫花园，俗名西花园，位于紫禁城西路，建福宫后，存性门内，建于清乾隆五年(1740年)。园内有静怡轩、慧曜楼、吉云楼、延春阁、敬胜斋、碧琳馆、妙莲华室、凝晖堂等华丽建筑，石山、岩洞、奇石、古木，布置奇巧，建筑形式深得乾隆皇帝的喜爱，其中主要建筑成为宁寿宫花园建筑物仿依的模式。1923年，敬胜斋失火，火势迅速蔓延，尽毁园中全部建筑物及各殿堂库存的全部文物、古玩，仅余一片山石及园前惠风亭。火后，逊帝溥仪就其址改建为网球场。

1999年故宫博物院启动建福宫花园复建工程，2006年5月竣工，但不对社会开放，仅用来接待重要贵宾和举行重大活动。

(二)皇城内的前三海

1. 北海

北海位于北京中轴线西侧，今西城区地安门西大街之南，属内城中心地带，是全国重点文物保护单位。

北海是迄今我国保存历史最悠久、布局最完整的皇家园林，至今已近千年，历经辽、金、元、明、清五代，均为帝王宫苑。辽时，为皇家行宫，称“瑶屿”；金时，为帝王离宫，先后称“大宁宫”“寿宁宫”“寿安宫”“万宁宫”；元时，为皇家宫廷苑囿，称“上苑”，不仅是帝王休息游览之处，也是举行大典、发布政令的重地；明、清时，为皇家苑囿，属西苑的一部分。

经过五个朝代900年的建设及1949年以后不断的修葺、整治和对湖水的疏浚，今日之北海更加绚丽多姿，成为北京市区内最大的皇家园林公园。

北海占地约68公顷，其中水域面积约39公顷，山水相依，峻朗和谐，亭台楼阁，雕梁画栋，奇花异木，茂盛宜人。园内的景观美不胜收：在享有“仙山琼阁”美誉的琼华岛上，建有高耸入云的标志性建筑——藏式白塔、琼岛春阴碑、皇帝祈天赐予甘露的“承露盘”、“江天一览”的漪澜堂、内存“三希堂法帖”的阅古楼；在与琼华岛隔水相望的北海北岸上，建有习称“极乐世界”和“小西天”的观音殿，以楠木为柱的“西天梵境”天王殿，供帝后垂钓和观赏焰火的五龙亭，用424块七色琉璃瓦筑成的两面各有九条蟠龙、形态各异、栩栩如生的九龙壁；有皇家祭祀的庄严之地——先蚕坛；更有精美别致、优雅静谧的园中之园——静心斋、画舫斋和濠濮间。这些人间美景，自北海1922年正式对外开放至今，吸引着全国各地络绎不绝的访客前来游览观赏。

此外，鲜为人知的是，中南海和北海之间曾经建有一条正式运行的铁路。这条铁路建于光绪十五年(1889年)，南起中海的瀛秀园门外，出中海的福华门，进今北海西门(阳泽门)，而后一直往北，经北海的极乐世界，往东拐，到今之静心斋正门为终点，全长“七百六十二丈五尺”。火车系法国制造：机车一辆，车厢六节——上等极好车一节，上等坐车二节，中等坐车二节，行李车一节。慈禧皇太后坐的车厢是黄绸窗帷，大臣的车厢是蓝绸窗帷。这条铁路于 1900 年被八国联军全部捣毁后，未曾修复。

2. 中南海

中南海是中海和南海的合称，位于故宫西侧。金鳌(áo，传说中的大龟或大鳖)玉蝀(dōng)桥，俗称北海大桥，是中南海与北海的分界处；而蜈蚣桥则是中海与南海的分界标识。

中南海与北海共同构成西苑三海，也称太液池。西苑三海是中国历史悠久的皇家园林，其中，开辟于金元时的中海和建设于明朝时的南海，自清代起被列为皇家专用的禁苑。康熙皇帝时，一些政务是在离宫别苑处理的，中南海随即成了清王朝的政治中心。

民国初年，中南海是国家的政治中心，袁世凯、黎元洪、曹锟的总统府，张作霖的大元帅府，北洋军阀政府的国务院、摄政内阁都曾设置在这里。北伐战争之后一段时间，中南海一度被辟为公园，供人游览。

1949 年后，中南海一直是中共中央和国务院办公所在地。中南海的重要建筑主要有勤政殿、丰泽园、静谷、怀仁堂、紫光阁、万善殿、水云榭、瀛台等。

(三)什刹海

什刹海，在北京城的西北部，为古代河流改道后遗留下来的水面而形成的湖泊。湖滨地区曾经梵宇林立，其中有一佛寺称“什刹海”，寓意佛法如海。该寺至今犹在，为民居。有人认为，什刹海因此寺而得名。

什刹海，包括前海、后海和西海在内，其四至范围大致是，东至地安门外大街以西；西至新街口北大街以东；南至北海公园北门以北；北至北二环地铁积水潭站一线以南。方圆大致 146.7 公顷。

什刹海，在元代称积水潭，是一条从西北斜向东南的宽长水面，为元代漕运的终点码头。当时这里，舳舻(zhú lú)蔽水，盛况空前。周边沿岸布满酒肆歌楼，商铺如林，满目皆是一片繁华，“燕山三月风和柔，海子酒船如画楼”。明代因长年淤塞，水面缩小，形成三个湖面，相对南面的前三海(北海、中海、南海)而言，后三海(前海、后海、西海)总称什刹海。到了清代，这里风景优美，名园古刹很多，成为北京人云集宴游的好去处。1949 年以后，政府拨款，疏浚河道，种植花木，辟为三个一水相连的城市花园。特别是 20 世纪 80 年代以后，政府更是加大力度，加强什刹海风景区的维修、建设，使之再次恢复其繁荣、辉煌的景象。目前什刹海区域内，名胜、古迹、景点多达 80 余处，城楼亭榭、庙宇寺观、王府名园、名人故居，以及中华老字号的酒楼饭庄等，为来自四面八方的游客提供了非常理想的文化游览胜地。

(四)三山五园

四九城之外的皇家园林大多集中在西山一带，最为驰名者当属三山五园。所谓的三山是香山、玉泉山和万寿山；五园是圆明园、畅春园、清漪园(颐和园)、静宜园和静明园。这些皇家园林及周围的王府园林与西山的自然山水融为一体，形成了一个地域宽广的风景区。

咸丰十年(1860 年)和光绪二十六年(1900 年)，三山五园两次遭受帝国主义列强的野蛮劫掠和焚烧，几乎损毁殆尽。这些被毁的园林在后来的岁月中，有的进行了修复，如颐和园；有的做了改建，如香山改建成饭店和不少别墅；有的基本保持劫后残破的面貌，如圆明园，成为凭吊屈辱历史的处所；如今除玉泉山静明园外，其他均作为公园对外开放。下面对三山五园做些简单介绍。

1. 香山和静宜园

香山在北京西山的山坳里，距市区约 20 公里，是北京市文物保护单位。其西、南、北皆是山，重峦叠翠，清泉潺潺，古木繁茂，景色优雅。香山之西南是著名的八大处，北面是佛家名院碧云寺，其东北有卧佛寺和樱桃沟花园。金大定二十六年(1186 年)，金世宗完颜雍在香山建香山寺，元明清各代帝王都曾在这里营造离宫别馆。清康熙十六年(1677 年)修建香山行宫，乾隆十年(1745 年)更是大兴土木，建起了“静宜园”。燕京八景之一的“西山晴雪”等名胜古迹遍布香山。秋末时节，黄栌换装，漫山红遍，呈现“霜叶红于二月花”的胜景。

静宜园拥香山而建，清乾隆十年(1745 年)在原康熙年间所建行宫基础上拓建完成。当时共建有 28 景，即勤政殿、丽瞩楼、绿云坊、虚朗斋、璎珞岩、翠微亭、青来了(亭)、驯鹿坡、蟾蜍峰、栖云楼、知乐濠、香山寺、听法松、来青轩、唳霜皋(亭)、香岩室、霞标磴、玉乳泉、绚秋林、雨香馆、晞阳阿(朝阳洞)、芙蓉坪、香雾窟(静室)、栖月崖、重萃崦、玉华岫、森玉笏(hù)、隔云钟。乾隆四十五年(1780 年)，为迎接西藏六世班禅来京祝厘(祈求福佑，祝福)，兴建了宗镜大昭之庙，简称昭庙。嘉庆年间(1796—1820 年)又重建原明代建筑见心斋。

咸丰十年(1860 年)和光绪二十六年(1900 年)，静宜园先后遭英法联军和八国联军的破坏。北洋军阀政府和国民党政府期间，官僚政客强占园地，建造私人别墅，如玉华山庄、双清别墅等，也有社会团体建造了一些公益性建筑，如香山慈幼院。1949 年后辟为公园对外开放，除不断修复被毁景观外，在原香山寺康熙行宫的遗址上建筑了香山饭店，在香炉峰顶(俗称鬼见愁)建筑伴霞阁，并修建自香山北门山下直达香炉峰的游览索道。特别值得一提的是，数年来在政府的支持下，专家和工程技术人员依据历史资料，对园内被毁的景观进行恢复性建设，目前已恢复了 17 处景观。

下面选择香山的几处重点建筑和景观向读者做些简单的介绍。

(1)勤政殿。

勤政殿位于香山公园东宫门内，是乾隆皇帝来园驻跸临时处理政务、接见王公大臣之所，取意勤政务本、勤于思政。勤政殿始建于清乾隆十年(1745年)，其景区由正殿、南北配殿、朝房、假山、月河、牌楼等组成。咸丰十年(1860 年)被英法联军焚毁。2002 年 7 月香山勤政殿复建工程动工，2003 年 7 月竣工并正式对游人开放。

正殿为单檐灰筒瓦歇山顶，面阔 5 间，外饰和玺彩画，殿内金砖墁地，是静宜园内等级最高的皇家殿宇。勤政殿前南北各建有配殿 5 间，为王公大臣休息的地方。

(2)双清别墅。

双清别墅位于香山寺南。此处有两股清泉，相传金章宗游香山时，在此休憩入睡，梦见身下波涛滚滚，醒后令人挖掘，果然掘得清泉，故名“梦感泉”。清乾隆皇帝在泉边石岸上题刻“双清”二字。民国时，熊希龄在此建别墅，正中辟清泉池，池畔建六角红亭，亭后有屋，屋旁植竹，环境静谧、秀美。

1949 年 3 月 25 日中共中央从河北西柏坡迁至北平，毛主席曾在此暂住。由此，双清别墅是人民解放战争走向全国胜利过渡时期的指挥所，也是筹备新政协、筹建新中国的历史见证地。是年 9 月 21 日，毛主席迁居中南海。1979 年双清别墅被列为北京市文物保护单位。

双清别墅曾被辟为《毛泽东在双清活动展览》的展室。毛泽东当年居住过的室内仍保存旧观，并展出毛泽东的多幅生活照片和电文手迹、诗文手稿等，供游人参观凭吊。

2019 年 4 月，双清别墅(毛泽东同志办公居住地)、来青轩(朱德、刘少奇、周恩来、任弼时同志办公居住地)、双清别墅东侧平房(原中央警卫处)、思亲舍(原中共中央宣传部办公地)、多云亭(原中共中央宣传部办公地)、小白楼(原中共中央图书馆)、丽瞩楼(香山专用电话局)、镇芳楼和镇南房(原中共中央办公厅机要处）等八处建筑，经过复原修缮，以“中共中央北京香山革命旧址”的名义对外开放。与此同时，在香山公园东门外，又建起了上下两层新中式风格的香山革命纪念馆。纪念馆占地2400平方米，建筑面积17985平方米，为现浇钢筋混凝土框架结构，南立面设置28根廊柱，象征着中国共产党从建党到新中国成立的28年奋斗历程。南广场上矗立着高19.49米的国旗杆，寓意中华人民共和国诞生于1949年。纪念馆内设有《为新中国奠基——中共中央在香山》主题展览，文物展品1200件，是集中展示香山革命历史的重要场所。

（3）宗镜大昭之庙。

宗镜大昭之庙，简称昭庙，建于乾隆四十五年（1780年）。此庙兴建的目的与热河（今河北承德）须弥福寿之庙相同，皆为迎接西藏六世班禅远道前来为乾隆帝祝寿而建。

1860年和1900年昭庙两次遭到英法联军的焚毁后，昭庙残存无几，只留下红墙、琉璃牌楼和琉璃塔等遗迹。2010年5月，开始对昭庙进行修缮；2012年9月底完工，向游客开放。

昭庙占地9100平方米，仿西藏庙宇的建筑风格，由月河、琉璃牌楼、清净法智殿（众妙之门）、白台、八方重檐御碑亭、红台、都罡殿（宗镜大昭之庙）和万寿七层八角琉璃塔组成。亭内碑文用满、汉、蒙、藏四种文字记述了建庙缘由。

（4）香山寺。

香山寺坐落在香山公园的南部，依山而建，错落有致，严整壮观，是香山历史最悠久、规模最大的寺院。其独特建筑风格与秀美的自然环境紧密融合，成为中国古典造园艺术中的精品，曾是西山诸寺之冠。它始建于唐代，最初有香山和吉安两寺，金大定二十六年（1186年）两寺合一，金世宗完颜雍赐名“大永安寺”，元、明两代均有修建。清代康熙皇帝在此修建行宫，对寺院进行扩建，乾隆皇帝以山为寺名，改称“香山大永安禅寺”。咸丰十年（1860年）遭英法联军焚毁后，荒废多年，如今人们只能见到大殿基前的石屏、石碑及山门内的听法松等遗物。

新中国成立后，政府曾斥资进行了部分修整，但终因财力不济，未能完全修复。20世纪80年代初在香山寺康熙皇帝行宫的遗址上，建起了由著名建筑师贝聿铭设计的香山饭店。20世纪90年代，重新修建了矗立在香山寺遗址山门前的木结构彩绘牌楼；2012年开始对香山寺进行全面的修复；2016年主体建筑竣工；2017年整体修复工程及环境整治工作完成，经试运行后对游客开放。

复建后的寺院，占地五万余平方米，由接引佛殿、天王殿、钟鼓楼、坛城、圆灵应现殿及薝蔔(zhān bo)香林阁等建筑组成。

圆灵应现殿为寺中主殿，是典型的藏传佛教建筑，琉璃瓦庑殿式顶，顶上建有宝塔，面阔7间，进深3间，是静宜园中最大的单体建筑。殿内神台供奉三世佛：过去佛燃灯，现世佛释迦牟尼，未来佛弥勒；神台两侧为七层八角无量寿塔；南北两侧的须弥座上供奉十八罗汉，神台背后供奉观世音菩萨。

坛城的设置，在北京的寺院中比较罕见。香山寺的坛城建在钟鼓楼的内侧，分南北两座。据历史文献记载，南面坛城内供奉呀玛哒噶坛一座、铜呀玛哒噶佛一尊、铜玛哈噶拉佛一尊、铜吉祥天母一尊。北面坛城内供奉上乐王佛坛城一座、铜上乐王佛一尊、铜知(智)佛母一尊、铜永(勇)保护法一尊。如今，两坛城内以展览的形式挂出相应的唐卡，以便游客了解当初坛城内所供佛像的景象。

薝蔔香林阁是一座三层六方亭式楼阁，阁外第一层外前檐悬挂“薝蔔香林”匾，原内供奉观世音菩萨；第二层外前沿悬挂“无住法轮”匾，原内供奉无量寿佛、宝生佛和燃灯佛；第三层外前檐悬挂“光明莲界”匾，原内供奉阿弥陀佛、药师佛、秘密佛、上乐王佛、呀玛哒噶佛。

香山寺山门南侧有两棵松树，形状犹如听佛说法一般，故乾隆皇帝赐名“听法松”，为香山二十八景之一。如今，这两棵松树仍然枝干秀挺，繁茂不衰。

(5)见心斋。

见心斋在香山北门内西侧，为清嘉庆年间(1796—1820年)增建的一座具有江南风格的小庭院，至今保存比较完整。在圆形的围墙中，有一碧水澄清的圆形水池。沿池建有回廊，池西轩榭三间，悬有“见心斋”匾额；池东面有知鱼亭。轩后石阶上有正殿五间，曰正凝堂。正凝堂后，山石嶙峋，松柏交萃。园以清幽取胜，园下便是眼镜湖，二者相得益彰，浑然成一景区。

2. 玉泉山和静明园

(1)玉泉山。

玉泉山位于颐和园的西侧，香山的东南，为西山支脉东麓。

玉泉山呈西北走向，纵深1300米，东西最宽处约450米，主峰海拔100

米，高出地面50米。洞壑迂回，流泉遍布，泉水清澈如玉，故名玉泉池，山则以水为名，曰玉泉山。玉泉出水量很大，从石穴中涌出，是金元以来的燕京八景之一——“玉泉垂虹”。清乾隆皇帝因其像济南的趵突泉，便更名为“玉泉趵突”，并立碑以志。玉泉水质绝佳，乾隆特赐名“天下第一泉”，指定其为宫廷专用水源，每日运入紫禁城80罐，并设有内监轮值专司其事。泉水流出山外，向东南接高粱河上源，继续东流，注入今北海琼岛附近的湖泊。玉泉山的风景，以华藏塔、玉峰塔、裂帛湖、华严洞、玉龙洞、香岩寺、宝缘寺等最为著名。玉泉山是北京重点文物保护单位，为政府机关使用。

(2)静明园。

静明园，建在玉泉山的皇家园林，原名澄心园，面积65公顷，是北京市重点文物保护单位。据文献记载，玉泉山最早的建筑是金章宗在山南坡玉泉附近建造的行宫“芙蓉殿”，也叫“玉泉行宫”。元世祖在此建昭化寺。明英宗于正统年间敕建上、下华严寺，嘉靖二十九年(1550年)被瓦剌军焚毁。清康熙十九年(1680年)改建为行宫，命名澄心园，康熙三十一年(1692年)改名为静明园。乾隆十五年(1750年)对静明园进行大规模的扩建，将整个玉泉山及山麓的河湖地段全部纳入其中。扩建工程于乾隆十八年(1753年)基本完成，设总理大臣兼管清漪园、静宜园、静明园事务，并命名了静明园十六景：廓然大公、芙蓉晴照、玉泉垂虹(后改玉泉趵突)、圣因综绘、绣壁诗态、溪田课耕、清凉禅窟、采香云径、峡雪琴音、玉峰塔影、风篁(huáng)清听、镜影涵虚、裂帛湖光、云外钟声、碧云深处、翠云嘉荫。

3. 万寿山和颐和园

(1)乾隆皇帝兴建颐和园的前身——清漪园。

颐和园的前身是清漪园，系乾隆皇帝于乾隆十六年(1751年)，为庆祝母亲孝圣皇太后六十岁大寿而建的，也是清朝皇室建造的最后一座皇家园林。万寿山是颐和园中的一座山，原名瓮山，乾隆帝为给母亲祝寿特将其改为现名。

中国的园林有两大要素，一是山，另一是水。而此前的清朝皇家园林，不论畅春园还是圆明园，都是平地造园，山水皆为人工。玉泉山和香山，有山少水。于是乾隆就想要建造一座真正有山有水，而且是真山真水的园林。乾隆的这一构想最终在清漪园得以实现，因为这里的原始自然环境就存在着真山真水：瓮山和瓮山泊。

瓮山为燕山余脉，高约60米，比较低矮，山上植被稀疏，山体不够延展，东西两头不对称，西边山势舒缓而下，东边山形比较陡立。瓮山泊原为一天然湖泊，元代定都北京后，科学家郭守敬为济漕运用水，引昌平龙山(又称神山)的白浮泉水、玉泉山的泉水及沿途流水注入湖中，使之成为大都城内宫廷用水的蓄水库。明代，湖中种植荷花，岸边种稻，还建有寺院、亭台，成为一处风景区，被誉为西湖。

然而，瓮山和瓮山泊的自然形貌状况，对于建造大型园林来说，并非十分理想；此外，还存在着水患的问题，因此需要进行改造和治理，于是乾隆帝下令将湖山整治工程与治水工程相结合进行。

首先，治理西湖，扩大湖水面积，进行大规模的深挖湖底、清淤疏浚工程，将湖面向东、向北大大扩展，一直抵达瓮山的南坡，使湖面更加辽阔。接着，又在湖面西侧仿照西湖苏堤增建了一道西堤。这样就把整个湖体分隔成"里湖"和"外湖"两个湖面，而且又筑造了一道支堤，进一步把外湖分为两个部分。这样瓮山湖就和杭州西湖一样，变成了有内外几层的"重湖"了。把湖水分成里外湖的做法，就可将水引向山旁、山后，形成"山环水抱"的格局，以实现"山环水抱必有气"这一传统风水的要求条件。疏浚后的湖泊改称昆明湖，其深度为原来的两倍，面积扩展到约220公顷，占全园总面积的3/4。辽阔的湖面，烟波浩渺，十分壮观；西堤、西堤六桥、东堤则又为之增添了无尽秀美的色彩；十七孔桥和与之衔接的湖中龙王岛在雾气笼罩下朦朦胧胧，岛上的琼楼玉阁似隐似现，远远望去美不胜收，真如人间仙境一般。

其次，整修瓮山，将疏浚西湖的挖土，堆在了瓮山的东半部，很大程度上改善了山的形状，使山更加壮伟。随后，山上种植松柏，建造亭台楼阁。乾隆十五年(1750年)，为庆贺乾隆母亲的生日，特利用明代圆静寺的旧址修建了大报恩延寿寺。乾隆十六年(1751年)将改造后的瓮山改名为万寿山。

为了让后人了解治理昆明湖，改造万寿山，修建清漪园的意义、过程和实际效果，乾隆皇帝于乾隆十六年(1751年)在湖的北岸、万寿山前山山麓立了一块碑，正面刻"万寿山昆明湖"六个大字，背面刻《万寿山昆明湖记》，均为乾隆手书。碑文是研究北京的重要历史资料，特将其附录于下。

御制万寿山昆明湖记

岁己巳(乾隆十四年)考通惠河之源而勒碑于麦庄桥。《元史》所载"引白浮、瓮山诸泉"云者，时皆湮没不可详。

夫河渠，国家之大事也。浮漕利涉灌田，使涨有受而旱无虞，其在导泄有方，而潴蓄(zhū xù，以池湖蓄水)不匮乎？是不宜听其淤阏(yū'è，因淤塞而水流不通)泛滥而不治。

因命就瓮山前，芟(shān，清除)苇茭(wěi jiāo，此处泛指蒲苇等水生植物)之丛杂，浚沙泥之隘塞，汇西湖之水，都为一区(汇总成为一个景区)。

经始之时，司事者(主持此事的人)咸(xián，都，普遍)以为新湖之廓与深两倍于旧，踟蹰(chí chú，心中犹疑)虑水之不足。及湖成而水通，则汪洋漭沆(mǎng hàng，宽广无边的水面)，较旧倍盛，于是又虑夏秋汛涨或有疏虞(shū yú，疏忽，失误；因疏忽而出错)。

甚哉，集事之难！可与乐成者以因循为得计，而古人良法美意利足及民，而中止不究者皆是也。今之为闸、为坝、为涵洞，非所以待汛涨乎？非所以济沟塍(gōu chéng，水渠田埂，此处指农田)乎？非所以启闭(水闸的开启和关闭)以时使东南顺轨以浮漕(fú cáo，行船的河道)而利涉乎？昔之城河水不盈尺，今则三尺矣。昔之海甸无水田，今则水田日辟矣。

顾(但是，不过)予不以此矜(jīn，自恃)其能而滋以惧。盖天下事必待一人积思劳虑亲细务有弗(fú，不，没有)辞，致众议有弗恤而为之。以侥幸有成焉，则其所得者必少，而所失者亦多矣。此予所重慨(zhòng kǎi，很深的感慨)夫集事之难也。

湖既成，因赐名万寿山昆明湖，景仰放勋(帝尧的名字)之迹，兼寓习武之意。得泉瓮山而易之曰万寿云者，则以今年恭逢皇太后六旬大庆，建延寿寺于山之阳故尔。

寺别有记，兹特记湖之成，并《元史》载泉源始末兴废所由云。

乾隆十有六年岁次辛未长至月御制并书

整体造园工程历时十五年，于乾隆二十九年(1764 年)基本完工，全园统称清漪园。清漪园的建成，使得东面的畅春园、圆明园与西面的静明园、静宜园连成一片庞大无比的皇家园林区，形成了三山五园的格局。

咸丰十年(1860 年)，清漪园同三山五园的其他成员命运一样，受到英法联军的疯狂抢劫与破坏，其状惨不忍睹。

(2)慈禧皇太后修建颐和园。

咸丰十一年(1861 年)“祺祥政变”(即“北京事变”，又称“辛酉政变”)后，慈禧太后垂帘听政，大权独揽。光绪十二年(1886 年)，慈禧太后挪用大量海军经费，对毁坏的清漪园进行大规模的重修。工程进入第十个年头，即光绪二十一年(1895 年)，中日甲午战争爆发，中国战败，海军衙门被撤销，颐和园的修建工程也随之停止。这时，主体工程已基本完成，后山的景区未能得以修复。修复后的新园，改称颐和园。光绪二十六年(1900年)，八国联军侵占北京，颐和园再次遭到破坏，英军和意大利军在这里盘踞了一年之久。光绪二十八年(1902年)，慈禧太后结束了流亡生活，从西安回銮北京，立即着手修复。宣统三年(1911年)的辛亥革命，迫使清帝颁诏退位。根据民国对清皇室的优待条件，颐和园划为溥仪的私产。1914年至1924年溥仪被冯玉祥轰出故宫前，颐和园作为溥仪的私产售票开放。溥仪被逐后，颐和园由北平市政府接管，改为公园，对游人开放。票价十分昂贵，门票一元二角，谐趣园门票二角，龙王庙(南湖岛)门票三角，排云殿门票五角，排云殿室内陈列门票一元，乐寿堂、玉兰堂门票三角，共计三元五角。按当时的物价，三元五角可买面粉70多斤。

(3)颐和园的新生。

中华人民共和国成立后，人民政府对颐和园进行了不断的修缮，使之面貌焕然一新，先后复建了四大部洲、苏州街、景明楼、澹宁堂、文昌院、耕织图等，并对园内文物进行了妥善管理，一部分按清代宫廷的原状陈列，使颐和园成为一座具有博物馆性质的公园。1961年国务院公布颐和园为全国重点文物保护单位；1998年联合国教科文组织将颐和园列入了《世界遗产名录》，并给予了如下的评价：①北京颐和园是对中国风景园林艺术的一种杰出展现，将人造景观与大自然和谐地融为一体；②颐和园是中国的造园思想和实践的集中体现，而这种思想和实践对整个东方园林艺术形式的发展起了关键性作用；③以颐和园为代表的中国皇家园林是世界几大文明之一的有力象征。

(4)颐和园的布局。

颐和园集传统造林艺术之大成，借景周围的山水环境，既有皇家园林之恢宏富丽的气势，又充满了自然之趣，高度体现了中国园林“虽由人作，宛自天开”的造林准则。颐和园全园的布局可分为三个部分：政治活动区、生活居住区和风景游览区。

①政治活动区。

政治活动区以东宫门内的仁寿殿为中心，包括殿前的南北配殿和仁寿门外的南北九卿房。这里虽是政治活动区，但宫殿却采用了灰瓦卷棚顶，院中又缀以山石松柏，并建有花台，使之具有浓厚的园林气息。

仁寿殿始建于清乾隆十五年(1750年)，原名勤政殿，咸丰十年(1860年)被英法联军烧毁，光绪年间重建，并取《论语》中“仁者寿”之意改名仁寿殿。仁寿殿坐西朝东，歇山灰色筒瓦卷棚顶，面阔7间，进深3间，周围有廊。

大殿内檐悬挂一横匾，上书“寿协仁符”，语出《左传》之“君臣寿协”，意谓君臣和谐是仁君的瑞应。殿内明间正中安放九龙宝座，这是封建皇权的象征。宝座后面是一对用孔雀翎羽缀成的掌扇和刻有226个不同写法的“寿”字屏风。仁寿殿外的露台上有4只乾隆时期的大铜香炉，有光绪时期的铜龙、铜凤和铜缸各一对，院中还有一只从圆明园废墟上移来的铜麒麟。

仁寿殿是慈禧太后和光绪皇帝在颐和园期间坐朝听政、接受恭贺和接见外国使臣的场所，是颐和园政治活动区的主体建筑。

②生活居住区。

生活居住区由乐寿堂、玉澜堂和宜芸馆等组成，以乐寿堂为中心，北依万寿山，南临昆明湖。三组院落由50余间曲折的游廊相连接，给人以舒适、和谐、宽敞的感觉。

乐寿堂延用清漪园时代的旧名，取“智者乐，仁者寿”典，为慈禧皇太后的寝宫。始建于乾隆十五年(1750年)，原为上下两层，英法联军焚毁后，光绪年重建为现在的四合院式。黑底金字“乐寿堂”横匾为光绪皇帝手书（也有人说，重建时为慈禧亲自丹书）。乐寿堂是颐和园生活区的主体建筑，紧靠昆明湖的门厅，称“水木自亲”，坐北朝南，面阔5间，前后带廊。现在，乐寿堂内外的陈设布置，基本上保持慈禧时的面貌。

乐寿堂外摆有一对铜鹤、一对铜鹿和一对铜铸大瓶。这是取谐音“六合太平”之意：中国古代把东、西、南、北、上、下六方称为六合；用“鹿”表“六”，用“鹤”表“合”，用“大瓶”表“太平”，以求天下太平，万事兴隆。庭院里还种植了不少名贵花木，前后院分别种有白、紫玉兰和西府海棠，青芝岫左右更种有被人们称为“富贵花”的牡丹。这些花木象征着“玉棠富贵”“万福荣华”。

乐寿堂正中三间为起居室，设紫檀雕造的御案、宝座，后置十五折玻璃镜屏风，将室内映照得通明敞亮，一对孔雀羽毛扇竖立在宝座两侧。这四件陈设华贵富丽，最能烘托尊贵威仪，是慈禧最喜爱的陈设，称之为四宝。起居室内还有两张紫檀木方桌，桌面安装两层玻璃，上层下面夹一层鸡翅木和象牙雕刻的楼阁山石，下设水槽可放养金鱼。慈禧在桌旁饮茶时，可以观赏红色的金鱼在黑白相间的楼台亭榭中漫游。室内的御床、御被、御帐等家具摆设，均按慈禧生前的样式摆放；用翡翠、象牙、珊瑚、珍珠等制作的各种工艺品，现在不少仍是按原状陈列。

玉澜堂是光绪皇帝在颐和园的寝宫，是一组四合院式的独立院落，沿用清漪园时的旧名，因西晋著名文学家、书法家陆机的诗句“玉泉涌微澜”而得名。它东临上朝处理政事的仁寿殿，西北靠近慈禧居住的乐寿堂，后有光绪皇后隆裕居住的宜芸馆，而西南则是碧波荡漾的昆明湖和塔影凌空的玉泉山。正殿玉澜堂，东配殿叫霞芬室，西配殿叫藕香榭。

戊戌变法失败后，光绪皇帝先是被囚禁在城内南海的瀛台，慈禧居住在颐和园时就把光绪移到玉澜堂。这时的玉澜堂，已经完全不是原来的样子了，前后左右新修了不少砖墙，门口有太监站岗，把此院全部封闭起来，俨然是一座监狱。此外，还从香山移来两块子母石置于门前，影射光绪“忘恩负义”。

时过境迁，为囚禁光绪所砌的砖墙，后来拆除了不少，基本恢复了皇帝寝宫的面貌。但是，为了使中国近代史上这一具有重大影响的事件——戊戌变法给游人留下参观的实物，目前，玉澜堂东西配殿的暗墙仍然保持原样，以供游览者参观凭吊。

宜芸馆是光绪的皇后隆裕居住的地方，在玉澜堂的后面，东临德和园，西靠乐寿堂，始建于清乾隆十五年(1750 年)，后被英法联军烧毁，光绪年间又重修。宜芸馆是一座四合院式建筑，院门为一垂花门曰“宜芸门”，正殿“宜芸馆”，为硬山箍头脊，面阔 5 间，后出厦 3 间，共 8 间房，东配殿“道存斋”，西配殿“近西轩”，皆为乾隆时旧名，四周有穿廊沟通。戊戌变法失败后，宜芸馆与玉澜堂的通道被切断。正殿内的百宝嵌屏风宝座和香几，不仅嵌有多种宝石，而且还用竹丝在木料表面拼镶出“万字不断头”的精美图案，是同类家具中的珍品。

宜芸门内两侧廊壁上嵌有 10 块石刻，是乾隆临摹古代名家法帖的真迹，原藏惠山园(后改名谐趣园)，是光绪年间重修时移来此处的。

隆裕与光绪的婚姻是慈禧一手包办的，两个人的感情很不融洽。光绪与慈禧发生冲突时，隆裕一直选边慈禧，因此变法失败后光绪被囚，隆裕未受株连。1908 年 10 月，光绪、慈禧相继去世。辛亥革命成功，隆裕太后接受了新政权开出的清室优待条件，下了逊位诏书，从而结束了清朝 200 多年的统治，也结束了中国最后的封建王朝。1913 年，隆裕去世，时年 46 岁。中华民国政府以国丧规格处理丧事，将其和光绪帝合葬于河北易县崇陵。

在仁寿殿的正北建有德和园，乾隆在此地建有举行诗文酒会的怡春堂。怡春堂被英法联军焚毁后，光绪十七年(1891 年)在这里建造了当时国内最大的戏楼，供慈禧太后观赏戏剧。

③风景游览区。

风景游览区是全园的精华，可分为前山、后山和昆明湖三个部分。

前山从山脚的“云辉玉宇”牌楼，经排云门、二宫门、排云殿、德辉殿、佛香阁，直至山顶的“智慧海”，形成了一条层层上升的中轴线。人们从下往上看，殿阁飞金，琉璃放彩，佛香阁高耸于万寿青山丛中，蔚为壮观。从上往下看，辽阔的昆明湖，波光粼粼，楼岛桥堤，尽收眼底，使人心旷神怡。前山东西两侧建有景福阁、画中游、转轮藏、宝云阁(铜亭)等。沿湖的长廊把山前的建筑连接起来，形成东西轴线，与南北轴线在“云辉玉宇”牌楼处相交，构成颐和园全园的重点风景区。

智慧海为颐和园中的最高建筑，是现存少有的清漪园古迹之一，不用梁枋，因此又称无梁殿。其通体用五色琉璃瓦装饰，外面墙壁上镶嵌一千尊琉璃佛。殿内供奉一尊高大的观音坐像。殿前建牌坊一座，前后石额组成一首佛教三字偈(jì)语：“众香界”“祇树林”“智慧海”“吉祥云”，表示此地为佛所居。光绪二十六年(1900 年)被沙俄侵略军抢劫一空，琉璃佛面部的伤痕至今清晰可见。

后山中轴线一带是 20 世纪 80 年代初修复的藏式喇嘛寺庙四大部洲和代表四大部洲中心的须弥山香岩宗印之阁。寺庙东有一座保存较完好的多宝琉璃塔，是清漪园时期遗存的文物，十分珍贵。

后山脚下是后湖，因水面狭长，故又称苏州河，绕流北坡，系乾隆时人工凿成，约长一公里。河面随山势弯转，时宽时窄。中段两岸为苏州街，又称买卖街，是 20 世纪 90 年代按清漪园时期的状况复建的，店铺仿江苏苏州样式建造。浓浓的江南水乡风情吸引着众多的游客前来观光。

在万寿山的东山麓，建有被誉为“园中园”的谐趣园，是乾隆十六年(1751 年)仿照江苏无锡惠山寄畅园建造的，赐名惠山园。嘉庆十六年(1811 年)重修后，更今名。咸丰十年(1860 年)英法联军焚毁后，于光绪十八年(1892 年)重修，用作慈禧观鱼垂钓的地方。中央辟莲池，绕池建涵远堂、瞩新楼、知春堂等 13 座楼台堂榭，以百间迂回曲折的游廊通连，极富江南园林的特色。

昆明湖，不仅湖面宽广辽阔，而且形状奇特，寓意深邃。从所拍照的遥感图上可以看到，占据画面五分之四的昆明湖外轮廓酷似一个桃子，西堤像是桃子的中缝，昆明湖的入水口像是这个桃子的蒂一样，而出水口就像桃子上歪着的尖儿。昆明湖北岸的轮廓线呈拱形，犹如蝙蝠的头部，两翼伸展就像蝙蝠的翅膀。人们甚至从图中还可找到蝙蝠的两个小爪子，即两翼各有伸出水面的亭子——对鸥坊和鱼藻轩。这与乾隆建清漪园的本意是吻合的：给母亲祝寿，敬献寿桃，期盼福康。

昆明湖的东南方向上建造的十七孔桥，将东堤的廓如亭和西面的南湖岛连接起来，是园中最大的石桥。此桥建于乾隆年间，长 150 米，宽 8 米，横卧于碧波上，宛如一道长虹划破万里晴空。桥的造型兼有北京卢沟桥和苏州宝带桥的特点。桥栏望柱上及桥头上雕有 500 余只石狮、异兽等，精美生动。每逢冬至前后的日落时分，十七孔桥所有的桥洞会被夕阳染上一抹金光，看上去像在桥洞里点燃了明灯，景观奇特，人们将其称作“金光穿洞”。

在昆明湖东岸，距十七孔桥不远的地方，安置了一头铸造于乾隆二十年(1755 年)的铜牛，人称“金牛”。其造型生动、逼真。相传此牛是为“镇压水患”而设置的。牛的背腹上用篆文铭刻着乾隆皇帝所作 80 字的《金牛铭》：“夏禹治河，铁牛传颂。义重安澜，后人景从。制寓刚戊，象取厚坤。蛟龙远避，讵数鼍鼋(tuó yuán)。潫(wān)此昆明，潴流万顷。金写神牛，用镇悠永。巴邱淮水，共贯同条。人称汉武，我慕唐尧。瑞应之符，逮于西海。敬兹降祥，乾隆乙亥。”

在长廊西端的湖面上有一座用巨石雕砌而成的石舫，名叫清晏舫，取自“河清海晏”，寓意“太平盛世”。始建于乾隆二十年(1755 年)，长 36 米，上设中式舱楼。咸丰十年(1860 年)英法联军焚毁，光绪十九年(1893 年)仿外国游轮重建西式舱楼。在皇家园林中修建一座体型巨大的石舫，除了点缀园林景观环境外，还有政治用意，即时时提醒：水所以载舟，亦所以覆舟。乾隆在《石舫记》中写道：“若夫凛(lǐn)载舟之戒，奠磐石之安，虚明洞达，职思其居，意在斯乎！意在斯乎！”

昆明湖的设计者创造性地模仿了杭州西湖苏堤的建造，在西堤上修建了六座优美的小桥，由北而南依次为界湖桥、豳(bīn)风桥(原名桑苎桥)、玉带桥、镜桥、练桥、柳桥。同样是六桥，西堤六桥与杭州西湖苏堤六桥相比，美感程度上要远远胜过西湖苏堤六桥。苏堤六桥皆为桥面平缓的一孔石桥，而昆明湖上的西堤六桥，除玉带桥外，其余五座都是带桥亭的石木结构建筑。形态和质地的不同，是因为功用不同。杭州西湖的苏堤六桥是为了治理湖水和方便百姓交通而建造的，因此，苏堤六桥在施工时，考虑的是坚固、调节湖水和便于行人行走，所以坡度平缓，桥面宽敞。而相比之下，作为皇家园林中重要一景的昆明湖西堤六桥，在建造的时候，虽然也考虑每座桥梁所处的位置和各自的使用功能，但考虑更多的却是桥和湖水与周边环境共同营造的美感，于是不仅有桥，还要有亭。亭的高度不一、造型不一，令人身在其中，有曲径通幽之感，而身在其外，从远处或高处观赏时，又有一种玉带如练之美。加之，乾隆年间西堤上种植了层次丰富、树冠呈团形烟雾状的馒头柳，同时在柳树中间种桃树，更增添了西堤与湖的魅力。

在六桥的柳桥和练桥之间建有一组楼阁，名曰“景明楼”，为乾隆皇帝所赐，建于乾隆十八年(1753 年)。登楼观赏湖光山色，颇有岳阳楼观赏洞庭湖的感觉。乾隆认为作为皇帝，应该把范仲淹《岳阳楼记》中的名言“先天下之忧而忧，后天下之乐而乐”切实铭记于心。乾隆皇帝将景明楼设计成三个独立的楼阁，周围不附加任何点缀。这种布局可使视野开阔，空间通透，登楼四望，远近诸景尽收眼底。重建时基本保留了原设计形式，而在三座楼阁间的两块空地上，设置了两组山石；为了和周围的景致协调，去掉了原有的斗拱，并将琉璃瓦顶改为布瓦绿剪边，平座部位饰以黄绿琉璃挂檐。此楼于咸丰十年(1860 年)被英法联军烧毁。慈禧太后重修颐和园时，未能修复。光绪十七年(1891 年)三合土的楼基，被改砌成了乘船码头，后遂荒废，被人遗忘。1991 年 4 月，经专家论证，认为很有必要重建景明楼，以保持其原有的格局。景明楼的复建，为游客提供了一处观赏水景的好去处。

颐和园中还值得一提的是其六座城关：文昌阁、紫气东来城关、寅辉城关、通云城关、千峰彩翠城关、宿云檐城关。它们或建于山间隘口，或建于湖边要道，既是点景之处，又是当年园内分区防卫的据点。原本六关互不相通，慈禧太后重修颐和园时，为了方便，将六关打通，使山上山下、山前山后浑然一体。

(5)颐和园内的宗教建筑。

宗教建筑在颐和园占有相当大的比重，其中佛教建筑最多。据颐和园研究人员的粗略统计，园内佛像多达 1.5 万余尊，体现出清漪园以佛教建筑为主的典型特征。这些佛教主体建筑又以特殊的形式出现：集中分布在前山的中轴线上，并次第抬升，周边分布着昙花阁等其他佛教建筑；后山中央位置安排的也是佛教建筑。

昆明湖上三座仙岛的设置，则无疑是道教希求长生不老思想的体现。自秦汉宫苑中模仿海上三山而形成的“一池三山”形制，始终是历代皇家园林中山水布局的主要样式，颐和园中的南湖岛、藻鉴堂岛和治镜阁岛三座岛屿，分别象征着神话中海上的蓬莱、方丈、瀛洲三座仙山。

从颐和园的总体布局可以看出，祝寿礼佛是这个园子的主题。在《万寿山清漪园记》里，乾隆对三山五园的功能有详细的划分：畅春园用来侍奉母亲，圆明园用于处理朝政，一水相连的清漪园和静明园是在工作之余放松的场所——散志澄怀。而清漪园中大面积分布的宗教建筑，使祀神礼佛也成为其重要功能之一。事实上，这不仅是一种景观需要，更是一种政治需要。

(6)颐和园的故事。

①佛香阁究竟有几层。

佛香阁初建时究竟有几层？过去曾引发过争论。有人说原本建了9层，英法联军侵占颐和园时，用炮弹炸毁了6层，仅剩3层；也有人说，9层的塔和佛香阁是两个建筑，二者同时存在。这个历史的谜团在20世纪70年代末被历史学家王道成先生解开了。

为了编写《颐和园》导览手册，王道成和他的同事们四处查找有关颐和园的历史资料。他们在北京图书馆(今国家图书馆)见到了馆藏的清朝样式房图纸，发现一张贴有两个黄签的图纸，正是3层的佛香阁。其中一个黄签上写着“恭呈慈览”，另一个黄签上写着“依旧式重建”。这说明佛香阁的图由样式房设计好之后，经过了慈禧的审查。另外“依旧式重建”这五个字，说明被焚之前的佛香阁就是3层。

然而，为什么会有9层的说法存在呢？王道成先生在史料中寻得了证据。史料记载乾隆当时确实想要仿照杭州六和塔，在万寿山的山顶处建一座9层的延寿塔，但工程进行到第8层时，乾隆皇帝突然下令全部拆掉，改建成3层的佛香阁。为何做出这样的改变呢？乾隆的一首御制诗，给出了提示。诗的大意是说：乾隆南巡回来后，为了给他母亲祝寿，要在清漪园修一个9层的延寿塔，并在京城北海大西天仿照南京的大报恩寺修一个报恩塔，两者遥相呼应。但是就在延寿塔即将竣工的时候，北海的报恩塔发生火灾，同时清漪园的延寿塔也出现了严重坍塌的现象，乾隆认为这两件事情绝非偶然，是上天在向他提出警告，因此立刻下令缩小了两座建筑物的规格，于是就有了由“塔”变“阁”的史实。

②乾隆从未留宿清漪园。

清漪园建好后，乾隆居住圆明园时经常来此避暑消夏。通常早晨从圆明园出发，在清漪园游湖赏景，晚上又回到圆明园。有时也从紫禁城直接来清漪园。由此可见，乾隆皇帝对清漪园十分钟爱。然而，清漪园内虽有寝宫，但乾隆却从未在清漪园留宿过。据乾隆皇帝讲：“园虽成，过辰而往，逮午而返，未尝度宵，犹初志也，或亦有以谅予矣。”意思是说，“当初我曾说过不再动用巨资修建大型园林，如今清漪园虽然已建好，但这不是为我个人而修建的，所以我从不在此过夜。证明我当初的意愿未改，这样或许可以得到人们的谅解吧。”

上面所引乾隆皇帝的原话，出自其乾隆二十九年(1764 年)所作的《万寿山清漪园记》，现抄录如下，愿与读者共阅。

万寿山清漪园记

万寿山昆明湖记作于辛未，记治水之由与山之更名及湖之始成也。万寿山清漪园成于辛巳，而今始作记者，以建置题额间或缓待而亦有所难于措辞也。夫既建园矣，既题额矣，何所难？而措辞以与我初言有所背，则不能不愧于心。有所言乃若诵，吾过，而终不能不言者。所谓君子之过，予虽不言能免天下之言之乎？盖湖之成以治水，山之名以临湖，既具湖山之胜，概能无亭台之点缀？事有相因，文缘质起，而出内帑(tǎng，国库，或国库钱财)给雇直敦朴素祛藻饰，一如圆明园旧制，无敢或逾焉。虽然圆明园后记有云，不肯舍此重费民力建园囿矣。今之清漪园非重建乎？非食言乎？以临湖而易山名，以近山而创园囿，虽云治水谁其信之？然而阳春以奉东朝，圆明以恒莅政，清漪静明一水可通，以为敕(chì，皇帝的诏令)几清暇散志澄怀之所，萧何所谓无令，后世有以加者，意在斯乎？意在斯乎？及忆司马光之言则又爽然。自失园虽成，过辰而往，逮(dài，达到，及)午而返，未尝度宵，犹初志也，或亦有以谅予矣。

乾隆甲申春御制

③昆明湖水师学堂。

慈禧皇太后以建设海军为幌子修建了颐和园，为掩人耳目，于光绪十三年 (1887 年)在北京颐和园成立了昆明湖水师学堂。校址就在颐和园西北的耕织图区域。办学的目的，主要是培养海军军官，只设驾驶一个专业，学期 5 年，科目包括“西法测算、天文、驾驶诸学”，首期学员 40 人。昆明湖水师学堂仅培养出一批学生，毕业时中国海军经过甲午一战已支离破碎，仅有 3 人在重建北洋水师时分别担任了两艘主力舰的舰长、副舰长。

清政府在其他地区也建有海军学堂，如同治五年(1866 年)在福州开办船政学堂，光绪六年(1880 年)在天津建天津水师学堂，光绪十五年(1889 年)在威海刘公岛建威海水师学堂，光绪十六年(1890 年)在南京建江南水师学堂(鲁迅和他的弟弟周作人曾在此就读)。

④昆明湖上的小火轮。

光绪三十一年(1905 年)，日本为了答谢清政府在日俄战争中送给日本制盐 2000 万斤，遂向慈禧太后赠送机动游艇一艘。船长 67 尺，宽 9 尺 3 寸，重 25.9 吨，由小锅炉驱动两侧明轮航行。慈禧将其命名为“永和号”，成为慈禧御船的牵引船使用。然而，慈禧太后仅享用过一次便离世了。

辛亥革命后，颐和园作为清室私产对外开放，“永和号”轮乃供游客乘坐，每人收费 2 元。由于失修，至 1928 年国民政府内政部接收颐和园时，“永和号”轮已经不堪使用，后于 1931 年沉入湖底。

日本侵略中国占领北平期间，于 1940 年将船打捞出水，予以修复后放置在石舫以北百米处，船旁砌砖台供人登上观看。至 1949 年，“永和号”轮仍置于原处，作为一件国耻的文物，不便加以整修，只能任其逐渐破败。1966 年文化部批示“永和轮可不保留，可处理”，遂将船上一切可拆用之物拆除，只存船壳及烟囱，并移至颐和园西堤。2000 年颐和园修复昆明湖水师学堂遗址，将其移至院中，作为普通陈列。在“永和号”轮之前，慈禧太后曾以建昆明湖水师学堂为名，先后两次从国外购进游艇 4 艘，分别命名为“翔凤”、“捧日”、“翔云”和“恒春”。1900 年八国联军侵占北京，俄、英、意官兵大肆掠夺颐和园珍宝，四船均遭毁伤，下落不明。

⑤益寿堂，毛泽东宴请民主人士处。

1949 年 1 月 31 日，北平和平解放。1949 年 3 月 23 日，毛泽东率领中央机关离开中国革命最后一个农村指挥所——西柏坡，3 月 25 日进驻北平。毛泽东进京的第一站，便是颐和园益寿堂。当天晚上，毛泽东就代表中国共产党在益寿堂宴请来自全国各地的著名民主人士，共商建国大事。据柳亚子先生在日记中的回忆，受邀参加宴会的民主人士有章伯钧、谭平山、柳亚子、郭沫若、陈叔通、马寅初、张奚若、许德珩(héng)、张东荪、俞寰(huán)澄、张志让、黄炎培、盛丕(pī)华、张乃器、沈钧儒、彭泽民、马叙伦、蔡廷锴、李济深。周恩来和李维汉也出席了宴会。当晚，毛泽东在香山双清别墅下榻。

1949 年 4 月，柳亚子移住益寿堂，其间毛泽东曾给柳亚子写了著名的诗篇《七律 · 和柳亚子先生》：饮茶粤海未能忘，索句渝州叶正黄。三十一年还旧国，落花时节读华章。牢骚太盛防肠断，风物长宜放眼量。莫道昆明池水浅，观鱼胜过富春江。

4. 圆明园

(1)宏大壮美的万园之园。

举世闻名的圆明园坐落在北京西北郊，占地约350公顷，建筑面积近16万平方米，周长约10公里，是清朝帝王在150余年间创建和经营的一座大型皇家宫苑，是清代最大的皇家园林。

“圆明园”是统称，由圆明园、绮春园(后改称万春园)和长春园组成，所以也叫圆明三园。

康熙皇帝于康熙四十八年(1709年)将圆明园赐予皇四子胤禛(即之后的雍正皇帝)。当时，这座赐园只是一座水景园，其规模比以后的圆明园要小得多，大约占地500亩，因为按照皇家的制度，赐园的规模不得超过皇帝居住的畅春园。胤禛即位后，于雍正三年(1725年)，将畅春园定为皇太后的居所，另将圆明园进行扩建。在园南建造殿宇，作为宫廷区的“外朝”；前湖北岸建造了“九洲清晏”一组建筑群和环列其东、西两面的建筑，作为帝后妃嫔的居住地，是为宫廷区的“内寝”，同时又浚池引水，培植林木，修建亭榭，作为游赏区域。扩建后的圆明园，面积达3000余亩，仍保持原水景园的特点：园内分布着大型水面“福海”，中型水面“后湖”以及众多的小型水面，回环萦绕的河道把大大小小的水面连成完整的河湖水系，成为水上游览通路和后勤供应的交通线。以后，乾隆和嘉庆两位皇帝继续对圆明园进行扩建。经过康熙、乾隆、嘉庆三朝不断的扩建，建成由圆明园、绮春园(后改称万春园)和长春园组成的圆明三园。其总面积达到了5200亩，人工开凿的水面占一半以上，堆叠的岗阜岛堤约300处，建筑物面积约15万平方米。建筑物千姿百态，应有尽有：宫殿、园林、坛庙、寺观、清真寺、祖庙、戏楼、藏书楼、陈列馆、船坞码头、市肆街道、山居水乡、农家村舍等无所不包。三园景点约160处，有上朝听政的正大光明殿，宴赏群臣的九洲清晏，祭祀祖先神灵的安佑宫(供奉康熙、雍正、乾隆像)，收藏书画的文源阁；有仿桃花源的武陵春色，仿西湖美景的苏堤春晓、断桥残雪、柳浪闻莺、平湖秋月、花港观鱼、曲院风荷、南屏晚钟、两峰插云、雷峰夕照、三潭印月等，汇聚了江南名园盛景；还有仿瑞士、法国等园林宫殿之制而建的西洋楼建筑群。

综上所述，圆明园在建筑风格上，不仅继承了中国古典建筑的精华，而且融入了西方园林的特色。漫步园内，有如漫游在天南地北，饱览着中外风景名胜；流连其间，仿佛置身在幻想的境界里。那数不清的亭台楼阁、看不完的奇花异草、览不尽的水光山色，无一不在向世人展示，这是中华文明的典范。

圆明园不但建筑宏伟，还收藏着珍贵的历史文物，包括上自先秦时代的青铜礼器，下至唐、宋、元、明、清历代的名人书画和各种奇珍异宝，所以，它又是当时世界上最大的博物馆、艺术馆。

圆明园曾以其宏大的地域规模、杰出的造园艺术、精妙的建筑风格和丰富的文化收藏闻名于世。其盛名传至欧洲，被誉为万园之园、世界园林的典范之园。

(2)悲惨的命运。

1860 年 10 月 6 日，英法联军侵入北京，闯进圆明园，致使这座万园之园惨遭劫难。我国这一园林艺术的瑰宝、建筑艺术的精华，就这样化成了一片灰烬。

圆明园遭受外来侵略者的抢劫与焚毁事件，不仅激起了中国人民的无比愤慨，同时也受到世界上正义力量的谴责。法国著名作家雨果在写给法国侵华军首领巴特勒上尉的信件中就强烈谴责英、法两国的野蛮行径，是“两个强盗闯进了圆明园。一个强盗洗劫，另一个强盗放火”。

圆明园被英法联军洗劫后，朝廷曾数次对圆明园进行小规模修葺。据故宫博物院馆藏《内务府奏销档》记载，“同治四年修理圆明园北路春雨轩、紫碧山房、值房。五年修理围墙及绮春园值房。六年修理圆明园闸口、围墙、值房与黑龙潭诸处。”同治十二年，国库极度空虚，同治帝仍下令对圆明园进行较大规模的修复，“以娱两宫皇太后之圣心”。在恭亲王和醇亲王等人的极力反对下，不得已而停工。光绪初年，再次对圆明园进行部分修葺。然而，光绪二十六年(1900 年)，八国联军攻占北京，圆明园再次遭受劫掠。此后清政府对圆明园失去控制，驻守圆明园的官兵，勾结宫监和当地地痞恶霸，将园内的木结构全部拆卸，盗卖一空，林木砍伐殆尽。圆明园成了建筑材料场，“军人押车每日十余大车拉运园中太湖石”，断断续续竟然拉了二十多年。原来幸存下来的和同治年间重修的建筑物，至此已荡然无存了。清朝末年，开始有人在圆明园内开荒种田。民国期间，军阀、官僚、地痞流氓更是肆无忌惮地、大规模地挖掘盗运残存的遗迹，许多圆明园的华表、石狮、太湖石、铜兽等分散各处；小件建材的偷盗，更是成群结伙，终年不绝，甚至有人专门以此为业。20 世纪 40 年代之后，很多农户入园平山填湖，开田种稻，圆明园变成了农田。

圆明园的奇珍异宝、建筑构件散落于全国，乃至世界各地。新中国成立后，圆明园管理中心在相关部门批准和支持下，开展了“圆明园流散文物回归”的活动，得到社会各界积极热情的响应，收回不少文物，但流失在外的仍不计其数。

(3)圆明园现状。

1976年正式成立圆明园管理处之后，遗址保护、园林绿化进展明显，西洋楼一带得到局部清理和整理，整个遗址东半部的园林道路、园林设施从无到有，逐年改善，来园凭吊游览者大幅度增加。圆明园园史展览馆，自1979年11月开展起，前来参观者众多。1983年，经国务院批准的《北京城市建设总体规划方案》，明确把圆明园规划为遗址公园。同年，北京市政府拨出专款，修复了长春园的东、北、南三面2300米虎皮石围墙。1984年12月1日破土动工，整修福海，历时7个月蓄水放船。1985年孟冬整修绮春园山形水系，次年初夏完成。与此同时，开始修建园路、桥涵和园林服务设施，清整古建基址，进行绿化美化。110公顷的山形水系基本恢复原貌，其中水面占55公顷。福海中央蓬岛瑶台东岛的瀛海仙山亭和西岛庭院，绮春园的新宫门，以及西洋楼的欧式迷宫(万花阵)，均已在原址上原样修复。后又经两年的整修，圆明园遗址公园初具规模。1988年1月圆明园遗址公园被公布为全国重点文物保护单位；1988年6月29日，正式向社会开放。

5. 畅春园

畅春园在北京大学西门外的西南方向上，是清代皇家园林之一，占地约88万平方米，其中水域面积占一半以上，据推测建成于康熙二十六年(1687年)，是在明武清侯李伟的清华园(不是今天的清华园，其旧址在今北京大学西门外对面)旧址上建的。

这是一座不同于前朝行宫的特殊形制的离宫型皇家园林，即在园林的前部建造一个包括“前朝”——九经三事殿和“内寝”——清溪书屋在内的宫廷区，成为大内之外的另一个政治中心。每年熙春盛夏，康熙皇帝都要在这里“避喧听政”，最后也驾崩于此。乾隆年间，此处是皇太后的住所。

咸丰十年(1860年)，畅春园惨遭英法联军焚毁，仅存今北京大学西门外的畅春园东北界桩和恩佑寺、恩慕寺两座山门，成为比较珍贵的历史文物。恩佑寺建于雍正初年，是雍正为康熙皇帝荐福之所；恩慕寺建于乾隆四十二年(1777年)，是乾隆皇帝为孝圣皇太后祝厘之所；两寺规制相同。1985年，北京市文物局对遗存的两山门进行了重修。

二、私家园林

北京有众多的私家园林，分布在城里和郊外。其中大部分已毁，有的甚至遗址都荡然无存，如：东城的曲水园、张园、宜园、适景园、那家花园，西城的月张园、方园、漫园、湜(shí)园、杨园、镜园、刘茂才园、惠安伯园、湛园、宣武门外的广乐园、鱼藻池、芳园、梁家园、孙公园、南园、同园、李将军园、忏园、寄园，海淀区的镜春园等。目前仍然存在且保护较好或尚有残迹可寻的还有一些，现择其部分，简介如下。

(一)可园

可园在今东城区南锣鼓巷内的帽儿胡同路北，是晚清大学士文煜(yù)的宅园，占地4亩，仿照苏州拙政园和狮子林建造。全园分为前后两部分，前园以水池为中心，疏朗开阔；后园以假山为主，曲径通幽。园内凉亭、水榭、暖阁、拱桥等布置巧妙、错落有致。园内植翠竹、古松柏、古槐、柿、榆树、丁香等树木花草，槐荫满院，清香四溢。装修很有特色，所有挂落都是木雕松、竹、梅等自然图案。园虽小，但极可人意，故名可园。园内虽有部分改建，但主要建筑多有保留，是一座比较典型、比较完整的北方园林。

民国期间，曾为冯国璋、张兰峰等购得。1949年后，曾为朝鲜大使馆，后来成为国务院某单位的宿舍，现已腾空，计划整修之后对外开放。可园于2001年被国务院确认为全国重点文物保护单位。

(二)盛园

盛园，又称竹园，在今西城区旧鼓楼大街附近的小石桥胡同24号，为西城区文物保护单位。这里原是清末邮传部大臣盛宣怀的住宅，24号是花园，东侧是住宅。中华人民共和国副主席董必武曾在此居住，并加盖了一座二层小楼，用作起居、办公和会客。1956年党的领导人康生搬入此院，一直住到去世。花园内，原有两座花厅、长廊和一座假山。现已改为宾馆，对外服务。

(三)半亩园

半亩园位于东城区美术馆后的黄米胡同5、7、9号，原是清初画家李渔(别号笠翁)为贾胶侯(名汉复)中丞而设计、建造的宅园。其布局是东为住宅，西为花园。后来该宅园改为会馆，又改为戏园；道光年间为河道总督麟庆所有，遂对花园大加修葺，命名“半亩园”，取自朱熹《观书有感》中“半亩方塘一鉴开，天光云影共徘徊”的诗句。花园可贵之处在于其“富贵而有书卷气”，不仅是叠石垒土，导泉为池，而且山石结构曲折、典雅、古朴，确实是李渔的力作。民国时期，此园归北平研究院的瞿宣颖(字兑之)所得，改名为“止园”，可能取“叹为观止”之意吧。

现花园已拆除，花园的六边形砖屏门，于1983年移往西山曹雪芹纪念馆内。住宅部分尚存，已于1986年被公布为东城区文物保护单位。

(四)刘墉宅园

刘墉宅园位于东城区礼士胡同(原称驴市胡同)，建于乾隆年间，为清代中堂刘墉的宅邸。建筑布局以三组四合院组成品字形排列，装修精巧别致。园呈长方形，其东北隅有带石土山，蜿蜒若山之余脉，高约5米。山下有曲折水池。园中林木葱郁，野趣横生。1949年后，曾用作印度尼西亚驻华使馆，后又为国务院文化组办公处。

(五)余园

余园，原名漪园，在今东城区王府井大街北段路西的东厂胡同内，是清咸丰年间文华殿大学士、两广总督瑞麟的宅园。布置精巧，优雅宜人，故名“漪园”。1900年被俄、德侵略军先后强占，惨遭蹂躏。1904年对外开放，取“劫后余存”之意，而更名为“余园”，成为北京最早开放的公园。民国二年(1913年)，袁世凯在此设陆海军联欢社，后来改作黎元洪私邸。现为中国社会科学院工业经济研究所、财经战略研究院所在地。

(六)莲园

莲园位于东城区朝阳门南小街东侧的红岩胡同内，建筑年代不详，根据园内建筑推断，应是晚清作品。20世纪初，英国一银行家曾将其占为宅园。宅园占地约5亩，呈长方形。正房5间，坐北朝南。阁耸廊回，水曲山幽，技艺高超，配置巧妙。在有限的空间内，给人以流水悠悠无尽处，以及千山层叠、连绵不尽的感觉。园内有古柏、丁香、西府海棠等观赏花木。该园是一座具有北方特色的园林，很富山林情趣。今保存较完整。

(七)棍贝子府花园

棍贝子府花园，在今积水潭医院院内，门诊大楼的后面。棍贝子府最早为康熙皇帝第三子诚亲王允祉的新府，嘉庆皇帝改赐其四女庄静固伦公主，称四公主府，后来庄静公主的曾孙棍布扎布世袭贝子爵住此，称棍贝子府。20世纪50年代在棍贝子府建积水潭医院，原有的建筑大多被拆毁，仅存花园部分的三间卷棚歇山筒瓦顶的花厅、两幢硬山过垄脊的重楼及小湖和土山。此花园现为西城区文物保护单位。

积水潭医院于2005年对花园的小湖进行了全面修整：清除淤泥，加固岸边岩石，提高小桥高度，并利用防空洞建造泵房，随时向湖内注水，又在湖中投放数百尾锦鲤。

(八)勺园

勺园位于今北京大学校园之西南，为明代米万钟始建。米万钟(1570—1631)，北宋书画家米芾之后裔，是明朝著名的书画家，在书法、绘画及藏石等方面都有高深造诣，由他构造的“米氏三园”——湛园、勺园与漫园，均为当时京师的名园，影响颇广。勺园是其中最为有名的一个，建于明万历年间，是在一片荒地上建成的。取“海淀一勺”之意命名为勺园。至明末，勺园已成为西郊一处小巧幽雅的著名园林。

关于勺园的建设，民间还流传着一个故事：米万钟在北京房山发现了一块巨石，色青而润、状若灵芝，遂欲将其安置在勺园，装点庭院。他雇用了百余人，用一辆由四十匹马拉的大车运石，七日才出山，又五日才至良乡。由于财力不支，不得不将石弃于郊野，当地老百姓知晓后，便称此石为“败家石”。到了清代，乾隆皇帝去河北易县谒陵，途经良乡发现此石，见它外观气势不凡，非常喜爱，便命人耗巨资将这块巨石移至颐和园乐寿堂院内，并取名“青芝岫”。此石成为中国最大的园林置石。

清初勺园归官家所有，遂在其故地建造了弘雅园。康熙将该园赐给郑亲王作为邸园，并为之题写匾额。乾隆时，英特使马戛尔尼朝见清帝时曾驻此。嘉庆时改名为集贤院，清帝在圆明园临朝时，此处是大臣们入值退食之所。1860 年，集贤院和圆明园一起为英法联军焚毁。

米万钟曾于万历四十五年(1617 年)亲手绘制《勺园修禊图》，此图现藏北京大学图书馆。勺园故址在今勺园大楼北侧，曲廊是近年新建的。

(九)钓鱼台

钓鱼台位于阜成门外玉渊潭公园北侧，占地 2.1 公顷，环境清幽，自古就是京郊著名的游览胜地。金代在此建行宫，湖滨有金章宗完颜璟钓鱼台。相传金人王郁增曾隐居于此。元代将水面称玉渊潭钓鱼台，亦名玉渊潭，曾为丁氏亭园。明万历年，神宗外祖父武清侯李伟建别墅，明末荒芜。清乾隆三十八年(1773 年)在此建行宫，称望海楼；还建城关式钓台，由乾隆御书“钓鱼台”三字。养源斋、澄漪亭、潇碧轩等处为当年主体建筑。其中养源斋为望海楼正殿，正厅五间；斋为行宫议政处，加之前有泉眼，故名“养源”。清末，溥仪将此园赐予他的老师陈宝琛。民国期间，养源斋曾作为傅作义的消夏别墅。

1959 年，在古钓鱼台风景区的基础上进行扩建，建成总占地面积 42 公顷的钓鱼台国宾馆，作为中国国家领导人进行外事活动的重要场所，更是我国领导人接待各国元首和重要客人的超星级宾馆。宾馆内有人工湖三座，占地 7 公顷，玉渊潭的水流经馆内，曲折迂回于亭台楼馆和树木石桥之间。随处可见假山叠石，奇花异草，组成一幅天然园林画卷。15 座造型古朴、雍容华贵的巨厦，结构精巧，造型各异，高低错落，色彩柔和明快，矗立于各个风景区之中。今天的钓鱼台，是一所宏大、布局和谐的园林建筑，也是一座具有现代化设备，又有民族风格的宾馆。

1984 年，钓鱼台与养源斋被公布为北京市文物保护单位。

(十)庄士敦别墅

庄士敦别墅，又名乐静山斋，区级文物保护单位，位于门头沟区妙峰山乡南樱桃村。庄士敦闲暇和避暑时居住此地。

庄士敦(1874—1938)，英国人，是清朝退位皇帝溥仪的英文老师。1930 年返回英国，在伦敦大学任教，著有《儒家与近代中国》《佛教中国》《紫禁城的黄昏》等书。他在英国的家中，专辟一室，陈列溥仪赐给他的清朝朝服、顶戴等物。他还在自己购置的小岛上悬挂“满洲国”国旗，以表示对末代皇帝溥仪的忠诚。1937 年代表英国外交部来华办理庚子赔款和归还威海卫的遗留问题。1938 年庄士敦病逝于家乡爱丁堡，享年 64 岁。

别墅为一座独立小院，坐北朝南，五开间，硬山卷棚式，前出抱厦，山墙檐墙为石砌虎皮墙。园内一侧建房数间，院中散置山石，种植各种名贵花木。别墅上端有匾额一方，上有溥仪手书“乐静山斋”四字。附近的山坡上和水塘边建有凉亭三座。别墅四周丛山、绿树掩映，环境幽静。庄士敦之所以选择这里建别墅，皆因妙峰山香火兴旺，加之环境优美，民风淳朴。

(十一)鉴园

鉴园位于西城区小翔凤胡同 5 号，是清恭亲王的别邸，民国时期曾称为“止园”，建筑面积约 580 平方米。坐北朝南，门外有照壁，门两侧为八字门墙，门内有影壁。院内有东厢房 9 间，西部为花园，有南房 9 间。南房的北面是太湖石和青石叠成的假山，东部有爬山廊，山上有六角攒尖亭一座。假山前有花厅，花厅后的大厅为勾连搭、前出轩的建筑。其余建筑已拆改建楼。

鉴园北临什刹海后海，风景幽静、美丽，被列为西城区文物保护单位。现为部队单位使用。

(十二)絜园

絜(jié)园位于西城区新街口北大街路西，原是刘絜园先生生前的住宅。

刘契园先生(1884—1962)，名文嘉，早年留学日本早稻田大学法律系。回国后参加辛亥革命，任军政府参议、民政司主任秘书兼财政科长。后任中东铁路局编译处专门委员。日本侵略东北后，回京购买了这所宅园居住，读书养菊。1949年后，当选为北京市政协第一届委员，出任中央文史馆馆员和北京市园林局顾问。

契园占地4.7亩，分三进院落：前院为花园，中院和后院为住宅。花园时称"契园菊园"，园内建有花房、温室、陈列室、假山和花亭等。花园内主要种植菊花，品种繁多，花开之时，千姿百态，争奇斗艳，其中佼佼者颇多，如"主帅红旗""和平堡垒""绿朝云""多宝塔""雪顶珠峰""宇宙火箭"等。菊园远近闻名，引来各方人士观赏，人们都尊称花园的主人为"菊花刘"，并留下很多书画作品，如陈半丁的《艺菊图》、王雪涛等人的菊花写生、张伯驹和夫人的山水画等。

党和国家领导人也曾前来赏菊，有的还题诗、作对联留念，如朱德的《赠刘契园先生》：刘老契园助国光，卅年种菊永留香。精研善养奇葩好，承旧启新世泽长。全力栽培传代久，不辞辛苦为人忙。京都老少来欣赏，敬赠幽兰配北堂。董必武题写对联称赞园子主人和其培育的菊花：习劳自种千盆菊，爱客同看百日花。

1960年刘契园先生将菊园内的建筑，果树60余株、奇花异草2000余盆无偿捐献给政府，由园林局接管。1982年在该园建成徐悲鸿纪念馆。

(十三)西山退谷——周家花园

西山退谷，老北京人习惯称之为樱桃沟或周家花园，其位置在香山卧佛寺的西面，是明末清初人士孙承泽(1592—1676)于清顺治十一年(1654年)兴建的一座别墅，名曰退谷。孙承泽，字耳伯，号北海，又号退谷，崇祯年间进士。明亡后，继续为官，至吏部左侍郎。孙承泽在建别墅时种植了樱桃树，因此又称樱桃沟。民国时，退谷被北洋军阀政府财政部长周肇祥购得，修建了他的别墅，遂改称周家花园，笔者曾在残留的建筑上看到"周氏生圹"的字样。

这是一处避暑胜地。进入樱桃沟，可见北山坡上有隆教寺遗址，偏西处有一亭，曰退翁亭，为孙承泽隐居处；再进沟南出口，为广慧观遗址。溪水潺潺，两旁峭壁悬崖，怪石林立，过了桥就是花园。经起脊门楼，可踏石阶而上。门东北侧的山坡上，是五华寺遗址。谷中有亭三座，北山平台上建有"纪念一二·九运动"亭一座，亭北岩壁上镶嵌纪念碑一座。在纪念亭东北山上，有广泉寺遗址。传说当年曹雪芹居住香山时，常来广泉寺旁的古井里汲水，回家煮茗。广泉古井为西山名泉之一。泉水自石缝中流出注入井中，清泉甘洌。下山至水源头，又见清清山泉从山根涌出，沿石隙流出谷口，注入小溪中。这里应是康熙年间编撰的《宛平县志》中所记载的"宛平新八景"之一的"退谷水源"所在。谷中翠竹迎风摇曳，古柏参天，由于有清泉的滋灌，长势葱翠茂密，生意盎然。泉左侧的"石上松"下，岩洞门额上书"鹿岩精舍"四字。从石上松登盘道不远，只见一巨大的岩石斜落在两块竖立的岩壁上，形似一座山洞，相传这里名"疯僧洞"。樱桃沟四时皆有美景，吸引着游客前来观赏。

(十四)达园

达园位于海淀镇北 2 里许，原是北洋军阀王怀庆的私家花园，故俗称王怀庆花园。达园始建于大约民国八至十一年(1919—1922 年)，在京西诸园林中是建造最晚的一座。其园址坐落在圆明园福缘门前一带，占地 12 万平方米，其中水面占三分之一。整个庭院融江南园林与北方建筑于一体，湖水山石叠映，亭榭长廊相连，绿树成荫，翠竹葱郁，总体建筑布局巧妙，景色宜人。尤为引人注目的是乾隆御笔石碑以及古代遗留的稀有石笋和珍奇太湖石点缀其间，在北京古典园林建筑上可谓独具特色。

1949 年以后，达园划归国务院管理。被人们亲切地称为"党内五老"的董必武、林伯渠、徐特立、谢觉哉、吴玉章等五位中央老一辈革命家，曾在这里休养。

达园是京西保存最为完整的一座私家园林小品，被列入北京市文物保护单位。

(十五)乐家花园

乐(yuè)家花园位于海淀镇西南，相传原是清代礼亲王私邸。民国初年，因园主破落，将园卖给同仁堂乐家，故称乐家花园。

乐家花园坐东朝西，院门为清水脊广亮大门，门道可进出车马。园内布局对称，以人工叠石将景区自然分割，使得园中有园，小中见大。从前园旱榭过山洞，有五楹卷棚歇山顶殿堂。前出月台，称"玉兰富贵"。月台下东西各植玉兰一株，故亦称"玉兰堂"，东部为假山区，峰石高耸，林荫蔽日，曲径通幽，有一五楹长廊的海棠院，殿前有座汉白玉雕成的花池。花池栏板雕刻着四季花卉。东有土山横卧，山中开有洞门，洞以叠石垒砌而成。西部有殿堂五楹，从殿前引水穿过，注入莲池。池中建有茅亭一座，有石径相连，成为又一小园。

乐家花园山石层叠，小巧玲珑，景致独特，是京西较有名气的花园，被确立为北京市文物保护单位。现为八一学校的校舍。

(十六)贝家花园

贝家花园，位于北京海淀区的北安河村，是一座依山而建、中西建筑文化相融合的别墅山庄，由法国医生贝熙业(1872—1958)于1923年建成。

贝熙业大夫于1913年作为法国使馆的医官到达北京，曾担任法国医院(圣米歇尔医院)院长。他医术高明，内、外科均能诊治。他的病人包括皇亲国戚到普通百姓的社会各个阶层。抗战爆发后，贝熙业大夫非常同情中国人民的苦难，在西山生活期间，免费为当地百姓治病，为八路军地下根据地秘密输送药品。

贝大夫的女儿身患肺病，需要在山林中幽静的地方进行疗养，因此选中了此处山场，与山场主人闵家签订了99年的租约。

贝家花园建在山势起伏的山峦上，分为三处：碉楼、北大房、南大房。三层石碉楼，欧洲风格，建在“牛鼻子”山上，坐西朝东，呈四方形，正门向东，两扇铁门，门檐上额书“济世之医”四个大字。

从碉楼西山道上行，怪石百态，峻峭峥嵘，山腰有平台一座，北山环中建有两层五楹卷棚歇山顶楼阁一座，这便是北大房，也称“北楼”，为贝熙业生活起居的住所。楼前曾有水池、平桥、藤架、喷泉，环境十分幽静。南山环中有小庄式的别墅一座，即为南大房。南大房位于贝家花园的地势最高处，为一组青砖和花岗岩石混合搭建的建筑，是贝熙业为两个女儿所建的五开间平房。现在也被用作图片展展厅，以照片形式展出贝家花园的历史和贝熙业感人的事迹。游人们可以边参观贝大夫故居，边了解历史。

2014年是中法两国建交50周年纪念，习近平总书记在纪念中法建交50周年大会上说：“我们不会忘记，无数法国友人为中国各项事业发展做出了重要贡献。他们中有冒着生命危险开辟一条自行车的‘驼峰航线’，把宝贵的药品运往中国抗日根据地的法国医生贝熙业。”

(十七)承泽园

承泽园位于海淀区挂甲屯南，南临畅春园，为清代皇家赐园，建于清雍正三年(1725年)。最初赐给果亲王允礼，道光年间赐给皇女寿恩公主。咸丰九年(1859年)，寿恩公主去世后，收归内务府管理。光绪中叶，赐庆亲王奕劻为私产。奕劻去世以后，承泽园为张伯驹购得。1953年张伯驹把承泽园卖给北京大学，成为北京大学校园的一部分。今为北京大学教职工宿舍。

承泽园坐北朝南，园门三间，硬山起脊顶。主体建筑在东部，围绕西部湖岸形成风景区。园中山、水、建筑保存较完整。今园中有一座两层古楼、一座方轩亭，以及北京地区仅存的国家二级保护古木流苏一株。

1999 年北京市海淀区政府将其列为区重点文物保护单位。

(十八)近春园

近春园在长春园之东南，今海淀区清华大学内。该园属熙春园的一部分，康熙年间已有之。道光帝将其赐给其第四子奕詝(zhǔ)，即后来的咸丰皇帝，1860 年被英法联军烧毁，遂成为荒岛。后人在岛上立汉白玉石碑一块，碑阳镌刻“近春园遗址”，碑阴刻近春园沿革。岛上有一片荷塘，朱自清先生的散文《荷塘月色》写的就是这一带的风景。20 世纪 80 年代，清华大学开始逐渐改造荒岛，重建了亭榭、石桥等。1982 建造了“荷塘月色亭”以纪念朱自清先生，又于 1984 年修建了“晗亭”，以怀念吴晗先生。

(十九)马辉堂花园

马辉堂花园，北京市文物保护单位，位于东城区东四北大街路西的魏家胡同 18 号，名曰花园，实为带花园的一所宅子。马辉堂(1870—1939)，又名马文盛，为清末营造家，专营木活。马氏家族为明清两代著名的营造世家，自明代就开办了兴隆木厂，世代从事皇家建筑工程的营建工作，传至马辉堂时，家道更是大盛，成为清末北京“八大柜”(即兴隆、广丰、宾兴、德利、东天河、西天河、聚源、德祥八大木厂)之首。

魏家胡同 18 号宅园建于民国八年(1919 年)(一说建于 1915 年)，坐南朝北，占地约 7000 平方米，进门便是花园。花园部分很有特色，假山、水池以不同形式遍布全园，共有五组。北面最大的一组假山上有一灰筒瓦歇山顶的大台球房，房西则为供奉木匠的祖师爷鲁班和财神的大殿。院中偏西处有一座三卷勾连搭的大房子，出后抱厦，是马辉堂本人的居室。花园中间还有一座两卷勾连搭的大客厅。厅西为佛堂、花洞。最南端是书房。园东为一长长的带坐凳栏杆的走廊，既可通向住宅，又能沿客厅通往花园各处。园东还有一井亭。整个花园，山石布局得当，花木扶疏，别有一番情趣。

(二十)吴家花园

吴家花园位于海淀区挂甲屯村，东临承泽园，是一处具有北方传统建筑风格的宅园。雍正年间，该处与东侧的承泽园基址均为果亲王允礼赐园。道光、咸丰以来逐渐分为东西两座园林。东部为承泽园，西部为庆亲王奕劻之子载振的庭院。民国十年(1921 年)，园主人将其卖给吴鼎昌为业，故名吴家花园。吴鼎昌(1884—1950)，浙江吴兴人，字达铨，曾任中国银行监督，南京总统府秘书长，1949 年去了香港。

吴家花园南北长约 120 米，东西宽约 70 米，南北两个院落，间以假山、水池相隔，周围衬以青竹、绿树，层次分明，院中有园，园中有院，大院还套着小院。今园中还存有不少的古物，尤为珍贵的是南院东侧八角亭内的一块大理石屏风，上刻“山飞水立”四字，为乾隆年进士、道光年体仁阁大学士阮元题写。

1959—1965 年期间，彭德怀元帅曾在此居住，和周围的百姓建立了深厚的友谊。人们至今还在深切怀念这位胸怀坦荡、敢于为百姓直言的“彭大将军”。2014 年，吴家花园被海淀区人民政府公布为海淀区重点文物保护单位。

第六节　帝王陵寝建筑

对于人死以后丧葬之事的处理，在我国传统文化中占有十分重要的位置，所形成的隆丧厚葬的习俗根深蒂固。在这种习俗的作用下，历代帝王对于自己身后陵墓的建筑都极其重视，自即位之时就开始着手建设，从墓址的选择到勘察、施工中的各个环节都谨慎有加，建造出的陵寝个个都是精品，从而为今人认识封建帝王陵寝打开了一个重要的窗口。借助明清两代留存下来的帝王陵寝建筑实物，我们能够从政治、经济、文化、军事等各方面，更好地认识明清两代五百多年的历史，更好地了解当时的社会状况。

一、皇帝陵寝的选址

各朝各代的帝王对于陵墓的选址都十分重视，登极之后都要花费很大的精力，派出得力重臣和风水术士去寻找风水宝地。例如明成祖朱棣在南京登极后打算迁都北京，于是派人到北京附近寻找“吉壤”。他们花费了两年的时间，先后找到几处他们认为比较理想的地域，但都被永乐帝一一否定了。如他们最初在北京西北山区寻得的屠家营(今延庆区永宁镇新华营)，因皇帝姓“朱”，与“猪”同音，“猪”进屠家营犯忌，不能用。另一块选在昌平西南的羊山脚下，但因后面有个村庄叫“狼儿峪”，“猪”的身后有狼更危险，也不能用。后来又选过门头沟西部山区的“燕家台”，可“燕家”与“晏驾(帝王死亡的讳称)”谐音，太不吉利，也不能用。京西的潭柘寺附近地区风景优美，但山间深处地域狭窄，没有子孙发展的余地，也不适用。直到永乐七年(1409 年)才最终在昌平县黄土山下选中了理想的吉壤福地，并由皇帝亲自察看后确定下来。为了听起来更吉利，遂将黄土山改称天寿山。

又如清雍正皇帝的陵墓，经三次选址才确定下来。第一次，在河北遵化东陵寻选，一批精于堪舆(kān yú，风水)的臣工认为，主陵之旁无一处可营造陵寝之地。于是进行第二次选址，确定的吉地位置是在距东陵昌瑞山不远的九凤朝阳山。该地山势俊美，中峰突起，两侧群峰渐次低下，前面又有东、西二水汇合，实在是一处造陵的理想之地。但在开工前，再次进行实地勘测，发现九凤朝阳山这个地方，“规模虽大，而形局未全，穴中之土，又带有砂石，实不可用”。选址再次失败。其实，雍正皇帝放弃九凤朝阳山，并非因其形局不全，土含砂石，而是怡亲王允祥和总督高其倬(zhuō)另外又选择了一块宝地，这便有了第三次选址的情况。怡亲王允祥和两江总督高其倬为雍正选择的万年吉地在今之易县的永宁山(也称泰宁山)太平峪，认为此地“实乾坤聚秀之区，为阴阳和会之所，龙穴砂水，无美不收，形势理气，诸吉咸备”，“山脉水法，条理详明，洵(xún，诚然，实在)为上吉之壤”，非常合雍正的心意，但雍正又觉得该地距顺治的孝陵、康熙的景陵相去数百里，于心不忍。大学士、九卿经详议后陈奏，认为帝王异地建陵，古已有之，合于典制，据此雍正才下决心把陵址确定下来。这便是清西陵的开端。

二、皇帝陵寝建筑的一般形制

皇帝陵墓建筑分为地下和地上两个部分。地下部分的建筑与土葬的习俗同时出现，是一个由简到繁的发展过程。而古代墓葬上的地面建筑始于何时，却一直是悬而未决的重要问题。有人曾根据山东滕州前掌大墓地的考古发现，有多座墓葬的墓室、墓道口附近存留着残基台、夯土墙、夯土墩、柱洞、础石、散水等遗迹遗物，推测商代墓葬上曾经有过地面建筑，但未成定论，还需人们继续探究。

(一)地上建筑

明清两代帝王陵寝的地上建筑形制大体相同。陵墓大多坐北朝南。地上的建筑自南而北，依次为：石牌坊、下马碑、大宫门、具服殿、大碑亭和神功圣德碑、石像生、神道碑亭、棂星门(又称龙凤门)、祾恩殿(也称享殿，清代称隆恩殿)、石五供、明楼、宝顶。陵寝的整体建筑体现着“皇权至上”、“事死如事生”和宗族同葬的传统观念。

石牌坊：皇陵最外端的建筑，通常为五间、六柱、十一楼的形制。

下马碑：上书“官员人等到此下马”。不论官职多显赫，到此必须下马，步行进入陵区。

大红门（又称大宫门）：陵区的正门，为砖砌三洞，单檐九脊顶。

具服殿：皇帝或其他主祭人更衣的地方，建筑规格较高。

大碑亭（或称大碑楼）和神功圣德碑：碑亭多为重檐歇山、九脊黄瓦顶，内树神功圣德碑，镌刻着皇帝一生的功德，“以垂后世”。驮碑者赑屃（bì xì），栩栩如生。在十三陵，只有长陵（永乐皇帝朱棣的陵寝）的神功圣德碑刻有碑文，其他各陵，除崇祯的思陵由清帝为之立碑并刻有文字外，都是无字碑。

石像生：神道两侧成对安置的人、兽雕塑群，统称为石像生。碑亭的后面有两根石望柱，其后便是石像生，有狮子（威武的象征）、獬豸（公正的象征）、骆驼（象征运输及皇帝统治疆域广阔之意）、象（吉祥、太平的象征）、麒麟（太平吉祥之兽，能驱邪）、马（皇帝之坐骑，象征征战之意），每种兽各4个，两卧两立（清代未用獬豸，用的是狻猊）。石兽的后面是武臣（象征侍卫将军）、文臣（象征近身文臣）、勋臣（象征有功勋的文武百官）各4人。清代没有勋臣制度，所以石像生中也不设勋臣。

在陵前放置石像生，始于秦、汉，兴于唐宋，盛于明清。各代陵前石像生的数目和种类有所不同。秦、汉时设麒麟、辟邪、象、马；唐时设狮子、马、翼马、玄鸟、文臣、蕃酋；北宋时设象、马、羊、虎、狮子、玄鸟、文臣、武臣。十三陵的石像生大体模仿南京孝陵制作，而又增加了四勋臣，总计18对。清东陵各陵的石像生在数目上也有差异：孝陵（葬顺治帝）18对，裕陵（葬乾隆帝）8对，景陵（葬康熙帝）和定陵（葬咸丰帝）各5对。有的陵寝甚至没有石像生，如清西陵的慕陵（葬道光帝）和崇陵（葬光绪帝）。

武、文、勋三臣石像，古称“翁仲”，这个名字来自于秦朝大将阮翁仲。此人身高体壮，力大无穷，曾驻守临洮（táo）（今甘肃岷县），因防御匈奴有功，死后秦始皇下令铸造阮翁仲铜像，立于咸阳宫的司马门外，以示纪念。后来人们便将铜人、石人等统称为“翁仲”了。

由于明十三陵的神道既是首陵长陵的神道，又是其他各陵共用的总神道，因此各陵前不再单独设立石像生。

神道碑亭（俗称小碑亭）：建筑形式与大碑亭相似。里面的石碑上镌刻着逝者的谥号。

棂星门（俗称龙凤门）：有“天门”之意，形制为三门六扉。

祾恩殿(又称享殿，清代称隆恩殿)：举行祭祀活动的地方，是陵寝地面设施中最重要的一项建筑，规格最高。所谓“祾恩”，乃祭祀祖先从而领恩得福之意；“享”亦为祭祀之意。

石五供：五个石制供器，置于石雕须弥座形制的石供案上，一个香炉、两个花瓶和两个烛台。香炉居中，两侧各置花瓶和烛台。

明楼：陵墓的标志，建筑在方城上，内有朱砂涂面石碑一统，上书某某皇帝或皇后之陵的字样。

宝顶：即皇帝、皇后陵墓的坟头，为一巨大的土丘。土丘下面便是帝、后的地宫。

为服务于后世皇帝谒陵的需要，在通往皇陵的途中还要修建一些辅助性设施，如明朝皇帝在去天寿山陵寝的途中，于沙河镇北，建有七孔石造“朝宗桥”；在镇东，则筑有壮丽的“巩华城”，作为皇帝祭陵时中途休息的行宫。该城现仍存在，并于21世纪初做了整体修复。再如清朝在皇帝去河北易县西陵谒陵的途中，于房山县修建了黄辛庄行宫和南正行宫等。

(二)地下建筑

从已发掘的帝、后陵寝来看，明、清两代皇陵的地下建筑，在风格上有着很大的不同。

1. 明陵

明十三陵的地下建筑实物目前只有一处，即明万历皇帝的定陵地下宫殿，建筑结构简洁、朴素，却又高大、宽敞，系用汉白玉石料建成，糯米灌浆，十分坚固。地下宫殿距地面27米，总面积为1195平方米，由前、中、后、左、右五个高大宽敞的殿堂连接而成，全部是拱券式石结构，不用梁、柱，前、中殿连成一个长方形的甬道，后殿则横在顶端。

前、中、后三殿之间，各设一道结构相同、全部用料石构筑成的券门，券门下是两扇汉白玉石门，门高3.3米，宽1.7米，重约4吨。石门制作工整细致，又十分合理，大部分由原石雕凿而成。前、中殿的空间较大，由地坪至拱券顶高7.2米，两殿连接长为58米。

殿内地坪均用“金砖”铺地。中殿左、右两侧有两条甬道，通向左、右配殿，甬道口装有青石门，形体较小。两个配殿全部用料石起券，殿高7.1米，宽6米，长26米。后殿的空间最大，其高为9.5米，宽9.1米，长30.1米。殿内设棺床，地坪铺以磨光的光斑石。

2. 清陵

清代帝、后皇陵的地下建筑，精美、奢华。如乾隆皇帝清东陵裕陵的地宫，虽然比明十三陵定陵的规模小，但其豪华的程度却远远超过了定陵。裕陵的地宫，无论内壁还是券顶都布满了各种图案和经文的雕刻。罩门，即地宫第一道石门，其门洞两侧雕刻着四大天王的坐像，大小与人相仿，手上分别持有琵琶、宝剑、宝幢、宝塔，威武雄壮，栩栩如生。过了罩门是明堂券，两侧排列着八个放置册(证书)、宝(印)的石座。券顶浮雕“五方佛”。两道石门后是穿堂券，两壁雕刻五欲供(五种供佛之物：明镜、琵琶、涂香、水果、天衣)，券顶是佛像。最后是金券，石制的宝床上，正中安放的是乾隆的棺椁。两边是他的两个皇后、三个贵妃的棺椁。棺的内外全是雕漆经文(番文)，乾隆棺下正中是“金眼吉井”。金券的东西两壁各雕一尊佛像和八宝图案。地宫内大量的经文用梵(古印度文)、番(藏文)两种文字镌刻，字体端肃严整，刀法挺拔刚劲。整个地宫内，尽管文字数万，图案繁多，但布局得当，结构严谨，浑然一体，雕刻精细，充分表现出我国 18 世纪 50 年代石雕工艺的高超水平。

三、北京及周边的皇帝陵寝建筑

(一)金陵

金陵是金代皇帝的陵寝，位于房山区车厂村至龙门口一带，初建于金海陵王时期(1149—1161 年)。金陵原在黑龙江省阿城县，1153 年建都燕京(北京)后，决定在中都附近修建先帝诸陵。经过一年多的踏勘，最后把陵寝的位置确定在中都城西面大房山中的大洪谷龙喊峰，即今址。1155 年迁来太祖完颜阿骨打的睿(ruì)陵和太宗陵。1156 年又迁来始祖等 10 个帝陵。后熙宗、世宗、章宗、睿宗、显宗等也陆续葬于此地，金陵故此得名。陵区内还葬有皇子及重要大臣的“诸王兆域”。设房山县的建制，是直接为金陵服务的，是护陵的需要。

金朝灭亡后，金陵陵寝尚存，且享有祭祀，元代和明朝前期亦未中断。明天启年间，金代后裔建立了后金国，在军事上屡屡对明朝取得胜利，天启皇帝为了“压胜”，撤金陵祭祀，并派兵捣毁金陵，在陵上修建了数座关帝庙。清朝入关后，因满族系女真族之裔，乾隆帝下令重修了金太祖完颜阿骨打和金世宗完颜雍的睿、兴二陵。竣工后，乾隆帝亲往致祭。随着岁月流逝，金陵早已淹没在历史的沧桑中，不见了痕迹。

1985 年秋起，文物部门开始对金陵进行调查。1986 年，金睿宗的景陵遗址在北京房山区龙门口村东北被发现。

根据史料和考古调查，这里应是睿陵（葬金太祖完颜阿骨打）、兴陵（葬金世宗完颜雍）和景陵（葬金睿宗完颜宗光）等皇陵所在地。

依据北京文物局的考证，金陵共建有17座帝陵，是中国历史上为数不多的少数民族的皇陵，也是北京地区年代最久、规模最大的帝王陵。金陵占地面积约60平方公里，由三部分组成：帝陵、妃墓和“诸王兆域”。陵区以神道为中轴线，两侧对称布局，由石桥、神道、石踏道、台址（鹊台、乳台）、东西大殿、陵墙、陵寝等结构组成。

金陵的地面建筑和地宫形式具有我国北方少数民族的特色，对研究金代历史及金代建筑艺术和营建工程等，具有重大价值。2006年，金陵被宣布为全国重点文物保护单位。

（二）明十三陵

1. 概述

明朝的帝王陵寝共有六处：祖陵、皇陵、显陵、孝陵、天寿山十三陵和景泰陵，分布在江苏、安徽、湖北、北京四省市境内。

天寿山十三陵位于北京昌平北部的山区，距北京市区大约百里，风景优美，水碧山青。天寿山北通怀柔的黄花城，西至居庸关。陵北山脉，从昆仑山发脉而来，经太行山，蜿蜒绵亘千余里，形成陵区的北面屏障。陵区之内，东有蟒山“盘其左”，西有虎峪“踞其右”，南有凤凰山，北倚黄花城。陵区之外，西有西山，东有马兰峪，群峰罗列，形成“万骑簇拥”“千官侍从”的布局。东西山口各有一条河流，在陵区中部交汇，然后向东流去。整个陵区，山环水绕，景色异常秀丽。十三座帝陵点缀其间，更显风景深邃幽雅。

天寿山十三陵共葬十三位皇帝和二十三位皇后，陵区内还葬有一位皇贵妃和数十位生殉的宫女。长陵是首陵，位于中央，其余各陵分别排于左右。请参阅表2-2。

表2-2　明十三陵帝王陵寝一览表

陵名	帝名	年号	庙号	谥号	享年	世系	在位年数	祔葬皇后
长陵	朱棣	永乐	成祖	文皇帝	65岁	太祖四子	22年（公元1403—1424年）	徐氏
献陵	朱高炽	洪熙	仁宗	昭皇帝	48岁	成祖长子	1年（公元1425年）	张氏
景陵	朱瞻基	宣德	宣宗	章皇帝	38岁	仁宗长子	10年（公元1426—1435年）	孙氏

续表

陵名	帝名	年号	庙号	谥号	享年	世系	在位年数	祔葬皇后
裕陵	朱祁镇	正统、天顺	英宗	睿皇帝	38岁	宣宗长子	22年(公元1436—1449年，1457—1464年)	钱氏、周氏
茂陵	朱见深	成化	宪宗	纯皇帝	41岁	英宗长子	23年(公元1465—1487年)	纪氏、王氏、邵氏
泰陵	朱祐樘	弘治	孝宗	敬皇帝	36岁	宪宗三子	18年(公元1488—1505年)	张氏
康陵	朱厚照	正德	武宗	毅皇帝	31岁	孝宗长子	16年(公元1506—1521年)	夏氏
永陵	朱厚熜	嘉靖	世宗	肃皇帝	60岁	宪宗孙	45年(公元1522—1566年)	杜氏、陈氏、方氏
昭陵	朱载垕	隆庆	穆宗	庄皇帝	36岁	世宗三子	6年(公元1567—1572年)	孝懿李氏、陈氏、孝定李氏
定陵	朱翊钧	万历	神宗	显皇帝	58岁	穆宗三子	48年(公元1573—1620年)	孝端王氏、孝靖王氏
庆陵	朱常洛	泰昌	光宗	贞皇帝	39岁	神宗长子	1个月(公元1620年)	郭氏、王氏、刘氏
德陵	朱由校	天启	熹宗	悊皇帝	23岁	光宗长子	7年(公元1621—1627年)	张氏
思陵	朱由检	崇祯	思宗	愍皇帝	35岁	光宗五子	17年(公元1628—1644年)	周氏、田氏(妃)

天寿山十三陵自永乐七年(1409年)开始兴建至崇祯十七年(1644年)明王朝灭亡，其营造工程，历经二百余年未曾间断，陵区面积达40平方公里。但十三陵也遭受过各种情况的损毁，其中有正统年间和嘉靖年间蒙古族侵扰时的焚烧，有崇祯年间李自成农民军的损伤，还有清军入关以后的复仇式破坏，都对十三陵造成了不同程度的损坏。最能象征十三陵各陵建筑艺术与风格的祾恩殿，经过数次战火后，只有长陵的祾恩殿幸免于难。这座建成于宣德二年(1427年)的辉煌建筑，历经六百年沧桑而无恙。

明亡以后，为了消除汉人对入主中原的满族统治者的敌视之意，清世祖顺治皇帝曾阅视诸陵，并下令修葺明陵，申饬(shēn chì，告诫)守陵人员，小心防护，不时稽查。康熙皇帝亦曾亲谒南京朱元璋的孝陵，并留下了“治隆唐宋”的溢美题词。清雍正年间，还将明朝皇帝后代朱之琏立为延恩侯，命其世代按时对明陵进行祭祀，直至清亡。

乾隆皇帝于乾隆五十年(1785 年)到长陵致祭，并下令修缮明陵，乾隆五十二年(1787 年)三月竣工时，又亲临巡视。此次修缮对原地上建筑有所变动。鉴于十三陵修缮范围较大，至乾隆年间楠木已经“采伐殆尽”，于是出现由大改小的情况。如将永陵享殿等处拆卸，一切柱木大件先尽长陵均匀配用，然后将永陵的祾恩门、祾恩殿等缩小规制建造：祾恩殿由面阔 7 间改为面阔 5 间，祾恩门由面阔 5 间改为面阔 3 间。又如，定陵的祾恩殿也由原面阔 7 间改为面阔 5 间，祾恩门由面阔 5 间改为面阔 3 间。

民国期间，明十三陵毁损严重，乾隆时期改建的祾恩殿、祾恩门多有塌毁。1949 年以后，天寿山十三陵得到了保护，政府拨专款进行维修。十三陵于 1961 年被确定为全国重点文物保护单位，又于 2003 年被世界教科文组织列入《世界文化遗产目录》。

2. 长陵

长陵位于天寿山中峰之下，是明朝第三个皇帝成祖朱棣的陵寝，建于永乐七年(1409 年)至永乐十一年(1413 年)，陵内葬朱棣和皇后徐氏——明初大将徐达之女。朱棣，年号永乐，庙号明成祖，谥号文皇帝，陵号长陵。

在天寿山十三座皇陵中，长陵是其中最大的一座，规模宏大，建筑雄伟。和其他明陵相比，长陵的神道最长，碑亭和碑最大，享殿和宝城也都是最大的。这些都是其他陵所不及的，长陵的规模和气势似乎也在明太祖朱元璋的孝陵之上。

从最南端的石牌坊起，经三孔桥、下马碑、大红门、碑楼、石像生、棂星门到七孔桥。碑楼内立“大明长陵神功圣德碑”，碑文系朱棣的继位者仁宗朱高炽于洪熙元年(1425 年)撰写，而真正刻字立碑却是在明宣德十年(1435 年)，由书法家程南云书丹，碑文共约 3500 字，记述了永乐帝“靖难”兴师，建国迁都的业绩。碑阴刻有乾隆五十年(1785 年)清高宗的御制诗“哀明陵三十韵”，碑的左侧面是乾隆五十二年(1787 年)清高宗的御制诗，右侧面是嘉庆九年(1804 年)清仁宗的御制文《谒明陵纪事》。这些都是研究十三陵的珍贵文物资料。

长陵最核心的区域，由三进院落组成。

第一进：长陵门至祾恩门，建有神厨、神库和一座无字碑亭。亭内有龙头龟趺(fū)驮着的石碑一统。碑身在明朝时没有碑文。明灭亡后，清代帝王们，出于政治需要，大力宣扬对明陵实行保护的“政德”，先后在碑身上镌刻诗文。石碑之阳，刻有清世祖福临在顺治十六年(1659 年)所颁布的“保护明陵谕旨”，为满、汉两种文字。碑阴刻清高宗弘历于乾隆五十年(1785 年)的《谒明陵八韵》。

第二进：祾恩门至内红门。进了祾恩门，迎面可见宏大殿宇，这便是长陵的主体建筑——祾恩殿。祾恩殿原称“享殿”“献殿”“香殿”。嘉靖十七年(1538 年)，世宗皇帝朝谒陵寝时，以“祾恩”命名享殿及殿前之门，取义为“祭而受福，罔极之恩”。祾恩殿是嗣皇帝祭陵时举行典礼的享殿，明宣德二年(1427 年)建成。黄琉璃瓦重檐庑殿顶，脊兽 9 种，面阔 9 间(东西长度长于故宫太和殿)，进深 5 间，总面积 1938 平方米。台基为三层的须弥座，汉白玉石护栏，柱头龙凤雕刻精美细腻。台基前后各层设垂带踏跺三道，御道石雕刻有祥云、海水、江崖、海马、云龙等图案，均为浅浮雕，具有明初雕刻的特点。殿内“金砖”铺地，60 根支撑大柱全部采用楠木，其中 32 根明柱为最珍贵的金丝楠木。中央 4 根最大，高 14.3 米，直径 1.17 米，双人合抱。长陵之祾恩殿在建筑等级上和紫禁城太和殿、太庙的前殿，不相上下。特别是祾恩殿所用珍贵木材，世间罕见。

第三进：内红门以北。内有石五供、明楼及宝城。明楼为黄琉璃瓦重檐歇山顶，方形四门，当中竖立石碑，上面镌刻“大明成祖文皇帝之陵”。说到这块陵碑，还有一段故事。永乐帝驾崩后，起初为之上的庙号是“太宗”，到了嘉靖十七年(1538 年)经朝臣建议改为“成祖”。武定侯郭勋(家住今西城武定侯胡同)请求将原碑上的刻字磨除掉重刻。世宗嘉靖帝以不忍琢伤旧号为由，下命在原碑外套以木板，上面刻“成祖文皇帝之陵”。万历三十二年(1604 年)，雷火焚长陵明楼，木套及石碑上的刻字均被烧掉无存。随后重立石碑，成现状。

明楼后面是宝城，周围筑有城墙约 1000 米，土丘上松柏成荫，下面就是安奉朱棣棺椁的地宫。

3. 定陵的发掘

在天寿山十三座帝陵中，只对定陵，即明神宗万历皇帝朱翊钧的陵寝，进行了正式发掘。发掘工作从 1956 年 5 月开始，至 1958 年结束。考古发掘队的成员们，克服重重困难，历经艰辛，终于打开了定陵地宫的门户，从而揭开了这座古墓地下建筑的神秘面纱。定陵地下宫殿于 1959 年正式对外开放，连同出土的珍贵文物一起供游客参观。

定陵，坐西北朝东南，陵内安放的是万历皇帝朱翊钧及其孝端皇后和孝靖皇后的棺椁，葬于万历四十八年(1620年)。定陵由碑亭、祾恩门、祾恩殿、方城明楼和宝城组成。其玄宫位于宝城正中偏后，有前、中、后三殿和左右配殿(位于中殿两侧)，全部用石材垒砌，高大宽敞，地面“金砖”铺地。中殿后部有神座三，神宗居中，靠背雕龙；孝端皇后居左，靠背雕凤；孝靖皇后居右，靠背雕凤。后殿中偏后砌须弥座石棺床，上放有帝后的棺椁，神宗万历皇帝居中，两位皇后——孝端皇后居左(北)、孝靖皇后居右(南)，均头西脚东。定陵出土各类随葬品2000多件，多为珍品。其中最为珍贵的有嘉靖年制的青花云龙大瓷缸、万历皇帝生前使用的青花瓷碗、皇帝的金冠和皇后的凤冠及万历皇帝的缂丝十二团龙十二章衮服龙袍和孝靖皇后的百子衣等。

发掘定陵取得了考古的成就，满足了人们的好奇心，但同时也留下了不少的遗憾。

首先，当时的科学技术还不够先进，不能保证所有出土文物完好无损，尤其无法控制因氧化而造成的文物损坏，致使眼见那些“已经贴在有机玻璃上，并经过简单技术处理的织锦品，经过冷空气的侵蚀，慢慢变硬、变脆、变色”而束手无策。“光彩艳丽的刺绣珍品，也在冷空气中出现大面积的黑斑，并开始整体霉烂”，亦无法挽救。其情其景，惨不忍睹。

在地下宫殿棺床的南北两端，发现八只木箱，里面装满了木俑：七箱人俑，一箱马俑，估计在千件以上，因受地下潮气的侵蚀，大部分木俑已腐烂变质，比较完整的仅剩三百余件。木俑不同于金银器物，极易变质腐烂，在处理和保存上需要特殊技术。国外对出土木俑的处理多采用冷冻的方法，把木俑放在零下200℃的气温中，将水气脱去，然后放在玻璃箱中保存。但当时中国的技术还未达到创造这种条件的水平，只能按我国考古人员20世纪20年代向瑞典学者斯文·赫定(1865—1952)和安特生(1874—1960)学来的办法——“蜡炸”，进行处理。在地宫内生起火炉，把白蜡放在平底铜锅内熔化成液体，然后把木俑放入铜锅，进行“蜡炸”。之前一个个描着黑眉、染着红唇的木俑，竟然鲜活起来，令人激动。然而，“蜡炸”过的木俑拿出铜锅之后，随着水汽的蒸发，逐渐收缩变形，那些活泼可爱的少男少女，瞬间变成了面目丑恶的老翁老妪，损失巨大，却又无可挽回。

其次，还有因无知与愚蠢造成的损失，更是令人痛惜和愤慨。地宫中万历帝后的珍贵的金丝楠木棺椁“虽经三百多年的腐蚀，但除外层稍有朽痕外，依然完好如初，坚硬如石”。这样的瑰宝居然在当时定陵博物馆办公室主任的指挥下，被抛进野岭山沟之中。当地村民发现后，争相抢之，拿回去做了棺木和家具。更有甚者，“文革”期间定陵的部分工作人员竟疯狂地将万历皇帝和两位皇后的尸骨拖出来批斗，然后一把火将其焚毁成灰，造成了无法挽回的巨大损失。吴晗在其离世前一年的1968年，正在被关押，闻得万历帝后的尸骨被焚毁后，极度悲伤地说：“文献记载：罂粟在明朝中叶就已传入中国，作为药用，我总在怀疑万历生前抽过大烟，可惜这方面证据不足。本来万历的骨头可以拿来化验一下好证实真伪，然而一把火，就什么也别想了。”至今，人们想起这些，依然惋惜不已。

我们应当吸取这些教训，使之不再重演。为了保护好地下未发掘的文物，对陵墓的发掘工作应当慎之又慎。在不具备条件的情况下，不能再轻举妄动了。

4. 思陵

思陵是明朝最后一位皇帝崇祯的陵寝，位于永乐皇帝长陵西南约6公里的锦屏山下。

1644年3月17日，李自成率领农民军围攻京师。18日守城的太监曹化淳打开彰义门(清代改称广安门)迎接李自成进入内城。崇祯皇帝见大势已去，无力回天，便在万岁山(今景山)上吊自尽，司礼监太监王承恩也随后吊死在崇祯帝的对面。3月22日人们在景山寿皇亭发现了崇祯的尸体，遂将其和先他而投缳自尽的周皇后一起抬出东华门，安置在席棚之内。因当时崇祯还未建陵，于是由昌平州署吏目赵一桂率乡绅父老捐资，将崇祯和周皇后草草葬入田贵妃的墓中。

为了缓和满、汉之间的民族矛盾，清朝摄政王多尔衮于顺治元年(1644年)五月四日命臣民为崇祯帝服丧三日，并着手将田妃墓扩建成皇帝陵，到顺治十六年基本完成。建有享殿五间，中设暖阁，东西配殿各三间，陵门三道，碑亭一座，重檐但矮小。有两座石五供，一大一小，大的是为崇祯增建的，小的则是原墓主田贵妃的。五供后面是方城、明楼，墓碑上书：大明庄烈愍(mǐn，悲伤，哀怜)皇帝之陵。庙号是思宗。思陵是北京明十三陵中最小的一座。陵内共葬帝、后、妃各一人，即明思宗崇祯皇帝朱由检、皇后周氏及皇贵妃田氏。

崇祯的庙号、谥号前后数次更改。清朝顺治初年，为崇祯皇帝上的庙号、谥号是：钦天守道敏毅敦俭弘文襄武体仁致孝怀宗端皇帝。因为以胜朝上谥号不称“宗”，所以将其改为“庄烈愍皇帝”。南明福王朱由崧为崇祯定的谥号是：绍天绎道刚明恪俭揆文奋武敦仁懋孝烈皇帝，庙号是思宗，不久庙号改为“毅宗”。唐王朱聿键又将其庙号改为“威宗”，称之为“威宗烈皇帝”。在崇祯众多的庙号中，明思宗是后代对其称呼最多的。

思陵陵园的右前方，有王承恩墓，墓前有顺治十七年(1660 年)御制“明司礼监太监王承恩碑”和顺治二年(1645 年)御制旌忠碑一座，以旌表王承恩“殉难从死”的忠君行为。但有人经考证提出，王承恩的墓不在北京十三陵的思陵前，而是在其祖坟河北迁安县(今改迁安市)。

5. 景泰陵

景泰陵位于北京西郊的金山，其西其南分别与香山、玉泉山遥遥相望。陵内埋葬的是明朝年号为景泰的代宗景皇帝朱祁钰。

明正统十四年(1449 年)蒙古瓦剌军入侵，发生“土木堡之变”，英宗朱祁镇被俘，朝班大乱。时任兵部侍郎的于谦，挺身而出，力挽狂澜，肩负起江山社稷安危之重任，力主皇弟郕(chéng)王朱祁钰即皇帝位，并统率军民在德胜门、西直门击退瓦剌军，取得北京保卫战的胜利。

“土木堡之变”第二年，瓦剌军首领也先，将已失去价值的英宗放回。英宗回归不久，就开始了宫廷内部的权力之争。朱祁镇联合石亨(住宅在今东城外交部街)、徐有贞及宦官曹吉祥，于景泰八年(1457 年)正月，趁景泰帝病重之机，夺回皇位，废景泰帝为郕王，改元天顺。这一宫廷政变，史称“夺门之变”。景泰帝于“夺门之变”当年的二月十九日，死于西内，时年仅 30 岁，而其死因不详。死后谥为“戾(lì，罪，属恶谥)”，按亲王礼制下葬。七年后英宗朱祁镇崩，其子朱见深即位，出于大义，恢复了朱祁钰的帝号，改谥为“恭仁康定景皇帝”，建碑亭于陵门之左，并按皇陵规制续建了享殿、神库、神厨、宰牲亭、内官房，但不建宝城、明楼，“不封不树”。明嘉靖十五年(1536 年)，明世宗朱厚熜认为神道碑亭偏左不符合规制，遂下令将碑亭改建于陵门之外，并将绿瓦改为黄瓦，但陵寝在规格上仍然偏低，且景泰帝始终没有庙号和陵号。直到南明弘光期间，才给景泰帝加上庙号“代宗”，并将谥号增至 17 个字：符天建道恭仁康定隆文布武显德崇孝景皇帝。至此，景泰帝在礼仪规格上算是与明代其他皇帝平等了，但是陵号仍无。

其实，景泰帝朱祁钰在位时已为自己在天寿山选定了陵址，但被废后不能入葬皇陵，该陵址后来为“红丸案”中猝然崩逝的泰昌皇帝所用，即今之庆陵。

今天，我们在金山景泰帝陵所能看到的只有陵寝中路上遗存的黄琉璃瓦重檐歇山顶御碑亭和黄琉璃瓦硬山顶享殿等。碑亭中的石碑为乾隆乙丑年，即乾隆三十四年(1769 年)所立。碑的北面刻有“大明恭仁康定景皇帝之陵”，南面刻有乾隆皇帝的御笔亲书《明景帝陵文》，上有乾隆皇帝对明景泰皇帝的评价诗和按语。

景泰帝陵于 2001 年被公布为全国重点文物保护单位。

(三)清朝皇帝陵寝

清皇陵共有七处，关外有四处：永陵、福陵和昭陵，合称盛京三陵，以及今辽宁省辽阳市的东京陵；关内有三处：清东陵、清西陵以及逊帝溥仪的坟墓。以下仅对清东陵和清西陵做一简单介绍。

1. 清东陵

清东陵位于河北省遵化县(今改遵化市)的马兰峪，距北京 125 公里。对东陵地点的选择经过，曾有这样的传说：顺治帝生前，有一次狩猎，偶然来到遵化县马兰峪西的瑞山下。他被这一带优美肃静的群山所吸引，于是对随从者说：“此山王气葱郁，可为朕寿宫。”并随手取下佩韘(dié)掷出，告诉侍臣说，“韘落处定为穴。”康熙二年(1663 年)，顺治帝陵寝修成，定名为孝陵。这是清东陵中的第一座，也是清入关后的第一座陵寝。清东陵，共葬五帝(见表 2-3)。

表 2-3 葬于清东陵的帝王

陵名	帝名	年号	庙号	谥号	享年	世系	在位年数
孝陵	福临	顺治	世祖	章皇帝	24	太宗第九子	18 年(1644—1661 年)
景陵	玄烨	康熙	圣祖	仁皇帝	69	世祖第三子	61 年(1662—1722 年)
裕陵	弘历	乾隆	高宗	纯皇帝	89	世宗第四子	60 年(1736—1795 年)
定陵	奕詝	咸丰	文宗	显皇帝	31	宣宗第四子	11 年(1851—1861 年)
惠陵	载淳	祺祥、同治	穆宗	毅皇帝	19	文宗长子	13 年(1862—1874 年)

2. 清西陵

清西陵位于河北省易县西的永宁山下，距北京 98 公里。西陵选定的经过是：雍正帝登极后，计划在东陵九凤朝阳山选定陵址，后来发现当地之土带有砂石，无法修建陵墓；于是，经过大学士、九卿会议，决定比照夏、汉、唐代帝王陵寝分处异地之先例，在易州泰宁山天平峪选定“万年吉地”，建造陵寝。乾隆帝登极后，陵寝吉地选在东陵，并降旨说：嗣后陵寝吉地各依昭穆次序，在东西陵界内分建，不必另择他处。清西陵共葬清帝四位(见表 2-4)。

表 2-4　葬于清西陵的帝王

陵名	帝名	年号	庙号	谥号	享年	世系	在位年数
泰陵	胤禛	雍正	世宗	宪皇帝	58	圣祖第四子	13 年(1723—1735 年)
昌陵	颙琰	嘉庆	仁宗	睿皇帝	61	高宗第十五子	25 年(1796—1820 年)
慕陵	旻宁	道光	宣宗	成皇帝	69	仁宗次子	30 年(1821—1850 年)
崇陵	载湉	光绪	德宗	景皇帝	38	文宗嗣子,穆宗从弟,文宗弟奕譞子	34 年(1875—1908 年)
华龙公墓	溥仪	宣统	无	无	62	宣宗曾孙,奕譞孙,载沣子	3 年(1909—1911 年)

注:清逊帝溥仪的骨灰葬在清西陵陵区内的华龙皇家陵园。

3. 清陵的状况

民国以后，清皇陵遭到了严重的破坏。康熙皇帝的景陵、乾隆皇帝的裕陵、咸丰皇帝的定陵、同治皇帝的惠陵、慈禧太后的菩陀峪定东陵、光绪皇帝的崇陵以及多个妃陵被疯狂盗挖，陵内随葬品几乎被洗劫一空。人类文明、伦理遭受到野蛮践踏和摧残，孙殿英等盗墓者将永远被钉在历史的耻辱柱上。

1949 年新中国成立后，人民政府对清皇陵十分珍视，将盗墓的犯罪分子绳之以法，首犯王绍义等人被处以死刑。国务院将清皇陵公布为全国重点文物保护单位，对其进行了全面的整修和保护。清东陵、清西陵和清盛京三陵分别于 2000 年 11 月和 2004 年 7 月被联合国教科文组织列入《世界文化遗产目录》，成为世界人民共有的珍贵财富。

四、皇帝丧葬制度

(一)皇帝丧期的服丧制度

皇帝丧期有着严格的服丧规定。以清代为例，皇帝丧期的规定是：帝崩之日，全国举哀。王公百官公主福晋以下，宗女、佐领、侍卫、命妇以上，男摘冠缨截发，女去装饰剪发。设几筵，朝、晡(bū，申时，下午三点至五点)、日中三设奠。文官武职咸素缟(gǎo，未染色的白丝织物)，朝夕哭临凡三日，外藩陪臣给白布制服。至四日，王公百官斋宿二十七日。音乐、嫁娶，官停百日，军民一月。百日内票本用蓝笔，文移蓝印。禁屠宰四十九日。京城自大丧日始，寺、观各声钟三万杵。越日颁遗诏天安门，礼部謄黄，颁行各省。听选官、监生、吏典、僧道素服至顺天府署，朝夕哭临三日。诏至各省，长官帅属素服出郊跪迎，入公廨(xiè，官署)行礼，听宣举哀，同服二十七日除，命妇如之。军民男女十三日除。余俱如京师。

(二)皇帝的丧葬仪式

皇帝死后要举行隆重繁缛的丧葬仪式。以清朝为例，皇帝的丧葬仪式分为殷奠、启奠、上尊谥、庙号和卜葬吉等程序，有如下礼制。

殷奠：列馔筵、读文，帝诣几筵哭，奠酒，率众三拜，举哀，焚燎。

启奠：如殷奠仪。届日奉梓宫登大升轝(yú，车，轿)，三祭酒，并祭所过门、桥。灵驾至景山，举哀，设几筵，祭酒。明日行初祭，后日行绎(yì)祭(正祭之次日续祭)，周月行月奠，自是百日内月奠，期年内月奠，仪同殷奠。

上尊谥、庙号：祗(zhī，恭敬)告郊庙社稷。届日殡宫外陈卤簿，作乐，帝素服御太和门阅册宝，跪拜。至寿皇殿，帝就位率众跪拜，帝献册进宝。宣册，宝官宣之，帝率众行礼如初。诣几筵前致祭，奠帛，读文，三献爵，如仪。焚绢册宝，礼成。是日题神主，大学士进观德殿、奉先殿诣神主前上香行礼，后奉主入东华门，帝诣两神主前叩拜，三献，礼成。

卜葬吉：前三日，遣告天地、宗社。前一日，设祖祭。届日，帝诣梓宫奠酒，尽礼尽哀。辅臣率执事官奉梓宫登轝启行，卤簿前导，册宝后随，帝攀号(háo，大声哭)。所过桥、门皆致祭，朝夕奠献。至陵，奠献如在途。大葬前期，遣官诣陵陈祭。先三日，祗告如仪。届日辅臣诣梓宫告迁，三祭酒，奉梓宫至地宫，王公大臣等奉梓宫入，册宝陈左右，掩石门。辅臣率众三祭酒，举哀，卤簿仪仗焚，葬礼成。

(三)元、明、清皇帝下葬的方式

1. 元代皇帝下葬的方式

元代的统治者系蒙古族。蒙古族与汉族一样，人死后实行土葬，但在地面上不留坟头、碑记一类的标识物，因此也就没有陵号。由此可见，元代帝王死后下葬，采取的都是这种“秘密土葬”的形式，所以至今仍未发现一座元代皇家陵寝。但是有一点是比较明确的，即蒙古君王无论死在哪里，其遗骨都要送回漠北的老家——三河之源的起辇谷，回归他们祖先生息发祥的地方。

元末明初的学者叶子奇在其所著的《草木子》中记载：元朝皇帝驾崩，“用梡(kuǎn，断木，截断的圆木)木两片，凿空其中，类人形小大，合为棺。置遗体其中。加髹(xiū，赤黑色)漆毕，则以黄金为圈，三圈定。送至其直北园寝之地深埋之，则用万马蹴(cù，踏)平。俟(sì，等待)草青方解严，则已漫同平坡，无复考志遗迹。岂复有发掘暴露之患哉!”

当年成吉思汗去世后，采用的就是这种下葬方式，因此他的陵寝地点至今不得而知。人们只能根据一些线索，做出各种推断。目前各国考古专家比较认同的有四个地点：①蒙古国境内的肯特山南，克鲁伦河以北的地方；②蒙古国的杭爱山；③中国宁夏的六盘山；④内蒙古鄂尔多斯鄂托克旗境内的千里山。

成吉思汗的陵寝被掩藏起来找不到，但后人为他建了一座马背上的陵园，以供祭祀，这就是“八白室”。所谓“八白室”，就是八座白色毡帐。帐内供奉着成吉思汗的遗物，象征着墓地，祭祀活动就在帐内进行。“八白室”是一座典型的蒙古式的活动陵园，最初建立在今阿尔泰山和肯特山一带的蒙古高原上，时至明初，安置在河套一带。天顺年间，守护陵寝的鄂尔多斯部进入鄂尔多斯高原，“八白室”也随之而来。清初在鄂尔多斯高原设立伊金霍洛旗。伊金霍洛，蒙语的意思就是“主人的陵寝”。

抗日战争时期，这座“主人的陵寝”最后被转移到青海湟中县的塔尔寺。1954 年，新中国的中央政府将成吉思汗的灵柩迎回鄂尔多斯，在伊金霍洛旗重新修建了陵园，并将散落在各地的成吉思汗遗物逐步集中到成吉思汗陵。

现今的成吉思汗陵北距包头市 185 公里，占地面积约 55000 多平方米，主体建筑由三座蒙古式的大殿和与之相连的廊房组成，建筑雄伟，具有浓厚的蒙古民族风格。建筑分正殿、寝宫、东殿、西殿、东廊、西廊六个部分。

2. 明代皇帝下葬的方式

明朝帝王崩后采用的是土葬，分别葬在江苏盱眙的祖陵、安徽凤阳的皇陵、湖北钟祥的显陵、南京的孝陵、北京昌平的十三陵和北京海淀玉泉山北面的景泰陵等六处。

3. 清代皇帝下葬的方式

清朝皇帝在顺治皇帝之前都是火葬。因清朝“肇迹关东，以师兵为营卫，迁徙无常，遇父母之丧，弃之不忍，携之不能，故用火化”。顺治皇帝即是火化后再进行安葬的。

顺治朝以后改为土葬，但具体始于何时呢？有学者分析了大量史料和实际的清皇家葬仪活动后，做出推论，认为清皇室的土葬应是从康熙二十年(1681 年)安葬两位皇后为开端的。也就是说，康熙的两位皇后、康熙皇帝、雍正皇帝及以后各皇帝，崩后都是土葬的。而病逝于 1967 年的逊帝溥仪，自然又是火葬的。

到乾隆时，由于战事渐息，驻防趋于稳定，加之受汉族儒家思想的影响日深，更是把火葬视为不尊、不孝、不道的行为。因此乾隆皇帝下诏明令禁止火葬，“倘有犯者，按律治罪。”皇帝驾崩后先停灵于紫禁城内的乾清宫，以示“寿终正寝”，按照仪式祭奠后移至景山内的永思殿，最后正式出殡，葬入皇陵。

(四)殉葬

古代人“事死如事生”，“事亡如事存”，人死以后习惯将其生前所用物品同时下葬，以保持在世时的生活状况。帝王和贵族的随葬品更是奢华、精美，有礼器、乐器、牲畜、车马、金银珠宝、生活用品等，十分庞杂。有的甚至将活人杀死，一起陪葬。

这种以人殉葬的制度，即生殉，是一种极其野蛮、残忍的制度，始于新石器时代末期的齐家文化，及至商代，殉人成为一种制度广泛流行。在发掘的殷墟古墓中，如安阳殷墟武官村的商代晚期大墓、河南安阳商代妇好墓、山西灵石旌介村的商代方国贵族墓、北京琉璃河董家林西周燕国都城所发掘的贵族墓地以及湖北随州擂鼓墩曾侯乙墓等，都有人殉的情况。《史记·秦本纪》(卷五)中说，秦“穆公卒，葬雍。从死者百七十七人，秦之良臣子舆氏三人名曰奄息、仲行、鍼(zhēn)虎，亦在从死之中”。秦始皇死后的人殉更甚，据《史记·秦始皇本纪》(卷六)记载，“二世曰：‘先帝后宫非有子者，出焉不宜。’皆令从死，死者甚众。葬既已下，或言工匠为机，藏皆知之，藏重即泄。大事毕，已藏，闭中羡，下外羡门，尽闭工匠藏者，无复出者。”从这段文字看，不只后宫女子从死，参与陵寝建设的工人也无一幸免，都成了“殉葬品”。

这种残忍的人殉制度汉代以后逐渐少了，到了东汉及唐基本不存在了。从考古发掘的唐、宋墓葬实物报告中，未发现有人殉的报告内容。只是在金、元时期女真、蒙古等民族的统治阶级中还存在人殉现象。据多桑《蒙古史》载：成吉思汗死后，其子窝阔台选秀美女子 40 人，盛装殉葬。

到了明朝，人殉现象再次出现。明成祖朱棣去世后，有 30 多名嫔妃宫女被活活吊死后殉葬。依据史料和实物，明代殉葬者没有埋入地宫或是陵区之内，而是葬入了陵区以外的“井”中。十三陵陵区之东、西二井就葬有明成祖朱棣妃 16 人。至今，东、西井红墙绿瓦的建筑遗迹仍依稀可辨。

明朝的这种生殉制度，直到明英宗朱祁镇死前才下遗诏废止。诏曰：“用人殉葬，吾不忍也。此事宜自我止，后世勿复为。”

清朝初期也有这种生殉的现象。如努尔哈赤死后，诸贝勒逼令努尔哈赤的大福晋阿巴亥自尽殉夫。也有自愿生殉者，据《清世祖实录》记载，皇太极死时，章京郭达里、安达里二人愿殉。24岁的顺治帝病逝，贞妃栋鄂氏和侍卫傅达礼为之殉葬。此后睿亲王多尔衮死时也有侍女为之殉葬。清朝的生殉，至康熙年间被禁止。康熙帝于康熙十二年(1673年)六月十七日下旨："禁八旗以奴仆殉葬。"又于康熙二十七年(1688年)五月初四日再次下旨："夫亡从死，前已屡行禁止，近见京城及各省从死者尚多。人命关系重大，死亡已属堪怜，修短听其自然，岂可妄捐躯体！况轻生从死，事属不经，若复加褒扬，恐益多摧折。嗣后夫殁(mò，死)从死旌表之列，应行停止。自王以下以及小民妇人从死，亦应永行禁止。"由于康熙帝严令，这种陋俗才逐渐消亡。

(五)帝王丧事常用词语解释

帝王丧事活动中经常使用一些词语，现将其罗列如下，并作简单注释。

1. 崩：帝王逝世专用词，如驾崩、帝崩、山陵崩。

2. 薨(hōng)：诸侯或大官逝世用语，如三十八岁的摄政王多尔衮暴薨于喀喇屯。又如顺治六年，辅政的豫亲王多铎薨，次福晋殉之。

3. 大行皇帝：皇帝死后，未上尊谥之前的称谓。

4. 梓(zǐ)宫：帝后的棺材。

5. 椁(guǒ)：棺材外面的套棺。

6. 厝：停放棺材待葬或浅埋以待改葬。如因陵寝建筑尚未完工，便把咸丰帝的梓宫暂厝于东陵风水墙外的隆福寺。

7. 谥(shì)号：帝后或其他有特殊社会地位的人死后追加的称号。谥号有简单一个字的，如"武"帝、"文"帝、"哀"公等；也有多字较长的，如清顺治皇帝的谥号：体天隆运英睿钦文大德弘功至仁纯孝章皇帝。慈禧皇太后的谥号：孝钦慈禧端佑康颐昭豫庄诚寿恭钦献崇熙配天兴圣显皇后。

8. 庙号：已逝皇帝于庙中被供奉时所用的名号，如太祖、太宗、世祖、高宗等。历史上也出现过更改庙号的情况，如明代第三位皇帝朱棣的庙号，初为"太宗"，后于嘉靖年改为"成祖"。

9. 陵寝：皇帝坟墓的专用词。如皇家陵寝，景泰陵、昭陵等。王侯、嫔妃的墓地称为园寝、坟或墓，如公主坟、王爷坟等；也有称"府"的，这是吉称，如娘娘府、四王府、西小府等。

10. 年号：皇帝在位时纪年的名称。自汉武帝刘彻建元元年(公元前140年)开始，历代皇帝都立年号，如贞观、乾隆等。有时同一位皇帝更换十几次年号，如汉武帝就有 11 个年号；唐高宗李治执政 44 年，用了 14 个年号；明清两代，除明英宗朱祁镇有 2 个年号(正统和天顺)、清穆宗载淳有 2 个年号(祺祥和同治)外，一般是一个皇帝只用 1 个年号。

11. 陵号(或陵名)：皇陵的名称，如泰陵、景陵、穆陵等。给皇陵起名号的做法始于汉族的汉代。陵号的确定，有着一套严格的制度与程序。往往是由臣下先拟定几个陵号的名称，再由新即位的皇帝从中圈定一个；或者是臣下拟定一个，将理由讲足讲透后，再由新即位的皇帝批准。皇帝的陵号，分为单字陵号和双字陵号两种，以单字陵号为多。

单字陵号始于汉高祖。起初，陵号多以陵寝所在地的地名命名，如汉高祖的陵寝建于长平阪，故名长陵；汉武帝葬于其母亲的故乡陕西兴平茂乡，故其陵寝称茂陵；魏文帝曹丕陵寝在河南偃师首阳山，故名首阳陵；东吴大帝孙权的陵寝在南京蒋山(今紫金山)，故名蒋陵。后来，单字陵号就多以吉祥字为主了，如长、安、高、永、康、泰、德、惠等。由于适合陵号的吉祥字有限，不同朝代的陵号就会重复出现。如“定陵”就出现过八次，“显陵”和“康陵”各出现过七次，“昭陵”和“永陵”各出现过六次，“泰陵”和“景陵”各出现过五次，长陵出现过三次。

最早的双字陵号是东汉明帝的“显节陵”。双字陵号主要集中在魏晋南北朝和两宋时期。有趣的是，从人名的用字来看，这两个时期，也正是双名最盛的时期。曹魏时的双字陵号，在命名上还未形成规律。从晋代开始，双字陵号选择修饰词时，已开始类似于人名辈分，一个王朝的陵号用一个固定的词来修饰，看上去一目了然。西晋的皇陵称“某阳陵”，如峻阳陵、太阳陵；东晋称“某平陵”，如建平陵、武平陵；前赵称“某光陵”，如永光陵、宣光陵；成汉称“安某陵”，如安都陵、安昌陵；刘宋称“某宁陵”，如兴宁陵、景宁陵；南齐称“某安陵”，如泰安陵、景安陵；两宋称“永某陵”，如永昌陵、永思陵。

通常皇帝陵一陵一号，但也有几个皇帝共享一个陵号的，如北魏的拓跋什翼犍、拓跋珪、拓跋嗣、拓跋焘、拓跋濬(jùn，“浚”之异体字)、拓跋弘六个皇帝共用一个陵号“金陵”。

有些皇帝死后没有陵号，这些皇帝或是亡国之君，或是非正常死亡，或是被废弃的皇帝。如南朝刘宋的少帝刘义符、前废帝刘子安，南齐的郁林王萧昭业、海陵王萧昭文，南陈的废帝陈伯宗，五代后梁的朱友珪，金朝的海陵王完颜亮等都是在宫廷政变中被杀，而没有陵号。明代的建文帝朱允炆和景泰帝朱祁钰两位皇帝，也都没有陵号。另外，元代的皇帝因其葬址保密，地表不留任何痕迹，因此都没有陵号。

当然也有例外，有的亡国之君死后获得了陵号，如东汉的汉献帝未遭杀害，去世后埋在今河南修武县北，称“禅(shàn)陵”。南朝宋的刘准禅位给萧道成后被杀，葬江苏江宁，陵号“遂宁陵”。南齐的末帝萧宝融禅位给南梁后被杀，葬江苏南京，是为“恭安陵”。唐哀帝李柷(zhù)禅位给朱温后遭鸩(zhèn)杀，被葬在渭北十八陵的山东定陶，陵号“温陵”；此陵号竟然与朱温的名字相同，令人费解。

中国的近邻越南、朝鲜等国受到中国文化的影响，也有陵号的制度。如越南顺化市的西郊，就有七座阮朝国王的王陵，其陵号分别为嘉隆陵、明命陵、绍治陵、嗣德陵、建福陵、同庆陵和启定陵。今韩国首都首尔的近郊，也有朝鲜李朝的国王陵寝，如李成桂的健元陵、世宗大王的英陵、高宗的洪陵等。

12. 金井玉葬：金井是位于地宫后殿棺床中央的长方形孔穴，中填一抔黄土(点穴时的第一铲黄土)。在棺椁四周及棺椁内放有玉石，或死者口中含玉器，称“玉葬”。古人认为，“金井”为风水之穴，能沟通阴阳、交流生气。因此，棺椁入葬后，必须端端正正地压在金井之上，以接地气。“玉葬”则可使尸体经久不腐。“金井玉葬”是封建时代最高等级的葬礼。金井在明、清陵寝建设过程中具有十分重要的地位。当“万年吉地”选定之后，风水家便要点穴，也就是确定金井的位置。下一项工作就是挖掘探井——“金井”，以判断工程地质的情况。在整个设计过程中，“金井”便作为控制整个地宫，乃至整座陵寝建筑格局的基准点。

13. 黄肠题凑：是用黄心柏木，按向心方式累筑而成的厚木墙，为天子、诸侯王专用的最高级葬具。据文献记载，这种葬具至迟在战国时期就已出现，多见于汉代，到了东汉后期改用石材为“题凑”，汉以后则很少再用。根据汉代礼制，黄肠题凑与玉衣、梓宫、便房、外藏椁同属帝王陵墓中的重要组成部分。在北京丰台区大葆台西汉墓博物馆可以看到此葬具实物的复制品。

14. 玉衣：又称“玉匣”或“玉柙(xiá)”，是汉代用金属线或丝缕连缀玉片制成的贵族葬服，分为金缕玉衣、银缕玉衣、铜缕玉衣和丝缕玉衣。1968年在河北省满城县发掘的中山靖王刘胜(汉武帝之异母兄)夫妇两座墓葬，各有金缕玉衣一件，每件用2000多块玉片制成。1959年，在河北省定州北庄中山简王夫妇的合葬墓，出土鎏金铜缕玉衣片5000多片，分属两个个体。1972年，在山东曲阜九龙山清理四座西汉时期鲁王及其王后的大型陵墓时，出土了银缕玉衣。1983 年在广州象岗山发掘的西汉南越王墓中，还出现了丝缕玉衣。

考古学家综合考古发掘报告，认为玉衣可能出现于西汉文景时期，但严格的分级使用当时尚未形成。文献记载，西汉皇帝和王侯的玉衣都可使用金缕。出土的考古资料中，西汉诸侯王、列侯的玉衣多是金缕的，也有银缕、铜缕和丝缕的。东汉时期的玉衣分级制度已经确立。《后汉书·礼仪志》有明确的记载，金缕玉衣的级别最高，为皇帝崩后专用；银缕玉衣次之，为诸侯王、列侯、始封贵人、公主(皇帝的女儿)等薨后所用；铜缕玉衣级别更低，为大贵人、长公主(皇帝的姐、妹)所用。

第七节　北京的王府建筑

王府建筑是北京独有的特色之一。就全国而言，北京现存的王府建筑数量最多、保护最好。目前北京的王府、府邸 30 余座，其中保护较完好的王府有礼亲王王府、孚亲王王府等；受到损坏，但仍有遗存的有睿亲王王府(老府，位于东城区南池子，对外开放)、郑亲王王府等；对外开放的王府中，最著名的当属恭亲王王府和南、北醇亲王王府了(后海的北醇亲王王府只开放宋庆龄故居的区域)。

王府及府邸是皇族生活和居住的处所，是按照皇帝封授爵位的等级而赐予的，对此历朝历代都有一套完整的制度。从分府前的爵位分封，到分府后的居室服用、所属官员人役、佐领管领和俸禄给养的拨给，以及府邸的赐予与管理，都有严格的规定，内容十分庞杂。我们仅就明、清皇子爵位的分封、王公府邸建筑与管理等相关的内容做些简单的介绍。

一、爵位的分封制度

皇子婚后要搬出内廷单立门户，谓之分府。分府之前先要进行爵位的分封。分封制是封建社会的属性之一，始于西周。秦以后，国家实行了中央集权下的郡县管理制度，分封并未停止，但是和西周的分封相比，存在着质的区别。

(一)明代的分封制

明代封番，谓之郡国，实行的制度是：分封不锡土，列爵不临民，食禄不治事；领爵就国。也就是说，皇子们受封之后，要离开京城，到指定的驻地去居住，但不拨发土地，不参加驻地的政务。由于皇子们在驻地建造府邸，因此明代北京城内所建王府很少。如今北京未见有明代王府的遗存，只有一些地名还能使人们联想到明代王公府第，如王府井大街、定阜街、武定侯街、遂安伯胡同等。王府井大街，明代称王府街，明永乐十五年(1417 年)在此街东侧修建了十座王府，此后改称十王府街，亦称王府街。定阜街是与西城护国寺街东口相对的那条街，明称定府大街。明永乐初，徐达之子徐增寿被封为定国公，其府第在这条街上，故名。武定侯街，在今金融街一带，原名武定侯胡同，明代开国功臣郭英于洪武十七年(1384 年)被封为武定侯，其后代在这条胡同内建宅邸，故名。朝阳门内南小街路西的遂安伯胡同，因明永乐年间遂安伯陈志及其后代居此而得名。

(二)清代的分封制

清代在皇子分封的制度上，部分地承袭了明朝旧制："分封不锡土，列爵不临民，食禄不治事"，"但予嘉名，不加郡国"，只有嘉称而不就国。换言之，皇子分封后，不得离开京城，并明确规定：皇子不得无故出京师 60 里。府邸全部建在京城之内。因此，京师之内王府颇多，据统计，京师的府邸，乾隆年间有 30 座，嘉庆年间有 42 座，清末有约 50 座。

二、爵位等级

(一)明代

明代的爵位分为八等：亲王、郡王、镇国将军、辅国将军、奉国将军、镇国中尉、辅国中尉、奉国中尉。

(二)清代

清代的宗室爵位，自顺治六年(1649 年)起分为十二等：和硕亲王、多罗郡王、多罗贝勒、固山贝子、奉恩镇国公、奉恩辅国公、不入八分镇国公、不入八分辅国公、镇国将军、辅国将军、奉国将军、奉恩将军。

另外亲王和郡王之嫡子年满 20 岁后，经宗人府请旨考试，亲王之嫡子被封为世子，郡王之嫡子被封为长子。世子的地位相当于郡王，长子则相当于贝勒。这样看来，清代的爵位实际上是分为十四个等级。

清朝统治者为了笼络蒙古各部王公，也为其封爵。爵位分为六等，即和硕亲王、多罗郡王、多罗贝勒、固山贝子、镇国公、辅国公。

(三)明、清皇室贵族女儿的等级之分

明代皇室贵族的女儿分为三等：公主、郡主和县主。皇帝的女儿称为公

主，亲王的女儿称为郡主，郡王的女儿则称为县主。公主、郡主、县主的丈夫也有各自的名分。公主的丈夫称为驸马，郡主的丈夫称为郡马，县主的丈夫称为仪宾。

清代皇室贵族的女儿分为七等：固伦公主、和硕公主、郡主、县主、郡君、县君、乡君。皇后所生女儿为固伦公主，等级相当于亲王；嫔妃所生女儿为和硕公主，等级相当于郡王；亲王之嫡女为郡主；郡王之嫡女为县主；贝勒之嫡女为郡君；贝子之嫡女为县君；入八分镇国公、辅国公之嫡女为乡君。

公主的丈夫也有相应的称谓，固伦公主的丈夫称为固伦额驸，品级相当于贝子；和硕公主的丈夫称为和硕额驸，品级相当于镇国公。

清代的公主在崇德年以前，统称“格格”，无明确规定。后来才确定，凡中宫皇后所生者封固伦公主，妃嫔所生者封和硕公主。亲王以下所生者，统称为“格格”。

(四)非宗室分封

对于非宗室人员来说，朝廷也给了他们封爵的机会，目的是酬劳功臣、奖励阵亡官弁(biàn，低级武职)，推恩外戚，以及加赏其他有特殊意义的人员，如优遇孔孟等先贤后裔，封赐前朝功臣子孙等。此类制度在清入关之前就已经初具规模。清太祖努尔哈赤于天命五年(1620 年)制定了“论功序列五爵”，清太宗皇太极于天聪八年(1634 年)设公、一二三等昂邦章京、梅勒章京、扎兰章京、牛录章京诸爵位等次。入关后，乾隆十六年(1751 年)确立了九级二十七等的世爵制度(见表 2-5)。

表 2-5　清代爵位等级表(乾隆十六年确立)

爵位	等级划分	相对应的品级
公	一等至三等公	超品
侯	一等侯兼一云骑尉，一等至三等侯	超品
伯	一等伯兼一云骑尉，一等至三等伯	超品
子	一等子兼一云骑尉，一等至三等子	正一品
男	一等男兼一云骑尉，一等至三等男	正二品
轻车都尉	一等轻车都尉兼一云骑尉，一等至三等轻车都尉	正三品
骑都尉	骑都尉兼一云骑尉和骑都尉二等	正四品
云骑尉		正五品
恩骑尉		正七品

三、封爵的方式

对于封爵的原则，明、清两代各有所不同。明代为皇子例封，只要是皇子，就一定会授予亲王爵位。

清代则不同，明确表示“锡爵之本意，酬庸为上，展亲次之”。据此，皇子不一定都受封为亲王，有可能出现皇子仅被封为贝勒、贝子或公等情况。清太祖努尔哈赤之子受封最低的爵位是镇国将军；清太宗皇太极之子受封最低的爵位是辅国公；清圣祖玄烨和清高宗弘历之子受封最低的爵位是贝勒。这说明清代皇子并非全部受封亲王，而是根据皇子的才识和能力被授予不同的爵位。

清代封爵方式主要分为四种：功封、恩封、袭封和考封。

功封，即是按功的大小封爵。恩封，是皇帝因感念前辈的功绩，而封其后代一定的爵位，具有照顾的性质。袭封，即子继父爵，如何袭位有具体的办法，下面有述。考封，顾名思义，即通过负责皇室事务的宗人府请旨考试后，授予爵位。同时还规定，“非国有大庆，不得恩封；非娴习骑射，不得考封。”

此外，还有追封和推恩等。追封，即宗室王公死后予以追加封爵者。推恩，则是将殊荣延伸至其亲属，如皇太后、皇后的父亲封三等承恩公，非嫡后者，封一等承恩侯。

四、爵位的承袭

清初循旧制，亲王、郡王的爵位均可由一嫡子“世袭罔替”，只有贝勒以下爵位，才实行“世袭递减”的原则。乾隆三十九年(1774 年)改为：除功封诸王外，凡恩封的王公，其子孙均按“世袭递减”的原则袭爵。但又规定，凡亲王以次递减者，至镇国公而止；郡王以次递减者，至辅国公而止，其公爵均世袭罔替。

对于爵号、世职的承袭，清代的继承法有明确的规定。一般而言，功臣阵亡或病故，首先由其子承袭爵职。如果无子，则按先兄弟、后侄儿的顺序承袭。而子侄袭爵，并不按嫡长顺序，只论功德。

清廷规定只有少数功勋卓著、经功封受爵者，可世袭罔替。世袭罔替的亲王被俗称为“铁帽子王”。清初有八大铁帽子王，他们分别是：礼亲王代善(努尔哈赤之二子)、睿亲王多尔衮(努尔哈赤之十四子)、郑亲王济尔哈朗(努尔哈赤之侄，胞弟舒尔哈齐之子)、豫亲王多铎(努尔哈赤之十五子)、肃亲王豪格(皇太极长子)、庄亲王硕塞(皇太极五子)、克勤郡王岳托(代善长子)，以及顺承郡王勒克德浑(代善之孙，萨哈廉之子)。

乾隆三十九年(1774年)，唯怡贤亲王允祥以“公忠体国”加封为世袭封爵“铁帽子王”。晚清时，又加封了三位“铁帽子王”，他们分别是：获“赞襄大政”殊荣的恭亲王奕訢、光绪帝的生父醇亲王奕譞(xuān)、庆亲王奕劻(kuāng)。

当然，爵位有封授，也有降、废，还有废后再重新恢复的。如清初多尔衮先后被封为“叔父摄政王”“皇叔父摄政王”“皇父摄政王”，顺治七年(1650年)冬死于塞北狩猎途中，被追封为“清成宗”，谥“懋德修远广业定功安民立政诚敬义皇帝”。两个月后，顺治八年(1651年)二月多尔衮被剥夺封号，其墓被掘。乾隆四十三年(1778年)，乾隆帝为其平反，追复睿亲王封爵，配享太庙，评价其“定国开基，成一统之业，厥功最著”，爵位由过继给多尔衮的多尔博之第五世孙淳颖承袭，仍是“铁帽子王”。

豫亲王多铎、礼亲王代善、郑亲王济尔哈朗、肃亲王豪格、克勤郡王岳托等也都曾被削爵或降爵，而后又得以恢复原爵位，并于乾隆四十三年(1778年)起，配享太庙。

康熙三十八年(1699年)诚郡王胤祉(yìn zhǐ)因为在生母敏妃张佳氏去世后守孝不到一百天，被降为贝勒，但康熙四十八年(1709年)，又被晋封为和硕诚亲王，后又于雍正年间被夺爵，幽禁而死。

晚清的恭亲王奕訢，道光三十年(1850年)晋封和硕亲王，同治十一年(1872年)加封世袭罔替，同治十三年(1874年)降为郡王，同年，慈禧、慈安两宫皇太后懿旨赏还爵秩，恢复了亲王世袭罔替。

五、皇子嗣位

在讲述明清皇子受封制度的同时，也对明清的立储制度做一简单介绍。

明代沿袭以前历代封建王朝的制度，采取皇帝嫡长子继承制。如果皇帝无嗣，则由皇帝的弟弟继承。如明熹宗天启帝朱由校无子，死后由他的弟弟朱由检继位，即后来的崇祯帝。

清代则不同以往，废除了嫡长子继承制，而强调择贤任君，具有一定的进步意义和积极作用。清代的皇位继承有三种途径。其一，推举，即由少数掌握军权实力的上层封建贵族共同推举，如皇太极、福临(顺治皇帝)就是采用这种办法当上皇帝的。其二，按遗诏指定，即前代皇帝临崩前，留下遗诏，指定一位他认为有能力嗣位的皇子继位，而不考虑是否为嫡长子，如玄烨(康熙帝)、载淳(同治帝)均是如此继承皇位的。其三，秘密立储，即由前代皇帝亲书自己的皇位继承人的名字，一式两份，密封在特制的锦匣内。一份放在乾清宫“正大光明”的匾后，另一份则由皇帝自己随身密藏起来，以便皇帝“归天”之后，该谕旨与“正大光明”匾后的谕旨相互对证，而后生效。这种办法实行于雍正皇帝。雍正皇帝死后，庄亲王允禄等王公大臣把两份密诏启开核对吻合后，即由弘历继位，是为乾隆帝。乾隆皇帝成了清代建立秘密建储制度后第一个接位的皇帝。此后，颙琰(嘉庆帝)、旻宁(道光帝)、奕詝(咸丰帝)都是采用这种方式继承皇位的。嘉庆帝有些特殊，他的帝位是其父皇做了60年皇帝后，在举行归政典礼时，禅让给他的。而同治以后的两位继位者——光绪和宣统，则全是由慈禧太后一人直接指定的。

六、王府的名称和规制

(一)王府的名称

清代规定：只有亲王和郡王的府邸方可称为“王府”，如睿亲王王府、克勤郡王王府等；其他爵位的住所称为“府”，如涛贝勒府、棍贝子府等。王府内最主要的房屋，可以称殿、寝，如正殿、后殿、后寝等；贝勒及其以下的府内主体建筑，则统称堂屋，不可称殿、寝。

(二)王府的规制

明朝对王公宅邸定了等级制度。亲王府规模最大，俨然是一座小王宫，样式仿故宫，四周建有城墙，城门四，称为王城。城中王府宅第分为前后两个部分：前一部分为三重殿堂，迎接宾客；后一部分则有三重宫室，供居住之用；两侧还有跨院。公侯一级的宅第规定：大门三间，门上有金漆兽面锡环，前厅、中堂、后堂各七间。一品、二品官，大门绿油兽面锡环，厅、堂为“五间九架”；三品至五品官，大门绿油锡环，厅和厅堂为“五间七架”；六品至九品，大门黑色铁环，厅堂为“三间七架”。庶民庐舍不过“三间五架”。此外还规定，公侯以下，屋顶不准建“歇山式”。可惜，在北京尚未见有遗存的明代王府实物，外省市也只能见到一些遗迹。2011年，山西大同市开始重建代王府。

清代，随着受封的爵位不同，其府邸的规制亦有所不同。对于亲王王府的规制，在清入关前就有明确的规定。

亲王府，正房1座，厢房2座，台基高10尺。内门一重，在台基之外。均绿瓦，门柱朱髹(涂漆)。大门一重，两层楼1座，及其余房屋，均于平地建造。楼、大门用筒瓦，余屋用板瓦。

郡王府，正房1座，厢房2座，台基高8尺。内门盖于台基之上。正房和内门用绿瓦。两厢房用平常瓦，朱漆。余与亲王同。

贝勒府，正房1座，厢房2座，台基高6尺。内门盖于台基之上。用平常筒瓦，朱漆。余与郡王同。

贝子府，正房、两厢房，均无台基，俱盖于平地。大门用板瓦、朱漆。①

但由于当时征战频繁，无暇顾及建筑，因此这些规定未予实施。1644年定都北京后，满洲贵族便大兴土木，构建府邸。有些人竟然不顾定制，随心所欲。为此朝廷提出警告："王府营建，悉遵定制。如基址过高，或多盖房屋者，皆治以罪。"顺治四年(1647年)，郑亲王济尔哈朗建造王府，殿基逾制，又擅用铜狮龟鹤，被罚银两千两。顺治九年(1652年)，就王府的规制颁布了详尽的条文，具体内容如下：

亲王府，基高十尺，外周围墙。正门广五间，启门三。正殿广七间，前墀(chí，台阶上的平地)周围石栏，左右翼楼各广九间，后殿广五间，寝室二重，各广五间，后楼一重，上下各广七间，自后殿至楼，左右均列广庑。正门、殿、寝均绿色琉璃瓦，后楼、翼楼、旁庑，均本色筒瓦。正殿上安螭吻、压脊仙人，以次，凡七种，余屋用五种。凡有正屋、正楼门柱，均红青油饰。每门金钉六十有三。梁栋贴金，绘画五爪云龙及各色花草。正殿中设座，高八尺，广十有一尺，修九尺，基高尺有五寸，朱髹彩绘五色云龙。座后屏三开，上绘金云龙均五爪，雕刻龙首有禁。凡旁庑楼屋，均丹楹朱户。其府库、仓廪、厨厩及祗候各执事房屋，随宜建置于左右，门柱黑油，屋均板瓦。

世子府制，基高八尺。正门一重，正屋四重。正楼一重。其间数、修广及正门金钉、正屋压脊，均减亲王七分之二。梁栋贴金，绘画四爪云蟒，各色花卉。正屋不设座。余与亲王府同。

郡王府制，与世子府同。②

此外，对于贝勒爵位以下的府邸规制，也做出明确的规定，具体内容如下：

贝勒府，基高六尺。正门三间，启门一。堂屋五重，各广五间，均用筒瓦。压脊二，狮子、海马。门柱红青油饰。梁栋贴金，彩画花卉。余与郡王府同。贝子府制。基高二尺。正房三间，启门一。堂屋四重，各广五间。脊

① 参见《爱新觉罗家族全书　家族全史》，长春：吉林人民出版社，1997年版，第329页。

② 曹子西：《北京通史》第七卷，北京：中国书店，1994年版，第202—203页。

安望兽，余与贝勒府同。

镇国公、辅国公府制，均与贝子府同①。

上述王府规制，在清前期始终奉行不悖，很少有违制现象发生。

(三)清代王府的形制

王府均坐北朝南。府内建筑通常分为三路布局，其建造形制，要求中路一律相同，均为礼仪性质的建筑，如银安殿、神殿等；东西两路则没有一定之规，可以自由支配。每路一般各有五至七进院落，在住宅后面或侧面附有花园，有的还有马号和家庙等。下面所述者，为中路的形制。

王府自外而内的建筑，依次为正门、狮子院、府门(或称宫门)、银安殿、东西配楼、后殿、寝殿、后罩楼。府门前有石狮、灯柱、上马石、拴马柱，府门正对面是影壁。如果因环境所限没有狮子院，则往往在府门的对面建一大型的砖影壁。

一般情况下，清代王府府门的东、西两侧各开一座门，满语称“阿斯门”，供平时出入使用(这种“阿斯门”在今朝阳门内大街路北的孚郡王府内还可看到)。阿斯门内靠南有倒座面北群房，为护卫等办事轮值休憩(qì)及管事处、回事处、庄园处等办公用房。

银安殿为礼仪性建筑，非遇大典不开。

寝殿，又称神殿，殿的前方通常立有“神杆”，“神杆”顶部有斗状盘；神殿的东间是王爷结婚的洞房；西间是满族祭祀的场所，有炕，名为“万字炕”，实为“П”形炕，西墙挂祭神用的乐器，如桦铃、拍板、手鼓、腰铃、三弦儿、琵琶及带架的大鼓等，供萨满太太跳神之用。西墙、北墙均供有神橱。

神殿后院为遗念殿，专为供奉先帝、后曾经穿戴过的衣帽等物。清代向例，帝、后崩后，由继位之皇帝将先帝、后曾穿戴过的遗物，颁给各王公大臣，名曰“遗念”。府内佛堂和祠堂也都设在此院或附近。

通常，府内居住用房安排在西跨院，屋内皆用尺六金砖墁地，砖面上罩桐油，砖地中空。屋外前廊(两明间)皆有炉炕，上盖朱油木板；冬季在内生火，名曰“地炕”，室内温暖适度，而不见灰尘煤气。室内唐花，如牡丹、碧桃、蜡梅、香橼(yuán，常绿小乔木)、佛手等，罗列满屋，经暖发香，并可长时间摆放。

---

① 曹子西：《北京通史》第七卷，北京：中国书店，1994年版，第202—203页。

七、王公府邸的权属

在产权上，王公府邸是皇产，统归内务府管理。封爵即赐府邸，撤爵即撤府，再给他人。换言之，府邸主人只有居住权，而无所有权；若其过世无嗣，则过继之人不论之派远近，一经承袭，即可进府邸居住。若因事革爵，则本人及子孙皆不再享有“居住权”，必须搬出，府邸归承袭之人。如果哪座王府的主人之后成为皇帝，根据清朝的规定，该王府被封起，称为“潜龙邸”，只能改做宫殿或庙宇，不得再为他人居住。如雍亲王府，府的主人雍亲王胤禛当了皇帝，登极之后，雍亲王府作为“潜龙邸”，一半改为黄教上院，另一半作为皇帝的行宫。

在清代，除了宗室王公外，凡公主也都有府邸。公主下嫁前，在京者，由内务府承旨建造。公主的夫君被封为固伦额驸或和硕额驸，与公主同住。

清朝灭亡进入民国后，王府成了原居住者(即原清朝贵族)的私产。由于这些皇亲国戚及其纨绔子孙，过惯了奢侈的生活，却又不善劳作，因此在断了皇家供给的钱粮之后，坐吃山空，最后难以为继，遂将府邸变卖。如孚郡王的后代溥伒(jìn)将东城朝阳门内的孚郡王府卖给了东北军阀张作霖的部下杨宇霆。又如北京最著名的恭王府及其花园，于民国期间被溥伟和溥儒兄弟抵押给西什库教堂，以后溥氏兄弟无力偿还押款，由罗马教廷办的辅仁大学代偿了押款，而产权则归辅仁大学所有。再如宣统元年(1909 年)袭封克勤郡王的晏森，入民国后将位于西城新文化街(原石驸马大街)的克勤郡王府出售给了熊希龄作为住宅。顺承郡王的后代文葵，因为没有收入，家境败落，军阀张作霖以 7 万银圆强行将位于西城赵登禹路的顺承郡王府(即今之全国政协所在地)买下，成为其私产。这样的实例很多，不再一一赘述。

1949 年新中国成立后，所有王公府邸全部转变为公产，其中大多数为机关单位、学校使用。

八、北京的王府建筑

北京现存王府及府邸，大多是政府机关办公地，例如，醇亲王府南府，现为中央音乐学院；醇亲王府北府，现为国家宗教事务局；郑王府，现为国家教育部、中国教育基金会所在地；礼亲王府，现为中央机关办公地；睿王府，现为北京第二十四中学；豫王府，现为协和医院；棍贝子府，现为积水潭医院；等等。

对外开放的只有西城区前海西街的恭王府和作为王府一部分而开放的宋庆龄故居(醇亲王府花园)及郭沫若故居(恭亲王府的马厩)等。

(一)恭亲王王府

恭亲王王府，简称恭王府，位于前海西街，始建于乾隆四十一年(1776年)。原为清代乾隆宠臣和珅的私宅，和珅因贪污罪于嘉庆年间被抄家处死后，此处私宅便赐给了乾隆第十七子庆亲王永璘(lín)。同治朝时，由于恭亲王奕訢协同慈禧发动政变有功，慈禧太后便将此宅赠予了他，而成为恭亲王府。恭王府是清代王府中，最精美、最宏大、最具历史沧桑感的一座。

清室覆亡后，府邸的产权曾归属辅仁大学。1949年，恭王府花园改为某国家机关宿舍；府邸为艺术师范学院、中国音乐学院及文化部艺术研究院等单位使用。其间因拆改，及不当使用和地震破坏，花园和府邸均受到不同程度的损毁，但王府的总体格局未遭破坏。2008年恭王府完成修缮后，对外开放。

恭王府历经了清王朝由鼎盛而至衰亡的历史进程，承载了极其丰富的历史文化信息，故有“一座恭王府，半部清代史”的说法。

恭王府由府邸和花园两部分组成，南北长约330米，东西宽180余米，占地面积约61120平方米，其中府邸占地32260平方米，花园占地28860平方米。府邸拥有各式建筑群落30多处，布局讲究，气派非凡。

亲王府有府门五间，正殿七间，后殿五间，后寝七间，左右有配殿。恭王府的建筑分中、东、西三路，每路由南自北都是以严格的中轴线贯穿着的多进四合院落组成。

中路最主要的建筑是银安殿和嘉乐堂。银安殿，俗称银銮殿，是王府的正殿，为绿琉璃瓦歇山顶，面阔7间，压脊兽7种。银安殿是礼仪性质的建筑，只有逢重大事件、重要节日时才使用。民国初年，由于不慎失火，大殿连同东西配殿一并被焚毁，现银安殿及其院落是2008年复建的。嘉乐堂，和珅时期的建筑，悬挂的“嘉乐堂”匾额，疑是乾隆帝赐给和珅的，但匾额无署款，无钤记，故无由证实，但从和珅留下的《嘉乐堂诗集》来判断，嘉乐堂应是当时的室名。在恭亲王时期，嘉乐堂主要作为王府的祭祀场所，因此，此殿又被称为“神殿”。殿内供有祖先、诸神等牌位，以萨满教仪式为主。殿内原来还有两口灶台，配备两口大锅，供祭祀时烹煮祭品使用；殿内西侧是一个大炕，仪式完成后，参加祭祀的人员可坐在大炕上分食祭肉。院内东南角，现存一个带孔的石墩，是当时立“索罗杆”的地方。“索罗杆”又称“神杆”“得胜杆”，杆顶端安有一个小斗，里面盛有食物，是为满族的神鸟准备的。

辅仁大学于1937年购买了小恭亲王溥伟抵押给天主教会的恭王府府邸部分，遂将嘉乐堂当作礼拜堂来使用，里面供奉着天主教的圣母玛利亚。2005年，开始对嘉乐堂进行全面修缮。修缮过程中，工作人员搜罗了国内外有关恭王府嘉乐堂的文献典籍，进行认真比对、求证，最大限度地恢复了其历史原貌。

东路的前院正房名为多福轩，厅前有一架长了两百多年的藤萝，至今长势甚好，在京城极为罕见。东路的后进院落正房是“乐道堂”，为当年恭亲王奕訢的起居处。

西路的四合院落不大，但主体建筑葆光室和锡晋斋十分精致。尤其锡晋斋更是精品之作，大厅内雕饰精美的楠木隔段是和珅仿紫禁城宁寿宫式样制作的，僭侈逾制，成为和珅被赐死的“二十大罪”之一。

府邸最深处建有一座两层的后罩楼，东西长达156米，后墙共开88扇窗，内有108间房，俗称“99间半”，取道教“届满即盈”之意。

恭王府的花园，名为“朗润园”或“萃锦园”。园内布局、设计具有较高的艺术水平。全园以“山”字形假山拱抱，东、南、西三面均堆土累石为山，中间又以房山石堆砌洞壑，手法颇高。山顶平台成为全园最高点。居高临下，可观全园景色。花园也分为东、中、西三路。

中路以一座西洋建筑风格的汉白玉拱形石门为入口，以康熙皇帝御书“福”字碑为中心，前有独乐峰、蝠池，后有绿天小隐、蝠厅，布局令人回味无穷。

东路的大戏楼厅内装饰清新秀丽，缠枝藤萝紫花盛开。戏楼南端的明道斋与曲径通幽、垂青樾、吟香醉月、流杯亭等五景构成了园中之园。园内古木参天，怪石林立，环山衔水，亭台楼榭，廊回路转。月色下的花园景致更是千变万化，别有洞天。诸多中外游客慕名而至，寻觅着翠山碧水、曲径幽台，笑谈着如烟的往事。

(二)醇亲王王府

醇亲王王府，简称醇王府，前后有两处：一处在西城区鲍家街43号，中央音乐学院所在地，为北京市文物保护单位；另一处在后海北沿44号，是全国重点文物保护单位。此外，还有一处未完成的监国摄政王府。

1. *南府*

西城区鲍家街的醇亲王府，人们称之为南府，原为荣亲王府。荣亲王永琪是清高宗乾隆帝的第五子，乾隆三十年(1765 年)封为荣亲王。道光三十年(1850 年)道光帝第七子奕譞被封为醇郡王，咸丰九年(1859 年)分府出宫，居住此府。同治十一年(1872 年)晋醇亲王，府邸改称醇亲王王府，俗称七爷府。同治十三年(1874 年)同治帝载淳崩，奕譞的次子载湉嗣位，年号光绪。醇亲王府成为“潜龙邸”，按清制，应升为宫殿，因此光绪十四年(1888 年)将什刹海北岸原毓橚(yù sù)贝子府赐给奕譞，这就是后来的醇亲王府，俗称摄政王府、北府或新府，而鲍家街的原醇亲王府称为南府或老府。

南府坐北朝南，府内建筑分为中、东、西三路布局。根据陈平先生所作《荣亲王府与醇亲王府》一文，我们可以了解到南府的现状。

中路王府部分：第一进院落宫门大体保存完好，只是园内东、西、南三面原先倚宫墙而建的抄手游廊已被改成了仿古式平房。黄琉璃瓦绿剪边、歇山顶、面阔五间、雕梁画栋、焕然一新的临街门与大宫门，仍在向人们诉说着这里往日的辉煌。第二进院落正殿院的银安殿和东侧三座偏殿，西侧的北、中两个偏殿，已被拆除，……仅存的古建是西部偏南的一座偏殿。银安殿与寝门之间的东西两座一层偏殿、配房仍存。寝殿院和后罩楼院的古建基本保存完好。西路第一进院，仅存北面的三楹正房和东西耳房，南边的排房也已不存，代之而起的是一排现代仿古建筑。

西路二门内第二、第三进院落，仅第三进院正房两侧耳房改成了现代建筑，其余古建均保存完好。第四进院北面正房仍存，但两边耳房均已被现代建筑取代。第五进院仅有的二层后楼已被拆除，院中建起了一栋二层楼。

东路的第一进院落，原有东墙边的古建长排房已不见了踪影，全院已被现代建筑塞满。东路其他古建保存完好，并已修葺一新。围绕王府的府墙，其东墙仍保存完好，北墙尚存东部与中部约三分之二，南墙仅有东南部尚存偏于中部的四分之一，其余部分均已不存。

醇亲王府南府于 2012 年被公布为北京市文物保护单位。

2. 北府

北府位于西城区什刹海后海北沿，又称摄政王府。

光绪十四年(1888 年)，醇亲王奕譞以宣内鲍家街醇亲王府是光绪帝诞生地为由，请求恭缴并另赐府邸。慈禧皇太后随即将后海北沿原成亲王府，时为贝子毓橚府邸赏赐给醇亲王居住，并拨款十万两银用于修缮。工程于光绪十四年(1888 年)九月始，至光绪十五年(1889 年)正月尚未竣工，经费已光，于是慈禧太后又追加六万两银，新府于光绪十五年(1889 年)下半年完工。醇亲王奕譞就在北府竣工的当年搬入居住。迁入后第二年，即光绪十六年(1890年)病逝，谥贤，称醇贤亲王，其第五子载沣袭爵位。载沣之子溥仪即在此院出生。1924年，溥仪被冯玉祥逐出紫禁城后，也曾在北府居住过。

北府坐北朝南，布局广阔，可分为中、东、西三路。

中路的主体建筑有临街大门，为五间灰瓦歇山顶，规格较低，是1960年代初新开辟的大门。进大门正前方是绿琉璃瓦歇山顶、面阔五间的第二道大门，即府门(亦称宫门)。府门内便是王府的主体建筑，即级别最高的银安殿，绿琉璃筒瓦歇山顶，面阔5间。银安殿前，左右两侧建有配楼各5间。银安殿的后面是一组自成院落的屋宇；正房5间，为供奉神、佛和远祖的神殿(亦称后寝)。再往后就是后罩楼，面阔9间。

东路建筑较少，主要是家祠和佛堂及一些从属建筑。

西部花园于1961年至1963年改建为宋庆龄的居住办公地时，拆除了部分古建，同时增建了仿古二层办公楼。1981年5月29日宋庆龄逝世后，其所居住的西部花园被辟为宋庆龄同志故居，对外开放。东部的马号为北京市第二聋哑学校所使用。

中路主体建筑为国家机关办公所在，以前是卫生部，现在是国家宗教事务局。醇亲王府北府于2006年被国务院公布为全国重点文物保护单位。

3. 监国摄政王府

光绪三十四年(1908年)十月二十日，戊戌变法失败后长期被囚的光绪皇帝病重弥留时，慈禧急为无子的光绪帝选定载沣的长子溥仪为储君，封载沣为监国摄政王。同年十月二十二日光绪帝崩，次日慈禧也去世。三岁的溥仪即帝位，年号宣统。

由于溥仪出生在后海北沿的醇亲王府，因此溥仪即位后，这里和鲍家街的南府一样，也成了潜龙邸，应另建新府。又由于载沣是溥仪的生父监国摄政王，地位高于亲王，故应择址建摄政王府。内阁会奏后，拟请于中南海迤西集灵囿建监国摄政王府，另以东华门内三所为摄政王在宫内的起居休息之所。两项工程于宣统元年(1909年)先后开工。

东华门内三所摄政王起居处，于宣统元年十一月竣工交验。此处共建成银安殿一座七间，正殿一座五间，后罩殿一座五间，东西配殿六座各三间，后罩房一座七间，围房十六座计二十八间，井亭一座，琉璃门一座，随墙角门七座，木影壁三座，以及壝墙、卡墙、各院内甬路、海墁、散水等。

中南海迤西集灵囿的监国摄政王府，于宣统元年(1909年)正月开工，计划按后海醇亲王府的形制建造。拟建区域在中南海西北部，东起金鳌玉蝀桥西，西至府右街北口，南到中南海西北门。拟建殿宇、房屋、宫门等共295座，含房屋1505间。但由于辛亥革命爆发，民国建立，在位仅三年的宣统皇帝宣告退位，清政权结束，因此工程未能完成。

(三)孚郡王府

孚郡王府位于东城区朝阳门内大街路北137号，西临朝内北小街南口，占地4万多平方米。原为清雍正朝第二代怡亲王王府，后为道光皇帝第九子奕譓(huì)居住，俗称“九爷府”。

王府建筑布局规整，王府院内建筑分为中、东、西三路。中路分前廷和后寝。原来的外垣街门朝东，开在朝阳门内北小街上。现在临街的第一道大门，面阔五间，为民国期间所辟；第二道门为宫门，五间，门前两个狮子雄踞左右。门前左右各有阿斯门。门内有甬道通向正殿。正殿即银安殿，面阔7间，绿琉璃瓦歇山顶，压脊兽7种，安有螭吻和望兽，前列丹墀，护以石栏；殿前左右各有配楼7间，琉璃瓦硬山顶，压脊兽5种。后殿5间，后寝7间，均有东西配房。最后是后罩楼7间。西路为王府眷属的居住区。东路为府库、厨厩等附属建筑。

孚郡王府的建筑格局，严谨规整，完全和《大清会典》中所规定的王府形制相符合，是研究清代王府建筑制度的典型实例。目前该府成为多家单位办公地，不对外开放。

孚郡王府于1979年被公布为北京市文物保护单位，2001年又被国务院公布为全国重点文物保护单位。

(四)两座蒙古王府

1. 阿拉善王府

阿拉善王府，历史上又称罗王府、塔王府及达王府，是一座清代的蒙古王府，位于西城区毡子胡同7号，与西侧的恭王府只一墙之隔。有红学专家曾一度认为恭王府和阿拉善王府是《红楼梦》中荣国府和宁国府的原型。

阿拉善地区在内蒙古自治区的最西端，地位十分重要，因此在清代是不设盟的中央直属旗。康熙二十五年(1686年)，成吉思汗弟弟的后裔和罗理受封为阿拉善和硕特旗的第一代王，称多罗贝勒。康熙四十三年(1704年)和罗理的第三子阿宝娶和硕公主为妻，受封额驸并赐府于京师毡子胡同，这便是此府的开端；后晋封多罗郡王，府邸称郡王府。阿宝之子罗布道尔吉在新疆、西藏、青海平叛建功，于乾隆四十七年(1782年)被晋封为和硕亲王，世袭罔替，并准予在北京修建王府。

第八代第九位阿拉善王是塔旺布鲁克扎勒，称塔王，府邸遂习称塔王府，1931年去世；第九代第十位亲王达理扎雅，1931年继承王位，是最后一代阿拉善王，称达王，府称达王府。达理扎雅曾任国民党国大代表、蒙藏委员会委员、阿拉善区防中将司令；1949年9月率部起义，后历任阿拉善自治区人民政府主席、宁夏省人民政府副主席、甘肃省人民政府副主席、内蒙古自治区人民政府副主席等职，1968年逝世。王府于1950年被收为国有，成为机关家属宿舍。

阿拉善王府在建筑形制、平面布置、室内装修上，均与其他清代王府建筑不同，规格低于一般王府，是一座中西合璧的建筑，其面积为恭王府的一半，约为3万平方米。根据府主后代的回忆和现存建筑的装饰风格，专家判断，今之所见府内建筑大体建于塔王时期，即20世纪初。

王府坐北朝南，大门已无。府内建筑分东西两路布置。东路为居住区，基本还保持原来的格局。现存的实体建筑有前厅和西式小楼等。前厅，歇山式灰瓦屋顶，正脊两端未装螭吻而是各建一座方形烟囱，通向屋内壁炉。之后的二层西式小楼，平面呈H形，二楼南半部是玻璃廊子，三个立面及顶部全由玻璃构成，冬天能接受充足的阳光。玻璃廊子外面是一个露台。小楼门窗均采用菲律宾的珍贵木材制成，现已有所改变。小楼的后面是五间带有耳房的正房，用作祠堂。小楼的南面围以中式游廊，与中式前厅相连；楼的北部中央有直廊通向后面的祠堂。院中间原建有砖砌的烤全羊吊炉。楼前还曾立有小天使的铜像，不知何时均被拆除。

西院的房屋为中式建筑。据塔王后代回忆，院内的主要建筑是一座中式的二层佛楼，里面供奉着喇嘛教和萨满教的佛像与神像；院子西侧盖有鸽子楼。如今，佛楼和鸽子楼都已不复存在，代之而起的是建于20世纪50年代的三层苏式楼房。

阿拉善王府遗存的建筑有着较高的历史和文物价值，已被确立为西城区文物保护单位。

在今内蒙古自治区阿拉善盟的阿拉善左旗，也有一座阿拉善王府，始建于雍正年间(1723—1735年)，是历代旗王的官署和驻地，为全国重点文物保护单位。王府整体修葺后被辟为博物馆对外开放。

2. 那王府

那王府位于东城区宝钞胡同19号，是外藩蒙古亲王在北京仅有的一处王府。第一代亲王策凌，喀尔喀蒙古人，博尔济吉特氏，是成吉思汗的直系子孙。所获封号为“蒙古喀尔喀大扎萨克和硕赛音诺颜亲王”，因有“超勇”赐号，王府亦称“超勇亲王府”。最后一代亲王，即第七代亲王，名叫那彦图，王府遂俗称“那王府”。那彦图于1938年因病去世，终年72岁。

那王府坐北朝南，府门开在东西走向的国兴胡同，府邸北墙在国祥胡同。据在那王府任管事四十年的曹宽先生所述，当年那王府的建筑格局是：正门三间面南，府门东、西两侧各有角门(阿斯门)一座。门外，两侧设置石狮、灯柱、拴马桩和辖喝木，对面是砖砌影壁。门内有一座木质影壁，影壁后面是正殿王门(即府门或称宫门)，往里便是正殿，即银安殿。府内建筑宏伟、结构紧凑，只是规模小一些。那王府内的蒙古习俗明显，如每年腊月二十三日，都在府中佛堂院内搭上一座大蒙古包，中间生一个大火炉，亲王率领府内的喇嘛和其他人等，围着火炉唪(fěng，高声念诵)经。

时至今日，那王府已大部分改建，只有国祥胡同甲2号还保留着当年的风貌。甲2号原是那王府中路最北面的两个并排的院落，现门开在国祥胡同而成为独立的院落。目前，原为王府一部分的宝钞胡同19号和国祥胡同甲2号，均以四合院的形式，于1984年被公布为北京市文物保护单位。

九、北京的王府现状

清代所建王府、府邸的现状如何？笔者以表格的形式向读者做一扼要的介绍(见表2-6至表2-8)。

(一)保持比较完好的王府、府邸

表2-6　保存较好的王府、府邸

序号	王府名称	坐落地点	王府现状	备注
1	礼亲王府	西城区西黄城根	中央机关及首长住宅	北京市文物保护单位
2	恭亲王府	西城区前海西街	保存完好	全国重点文物保护单位；对外开放
3	醇亲王府北府	西城区后海北沿	国家宗教事务管理局占王府部分；宋庆龄故居占花园部分	全国重点文物保护单位；宋庆龄故居对外开放
4	孚郡王府	东城区朝内大街137号	世界图书出版公司等单位办公地，建筑大部分完好	全国重点文物保护单位

续表

序号	王府名称	坐落地点	王府现状	备注
5	淳亲王府	东城区正义路北口	现存原府仪门、正殿、翼楼、后寝及配殿等，保存较完整	北京市文物保护单位
6	涛贝勒府	西城区柳荫街27号	现为第十三中学，现存中路正殿、配殿、后寝、后罩楼等四进院落	北京市文物保护单位
7	霱(yù)公府	西城区西绒线胡同51号	现为天府俱乐部和中国会馆，保存较完整	西城区文物保护单位
8	循郡王府	东城区北新桥方家胡同	现为方家胡同小学，保存基本完好	北京市文物保护单位

(二)受到损坏，但仍有遗存的王府、府邸

表 2-7　受损的王府、府邸遗存

序号	王府名称	坐落地点	王府现状	备注
1	睿亲王府(老府)	东城区南池子	遗存已修葺一新	北京市文物保护单位；对外开放
2	郑亲王府	西城区大木仓胡同35号	中国教育基金会办公地，东路保存尚好，西路仅存一个院落	北京市文物保护单位
3	克勤郡王府	西城区新文化街	现为北京第二实验小学，现存两进院落	全国重点文物保护单位
4	醇亲王府南府	西城区鲍家街	现为中央音乐学院，尚存旧建筑数座，已修葺	西城区文物保护单位
5	庆亲王府(新府)	西城区定阜街3号	卫戍区宿舍，西半部尚完好	北京市文物保护单位
6	英亲王府	东城区东华门大街智德前巷11号	现为北京二十七中学，尚存个别旧建筑	
7	敬谨亲王府	西城区教育街	东部由职业学校使用，西部由部队使用，王府大门还在，1997年和2003年分别进行大规模修整	西城区文物保护单位

续表

序号	王府名称	坐落地点	王府现状	备注
8	那王府	东城区宝钞胡同甲19号	尚存宝钞胡同19号和国祥胡同甲2号的院落	北京市内唯一的外藩蒙古王府，现以四合院名义被列为北京市文物保护单位
9	阿拉善王府	西城区什刹海后海南岸毡子胡同7号(恭王府东侧)	部分建筑遗存	蒙古王府，西城区文物保护单位
10	宁郡王府(清末之怡亲王府)	东城区东单北极阁三条	现为青年艺术剧院布景车间，殿宇破旧	北京市文物保护单位
11	仪亲王府(后来的仪郡王府)	西长安街路北，府右街南口以西	现为机关办公地，尚存个别旧建筑	
12	棍贝子府(诚亲王新府、固山贝子弘曝府、庄静固伦公主府或称四公主府)	西城区新街口东街积水潭医院内	现为积水潭医院，门诊大楼后面的花园存有花厅、两幢重楼及土山一座	西城区文物保护单位
13	贝勒允祐府	东城区朝阳门内北小街苍南胡同	尚存个别原有房屋	
14	洵贝勒府	西城区西单北大街110号	有部分建筑物遗存	西城区文物保护单位
15	贝子奕谟府	东城区东四九条69号	现为小学校舍，仅存原花园中的方亭建筑	
16	固伦和敬公主府(恭悫长公主府)	东城区张自忠路7号	主体院落尚存四进，中路保存完好：正门、正殿、后寝、后楼和东西配楼；原为“中信证券公司”，现为宾馆	北京市文物保护单位
17	和嘉公主府	东城区沙滩后街55号	现为人民教育出版社，尚存少量房屋及东、北两侧府墙	

续表

序号	王府名称	坐落地点	王府现状	备注
18	固伦和静公主府	东城区鼓楼东大街国祥胡同	现为中国人民银行幼儿园，存西路院落	北京市文物保护单位
19	贝子绵德府（国立蒙藏学校）	西城区小石虎胡同 33 号	民族大世界购物商场已全部腾空，院内现存一些旧建筑	以国立蒙藏学校名义列为全国重点文物保护单位。经修缮于 2023 年 3 月 28 日对外开放

（三）损毁殆尽的王府、府邸

表 2-8　旧迹全无的王府、府邸

序号	王府名称	坐落地点	王府现状	备注
1	东城区豫亲王府	东城区东单三条	现为协和医院	
2	肃亲王府	东城区正义路	现为北京市政府	
3	和亲王府	东城区张自忠路东口	现为中国人民大学使用	
4	理郡王府	东城区北新桥三条东口	现为国务院侨务办公室及华侨饭店	
5	裕亲王府	东城区台基厂头条 6 号	改建为奥匈使馆后被战火烧毁，新奥匈使馆建于 1910 年前后，现为中国国际问题研究所等单位	2001 年被国务院批准列为第五批全国重点文物保护单位，列入“东交民巷使馆建筑群”
6	诚亲王府（慎郡王王府）	西直门南小街官园	现为中国儿童少年活动中心	
7	果亲王府	西直门内南小街草场胡同	现为中国儿童少年活动中心	
8	履亲王府	东直门内北小街针线胡同	原址为绿地	
9	诚亲王府（荣安固伦公主府、荣寿固伦公主府）	东城区美术馆后街 23 号	现为北京中医医院	公主府拆下的砖瓦石片和木料被运至密云区重建，沿用大公主府府名
10	定亲王府	西城区西四南缸瓦市	原址改建义达里出租民房	

续表

序号	王府名称	坐落地点	王府现状	备注
11	惠亲王府	东城廼兹府	已拆除改建	
12	贝勒允祈府	东直门内北小街针线胡同（履亲王王府东邻）	原址为绿地	
13	恂郡王府	西城区西直门内半壁街	已拆除改建	
14	恒亲王府	东城区朝阳门内烧酒胡同	烧酒胡同已于 2001 年拆除改盖居民楼，王府彻底无存	
15	贝勒载治府	东城区大甜水井胡同	胡同改造，已无存	
16	庄亲王府	西城区太平仓	因修路及改建，原府已无存	
17	睿亲王府（新府）	东城区外交部街	现为北京第二十四中学，原府已无存	
18	顺承郡王府	西城区赵登禹路	全国政协办公地，遗存古建筑已全部拆迁，改建在北京市朝阳公园内	北京市文物保护单位

第八节　北京的宗教建筑

一、儒教与北京的儒教建筑

（一）儒教简介

儒教也称孔教，即儒家，是春秋战国时崇奉孔子学说的一个学派，在中国文化史上占有重要地位。南北朝（420—589 年）开始称其为儒教，和佛教、道教并存。儒教提倡以“仁”为中心的礼、义、忠、恕、孝悌、中庸等道德观念；主张德治、仁政，重视伦理道德教育；主张“以德服人”的“王道”，反对“以力服人”的“霸道”，并强调自我修身的重要性。

儒教的主要经典是“四书五经”，“四书”是《大学》《中庸》《论语》《孟子》，“五经”是《诗经》、《书经》（尚书）、《礼记》、《易经》（周易）、《春秋》。

儒教先师孔子，名丘，字仲尼，春秋时鲁国人，生于公元前 551 年[①]，逝于公元前 479 年，是一位伟大的思想家和教育家。

儒教是否属于宗教，一直存有争议，由于这不是本书的重点，笔者在此不予评述。但不论其是与不是，儒家思想体系在中华大地上都是根深蒂固的，自古至今都影响着中国的文化，影响着人们的思想，这是不争的事实。

(二)北京的儒教建筑

1. 孔庙

对于儒教的建筑——东城区国子监街内的孔庙，我们在本章第四节“皇家祭祀建筑”中，已做过详尽的介绍，在此不予赘述。

2. 通州文庙

通州文庙位于通州城内大成街，创建于元大德二年(1298 年)，早于国子监孔庙，是目前北京市最古老的孔庙，后经明清多次修葺建设，日臻完善，其规模之大，仅次于国子监孔庙。1900 年以后，历经外国侵略者的盘踞毁坏，以及后来的拆改，通州文庙严重受损，面目全非。到了 20 世纪 70 年代，庙内仅剩下大成殿 5 间和康熙十四年重修碑记的残碑一块。

2003 年以来，政府投入大量资金重新修缮通州文庙，在原遗址上，按原形制，修复了棂星门、戟门和东西配殿，形成今日的格局。其主要建筑由南而北分别为棂星门、戟门、泮(pàn)池、泮桥、大成殿等。殿前立有孔子像。通州文庙现在对外开放。

3. 晏公祠

晏公祠位于海淀区香山南面的万安山上，与东南方向新修复的北法海寺(今挂牌为“西山方志书院”)隔山相望，是明正德七年(1512 年)晏姓太监修建的，故名。清康熙四年(1665 年)重修。晏公祠原名道统庙，是西山一带独特的儒教庙宇。“道统”是唐代文学家韩愈所提出的，并为宋代理学家所提倡，是尧舜禹汤文武周公孔孟直至宋代理学家们相传下来的圣王之道。

晏公祠，依山临涧，林木葱茏。祠为石结构，石殿三间。殿内原供三皇、五帝、三王、周公、孔子、孟子，以及宋代儒家周敦颐、程颢、程颐、张载、朱熹等人的石像，今已无存。墙壁有五石龛，内藏经文。东堂三间，堂后垒石为洞，洞壁有先儒格言。地藏殿前原有“河图洛书”石亭，现已移至海淀区五塔寺内的北京石刻艺术博物馆。

---

① 南昌海昏侯墓出土屏风告诉我们，孔子生于公元前 566 年。

明代中叶，太监竞相在西山一带修建佛教寺、庵，而晏公独建儒庙，实属少见，它反映了宋明理学的影响。2014 年，晏公祠被公布为海淀区文物保护单位。

4. 其他儒教建筑

北京现存的儒教建筑很少，如表 2-9 所示。

表 2-9　北京部分儒教建筑一览

序号	名称	区域	地址	备注
1	文昌殿	西城区	西便门外白云观内	殿内供奉文昌帝君、孔子、朱熹等铜像，由原宣武区三教寺移奉至此。
2	文庙	房山区	良乡	现存大成殿及配殿，房山区文物保护单位。
3	文庙大成殿	密云区	县城内	保存尚好，是密云区仅存的一座明清殿式建筑，密云区文物保护单位。
4	孔庙元碑	顺义区	顺义二中内	顺州孔庙是顺义城内一座历史久远、规模宏大的古建筑群，始建于金代，现仅存元代的两块石碑：《曹宣徽善行记》碑和《重修学宫之记》碑，为顺义区文物保护单位。

二、道教与北京的道教建筑

(一)道教简介

道教是中国本土的宗教，由东汉人士张陵创立，是中国主要的宗教之一。道教奉老子为教祖，奉玉皇上帝为最高的神。“道”是道教信仰的核心；崇尚自然，清静无为，炼丹成仙。道教认为“道”是天地之元，是无所不包、无所不在的；“道”是一切的开始，天地万物均由它化生；“道”是永恒的，获得“道”，就是有“德”，便可长生。道教的主要经典是《道德经》、《正一经》和《南华经》。道教属多神教，供奉的神仙比较庞杂，主要分为两大系统：尊神和俗神。尊神有三清、四御、五星、四方等神；俗神有门神、灶神、财神、关帝、妈祖等。

三清，是道教的最高尊神，即玉清圣境元始天尊、上清真境灵宝天尊、太清仙境道德天尊。四御，即四位协助玉皇执掌天道的尊神：中天紫微北极大帝，执掌天经地纬、日月星辰及四时气候；南极长生大帝，执掌人间寿夭福祸；勾陈上宫天皇大帝，执掌南北两极与天、地、人三才及人间兵革之事；承天效法后土皇地祇，执掌大地山河及阴阳生育。

道教有多种教派，其中以正一派和全真派影响力最大，是当今道教中的两大主要宗派。

正一派的创始人是张道陵(初称张陵，张良之八世孙)，亦即五斗米道的创始人。正一宗崇拜鬼神，“专恃符箓(lù)，祈雨驱鬼”，即以斋醮(jiào，设斋坛)祈福禳(ráng)灾、画符念咒、驱鬼降妖为主要的活动方式。正一宗的道士在非斋期时，可以饮酒食肉，可以不住宫观，可以娶妻生子，不必出家，平时可以穿俗装，不束发、不留胡须。

全真派的创始人是宋金时期的王重阳(1112—1170)。全真派主张儒、释、道三教合一，提出以儒教之忠孝、佛教之戒律与道教之丹鼎熔为一炉的道教新理念。全真宗道士必须遵守戒律，不得饮酒食荤，绝对禁欲，平时也要穿道服，必须束发留须，必须出家，居住宫观。

北京道教历史悠久，自五斗米道和太平道在东汉产生后，早期道教就开始在北京地区流传。当时北京地区属于幽州，是太平道活动的主要区域。

(二)道教宫观的布局

1. 道教的活动场所

道教的宗教活动场所被称为“宫观”，是道教文化表现的特定空间。其实，“宫观”之名，并非为道教的活动场所所专用。早在先秦时期，一般百姓的民居就称为“宫”，都城城门两边登高眺远的高楼被称为“观”。据文献记载，在道教产生之前，中国古代祭祀神灵的场所就已经称为宫观了。相传，周代康王时，函谷关令“尹喜在此结草为楼，以观天象，因名草楼观”，道庙称“观”即源于此。除了宫观以外，道教的活动场所还有其他的称谓——“庙”“祠”“阁”“顶”等，如龙王庙、火神庙、财神庙、三官庙、碧霞祠、吕祖阁、东顶等。

2. 宫观的布局

道教宫观建筑属于我国古代建筑，从整体布局讲，突出中轴对称。从建筑结构讲，为土木建筑、宫殿式结构，讲究天圆地方，阴阳五行。从选择地址讲，重视风水。道教宫观建筑除了吸收佛教寺院的某些特点外，还有自己独到的特色。如一些宫观突出成仙或清修的意境，其楼台池榭、山石林苑，追求自然虚境和人在云端的艺术效果，形成一种道教园林艺术。自然风景式园林是道教宫观园林的主流，类型很多。有的建于山巅之上，如华山、泰山、青城山、武当山、茅山之巅的宫观；有的隐于山坳山麓之中，如陕西楼观台、武当山紫霄宫、南岩宫；有的兼得山光水色，如崂山太清宫、杭州抱朴道院；有的建在洞中，如庐山仙人洞、雁荡山朝阳洞、北京八大处的宝珠洞等；有人工园林式的宫观，如北京白云观和东岳庙、成都的青羊宫、香港云泉仙馆等。

具体从宫观的内部布局来看，其主中轴线上的建筑大致是：影壁、牌楼、山门、幡杆、灵官殿、钟鼓楼、玉皇殿、三清殿、四御殿以及其他诸神殿宇和各自的祖师殿；此外还会有戒台、戏台、客堂、斋堂等其他的建筑和生活用房。其中最重要的建筑是灵官殿、玉皇殿和三清殿。按照《中国寺庙文化》(上海人民出版社，1994 年版)的作者四川大学教授段玉明的看法，“中国宫观布局程式化规则，道观基本上是一个天界的模型，在这个天界里，神威无比的灵官大帝看守天门，众神之神的玉皇大帝坐守天中，而化生万物的三清天尊隐于背后，这是一个道教关于宇宙体系的简略图示，用以展示道教的威严与诱惑，在此基础上，宫观建造允许自由配置其他殿堂，以进一步丰富体现道教旨趣，使得中国的宫观建筑同中求异。”

(三)北京的道教名观

北京的道观很多，其中比较著名的有白云观、东岳庙、大高玄殿、火德真君庙、金顶妙峰山娘娘庙等。

1. 白云观

白云观位于西城区滨河路白云观街，是我国现存规模最大的道教建筑，是道教全真派的三大祖庭之一，享有“天下道教第一丛林”的美誉。另外两大祖庭是山西永济的“永乐宫”和陕西户县的“重阳宫”。

白云观于 1984 年被列为全国道教重点宫观之一，同年对外开放。白云观还是中国道教协会、中国道教学院、中国道教文化研究所的所在地，是全国重点文物保护单位。

白云观始建于唐玄宗开元二十七年(739 年)，一说开元二十九年(741 年)，距今已近 1300 年。初名天长观，金泰和三年(1203 年)易名为太极宫。元太祖成吉思汗授予丘处机掌管天下道教的权力，以金中都的太极宫为常驻地，因丘处机的道号为长春子，遂改太极宫为长春宫。至于何时改称现名白云观，说法不一。一说为元代，一说为明代。明末白云观毁于火灾；清康熙四十五年(1706 年)修复，乾隆、光绪年间重修。

现今白云观坐北朝南，占地面积约六万平方米，建筑面积一万多平方米，共有十九座殿堂，分中、东、西三路及后院。观内采用八卦方位布局，其主要殿堂均建在中轴线上，由南而北依次为牌楼、石狮、山门、灵宫殿、钟鼓楼、玉皇殿、老律堂（七真殿）、邱祖殿、三清阁与四御殿、戒台、云集山房等。

邱祖殿为中路主要殿堂，始建于蒙古人统一中国前的太祖戊子年（1228年），原名“处顺堂”。殿内供奉长春真人，两侧为邱祖应诏西行、赴雪山会见成吉思汗的悬塑。祖师丘长春，又名丘处机，是全真派创立人王重阳的七大弟子之一，为全真道龙门派的创始人。殿内“瘿（yǐng）钵”，传为宋代遗物，乾隆皇帝御赐给白云观。邱祖遗蜕即葬于“瘿钵”之下。对此也有不同的说法，据《日下旧闻考》按语认为，七真殿，即今老律堂才是昔日藏邱祖遗蜕之处。

三清阁也是白云观重要的殿堂，里面供奉道教最高尊神元始天尊、灵宝天尊、道德天尊（太上老君或称老子）。由于全真派主张儒释道三教合一，因此旧时，阁内三清像的后面，还有儒、释、道三教最高尊神释迦牟尼、南海观音，先师老子、孔子、孟子、子思子、曾子、颜子，三皇、西王母娘娘、三官的像、画像、牌位，祖师王重阳等，如今这些均已无存。

老律堂，因清代在此举行传授戒律仪式，故名。殿内供奉的是全真派的七位祖师：马丹阳、谭处端、刘处玄、丘处机、王处一、郝大通、孙不二，所以又称七真殿。

西路有八仙殿、吕祖殿、元君殿、文昌殿、元辰殿；东路有三星殿、慈航殿、真武殿、雷祖殿；后院，名云集园，是后花园，又称“小蓬莱”，有戒台、云集山房、三山、退居楼、碑廊、鹤亭、妙香亭、云华仙馆等，置身其间，如入仙境。

白云观内道教文物的收藏十分丰富，如明版孤本《正统道藏》，唐玄宗李隆基赐给白云观的汉白玉雕刻老子坐像，以及石刻《松雪道德经》和《阴符经》都已成为白云观的镇观之宝。

白云观不仅以宏规崇构、侈丽瑰伟、玄风流行冠绝燕京，其庙会更以开放时间长、香火旺盛、最具特色而享誉京城。白云观每年正月初一至十九日，开放庙会，为期十八天半；十九日下午关闭庙门。当年，骑驴、坐敞车逛白云观是老北京人最大的乐事之一。庙会期间，庙内有两项传统活动，即山门处摸石猴祛百病和窝风桥（正名：泮桥）打金钱眼招财进宝，吸引着人们争相前往。此外，还有两项活动更值得一提，一是正月初八的“祭星”，一是正月十九日的“燕九节”或称“宴丘”。

先说“祭星”。

旧时春节，北京民间有祭星的风俗。依照道教和星象家的说法，每人每年都有一位值年星宿，也叫“流年照命星宿”[日、月、水、火、木、金、土、罗睺(hóu)、计都等九星轮流值年照命]。人的一年命运如何，完全操控在这几位值年星宿手里。而每年正月初八日为诸星聚会之期，又传为“诸星下界”之日，故在这天祭祀星君(即顺星)便有可能获得星君的垂佑。因此，人们要到庙观里祭星。到了晚清和民国期间，人们多到白云观星神殿(即元辰殿)去给值年的本命星宿烧香，敬献灯油钱，以求消灾祈福。

每年农历正月初七、初八两天，白云观庙会最为隆重，有的行业在进香祭星之余，还要“放堂斋道”。相传，此日斋僧斋道(向僧道施舍财物、饮食)“胜平日千百万倍之功德”。当年，奉丘处机为祖师的北京玉器行“长春圣会”、同仁堂国药店以及梨园行俱因“崇玄信道”，为了“普结善缘”都于次日分别在庙的东园斋堂舍斋，谓之“放堂”。

清末民初，白云观有道士约二三百人，每逢此日，除本观全体道众外，还有临时赶斋的“云水全真”及“游方和尚”。由于道教全真派有儒、释、道三教圆融的主张，所以节日舍斋的对象不分僧道，只要是出家人，身穿道装、僧装(僧装必须剃光头)者进堂即可就座用斋。斋前由监院主持“放堂”仪式，领念“供养咒”，称念“香厨妙供天尊”圣号。每位可分到大馒头一个、香油炖白菜一碗。因为流程安排紧凑，还要连续再放若干堂，道士们只能将菜吃完，馒头则让带回寮房。退出斋堂前，再念“结斋咒”，称念“福生无量天尊”。

初八晚上，白云观循例举行祭星大典，在元辰殿香案上广陈供养，排列一百零八盏灯，两边列有二十八宿和七星星盏。方丈率全体道士披好法衣，鸣钟击鼓，合诵《玉枢经》，祈祷风调雨顺，国泰民安。

再说“燕九节”。

相传白云观正月庙会的最后一天，即正月十九日是丘处机的生日。十八日夜里，丘处机或化作乞丐仕女，或化作士绅，下界来超度有缘者。遇到神仙者，则可以祛病延年。是时，善男信女争相布施，宿于观中，有的则露宿于元辰殿后边的广场上。道士们也彻夜不眠，静坐在观前的松林或山门前，企望得见真仙。这一“会神仙”盛会，将白云观的庙会推向高潮。赶档子的饭摊、小吃摊、茶摊、茶棚也参加“会神仙”，通宵营业，与香客互道：“您多虔诚。”

第二日，正月十九日是“宴邱会”(或称“燕九会”)的正日子，庙内要举行盛大的法会，香客游人摩肩接踵，邱祖殿香火极盛。

2. 东岳庙

东岳庙位于朝阳门外大街路北，正对着神路街北口。它主祭泰山神东岳大帝及其众神体系，是我国道教正一派在华北地区最大的宫观，是融合道教文化与民俗文化的厚重载体。东岳庙始建于元代，由我国道教创始人张道陵(天师)第38代后裔、玄教大宗师、正一派教主张留孙所创建，名曰仁圣宫。明洪武三年(1370年)改名东岳庙。清康熙、乾隆年间均有重建、重修。道光年间，东岳庙第17代道士马官麟再加扩建。

东岳庙坐北朝南，占地约4.74万平方米，由中、东、西三路院落组成。主要建筑有瞻岱门、岱岳殿、育德殿、七十六司、后罩楼等。

瞻岱门上的门联十分引人注目，上联：阳世奸雄，违天害理皆由己；下联：阴司报应，古往今来放过谁。楹联言简意赅，铿锵有力，具有振聋发聩、警示醒人的作用。游人读过，无不为之震撼而反思。

瞻岱门内录有《东岳大帝宝训》，告诫人要弃恶扬善，其全文如下：

天地无私，神明鉴察。不为享祭而降福，不为失礼而降祸。凡人有势不可使尽，有福不可享尽，贫穷不可欺尽。此三者乃天运循环，周而复始。故一日行善，福虽不至，祸自远矣！一日行恶，祸虽未至，福自远矣！行善之人，如春园之草，不见其长，日有所增；行恶之人，如磨刀之石，不见其损，日有所亏。损人利己，切宜戒之。一毫之善，与人方便。一毫之恶，劝人莫做。衣食随缘，自然快乐。算什么命！问什么卜！欺人是祸，饶人是福。天网恢恢，报应自速。谛听吾言，神人监服。

岱岳殿和育德殿是东岳庙最重要的殿宇，其建筑风格保留了元代的形制和特点，具有重要的历史和艺术价值。岱岳殿内供奉东岳大帝，殿内案前有长明灯，能盛360斤灯油，因此终年长明不熄；育德殿为东岳大帝和帝后的寝宫，今殿内陈列的三官大帝及辅臣雕塑像，开光于明成化年间。三官，即天官、地官、水官。天官赐福，地官赦罪，水官解厄。这些雕像原供奉于朝阳门内大街西口路北的大慈延福宫。1949年以后，因盖办公楼占地，该宫观拆除，雕像被移至东岳庙保存。雕像腹内装满明版道经，可谓“满腹经纶”。雕像以金丝楠木做胎，沥粉贴金装饰，为国家一级珍贵文物。

东岳庙内有三多：楹联多、匾额多、碑刻多。庙内各门、各殿以及大殿两庑的七十六司都带有楹联。匾额同样随处可见。

东岳庙里的石碑形形色色，其中很多碑刻确属珍品。如张留孙道行碑是其中最为珍贵的，系由元代书法家赵孟頫(1254—1322)奉敕撰文、书丹并篆额，是赵孟頫晚年的代表作。碑文记述了玄教大师张留孙的事迹及东岳庙的创建过程，具有较高的艺术和历史价值，是研究东岳庙的历史和北京民俗的重要史料。还有一统老北京人习称为“透亮碑儿”的，刻于顺治七年(1650 年)的《白纸圣会记》碑。令人称奇叫绝的是，其碑首盘龙交错处被镂空六孔，阳光可透射。这种打破传统、敢于创新的艺术手法，赢得了人们的赞誉。

旧时东岳庙为国家祀典之所，清代帝王来庙祭祀时就驻跸于后楼。而民间的祭祀活动则更为盛大，成为具有丰厚底蕴的民俗文化中心，因此，东岳庙于 1997 年修复后便辟为北京民俗博物馆。这是京城唯一一座国家创办的民俗类专题博物馆。馆内常年举办北京民俗风物陈列展。1996 年，东岳庙被公布为全国重点文物保护单位。

3. 大高玄殿

大高玄殿位于皇城之内，东邻景山，西望北海，为明清皇家道教古建筑，明代称大高玄殿，清代因避康熙皇帝玄烨之讳改名“大高元殿”，后又更名为“大高殿”。大高玄殿是全国重点文物保护单位。

大高玄殿临街的大门为并排的三座券洞式门，所以庙前的大街被称为“三座门大街”。大高玄殿始建于明嘉靖二十一年(1542 年)，明万历和清雍正、乾隆、光绪年间，都曾重修过。该建筑群坐北朝南，正门为两重绿琉璃仿木结构的三座券洞式门。大门外原有三座牌楼：南面一座，门前东、西各一座，均为木结构，三间四柱九楼，庑殿式楼顶，旋子点金彩画、雕龙贴金花板，十分华丽。在正面牌楼两侧各有一座习礼亭。这种三座牌楼和两座亭子构成的道教仪制性建筑布局，为国内仅见。

上述的三座牌楼和两座习礼亭，均于 20 世纪 50 年代扩展街道时被拆除。2004 年，南牌楼在大高玄殿门前的筒子河北岸原址重建，并将流落到月坛公园内的“乾元资始”石匾额请回，安装在该牌楼上，算是归了原位，另外新刻石匾额“大德曰生”镶嵌于牌楼北额处。

沿中轴线，经两道琉璃门和黄琉璃瓦歇山顶的大高玄门后，迎面可见规格最高的大高玄殿：须弥座台基，围以汉白玉栏杆，龙凤望柱头；重檐庑殿黄琉璃瓦顶，上檐七踩单翘重昂斗拱，下檐五踩重昂斗拱，前有御路和月台。两块匾额，上书“大高玄殿”和“元宰无为”。门上楹联为乾隆御题：烟霭碧城，金鼎香浓通御气；霞明紫极，璇枢瑞启灿仙都。大殿内供奉三清像。

大高玄殿的后面是“九天应元雷坛”，面阔五间，绿琉璃瓦黄剪边庑殿顶，殿内供奉玉皇大帝，是皇帝祈雨之所。

最后一座院落的主要建筑是一座象征天圆地方的两层楼阁。上名“乾元阁”，圆攒尖屋顶，覆以蓝琉璃瓦，象征天；下名“坤贞宇”，方形，覆以黄琉璃瓦，象征地。

大高玄殿，这座已有近500年历史，却从未对百姓开放的皇家道教建筑群，如今已修葺一新。

4. 火德真君庙

火德真君庙，俗称火神庙，位于西城区地安门外、什刹海东岸，是主祀火神的敕建全真派道观。始建于唐贞观六年(632年)；元至正六年(1346年)重修；明万历三十三年(1605年)再修时，殿宇改为琉璃瓦顶，并建重阁；清顺治年间及乾隆二十四年(1759年)两度复修，门及后阁改加黄琉璃瓦。

庙宇坐北朝南，山门开在东侧。庙内现存建筑保持明代的形制与布局，主要建筑有灵官殿、火祖殿、万岁景命宝阁。

灵官殿，面阔三间，灰琉璃瓦绿琉璃瓦剪边歇山顶。殿内供奉道教护法神，赤面、三目，披甲持鞭的王灵官神像。殿内有明万历皇帝的御题“隆恩”匾额。

荧惑宝殿，即火神殿或火祖殿，是本庙主殿，面阔三间，勾连搭建筑，前为硬山箍头脊，后为蓝琉璃瓦绿剪边歇山顶。殿内供奉火德荧惑星君，即火德真君、火神或火祖。

玉皇阁，明代称“万岁景灵阁”；清代改名“万寿景命宝阁”，黄琉璃瓦顶硬山调大脊。殿内供奉玉皇大帝。

清代将祭祀火神正式列入国家祀典的群祀。慈禧皇太后也曾亲自来火神庙敬香。

5. 金顶妙峰山娘娘庙(惠济祠)

娘娘庙在北京有很多处，且多被称为“顶”，如“五顶”(即东、西、南、北、中顶)。娘娘庙被称为“顶”，是因为“碧霞元君娘娘”的本祠是在泰山顶上，而北京的碧霞元君庙源自泰山顶上的碧霞祠，故虽在城中，亦沿称“顶”。“金顶”显然是诸多“娘娘庙”中级别最高者。

金顶妙峰山位于北京门头沟区妙峰山镇北部，主峰海拔1291米，距京35公里。山上的娘娘庙即惠济祠，始建于明末清初，是北京著名的全真派道教场所，主祀碧霞元君，庙内同时还供奉其他佛、道、儒、俗各路神灵。

此庙数受皇封御宠，清嘉庆皇帝御题“敕建惠济祠”石额，慈禧皇太后也曾来此为儿子同治皇帝祈求发痘平安，并赐匾三方：“慈光普照”“泰云垂阴”

“功侔(móu)富媪(ǎo)”悬于正殿廊下。金顶妙峰山于清代已成为北方民众的信仰中心。其主要建筑介绍如下。

山门殿，供奉道教护门神——青龙、白虎。

正殿，即灵感宫，黄琉璃瓦硬山顶，殿内供奉道教五位元君：天仙鸿德圣母碧霞元君、送生锡庆圣母保产元君(送生娘娘)、眼光惠照圣母明目元君(眼光娘娘)、斑疹立毓圣母兹幼元君(斑疹娘娘)、送子育德圣母广嗣元君(送子娘娘)。正殿的东耳房是地藏殿，供奉佛教四大菩萨之一的地藏菩萨；西耳房是药王殿，供奉战国时期著名医学家扁鹊。

东配殿是观音殿，供奉佛教四大菩萨之一的观世音菩萨。东配殿的南耳房是喜神殿，供奉梨园界祖师——唐玄宗李隆基；北耳房是月老殿，供奉专司婚姻的月下老人。西配殿是财神殿，供奉武财神赵公明。西配殿北耳房是王三奶奶殿，供奉无偿为百姓治病的天津信女王三奶奶；西配殿南耳房是法物流通处。

在与娘娘庙(惠济祠)遥遥相对的北山顶上是回香院，院内正殿是东岳殿，供奉山神东岳大帝；东殿是文昌殿，供奉专司功名利禄的文昌帝君；西殿是武圣殿，供奉忠勇爱国的武圣人岳飞，旁立佞臣秦桧夫妇跪像。

由回香院再向北，经台阶上至最高处就是玉皇顶，供奉玉皇大帝。

妙峰山每年春、秋两届“朝顶进香”活动，场面十分壮观。清人富察敦崇所著《燕京岁时记》，对此有过生动的描述：“每届四月，自初一日开庙半月，香火极盛。……庙在万山中，孤峰耸立，盘旋而上，势如缭绕螺。前可践后者之顶，后可见前者之足。自始迄终，继昼以夜，人无停趾，香无断烟，奇观哉！……人烟辐辏(còu)，车马喧阗(tián)，夜间灯火之繁，灿如列宿。以各路之人计之，共约有数十万。……香火之盛，实可甲于天下矣。”往游的香客除京城人外，还有来自全国各地者，如天津、福建、广东、广西以及东北各地等。

当年进香的路线主要有四条：南路三家店，中路大觉寺，北路北安河，老北路沙河。沿途茶棚、酒肆、庙院不绝。更有各类香会，公益服务至微，如“开山老会”“修道老会”于庙会之前，维修好进香的道路；“提灯老会”“路灯老会”在香道上挂灯，为香客提供照明；“缝绽老会”为香客缝鞋补袜；“粥茶老会”“清茶圣会”为大家施粥舍茶；还有“馒头老会”“咸菜老会”免费提供馒头、咸菜等。许许多多的香会为香客提供了全面的服务，使朝顶进香的人一路上都有吃有喝能休息，解除了香客的后顾之忧，让他们诚心实意地进香还愿。这种良好的社会风气，只有在妙峰山的香会中才能得到体现。

在中国国家博物馆中，至今还保存着一幅清代人绘制的《妙峰山进香图》，生动地展示着当年金顶妙峰山惠济祠的魅力风采和鼎盛的香火。今天慕名而来金顶妙峰山游览的人，依旧络绎不绝。

6. 蟠桃宫

蟠桃宫，全称为“护国太平蟠桃宫”，是北京有名的道观之一，位于东便门内，今北京火车站之东。始建于明代，供奉西王母娘娘及各位列仙，后废，清康熙元年(1662 年)重建。宫观不大，仅有两层殿院，类似北京四合院的布局。各殿布列神仙悬塑，千姿百态，活灵活现，精美绝伦。别看蟠桃宫的规模不大，香火却很旺盛，尤其是每年的农历三月初一至初五这几日，更是热闹非凡，进香求签者人头攒动，大有将庙门挤破之势。门外沿河两岸，小吃、杂货、杂耍的摊、棚一个个紧挨无隙，延绵数里。20 世纪 50 年代中期，庙会停办，小庙沦为民居杂院。1987 年，因修建东便门立交桥，该宫观被拆，仅存一座清乾隆年间雕刻的石碑，立于桥南花园内原庙旧址之上。

7. 门头沟圈门窑神庙

窑神庙位于门头沟区圈门，坐北朝南，创建年代无考，清嘉庆、光绪年间两次重修。

窑神是京西门头沟古老煤业发展过程中产生的神灵，是煤业所依附的信仰产物。该庙现为一组严整的两层院落，前后大殿均坐落在青白石条之上，两厢有配房十八间。院前原有门楼，石额“古刹窑神庙”。院内有清光绪七年(1881 年)《煤行公议碑》和《重建豁免煤税碑》等碑刻。庙内原供有窑神，是京西唯一一处把窑神作为主神供奉的庙宇，据说也是全国规模最大的把窑神作为主神供奉的庙宇。目前，窑神庙经过整修后已被辟为“窑神庙公园”，对外开放。

(四)其他宫观

北京的道教宫观除上述之外，还有很多，现将其中一部分列表介绍(见表 2-10)。

表 2-10 北京部分道教建筑一览

序号	宫观名称	所在区域	地址	备注
1	都城隍庙大殿	西城区	成方街 33 号	该城隍庙始建于元至元七年(1270 年)。现仅存后殿，是研究元代大都城地理方位的重要遗迹。

续表

序号	宫观名称	所在区域	地址	备注
2	宣仁庙（风神庙）	东城区	北池子大街 2 号、4 号	清雍正六年（1728 年）敕建；祭祀风神，主体建筑保存完整；北京市文物保护单位。
3	凝和庙（云神庙）	东城区	北池子大街 46 号	清雍正八年（1730 年）敕建；祭祀云神，原建筑基本完整；北京市文物保护单位。
4	黄瓦财神庙	东城区	鼓楼东大街 117 号（南锣鼓巷北口对面）	始建于明末；区普查登记文物。
5	花市火神庙	东城区	崇文门外西花市大街	建于明隆庆二年（1568 年），清乾隆四十一年（1776 年）重修；为神木厂悟元观下院，供奉火德真君，现存前院主殿和东、西配殿，主殿勾连搭硬山顶，大脊饰以黄琉璃双龙戏珠；北京市文物保护单位。
6	药王庙	东城区	崇文门外东晓市街	因地处南城，又称南药王庙，为纪念唐代名医孙思邈而建。始建于明天启年间，现为中学校舍，变动较大，建起教学楼，山门前的两尊铁狮被拉走炼了钢铁；区级文物保护单位。
7	姚彬关王庙	东城区	崇文门外东晓市街	庙小，仅一楹，明、清时内有泥塑群像：三国吴将姚彬盗关公赤兔马被擒，在关公怒视下，强凛不屈。可惜塑像今已无存。
8	二郎庙	东城区	永定门外马家堡南路	供奉二郎神杨戬（jiǎn）。
9	昭显庙（雷神庙）	西城区	北长街 71 号	建于雍正十年（1732 年）；祭祀雷神的地方，现仅存大殿；北京市文物保护单位。
10	三官庙	西城区	西海北沿 29 号、30 号	始建于清代，民国重建；保存较好的小型庙宇；区级文物保护单位。
11	广福观	西城区	鼓楼前烟袋斜街路北	建于明天顺三年（1459 年），什刹海地区保存较完整的道教建筑，有较高的历史价值；北京市文物保护单位。
12	玉皇阁（玉皇庙）	西城区	育强胡同 22 号	始建于明代，清代重修；西城区文物保护单位。

续表

序号	宫观名称	所在区域	地址	备注
13	五道庙	西城区	韩家潭西口铁树斜街与樱桃斜街之间的路口处	庙有玉帝殿，内有明代万历年间兵部尚书王象乾撰记立碑。
14	吕祖阁	西城区	新壁街41号	建于清初；供奉吕岩(洞宾)，规模较大，整体布局和建筑物尚完整；北京市文物保护单位。
15	吕祖宫	西城区	复兴门内金融街	建于明代(一说建于清代)；北京道教协会所在地；西城区文物保护单位。
16	关岳庙	西城区	鼓楼西大街149号	建于清光绪十七年(1891年)，为醇亲王庙，未入祀；民国三年(1914年)改为关岳庙，祀关羽、岳飞；全国重点文物保护单位；现为西藏驻京办事处。
17	火神庙	西城区	和平门外琉璃厂东街29号	北京市文物保护单位；拟在火神庙内建设全市首个非物质文化遗产博物馆。
18	上庄东岳庙	海淀区	上庄镇永泰庄	正名为东岳行宫，始建于明代；清康熙五十九年(1720年)重修；三座大殿保存较完整，前殿拱券有精美浮雕道教图案，庙前有戏台，规模很大；北京市文物保护单位。
19	黑龙潭及龙王庙	海淀区	温泉寿安山北麓	又名神龙祠；建于明成化二十二年(1486年)，万历十四年(1586年)重修，清康熙二十年(1681年)重建，乾隆三年(1738年)封龙神为昭灵沛泽龙王之神；现存为清代建筑，尚完整，有多座明清碑刻；北京市文物保护单位。
20	龙王堂	朝阳区	原洼里乡，今奥林匹克森林公园的西南端	始建于明代弘治十四年(1501年)；一般的龙王庙是求雨的，而这座龙王庙却是“镇雨”的，因为历史上这一带地势较低，一下雨就成涝灾，所以它是“求晴不祈雨”的收水龙王庙；修建奥林匹克公园时，附近的村子全部拆迁，龙王庙作为古迹被保留了下来；经过修缮，被确定为2008年奥运会“奥运村村长院”。

续表

序号	宫观名称	所在区域	地址	备注
21	丰台娘娘庙	丰台区	长辛店镇大灰厂村，西距戒台寺5公里	全称“天仙圣母碧霞元君行宫”；明天启年间重修；北京市文物保护单位。
22	丰台药王庙	丰台区	看丹村甲18号	始建于明代，清乾隆三十年(1765年)重修；现存山门、前殿、后殿和南配殿；北京市文物保护单位。
23	岫云观	房山区	琉璃河镇琉璃河北岸	又名良乡离宫；建于明嘉靖十八年(1539年)四月；晚清改名岫云观，专用来收留宫里太监；现存皋殿和五进殿，是研究明代建筑工艺的实物资料；北京市文物保护单位。
24	元圣宫	顺义区	牛栏山	始建年代不详，今碑文记载曾重修于万历年间；尚存有四进殿宇共40间；庙内有明代古柏、元代石狮等；北京市文物保护单位。
25	无梁阁	顺义区	大孙各庄镇顾庄子村东	原名玉皇阁，始建于明代，清代重修；阁内壁画色彩鲜艳，形象生动，是研究古代民间绘画不可多得的材料；北京市文物保护单位。
26	丫髻山碧霞元君祠	平谷区	刘家店乡，平密公路路旁	自唐初便有道士在此结庐修炼，唐贞观六年(632年)，建殿堂于西顶；元代改为碧霞元君祠；著名的“五顶”“两山”之一；北京市文物保护单位。
27	北关龙王庙	延庆区	延庆镇北关村	俗称高庙，明成化九年(1473年)重建，明、清两代均有修缮；现存较完整且富有特色的明清寺庙，具有较高的历史及艺术价值；北京市文物保护单位。

三、佛教与北京的佛教建筑

(一)佛教简介

佛教是世界三大宗教之一，创建于公元前6—5世纪。创始人是古印度迦毗逻卫国(今尼泊尔境内)的王子乔达摩·悉达多，即释迦牟尼(约公元前565年—约公元前485年)；他和我国古代伟大的思想家、教育家孔子(公元前551年—公元前479年)是同时代的人，比孔子大14岁，逝世时80岁。

佛教传入中国的时间为东汉初期的永平十年(公元67年)，传入北京的时间应晚于中原，大约在西晋末期。此后，北京地区的佛教传播与发展，历经南北朝、隋、唐、辽、金、元、明、清等朝代，总体发展顺利，经久未衰。佛教史上虽然出现过北魏太武帝、北周武帝、唐武宗和后周世宗等四次毁佛灭法运动，但由于当时的北京地处边陲，为藩镇割据地区，“天高皇帝远”，所以灭佛的诏令未得以认真执行，使得大批僧尼涌入北京地区，为北京佛教的保护、传承与发展提供了契机。

佛教在中国的传播分为三大系统：汉语系佛教(又称汉传佛教)、藏语系佛教(又称藏传佛教)、巴利语系佛教(又称南传上座部佛教)。在北京传播的佛教主要是汉传佛教和藏传佛教。

(二)佛教的重要节日

1. 汉传佛教

农历四月初八日为佛诞日，也称浴佛节；农历七月十五日为盂兰盆节；农历十二月初八日为佛成道日；农历二月十五日为佛涅槃日。

2. 藏传佛教

藏历四月十五日为萨噶达瓦节，即佛诞日、佛成道日、佛涅槃日都同在这一天；藏历六月三十日为“雪顿节”。

3. 云南南传上座部佛教

农历四月十五日为佛诞日，同时也是佛成道日、佛涅槃日，这一节日在傣族也叫“泼水节”。

南方各国则以公历五月的月圆日(相当于我国农历四月十五日)为佛节日，认为佛诞生、成道、涅槃都在这一天。这与我国云南南传上座部佛教相同。

(三)佛教的活动场所

佛教寺院是佛教徒供奉佛、菩萨的地方，也是出家僧尼居住、生活、修持和举行佛事活动的地方。“寺”，在中国原为官署之名，如鸿胪寺、大理寺等。佛教传入中国，印度僧人最初住在管理外交事务的鸿胪寺，后来中国建造的第一个佛教场所叫作“白马寺”，以后“寺”就为佛教所袭用。因为一寺之内常又分为数个院落，所以又合称为“寺院”。古代称隐世修行者所居住的茅屋为“庵”，后来比丘尼(受了具足戒的女子)的修行之所就多称为庵。

佛教传入汉地在洛阳建造了第一座寺院——白马寺，以后所建寺院基本承袭了汉地原有的建筑风格，充分吸收了宫殿与民居的建筑布局特点，大量采用木结构，施以庑殿顶、飞檐、斗拱、藻井等汉地的建筑方法。佛教寺院依照形式分为石窟寺和塔庙。塔庙原为以塔为中心，周围是配殿、僧房。后来殿堂升高，出现寺、塔并列或寺、塔分开的格局。

(四)寺院的一般布局

从历史上看，我国的佛教寺院的布局概括起来有三种形式：廊院式、纵轴式和藏式。

廊院式是中国最早出现的佛教寺院布局，是仿效印度寺院的形式，即每个佛殿四周均被廊屋所围绕。一个寺院可由许多廊院组成，每个院落可以独立存在，并有标名，如观音院、弥陀院、塔院、翻经院等。这种形式的寺院，目前在中国已无存。日本奈良的法隆寺的布局仍是典型的廊院式布局。

纵轴式是中国寺院最为普遍的布局形式，即将各主要殿堂布置在一条纵轴线上，每个殿堂前，左右各置一座配殿，形成三合和四合院落。这种排列有序的院落群可以引导信徒有秩序、有层次地观赏全部院落，以达到信仰的高潮。轴线上各进院落可以借助立体建筑造型的不同、院落空间大小的不同，以及附属建筑的不同以取得建筑艺术上的变化。较大的寺院可以并列有两条或三条纵轴，在侧轴部位可以建造塔院或花园、禅房等。每进院落可以根据地形高低建立在不同的标高上，虽然平面布局是规整的，但实际建筑空间却是丰富多变的，每个寺院都可以形成自己的特色。这种类型已成为中国佛教寺院中应用地域最广、时间最长久的寺院类型。北京碧云寺即是一座优秀的实例。

藏式寺院布局，是随着喇嘛教的盛行而在西藏地区创立的。其特点是，没有明显的轴线，而是按照地形较为自由地布置寺院中的各类建筑，在均衡中求对称，变化中求协调。

寺院在殿堂设置上，基本采用“伽蓝(qié lán)七堂”式。这种制式形成于宋代，“伽蓝”为梵语，意为“僧园”或“僧院”，即“寺院”。佛教的每个宗派的“七堂”都有所不同，后世大都沿用禅宗的七堂之制，即佛寺必备山门、佛殿、法堂、方丈院、僧堂、浴室、东司(厕所)七堂。到了明清时期，“七堂”演变为山门、天王殿、大雄宝殿、后殿、法堂、罗汉堂、观音殿。北京现存的寺院大多是按照明清以来的“七堂”制进行布局的。

北京地区寺院的平面布局，基本上都是纵轴式。寺院大多坐北朝南，少数者坐西朝东，如云居寺(位于房山区)、大觉寺(位于海淀区)和长椿寺(位于宣武门外长椿街)。寺院总体布局以大雄宝殿为中心，按照四合院的形式进行建筑。寺院的主要建筑安排在中轴线上，由外及里依次为：山门、钟鼓楼、天王门(或天王殿)、大雄宝殿、藏经楼。沿中轴线两侧，可能还有斋堂(五观堂)、念佛堂(禅房)、客堂、寮房、方丈寮。有的寺院还有放生池、佛学苑、地藏殿、伽蓝殿、化身窑、塔院等。

(五)寺院中的佛像

佛教寺院内各殿供奉着各种不同的佛像，形态各异，有立像、坐像或卧像。材质有泥质、木质或金属的。颜色有明亮耀眼的金色、洁净无瑕的白色、绚丽斑斓的彩色或质朴无华的本色等。佛像面目表情，有雍容华贵的，有慈眉善目的，也有凝重庄严的，等等。由于特定的政治、民族、地域、文化等因素的影响，北京地区不同时期的佛像，展现出不同的风貌特色。

从这些精美的佛像上，人们可以深切地感受到丰富的佛教文化内涵和不同时代的审美差别。细心地观赏它们，实在是一种很好的精神享受。

1. 山门殿

山门殿内通常供奉哼哈二将。有的寺院，如石景山区的慈善寺，供奉的是韦陀和关羽。

2. 天王殿

天王殿里面供奉的是弥勒菩萨，及五尊护法神——四大天王和韦陀菩萨。弥勒菩萨安排在门内迎面处，通常是坐着的化身布袋和尚像，金光灿灿，袒胸露怀且大肚，满面笑容，给人一种皆大欢喜的感受。弥勒菩萨是释迦牟尼的接班人，即未来佛，所以人们更喜欢称之为“弥勒佛”。

殿内两侧是威武的四大天王(又称四大金刚)立像，他们分别是：双手持琵琶的东方持国天王、手持宝剑的南方增长天王、左手持宝珠右手缠一龙的西方广目天王和手持宝伞的北方多闻天王。

弥勒菩萨背后、天王殿后门内、面朝大雄宝殿的是韦陀，全身金色将军，手持宝杵，为天兵天将的统帅，也是四大天王手下三十二将之首。佛祖涅槃前，让他保护佛门，护持佛法，故又是释迦牟尼佛塔的守护神。

3. 大雄宝殿

大雄宝殿，也有称大雄殿或释迦殿的，殿内通常供奉佛、菩萨和罗汉；佛，有供奉一尊，也有供奉三尊的。

一尊佛像便是佛教教主释迦牟尼，前面左右分立阿难和迦叶像。大雄宝殿内若供奉三尊佛像，则可能有如下的内容和安排方式：

(1)按空间分的“横三世佛”：释迦牟尼佛居中，东侧药师佛，西侧阿弥陀佛。

(2)按时间分的“竖三世佛”：中间是现在佛释迦牟尼佛，东侧是过去佛燃灯佛(或伽叶佛)，西侧是未来佛弥勒佛。

(3)华严三圣(又称“释迦三尊”)：中间毗卢遮那佛(释迦牟尼佛)，左胁侍骑狮的文殊菩萨，右胁侍骑六牙白象的普贤菩萨。

(4)东方三圣(又称“药师三尊”)：中间东方净琉璃世界教主药师佛，左胁侍日光遍照菩萨，右胁侍月光遍照菩萨。

(5)西方三圣(又称“阿弥陀三尊”)：中间西方极乐世界教主阿弥陀佛，左胁侍观世音菩萨，右胁侍大势至菩萨。

十八罗汉(阿罗汉的简称，又称尊者)，分列于大雄宝殿两侧。原本为十六罗汉，各有其名，是佛的十六位弟子，受佛的嘱托，不入涅槃。公元2世纪时狮子国(今斯里兰卡)庆友尊者作的《法住记》记载了十六罗汉的名字和他们所住的地区。这部书由玄奘法师译出后，十六罗汉便普遍受到我国佛教徒的尊敬。到五代时，绘图雕刻日益普遍起来。后来画家画成十八罗汉。推测画家原意可能是把《法住记》的作者庆友和译者玄奘也画在一起。但后人标出罗汉名字时，误将庆友列为第十七位住世罗汉，又重复了第一位阿罗汉的名字成为第十八位。虽然宋代便已经有人指出了错误，但因为有的绘画题赞的人是名书画家和文学家，如贯休、苏东坡、赵松雪等人，所以十八罗汉便很容易地在我国流传开来。

有些大雄宝殿释迦牟尼像后的壁板背面设菩萨像，如大觉寺设置的是文殊、观音和普贤三位菩萨。

4. 毗卢殿

毗卢殿内通常供奉五方佛：正中央供奉毗卢遮那佛，即密宗大日如来；东侧供奉东方阿閦(chù)佛和南方宝生佛，西侧供奉西方阿弥陀佛和北方不空成就佛。

5. 其他殿

其他殿，包括配殿在内，基本都有各自的名称，专供奉某一佛或某一菩萨。如药师殿专供东方药师佛；弥陀殿专供西方阿弥陀佛；地藏殿专供地藏菩萨；观音殿供观世音菩萨，菩萨像前侍立的是善财童子和龙女；度母殿供奉度母，度母为三世诸佛之母；伽蓝殿供奉守护伽蓝土地的菩萨，中间是波斯匿王，左侧是祇陀太子，右侧是须达多长者，其他还有中国的关公等。

(六)北京的佛教名寺

北京是辽、金、元、明、清五朝都城，其中辽时为陪都。出于巩固政权和信仰的需要，历代都有帝王笃信佛教，皇亲国戚、达官显贵、宫廷太监等也追随着皇帝信奉佛教，并且纷纷出资修建寺院。京城内外，有很多是皇帝出资敕建的寺院，规格比较高，为黄琉璃瓦顶。

北京多座著名的寺院为太监所建，万寿寺、法海寺、承恩寺、碧云寺、大慧寺、智化寺、摩柯庵等为明代太监所建；双泉寺为清代太监所建。

特别值得一提的是，北京的寺庙虽历经千年沧桑却较好地保存下来，这在全国是十分罕见的。分析其原因，很可能与其地理位置有关。北京在元以前属于远离国都的边陲之地，因此历史上几次大的灭佛运动，都未使北京的寺院遭受到严重的破坏。随着时代的变迁，北京的寺院和道教的宫观一样，在数量上有所减少，但仍有不少保留至今。下面就其中重要的寺院做些简单介绍。

1. 广济寺

广济寺位于阜成门内大街路北，东临西四，西望历代帝王庙，是中国佛教协会所在地。广济寺于 1983 年被定为汉族地区全国重点寺院，2006 年被国务院公布为全国重点文物保护单位。

广济寺创建于金代(1115—1234 年)，初名西刘村寺。元代毁于兵燹(bīng xiǎn，战火)，明代在原址重建，更名弘慈广济寺。以后明、清又两次重建。

民国时期，寺内两次遭火灾，再经两次重建。新中国成立初期，政府拨款将全部寺舍修复，1953 年为中国佛教协会会址。此后又两次进行全面修缮，使之得以保存古寺原貌。

广济寺坐北朝南，占地 2 公顷许，中轴线上依次为山门、钟鼓楼、天王殿、大雄殿、圆通殿(观音殿)、舍利阁(藏经阁)。山门外墙两侧原本分别有“法轮”和“常转”的字样，不知何时、何故被涂掉了。

大雄殿是寺中正殿，面阔五间，黄琉璃瓦单檐歇山顶，殿脊正中有华藏世界海，俗称香水海，整体呈山形，由下往上依次为琉璃砖烧制的水纹、莲花、梵文等，象征永恒世界，不生不灭，此种殿脊为北京寺院中的独例。殿前有月台，带汉白玉护栏，台前三出陛。

殿内正中供三世佛，东西两侧供奉于佛龛之内的是铜制十八罗汉。大雄殿后壁有一巨幅指画，为清代著名画家傅雯奉乾隆皇帝谕旨为皇太后祝寿所作的《胜果妙音图》。这一佳作绘于乾隆九年(1744 年)，距今已有近 300 年的历史，是目前国内外最大的一幅指画，具有极高的欣赏价值和文物价值。所谓指画，即画者用手指、指甲、手掌等部位作画。傅雯所作的这幅指画，幅高6米，横阔11.3米，水墨设色。全图场景宏伟，圣风云集，描绘的是释迦牟尼佛陀说法的情景。由于年久失修，长期受到自然光及油烟灰尘的熏染侵蚀，该画大面积脱落，漫漶(màn huàn，年久磨损而模糊)不清。20世纪90年代，故宫博物院科技部四位文物修复专家，历时四个半月，以高超技艺，对这幅国宝级巨幅指画进行了全面、彻底的修复和有效保护，将此画恢复旧观，延展至今。2014年，又经北京大唐万邦复制技术发展有限公司，以数字分色及水色墨色合成技术，历时1年多，予以复制，留下了珍贵的电子档案。

藏经楼藏有许多珍贵藏经。该楼现名为“舍利阁”，原因是新中国成立后，曾将西山八大处原灵光寺辽代招仙塔(俗称画像千佛塔)遗址中发现的佛牙舍利移此供奉，遂改此名。

东院有法器库和延寿堂等。西院有持梵律殿、净业堂和云水堂。院中正殿内砌有汉白玉石雕戒坛一座，为清康熙三十七年(1698年)住持恒明的弟子湛佑所置，雕刻精美，保存完好，是北京城内唯一的戒坛。

2. 广化寺

广化寺，位于美丽的什刹海后海北岸鸦儿胡同31号，为北京著名的佛教十方丛林，是北京佛教协会所在地。北京城的佛教寺院，重名者甚多，唯广化寺，未见重名，仅此一座。

该寺始建于元代；明天顺年间重建，为净土宗寺庙；成化与万历年间，两次重修；至清道光年间，已成为子孙剃度庙，“向无山主，剃度流传二十余代”。住持光珠乃“敦请自如老和尚主锡广化寺，开法兴修，永为丛林法席”。自如和尚为禅宗临济派大德高僧，接任广化寺方丈后，改子孙庙为十方丛林，开禅接众，被称为广化寺中兴第一代。自此，广化寺成为禅净双修的京城名刹。

清宣统年间，广化寺一度成为京师图书馆。1912年中华民国成立，蔡元培出任教育总长，委派江瀚为京师图书馆馆长。由于广化寺地处偏僻，交通不便，读者寥寥，故京师图书馆于同年十月移至国子监。

1939年广化寺在寺中创办广化佛学院，1946年在寺中又创办广化小学，1952年广化小学由北京市教育局接管。“文革”期间，广化寺蒙受巨大的损失。寺中大小佛像全部被捣毁，明清两代记载重修寺院经过的数块石碑统统被推倒在地，藏经阁内珍藏的绝版佛经，除七部《大藏经》及一些文物得以幸免外，连同古老的法器，皆被破坏殆尽。

1981年，宗教政策得以落实；1983年，广化寺被列为汉族地区佛教全国重点寺院；1984 年，广化寺被列为北京市文物保护单位，并成为北京市佛教协会所在地。1986 年，北京市佛教音乐团在广化寺成立。

如今的广化寺占地面积 20 余亩，殿宇 329 间，为多重院落组合的建筑群。主要建筑分为中、东、西三路。中路是全寺的主体建筑，由山门殿、天王殿、五佛宝殿、藏经楼以及两侧配殿组成。山门殿三间，歇山顶，殿门正中高悬“敕赐广化寺”大匾；天王殿三间，庑殿顶，殿前东、西两侧是钟鼓楼；五佛宝殿为寺内最重要的殿宇，面阔五间，重檐歇山顶，檐下悬有现代书法大师启功先生的手书“五佛宝殿”匾额。殿内正中央供奉毗卢遮那佛，即密宗大日如来；东侧供奉阿閦如来和宝生如来，西侧供奉不空成就如来和阿弥陀如来。最后一进院落内，建有二层楼阁，下为般若堂，上为藏经楼，左为普贤殿，右为文殊殿。楼内珍藏佛经甚丰，其中明清两种刻本的《大藏经》多达七部。西路上有三重院落，各有回廊环抱，建有观音殿、地藏殿、方丈室、祖堂、法堂和斋堂。东路有讲堂、图书室和僧房，但大部分为某单位使用，拆改建成五层办公大楼。

3. 法源寺

法源寺位于宣武门外，靠近南横西街，路北，与南面的教子胡同隔路相望。唐贞观十九年(645 年)，唐太宗李世民为悼念东征阵亡之将士而建该寺，赐名“悯忠寺”。清代改称“法源寺”，目前寺内有悯忠阁。

法源寺占地面积 6700 平方米，建筑规模宏大，结构严谨，采用中轴对称格局，由南至北依次为山门、钟鼓楼、天王殿、大雄宝殿、观音阁、毗卢殿、大悲坛、藏经阁、东西廊庑等，布局严正，宽阔庞大，是北京城内历史最为悠久的古寺庙建筑群。

天王殿内正中供奉着明代制作的弥勒菩萨化身布袋和尚铜像，高 1.12 米，袒胸露怀，慈颜常笑。弥勒佛背后是勇猛威严的护法神韦驮坐像，明代铜铸，高 1.7 米。两侧是明代铜铸四大天王像，十分珍贵，皆高 1.2 米。

大雄宝殿，面阔 5 间，进深 3 间，灰筒瓦歇山顶，殿内抱厦梁上悬乾隆御书的“法海真源”匾额，殿内正中供奉的是“华严三圣”，即毗卢遮那佛、文殊菩萨和普贤菩萨像，均为明代所造，木胎、贴金罩漆。正中的毗卢遮那佛端坐在须弥座上，像高 2 米，后有背光，连座通高 3.97 米。文殊、普贤分立两旁，像高 2.14 米。这三尊塑像，雕刻工艺精湛，相貌庄严，在明代同时期的塑像中是上乘之作。大雄宝殿两侧是十八罗汉坐像，像高约 1.35 米，木胎、贴金，这是清代的造像。

观音阁，又称悯忠阁、悯忠台，原供观音塑像，现在陈列法源寺历史文物。毗卢殿原称净业堂，廊下墙壁上镶嵌着清代石刻佛图两块，是从南横街圣安寺迁移过来的。殿中原供奉唐僧玄奘法师头顶骨，后被人盗走。现供奉高大的明代铜铸五方佛巨像。佛像共分为三层，通高 5 米，下层为千佛莲花宝座；中层为四方佛，分别面向四方；上层是毗卢遮那佛铜像，安置在石须弥座上。该像系由西四报子胡同内隆长寺移到这里来的，是一尊极为少见的珍品。

大悲坛，现辟为历代佛经版本展室，陈列唐以来各代藏经及多种文字经卷，蔚为大观。

最后一进殿堂是藏经阁，大殿全部用青砖铺地。下层是“历代佛造像展室”，迎面正中供奉一尊巨大的木胎罩金卧佛，长 7.4 米，是北京市内明代木雕像中最大的一尊，原在崇文门外东花市斜街卧佛寺内，1979 年移奉于此。阁上正中供奉着明代三大士像，为木胎干漆所制，是明代造像的艺术精品。阁内珍藏明、清时期所刻藏经。1980 年 5 月，日本国宝鉴真大师像曾在这里供奉了 7 天，有 16 万信徒和群众前来瞻仰、膜拜。

寺内花木繁多，初以海棠闻名，今以丁香著称，至今全寺丁香成林，数量繁多，花开时节，香飘数里，为京城艳丽胜景。

法源寺作为一座历史名刹，曾经历过许多著名的历史事件。北宋末年，当金攻陷汴京后，掳掠了徽、钦二帝北上，就曾把宋钦宗拘禁在此。

法源寺内收藏了众多名贵的佛教典籍及艺术品，特别是大悲坛内陈列的大量佛经，数量众多、版本珍贵。大悲坛是一座佛教文物宫殿，这里陈列的历代佛像、石刻及艺术珍品，有中国最早的佛像——东汉时代的陶佛坐像，有东吴时代的陶魂瓶，有北魏石造像、唐石佛像、五代铁铸像、宋木雕罗汉、元铜铸观音、明木雕伏虎罗汉等，都是国宝级珍贵文物。另外还有各国赠送的经像文物。

新中国成立以后，政府多次拨款维修法源寺，使得这座千年古刹得以受到保护。1956 年在寺内成立中国佛学院。1980 年在寺内建立中国佛教图书文物馆。1983 年，法源寺被国务院确定为汉族地区佛教重点寺院。

特别是，唐以后法源寺虽经历代重修，但寺址却一直未变，为今人考察唐幽州城遗址提供了极为珍贵的线索。

4. 潭柘寺

潭柘寺在门头沟区，始建于西晋永嘉元年(307 年)，是佛教传入北京地区后修建最早的一座寺院，最初称“嘉福寺”，清康熙皇帝赐名“岫云寺”。因寺后有龙潭，山间有柘树，北京人都称之为“潭柘寺”。提起潭柘寺这座古老的佛教寺院，北京人就会脱口而出“先有潭柘寺，后有幽州城”。赵朴初先生(1907—2000)曾为潭柘寺题写楹联：气摄太行半，地辟幽州先。足见其古老久远。

潭柘寺坐北朝南，依山势而建，各组殿堂呈阶梯状逐级而上，随着地形的起伏，高低错落，气势雄伟壮观，寺后九峰环抱，寺前溪流蜿蜒，殿宇嵯峨，修竹成荫。总体布局和周围自然环境极其融洽，并结合成一个整体。

潭柘寺主要建筑可分为中、东、西三路。中路主体建筑有山门、天王殿、大雄宝殿、斋堂和毗卢阁。东路有方丈院、延清阁、行宫院、万寿宫和太后宫等。西路原有楞严坛(现已无存)、戒台和观音殿等，庄严肃穆。此外，还有位于山门外山坡上的安乐堂和上、下塔院以及建于后山的少师静室、歇心亭、龙潭、御碑等。塔院中共有72座埋葬金、元、明、清各代和尚的塔群，元帝忽必烈的女儿妙严公主的墓塔也在其中。

大雄宝殿是寺中地位最尊贵的建筑，面阔五间，黄琉璃瓦绿剪边重檐庑殿顶，上檐额题“大雄宝殿”，为已故佛教协会会长赵朴初先生的手书；下檐额题“福海珠轮”为乾隆皇帝御笔亲题。大梁、栋、天花板上采用“金龙和玺”彩绘。正脊两端各有一巨型碧绿的琉璃鸱吻，为三样十一拼正吻，高达2.9米，仅比故宫太和殿上的正吻小0.5米。鸱吻海口大张，银牙凌翘，在其前后两侧各盘曲着一条“S”形的金龙，金龙为鲜亮的金黄色，镶嵌在橙黄色的琉璃大吻上十分醒目。正吻两侧各拴有一条长约两丈的镀金锁链，在阳光的照射下金光闪闪，熠熠生辉。这四条又长又粗的锁链称作“镀金剑光鸱带”。这种“鸱带”在我国古代建筑中极为少见，既有很好的装饰作用，又能起到避雷针的功能，充分体现了我国古代建筑师的巧妙设计和高超的技术。现今这对巨大的鸱吻立于1692年，为康熙皇帝所赐，是清代重修潭柘寺时仿照元代的式样重新烧制的。

大雄宝殿内正中，供奉硕大的释迦牟尼泥质漆金坐像，神态庄严，后有背光，背光上雕饰有大鹏金翅鸟、龙女、狮、象、羊、火焰纹等。佛像左右分立阿难陀和迦叶像，均为清代遗物。

中路终点是一座楼阁式的建筑——毗卢阁，高15米，上下两层，木结构。站在毗卢阁上可俯瞰全寺，纵目远眺，远山尽收眼底。阁内一层供奉五尊佛像。正中是“法身佛”，全名是“摩诃毗卢遮那”；法身佛东侧的第一尊佛为“南方宝生佛”，第二尊佛为“东方阿閦佛”；法身佛西侧的第一尊佛为“西方阿弥陀佛”，第二尊佛为“北方不空成就佛”。

毗卢殿屋顶大脊是用砖砌成的，前后两面都雕有精美的图案，大脊正面，镂空雕出“游龙戏珠”的图案，八条奋鳞扬爪的游龙追逐着一颗光焰四射、向上升腾的宝珠，十分壮观。在大脊的后面，雕刻着“凤戏牡丹”，六只展翅的彩凤簇拥着一朵朵硕大的牡丹花，显得十分华贵。在大脊两端的鸱吻上也雕刻有美丽的图案，正面雕刻的是“飞龙戏珠”，后面雕刻的是“龙凤呈祥”。这幅“龙凤呈祥”的砖雕图案，是所有雕刻中最为奇特的一处，一只展翅飞舞的金凤高翔在上，其下面则是一条游龙，金凤高高在上，占据了整幅图案的三分之二的面积，是图案的主体，而下面的那条游龙则仅起到了一种陪衬的作用。这就是“凤在上，龙在下”，可谓奇特。这种图案只有在慈禧太后的陵寝中出现过。毗卢殿最后一次大修是在光绪十六年，此处“凤在上，龙在下”的奇特砖雕就是这次大修时的作品，很可能是有意为之。

寺院东路由庭院式建筑组成，有方丈院、延清阁和清代皇帝的行宫院，主要建筑有万寿宫、太后宫等。院中幽静雅致、碧瓦朱栏、流泉淙淙、修竹丛生，颇有些江南园林的意境。院内有流杯亭一座，曰猗玗(yī gān)亭。

我国古典园林中的流杯亭，可分为两种类型。一类是在亭子的外围布置流觞曲水，讲究自然天成之美，其典型代表即是浙江绍兴的古兰亭，这是早期形式的流杯亭。另一类是把亭子的石座凿成曲形水渠，这是明清时期流杯亭的基本形式，潭柘寺的流杯亭就属于这一种。这种形式的流杯亭，北京除了潭柘寺的流杯亭之外，还有故宫内宁寿宫花园(亦称乾隆花园)的禊赏亭、恭王府内的沁秋亭、西山妙高峰下七爷府内的流杯亭(已坍塌)以及中南海内的流水音亭等。在盛期的圆明园内，这两种类型的流杯亭均曾各有一座。亭外流觞曲水亭名“坐石临流亭”，亭内流觞曲水亭名“寄情咸畅亭”，其位置在绮春园西北部的清夏斋。

寺院西路的主要建筑有戒坛殿、观音殿和龙王殿等，一层层排列，瑰丽堂皇。观音殿是全寺最高处，门额所悬匾额“莲界慈航”为清乾隆皇帝亲题。殿内供观音菩萨说法像。观世音是梵文的意译，即“能观察世上一切声音”的意思。观音像前侍立的是龙女和善财童子。殿内左侧存放着元世祖忽必烈的女儿妙严公主的“拜砖”。妙严公主出于替父忽必烈赎罪的心理，在潭柘寺出家，每日在观音像前虔诚礼忏，天长日久，就在一块铺地方砖上磨出两个深深的脚窝，其拜佛至诚之心为世人传颂。这块拜砖放在一个刻有明代高僧达观所作《妙严公主拜砖赞》的硬木匣中。明万历年间慈圣孝定皇太后来潭柘寺进香时，见到这块拜砖，深受感动，特意将其请到皇宫内院，让后妃们观览。

龙王殿前檐下挂着一条长 1.7 米、重 150 公斤的石鱼，是用一块含铜的石料雕刻而成的，看上去就像铜鱼一般，击之不同部位，犹如乐器一般，可发出不同的音响，十分悦耳。石鱼是“潭柘四宝”之中幸存者；其余三宝是三圣殿内唐代汉白玉药师佛石造像、开山祖师华严禅师画像和大雄宝殿里的两根“自油柱”，均已无存。

潭柘寺内古树名木颇多，如柘树，它是北京地区稀有的珍贵树种，可入药治病，当地人争相剥皮、取茎摘叶，致使九峰环抱的潭柘山的柘树逐渐减少，近于绝迹。文献所述“柘树千章”今已不复存在。现在只有数株小柘树，作为名称的应景之物，供人观赏。

大雄宝殿后面的“斋堂院”内有两棵娑罗树，相传由印度移植这里，其中一棵直径一米多。两棵树的树冠呈伞形。院内还有两棵古老的银杏树，颇具灵性，其中一棵被清乾隆皇帝御封为“帝王树”，是迄今为止皇帝对树木御封的最高封号。北方高僧皆以此树代表菩提树，视为佛门圣树。另一棵称“配王树”，是后来补种的。两树植于辽代(916—1125 年)，均已逾千年。“帝王树”高达 40 余米，须六七个人才能合抱，2018 年入选为“全国十大最美古银杏”；“配王树”也十分高大，两树虽历尽沧桑，但至今依然枝繁叶茂，生机勃勃。夏季有这四棵大树的遮阴，整个院子都十分清爽凉快。

寺内的竹子也很名贵。在流杯亭北侧，有一片竹林，竹高 3—5 米，竹干为金黄色，每个竹节前后交替都有一翠绿如玉的垂直线条，名“金丝挂翠”竹，俗称“金镶玉”竹。这种竹寺内还有两片：一片在寺内行宫院南，一片在戒台后面。流杯亭南房后，还有一片竹林，竹高也是 3—5 米。与金丝挂翠竹正相反，竹干翠绿如玉，每个竹节前后交替各有一条垂直金线，名“碧玉镶金”竹，俗称“玉镶金”竹。

有文献记载，以上这两种竹，原产自我国成都，称“金镶碧竹”，后移植到浙江、杭州。清康熙三十八年(1699 年)，潭柘寺整修山门前木牌楼竣工，康熙皇帝为牌楼亲题匾额，正面为“萃嶂丹泉”，背面为“香林净土”。康熙帝还赐给寺内桂花十二桶和龙须竹八杠。这就是今天我们所见到的“金镶玉”和“玉镶金”竹。寺内这两种珍贵名竹，距今已三百余年，仍然枝繁叶茂，生长健壮，不见衰容。

潭柘寺内还有一些文物值得介绍，如大铜锅。大铜锅现展示在天王殿东侧院内的北房中，直径 1.85 米、深 1.1 米，为北京最大的炊事用锅，是昔日寺内和尚的炒菜锅。原本寺里曾有过三口大铜锅，现在展出的是其中最小的一个。另外两口锅，一个是蒸馒头、窝头用的，一个是煮粥用的。煮粥的锅最大，锅口直径 3 米，深 2 米，煮一锅粥用米一石（dàn，十斗）二斗，需要煮上 16 个小时才能煮熟。由于锅大底厚，文火慢熬，故而熬的粥既黏稠又香。关于这两口锅，还有“漏砂不漏米”之说，原来，锅的底部有如小水桶的一块凹陷处，称之为“容砂器”，随着熬粥时的不断搅动，砂石会沉入锅底的凹陷处，上面的粥就不会有砂粒了。古人的智慧由此可窥一斑。这两口锅未在此展出，不知去了何方。

具有 1700 多年历史的古刹潭柘寺，在北京人的心目中享有崇高的地位。2001 年 6 月潭柘寺被国务院确定为全国重点文物保护单位。

5. 戒台寺

戒台寺，又称戒坛寺，位于京西门头沟马鞍山麓，距北京市区约 30 公里，是一座历史悠久的寺院，是京西的大寺之一。

戒台寺占地 4.3 公顷，创建于唐高祖武德五年（622 年），距今已有 1400 年，原名慧聚寺。辽代咸雍年间（1065—1074 年），高僧法均在此建立戒坛传戒，明正统年间（1436—1449 年）重修，更名万寿禅寺。明英宗敕令如幻律师再次说戒，戒台（或戒坛）之名便流传下来，而其本名却鲜为人知了。从此，戒台寺便成四方僧徒在此受戒的场所，俗称造佛场。

北京戒台寺与浙江杭州的昭庆寺、福建泉州的开元寺并称为“中国三大戒坛”，而北京戒台寺的戒坛，其规模又居三大戒坛之首，故享有“神州第一坛”的美誉。

历史上戒台寺屡有重修，现存的建筑大多是清代修建的。戒台寺坐西朝东，依山势而建，天王殿、大雄宝殿、千佛阁、观音殿、九仙殿等主要建筑，都建在中轴线上，逐层升高。

戒台殿在寺的西北院，为一重檐、黄琉璃瓦盝顶的方形建筑，内有汉白玉戒台，为明代遗物。戒台是一个高丈余的石刻台座，三级，雕刻精美。殿内有明代雕花沉香木椅，是当年传戒时，三师七证的座位。三师是得戒和尚、羯（jié）磨师、教授师；七证则是证明受戒的莅会比丘或比丘尼。

戒台之前有明王殿，称为优波离殿，殿外有经幢三座，八角或六角形柱，刻有佛像、经文，其中两座为辽代，一座为元代。戒台寺北面是塔院，有辽塔、元塔，其中一塔高十一级。戒台寺后面的极乐峰下，有多处喀斯特溶洞。

戒台寺的奇松，堪称一绝，古人诗云："潭柘以泉胜，戒台以松名，一树具一态，巧与造物争。"其中最负盛名的有 5 棵：抱塔松、卧龙松、活动松、自在松、九龙松。

九龙松位于戒台殿门外，属白皮松树种，树龄 1300 年，胸围 6.5 米，平均冠幅 23 米，树高 18 米，冠幅巨大，九条主干延伸，犹如九条腾飞的银龙，十分壮观。这棵古树于 2018 年入选为"中国最美白皮松"。

戒台寺内还有许多名贵花木。每年从四月开始，寺内的玉兰、丁香、锦带、太平花、牡丹、芍药、连翘、榆叶梅、珍珠梅、西府海棠、金银花、紫薇、碧桃、樱花等相继开放，姹紫嫣红，花香四溢。1997 年，经专家考察、鉴定，寺内 20 棵古丁香树，树龄竟达 200 年以上，其树龄之古，数量之大，在北京居首位。这种树龄的丁香在故宫的御花园内也仅有 2 棵；北京植物园虽然也有种植，但无论是树龄、树高还是粗细程度，都无法与戒台寺的古丁香相比。这里的古丁香树高一般都在 6 米以上，其中一棵树干直径竟达 70 厘米。这里的 19 株牡丹，年龄也在 200 年以上，至今仍生机盎然，这样古老的牡丹，在北京地区极为罕见。这里的 17 株太平花亦相当古老，通常太平花的高度不过 2 米，但这里的太平花有几株竟然超过 3 米，其中一棵直径已达 20 厘米。在大雄宝殿前，月台的左右两侧，各种有 1 株锦带，其年龄竟然达到了 150 年以上，这在整个华北地区都是绝无仅有的。上述的 20 棵古丁香、19 株牡丹和 2 株古锦带都有专家出具的鉴定书。

戒台寺内原有佛像皆毁于"文革"中，现在的佛像是 20 世纪 80 年代重塑的。千佛阁亦因危险经市领导批准于 1964 年拆除。1996 年，戒台寺被国务院公布为全国重点文物保护单位。

6. 智化寺

智化寺位于东城区禄米仓胡同东端路北，其前身是明英宗司礼监太监王振的家庙，建成于明正统九年(1444 年)。后王振以感念皇恩的名义改为寺院，故英宗赐名为"报恩智化寺"。"土木堡之变"，英宗被俘；王振死于军中，其家被抄，家族被灭，但智化寺为敕建，故不曾籍没。英宗复辟后，追念旧事，于天顺元年(1457 年)，在智化寺大悲堂西配房为王振建旌忠祠，立塑像祭祀；天顺六年(1462 年)又特颁赐大藏经一部、经橱两座，使这座寺庙愈发兴旺。

智化寺在明清两代曾多次进行过修葺，但寺内主要建筑的梁架、斗拱、彩画、琉璃瓦件、脊兽铺砌等，仍保持着明代早期建筑的风格特征，是北京市内保存比较完整的明代建筑群，被建筑界视为明代建筑的标本。

清末及民国，寺内文物不断散失，寺院遭到破坏。院内的古松柏几乎被砍伐殆尽，都卖给杠房做了棺材。更令人痛心的是，智化殿和万佛阁内的两个精美的藻井也被一个纪姓古董商以做棺材为由从住持普远手中买下，而后转卖给美国人，如今这两件珍贵的文物仍滞留在美国。抗日战争时期，日寇占领北京，将智化寺的一部分用作啤酒厂，致使该寺遭到进一步的毁损。

新中国成立以后，政府为保护这座珍贵的明代建筑，加强了管理并不断进行维修。1961 年国务院将其列入第一批全国重点文物保护单位。1987 年再次对智化寺进行修缮。

该寺坐北朝南，共有五进院落，主要建筑自山门而内，依次为钟鼓楼、智化门、智化殿及东西配殿(大智殿、藏殿)、如来殿、大悲堂等。

智化殿，相当于大雄宝殿，黑琉璃瓦单檐歇山顶，殿内原供奉横三世佛：释迦牟尼佛、药师佛、阿弥陀佛和十八罗汉，均为木质漆金。1972 年三世佛被移往西山大觉寺大雄宝殿内。智化殿前建有东、西配殿。东配殿是大智殿，殿内原供奉观音、文殊、普贤三大士；观音骑犼，文殊骑狮，普贤骑六牙白象。西配殿为藏殿，内有八角形转轮藏(cáng)一具，系明代原物，其结构严谨，雕刻精湛，含义深奥，极为罕见，可能是北京的唯一一具，能够完好保存至今，实为难能可贵。转轮藏系佛教语，是能旋转的藏置佛经的塔形木结构建筑，下大上小，依次为藏座、藏身和天宫楼阁，绘有佛像、图案等，通高十米左右，多为八角形，分若干层次，可左右旋转。

如来殿，在智化殿之北，是全寺体量最大、级别最高的建筑，上下两层，黑琉璃瓦庑殿顶。下层如来殿，面阔五间，进深三间，东北、西北两角处有楼梯可达楼上，殿内供奉释迦如来本尊；上层万佛阁，面阔三间，供奉毗卢遮那佛、卢舍那佛、释迦牟尼佛。上下两层山墙上，布满佛龛，内有小佛像九千九百九十九尊，万佛阁因此得名。如今，小佛缺损很多。

如来殿的北面是大悲堂，旧称极乐殿，黑琉璃瓦单檐歇山顶，面阔三间，进深两间。此殿西配房被明英宗命为“旌忠祠”，供王振的塑像。清乾隆七年(1742 年)御史沈廷芳以王振乃“明代之罪人”为名，奏请拆毁此处王振塑像，谕准。自此，智化寺不再祠祀王振。

当初王振建造智化寺，耗资巨万，壮丽甲于京师。寺内明代壁画《地藏菩萨说法相》、元代藏经、典型的明代建筑艺术、龙藏经版、佛教音乐，被世人称为智化寺的“五绝”。

其中佛教音乐，即“京音乐”或称“智化寺京音乐”，一直延续至今，保存完整，是一份厚重的文化遗产。“京音乐”是王振于正统十一年（1446 年）将宫廷音乐引进智化寺的。该音乐包括禅门（声乐）、音乐门（管乐）、法器（打击乐）三部分，分别用于佛教法事活动。所用乐器主要有吹管乐器：管二支、笙二个、笛二支；打击乐器：云锣二付、鼓、铛子、铙、钹、铦（xiān，小钹）子。乐曲一般采用“正、背、皆、月”四个调，即正调（F 调）、背调（^{b}B 调）、皆止调（^{b}E 调）、月调（C 调）。曲目内容十分丰富，工尺谱记谱。长期以来，乐师都经过了严格的师承培训，未曾改动，20 世纪 50 年代初，已有 27 代传人，在演奏姿势及技巧，甚至在乐谱传承方面都非常严谨，比较完备地保留了古老的风貌。据著名的中国音乐史家、民族音乐学家杨荫浏先生（1899—1984）等人的考证，京音乐是源于唐、宋古乐的一支，是唐宋以来燕乐中鼓吹教坊的一部分，是我国现存最古老的音乐之一。据赵朴初先生讲，7 世纪初，正值中国的唐代，今缅甸境内的骠（piāo）国赠送给中国佛曲 10 种，并派来乐工 32 人。中国唐代的音乐中吸收了天竺乐、龟兹乐、安国乐、康国乐、骠国乐、林邑乐等佛教国家的音乐。智化寺的“京音乐”中有一部分即来源于此。

“文革”以后，新的“京音乐”传承人重新继往开来。2006 年，“京音乐”被列入首批《国家级非物质文化遗产代表性项目名录》，是北京市唯一一项被列入该名录的民间音乐。如今，智化寺每天都有“京音乐”的演出。

7. 云居寺

云居寺位于北京西南 75 公里处的房山区南尚乐乡水头村，始建于隋代大业年间（605—616 年），为僧人静琬所创，初名智泉寺，后因此地山间云雾缭绕，经久不散，遂更名云居寺。云居寺一名最早见于唐总章二年（669 年）的石刻上。

寺院坐西朝东，依山而建，规模宏大。中轴线上有五层院落，六进殿宇：天王殿、毗卢殿、释迦殿、药师殿、弥陀殿、大悲殿。

云居寺是北京地区最著名的古刹之一，寺内有“三宝”：佛经、塔林、佛骨舍利。

云居寺因经而寺，寺以经贵。寺内珍藏着三种佛经：纸经、木经和石经，号称“三绝”。

纸经现藏 2.2 万多卷，为明代刻印本和手抄本，包括明南藏、明北藏和单刻佛经等。而其中的《大方广佛华严经》为妙莲寺比丘祖慧刺破舌尖血写成，被誉为“舌血真经”，尤为珍贵。

《龙藏》木经始刻于清朝雍正十一年（1733 年）至乾隆三年（1738 年），现存

7.7万多块，内容极为丰富，是集佛教传入中国2000年来译著之大成，堪称我国木板经书之最。世界上现存两部汉文大藏经，一部为云居寺现存的《龙藏》，另一部是韩国海印寺的《高丽藏》。

云居寺石刻佛教经籍，简称房山石经，是国之珍宝。我国佛教石经，创始于6世纪的北齐时代，分布在河北、山西、山东等地，其中以唐邕(yōng)在河北省武安县北响堂山所刻《维摩诘经》《胜鬘经》等几部大乘经典最为著称。在北魏太武帝和北周武帝两次灭佛的"法难"中，许多手写经卷都化为灰烬，而唐邕所刻石经却安然无恙，这给佛教徒以很大的启发。于是北齐南岳慧思大师的弟子静琬法师承师遗愿，刻造石经，以备一旦再遭"法难"，可充当经本之用。

房山石经自隋大业年间，由静琬创刻以后，历经隋、唐、辽、金、元、明六个朝代，绵延达一千余年。所刻经版，封存在九个石洞里，埋藏在塔下。1956年，中国佛教协会在政府的支持下，花费了两年的时间，将珍藏的经版全部取出，拓印了七份，并进行整理和研究，取得了相当大的成果。经过清点计算，石经山共镌刻佛经1122部、3572卷、14278块。经考证还发现，辽刻石经是以《契丹藏》为底本，也就是久已失传的《契丹藏》的复刻。房山石经实在是一部稀有的法宝。

像石经山这样大规模刊刻佛经，历时这样长久，确是世界文化史上罕见的壮举，堪与文明寰宇的敦煌石窟相媲美，是世上稀有而珍贵的文化遗产。房山石经是我国最有参考价值的文字铭刻，对校勘佛经、研究书法风格的演变和文字的演变(如俗写字、异体字、简化字、武周时期新造字等)意义重大，同时也是古迹印证或补史之阙(quē，过错，缺失)文。总之，房山石经为研究我国古代文化、历史、艺术以及佛教历史和典籍等，提供了珍贵的资料。

云居寺的第二宝——塔林，也是十分珍贵的历史文物。寺内现存七座唐塔、五座辽塔。北塔，又称舍利塔或罗汉塔，坐落在云居寺北塔院中，是一座具有辽代风格的砖塔，始建于辽代天庆年间(1111—1120年)，高30多米。塔身集楼阁式、覆钵式和金刚宝座式三种形式为一体，造型极为特殊。塔的下部为八角形须弥座，上面建楼阁式砖塔两层，再上置覆钵和"十三天"塔刹。这种造型的辽塔，十分少见。更为奇特的是，这座辽代的北塔，其四周却建有四座唐代的石塔，建筑年代相差几百年。何以出现这种不可思议的组合呢？据专家考证，北塔四周的唐代石塔自建成以来，历经辽、金、元、明、清几代，其位置从未移动过。中间北塔的位置上，于唐代曾经建造过一座大塔，但因年代久远，这座唐塔早已毁弃。到了辽代，又在原址建造了这座辽代风格的北塔。

与北塔相对的南面还有一座八角十三层密檐式砖塔，人称南塔，为辽天祚帝天庆七年(1117 年)所建，因静琬法师曾将雷音洞内的佛舍利藏于此塔，故称释迦佛舍利塔。因塔旁有藏经穴，故又称压经塔。该塔毁于抗日战争期间。先是遭日军飞机轰炸，后又在日军建造岗楼时拆毁取其砖料。现在屹立在原址上的新南塔，是民间集资于 2014 年复建的。

除上述诸塔外，云居寺还有其他唐辽两代的塔多座。其中有辽大安九年(1093 年)通理大师为云居寺创始人静琬法师所建造的舍利塔和唐开元二十八年(740 年)建造的金仙公主塔，上面记述了唐玄宗第八妹金仙公主对云居寺奏赐经本和施田事。

云居寺最为宝贵的是在 1981 年出土的两颗佛舍利。所谓舍利，是梵文 sarira 的音译，也有翻译成“设利罗”或“保利罗”的。按照该词的实际含义，可译为“遗体”或“身骨”，指逝者火化后的残余骨烬。通常指释迦牟尼遗体火化后结成的珠状物，如佛舍利子、佛牙舍利、佛指舍利。佛教经典中，舍利有两类，一类为法身舍利，即释迦牟尼所说的佛教经典；另一类为生身舍利，即释迦牟尼火化后遗留的固体物。这一类佛舍利有三种颜色，白色的是骨舍利，黑色的是发舍利，红色的是肉舍利。云居寺石经山雷音洞出土的佛舍利是两颗红色肉舍利。这是世界上唯一珍藏在洞窟内而不是供奉在塔内的舍利，与中国北京八大处的佛牙、陕西西安法门寺的佛指，并称为“海内三宝”。不过发掘的是两颗舍利，与历史记载不相符。据记载，藏在云居寺的佛舍利应该有三颗，是隋炀帝赐予开山刻经的静琬大和尚的。静琬得到佛舍利之后，用青石函保存并埋在了雷音洞弥勒佛像背后的石板底下。明万历二十年(1592 年)，当时的达观可禅师在清理雷音洞时，无意间发现了这个隋朝珍藏佛舍利的石函。万历皇帝的母亲慈圣太后得知后，下旨将三颗舍利迎入皇宫供养三日。宝函归还后，达观可禅师发现石函内的舍利被两个羊脂玉函封藏，数量少了一颗，却多了两颗珍珠。由于明末时局动荡，达观可禅师遂将佛舍利用五层石函再次埋藏。究竟是太后私藏了一颗还是在归途中遗失，已经成为历史疑案。

1981 年出土的这两颗佛舍利现存于首都博物馆。如今在云居寺“佛舍利展览”室中所展示的佛舍利，是北京市房山区岳各庄乡天开村天开塔出土的白色骨舍利。一同展出的还有天开塔地宫中发掘的安奉佛舍利的小石塔。

综上可知，云居寺对于佛教的传播与弘扬做出了巨大贡献，成为国内外著名的佛教寺院，享有“北方巨刹”的盛誉是当之无愧的。云居寺于1961年被国务院首批公布为全国重点文物保护单位。

8. 十方普觉寺(卧佛寺)

十方普觉寺，俗称卧佛寺，位于香山公园之东、北京植物园之西，始建于唐贞观年间(627—649年)，初名兜率寺，元、明、清三代都有修建，并多次更名。清雍正十二年(1734年)以后称十方普觉寺。因院内有元代至治元年(1321年)的铜铸卧佛，故北京人习惯称卧佛寺。2001年国务院公布十方普觉寺为全国重点文物保护单位。

寺院坐北朝南，由三座院落组成。中间院落建有主体建筑群，自南而北依次为：山门殿、天王殿、三世佛殿、卧佛殿。山门殿前是三间四柱七楼的琉璃牌坊和白石小桥。琉璃牌坊额书“同参密藏”，背面书“具足精严”，均为乾隆御笔。

三世佛殿是殿堂中体量最大的一座，面阔5间，进深3间，绿琉璃瓦黄剪边单檐歇山顶，寺院级别较高。殿前门额“双林邃境”为雍正御笔，门两侧的楹联“翠竹黄花禅林空色相，宝幢珠珞梵宇妙庄严”为乾隆御笔。殿内供奉三世佛：中间释迦牟尼佛，东侧药师佛，西侧阿弥陀佛。

卧佛殿面阔3间，绿琉璃瓦黄剪边单檐歇山顶，门额“性月恒明”，门楹“发菩提心印诸法如意，现寿者相度一切众生”，均为慈禧手书。“性月恒明”中的“性”系指“法性”，全句意为“法性像月亮一样，永恒光明”。殿内后檐悬有乾隆御笔“得大自在”匾。匾文取自《法华经》的“尽诸有结，心得自在”。寓意：释迦牟尼涅槃，获得了最大的“自在境界”。

殿内正中便是我国现存最大的铜铸卧佛像。卧佛长5.3米，高1.6米，重约54吨，头西面南侧卧，右手曲肱(gōng，胳膊由肘到肩的部分，泛指胳膊)托首，左手平舒放于腿上，安详而自如。卧佛的含义，一般认为是释迦牟尼涅槃前向弟子嘱托后事的形象。佛教传说，释迦牟尼涅槃于拘尸那国城外的娑罗树下，娑罗树遂成为佛教徒崇拜的圣树，佛教寺院也以有此树为荣。卧佛寺原有3棵娑罗树，均已无存。现存的一棵是1954年补种的，实际上是和娑罗树相近似的一种七叶树，并不是印度产的真正娑罗树。

人民艺术家老舍先生曾于1921年春季大病初愈后，来到卧佛寺疗养。在这里，他游览了香山、八大处的风景，构思出小说《赵子曰》《骆驼祥子》《大悲寺外》等。

除了十方普觉寺的卧佛以外，北京城里还有两尊卧佛。一尊现供奉在南城的法源寺；另一尊原供奉在内城之西南隅、都城隍庙之南的某座寺院中，后该寺被拆除，卧佛不知去向。

9. *碧云寺*

碧云寺位于香山公园北侧，西山余脉聚宝山东麓，与香山北门隔路相对。该寺创建于元至顺二年(1331 年)，相传为元代名臣耶律楚材的后人始建，称碧云庵。明正德年间(1506—1521 年)御马监太监于经进行扩建，并在庵后营建生圹，遂改碧云庵为碧云寺，后因犯事入牢，死在狱中，未能葬入。天启三年(1623 年)魏忠贤重修碧云寺，并对于经的墓地进行扩建，以为自己所用，其制作规模，仿佛陵寝，“碑石峥嵘，隧道深閟(bì)。翁仲簪朝冠而环列，羊虎接驼马以森罗”。俨然一座皇陵的气派。然而墓地竣工不久，魏忠贤就被崇祯皇帝驱逐出朝廷，在被移往安徽安置的途中，自杀而亡，未能葬入碧云寺。其墓地在清康熙年间被夷为平地。据考，当年墓地遗物仅存一对石狮，今立于碧云寺山门外石桥两侧。

清乾隆年间对寺院进行了整体修葺，乾隆十三年(1748 年)，按印度高僧所贡奉的图样，建造了金刚宝座塔，又新建了行宫和罗汉堂。此次修葺对寺中原有建筑改动不大，故寺之殿宇基本是明之遗构。

碧云寺坐西朝东，占地 4 万多平方米，依山而建，殿宇错落有致。中路上的主要建筑，由东而西依次为山门、山门殿、弥勒殿、大雄宝殿、菩萨殿、孙中山纪念堂、金刚宝座塔院。寺的南侧有罗汉堂，北侧有水泉院。山门上的匾额“碧云寺”，为乾隆皇帝御笔。

大雄宝殿，又称丹青阁，为明代建筑，面阔三间，灰瓦单檐方形庑殿顶，门额悬匾，上书“能仁寂照”，为乾隆御笔。殿内供奉释迦牟尼佛像及左右胁侍文殊和普贤二位菩萨及佛的两位弟子：迦叶和阿难尊者。两侧有十八罗汉和悬山云海。背后塑观音菩萨，左右胁侍为善财童子、龙女，立于海岛中央。殿前露台上，左右各有一高约 8 米的八角形汉白玉经幢，上刻经文。殿后有碑亭，黄琉璃瓦重檐八角攒尖顶，上下檐均有斗拱装饰，亭内立碑，上刻乾隆御笔，记述乾隆十二至十四年(1747—1749 年)重修碧云寺的情况。

亭后为菩萨殿。菩萨殿后为孙中山纪念堂，面阔五间，正门悬挂红底金字木匾，上为宋庆龄手书“孙中山先生纪念堂”。此处原为寺的后殿，名普明妙觉殿，1925 年 3 月 12 日，孙中山先生逝世后在此停灵四年；1929 年灵柩移葬南京中山陵后，移灵时更换出的中山先生的衣帽被放回原殓的楠木棺中，封入现孙中山纪念堂后的金刚宝座塔内。1954 年，普明妙觉殿被辟为孙中山纪念堂，两山墙镶嵌汉白玉石碑刻。堂内迎面是孙中山先生坐在扶手椅上的塑像，四周陈列孙中山先生革命活动的照片、遗墨、遗著，以及苏联政府赠送给孙中山先生的玻璃盖钢棺。由于此棺送到时，孙中山先生已经入殓半月之久，没能用上，特在此展出，以示纪念。

金刚宝座塔位于全寺最高点，建于乾隆十三年(1748 年)，是仿照北京五塔寺的塔形建造的。这种塔北京地区有四座，另三座是西黄寺的清净化城塔、真觉寺(俗称五塔寺)的金刚宝座塔和玉泉山的妙高塔。碧云寺金刚宝座塔，坐西朝东，高 34.7 米，塔基正中开券洞，券额上刻有乾隆皇帝御书“灯在菩提”。有石级可达上面的塔座台面。其前方左右各有一座圆形藏式塔，其后则为五座十三层密檐式方塔，中央一座，四隅各一座。整个金刚宝座塔上遍布佛像、龙凤、云纹、狮像等大小浮雕。

罗汉堂在孙中山纪念堂的右侧，是仿杭州净慈寺罗汉堂而建的，平面呈“田”字形，每面九间，中间有四个小天井用以采光，堂采用盝顶；堂中心建有重檐歇山十字脊的多角亭阁，中央矗立有小型喇嘛塔；堂正面出轩，其余三面各出抱厦一间。殿内有木雕贴金罗汉像 500 尊，加上佛、菩萨以及蹲于梁上的济公和尚等，共计 508 尊雕像，每尊高约 1.5 米，老少俊丑俱全，喜怒哀乐极尽人情之常态，是宗教艺术的珍品。

罗汉堂是为了纪念佛教史上第一次集结而建的。中国现存有四大罗汉堂：北京碧云寺罗汉堂、苏州西园寺罗汉堂、武汉归元寺罗汉堂和成都宝光寺罗汉堂。北京碧云寺罗汉堂是其中保存最完好的一座。

寺北侧是水泉院，与罗汉堂相对，原为乾隆皇帝行宫的一部分，院内有山石泉水、亭台小桥点缀其间，颇具江南风光。水泉的下方为行宫，由涵碧斋和含青斋两组建筑组成，行宫建于乾隆十三年(1748 年)，为皇帝大臣瞻拜游览休息的地方。涵碧斋有“活泼天机”之称，1925 年，国民党一届四中全会在这里举行，为期 10 天，史称西山会议；含青斋院内叠石为池，精致秀雅，有“云容水态”之称，行宫也是游览碧云寺不可错过之地。

碧云寺以其重要的历史价值和文物价值，于 2001 年被国务院公布为全国重点文物保护单位。碧云寺是中国佛教建筑中的典范之作。

10. **大觉寺**

大觉寺，又称大觉禅寺，位于海淀区北安河阳台山南麓，是北京著名的古刹，始建于辽代，因寺内有清泉流入，故名“清水院”。金代称灵泉佛寺，为金章宗时西山八大水院之一。这八大水院，除海淀区大觉寺清水院外，还有海淀区妙高峰法云寺香水院、海淀区玉泉山静明园的泉水院、海淀区香山寺潭水院、海淀区聂各庄凤凰岭黄普院圣水院、海淀区阳台山金山寺(也称金仙庵)金水院、门头沟妙峰山南的仰山栖隐寺灵水院、石景山双泉寺双水院。西山八大水院中，有六处在海淀区。

灵泉佛寺于明宣德三年(1428 年)重修后，改称大觉寺。清代亦有修缮。新中国成立前寺院荒芜，建筑陈旧，文物流失。1989 年对大觉寺进行修缮，1992 年 4 月正式对外开放。2006 年大觉寺被国务院公布为全国重点文物保护单位。

大觉寺坐西朝东，山门朝向太阳升起的方向，体现了辽契丹人在建筑上喜东向的“朝日”之俗。全寺依山势而建，由中路寺庙建筑、南路行宫和北路僧房所组成，总占地约 9500 平方米。主要建筑在中路，自东而西，依次为山门、碑亭、功德池、钟楼和鼓楼、天王殿、大雄宝殿、无量寿佛殿、大悲坛、舍利塔、灵泉池、龙王堂。北路为僧房。南路为戒台、四宜堂、憩云轩。

山门为面阔三间、歇山式顶建筑，开拱门一，上有匾额“敕建大觉禅寺”。

大雄宝殿，门上匾额书“无去来处”，殿内供奉三世佛像。此三世佛非大觉寺原物，是 1972 年从市内东城智化寺迁移到这里的。

无量寿佛殿，殿外门额“动静等观”为乾隆皇帝手书；殿内的“真如正觉”为慈禧太后所书。殿内供奉“西方三圣”：中间是无量寿佛(即阿弥陀佛)坐像，左右是观音菩萨和大势至菩萨立像。佛殿后部有一组悬塑，上塑山海江崖，观音坐于山海之中，造型生动，色彩鲜艳，为清代精品。

无量寿佛殿前左右各有一通碑。南面一通是明成化十四年(1478 年)所建，为《御制重修大觉寺碑》；北面一通为明孝宗于弘治十七年(1504 年)所建，刻有《大明敕谕》，记载了明成化十四年奉周太后之命重修大觉寺的历史。

大悲堂，又称大悲坛，位于无量寿佛殿之后，为一组双层建筑，面阔五间，原为寺院藏经之所。门匾额上“最上法门”，为清醇亲王手书。其北面坡上有迦陵舍利塔、灵泉池和龙王堂。现在大悲坛里面的佛像已不存在，被辟为展室，为大觉寺历史沿革展览。

大觉寺周围群山环绕，寺内泉水长流。自然景观与人文景观相互融合，形成了独特的园林风格。寺内有著名的八绝景观：古寺兰香、千年银杏、老藤寄柏、鼠李寄柏、灵泉泉水、辽代古碑、松柏抱塔、碧韵清池。

大悲堂西北侧的辽代古碑，名叫《阳台山清水院创造藏经记》碑，便是珍贵的文物之一。该碑记载了大觉寺建寺的早期历史，是研究大觉寺历史的重要依据。

历史悠久的大觉寺，为今人留下了珍贵的文物和名贵花木。寺内的花木闻名于世。寺内共有古树 160 株，有 1000 年的银杏，300 年的玉兰，500 年的古娑罗树、松柏等，此外，还有大量被列入保护范围的古树。鼠李寄柏，是指一棵辽代的双干桧柏，在其分叉处生长着一棵已有百年以上的小叶鼠李(一种小乔木)。大觉寺的玉兰花与法源寺的丁香花、崇效寺的牡丹花，都极负盛名，这三座寺院因此被称为北京三大花卉寺庙。可惜的是，建于唐贞观元年的崇效寺目前仅存一座明代二层带楼廊的藏经阁；所幸者，原寺内的牡丹花于 1954 年移植到中山公园内，辟专畦栽培。

11. 觉生寺(大钟寺)

觉生寺位于北三环西路路北，敕建于清雍正十一年(1733 年)，自乾隆朝至清末一直是皇家祈雨的场所。因寺内悬挂一口明永乐年间(1403—1424 年)铸造的大铜钟而在民间被称为“大钟寺”。1985 年 10 月在此建立“大钟寺古钟博物馆”。1996 年 12 月，被确立为全国重点文物保护单位。

大钟寺坐北朝南，由南向北依次为山门、天王殿、大雄宝殿、观音殿、藏经楼、东西配殿和大钟楼等主体建筑，总占地面积 3 万平方米。

大钟楼是其独具匠心的核心建筑，建于清乾隆八年(1743 年)，专为永乐大钟而建。钟楼覆以绿琉璃瓦，分上下两层，上圆下方，象征“天圆地方”。上层为圆形攒尖顶，有 12 条垂脊；下层方形，四角出檐，面阔三间。下层檐下悬有匾额“华严觉海”，为乾隆皇帝御笔。整个钟楼矗立在一座巨大的青石砌成的台基上。青石台基上砌有八角形“散音”池，池深 70 厘米，直径 4 米，池口距钟口 1 米，钟响时，有很好的共鸣作用。

大钟楼内高悬的国宝级文物“永乐大钟”，是明代永乐年间(1403—1424 年)，明成祖朱棣迁都北京后下令铸造的，为明成祖迁都北京后的三大工程之一(另两项工程为建皇宫和修天坛)，距今已有 600 多年的历史。大钟由京师铸钟厂(在今鼓楼西铸钟胡同内)铸造，由明代著名僧人姚广孝受命负责监铸。大钟铸成后移至内府执掌机构汉经厂(在今东城的嵩祝寺一带)，万历年间又移至今海淀区南长河广源闸西的万寿寺，每日由六个和尚敲钟。天启年间，传言京西为白虎方，不宜鸣钟，遂将大钟弃于地上不用。直到乾隆年间(一说雍正年间)，才被移到方位居北的觉生寺。

大钟有五绝。一绝是形大量重，历史久远。钟高 6.75 米，最大直径 3.3

米，钟唇厚 18.5 厘米，重 46.5 吨，钟体光洁，无一处裂缝。二绝是铭文字数最多，钟身内外遍铸阳文楷书的汉文和梵文；汉文经咒 16 种，梵文咒语 100 多种，总计 230184 字，字字娟秀，笔笔工整，全部出自以被永乐帝誉为“我朝王羲之”的沈度(1357—1434)为首的一批馆阁体书法家之手。经文主要是明成祖朱棣在永乐十五年(1417 年)御制的《诸佛世尊如来菩萨尊者神僧名经》。三绝是音响奇妙优美，浑厚而深沉；钟声衰减缓慢，尾音能持续 3 分钟左右，声波可传到 50 公里以外。四绝是力学结构科学、完美。大钟的悬挂钮是靠一根与钟体相比显得很小的铜穿钉连接的。穿钉虽小，却能承受 46.5 吨的剪应力。大钟悬挂在钟楼的木梁上是通过正反两个“U”形铜卡互相衔接而将大钟 46.5 吨的巨大重量交付给大梁来承担的。大钟于乾隆八年(1743 年)悬挂在大钟楼，至今已近 300 年，从未搬动。由于结构合理，毫无倾斜、歪闪迹象。五绝是铸造工艺高超独特，采用地坑造型、表面陶范的泥型法，一次成型，工艺精湛。

多少年来，人们一直想把大钟的经文拓印下来予以永久保存。民国时期，北洋军阀张宗昌就曾对永乐大钟的钟身铭文做过一次拓印整理，但极不完整，现已残损不堪。20 世纪 90 年代中期，北京各界人士历时多年联手对大钟铭文进行全面补拓、整理和编辑，并采用传统印刷、装帧工艺，出版了《永乐大钟铭文真迹》。但由于钟体的经文都是阳文雕刻，采用传统的纸张拓印，字迹非常不清晰。2014 年 9 月，在三维技术、数学运算的助力下，永乐大钟通体所铸的 23 万字佛教经咒已得到数字化重现，并全部拓印出来。

北京人对永乐大钟有着特殊的情感，每逢新年及除夕，都要敲响永乐大钟，以鸣钟祈福，求得国泰民安。2008 年 4 月 29 日，为迎接第 29 届奥运会倒计时 100 天，永乐大钟破例敲响 29 下，这是永乐大钟第一次在白天被正式敲响。

12. 西山八大处

西山八大处位于北京石景山区东北部的西山余脉，东有卢师山，西有翠微山，北有平坡山，南面是敞开的平原。三座秀丽的山峰相连，犹如座椅之围。过去山上的寺庙很多，现在仅存八座：长安寺、灵光寺、三山庵、大悲寺、龙王堂、香界寺、宝珠洞、证果寺。此地因有这八处庙宇，故称八大处。光绪二十六年(1900 年)遭八国联军破坏，现存建筑大多为晚清重建。新中国成立以后，政府屡拨巨款重修，1978 年以后更是进行大规模全面修缮，使之面目一新。

第一处：长安寺，在八大处公园门外东南处，不对外开放。

第二处：灵光寺，是八大处中最著名的一处，为北京市重点文物保护单位。该寺始建于唐大历年间(766—779年)，初名龙泉寺；金大定二年(1162年)改名觉山寺；明成化十四年(1478年)再次重修后改称灵光寺至今。义和团曾在二处设坛，后遭八国联军攻毁。被焚毁的大雄宝殿，于民国九年(1920年)重建。

寺内东南隅有塔一座，名“招仙塔”，建于辽咸雍七年(1071年)，1900年遭八国联军炮轰，夷为平地，只剩下塔基。事后，寺中僧人收拾残局，在塔基内发现一石函，内有一沉香木盒，上有“释迦牟尼佛灵舍利，天会七年(963年)四月廿三日记，善慧书”。天会七年乃五代北汉睿宗刘钧的年号，盒内供奉释迦牟尼佛灵牙一颗，灵牙自1071年入塔至1901年被发现，已有830年了。中国佛教协会为永久供奉这颗佛牙，于1957年在灵光寺北院新建了一座高51米的八角十三层密檐式佛舍利塔。1964年6月25日中国佛教协会为之举行了隆重的开光典礼。

灵光寺西院内有一座金鱼池，原为寺内的放生池。泉水由西北石洞涌出，汇而成池。池内养有各色金鱼百余尾，大都长达两尺，传为清咸丰年放养。池中建一水心亭，小巧玲珑。游客凭栏观赏鱼乐，清爽宜人，为寺中一景。

第三处：三山庵，俗名麻家庵，在翠微、平坡、卢师三山间，故名。始建年代不详。三山庵仅一进院落，建筑小巧精致，环境清静幽雅。

第四处：大悲寺，俗名隐寂寺，在平坡山腰，为北京市重点文物保护单位。该寺始建于元代，清康熙五十一年(1712年)更为今名。乾隆六十年(1795年)重修。寺院坐西朝东，三进院落。前殿列十八罗汉像，传为元代著名雕塑家刘元之作，形态生动，造型艺术精湛，在西山众梵刹中可谓冠绝，在全国也不多见。它们是用檀香木末拌和香沙塑造而成的，芳香绕梁，沁人心腑。

第五处：龙王堂，又名龙泉庵，位于大悲寺北，为北京市重点文物保护单位，建于清康熙十年(1671年)，后又重修。龙王堂为两进院落，庙门两侧各有石座，其上各植柏树一株，颇具趣味，人称“树旗”。堂内供奉龙王、雷公、电母等塑像。

院内有一雕栏方池，深五尺余，池壁砌以青石，泉水盈池，清澈可鉴。池水源自院西龙王殿下拱形石洞，又经方池西壁龙口吐出，细流如注，经年不息。这水便是“龙泉”，其水质甘醇清冽，称为甜水泉。游人坐在水池旁的“听泉小榭”中，品茗观景，悠然自得。出庵上行，但见桥边有亭翼然，亭中立一巨石，石上有地质学家李四光先生的题刻“冰川漂砾”。石上保留着清晰的第四季冰川移动摩擦的痕迹。

第六处：香界寺，原名平坡寺，因位于平坡而得名。香界寺是八大处的主寺，创建于唐朝，起初称“平坡大觉寺”。清朝乾隆十三年(1748年)修缮后，始称“香界寺”，沿用至今。寺院现存五进院落，依山而建，层层升高，气势宏伟，是历代帝王游山驻跸之地。山门殿嵌有“敕建香界寺”匾额。天王殿前两侧各有石碑一块：东侧碑上刻康熙、乾隆二帝的游山即兴诗；西侧碑为清康熙年间出土的唐碑，碑上恭镌康熙帝手书“敬佛”二字。寺的西院是乾隆皇帝的避暑行宫及花园，院内有回廊、池水、假山，植有牡丹、海棠等名贵花木。明代名僧姚广孝曾说：“平坡最幽胜，学佛者所宜居，好游之士所必至也。”

第七处：宝珠洞，为地势最高的一处，雄踞平坡山顶，巍峨峻峭，苍莽雄浑。宝珠洞建于清乾隆四十六年(1781年)。洞前有一座木牌楼，外额曰“欢喜地”，内额曰“坚固林”。寺中正殿为观音大士殿，两厢有配殿。殿后有一岩洞，深约4米。洞内砾石奇特，因地质构成的特点，胶结呈颗粒状，酷似巨珠，故名“宝珠洞”。洞内黝黑，中间塑有海岫和尚盘膝坐像，俗称“鬼王菩萨”。海岫和尚是河北省定县人，曾在此洞内修行居住四十多年，并坐化于洞内。乾隆年间洞内还供奉过他的肉身像，现洞内仍有他的石刻像。他德行超卓，深得康熙皇帝敬重。康熙曾七次来寺里会见他，并赠诗曰：“悠然老衲净尘缘，台殿参差起瑞烟。驯鸽檐前应受戒，游鳞花下亦参禅。”

第八处：证果寺，旧名卢师寺，北京市重点文物保护单位，位于八大处的东隅、西山余脉卢师山腰处，与翠微、平坡二山的寺院遥遥相望。该寺始建于隋仁寿年间(601—604年)，初名尸陀林，是八大处历史最悠久的一座寺院。寺中一株古黄连木树龄达600年以上，为京城所独有。寺院坐北朝南，依山而建，有殿宇前后二进。主殿为释迦牟尼殿，殿前有一钟亭，所悬铜钟，铸于明成化六年(1470年)，钟高2米，直径1.2米，钟身铸有《摩诃般若波罗蜜多心经》经文。殿内中间供奉释迦牟尼像，东侧为药师佛，西侧为阿弥陀佛。

寺内西门有一院，院门呈瓶状，两旁书联：“曲径通幽处，禅房花木深”。步入院内，曲径将人引至秘魔崖，但见巨石自山顶凌空而出，突兀奇险，石上镌刻四个大字“天然幽谷”。据传说，卢师在这里修行得道，能驯服大青小青二龙子，作法行雨，以解民间苦旱；帝大悦，赐卢师号“感应禅师”，建殿宇以祟佛像。巨岩之右有真武洞，洞前有一亭，曰“招止”。

13. 福佑寺

福佑寺位于西城区北长街北口路东，建于清顺治年间(1644—1661年)，是康熙皇帝幼年冲龄避痘处，又传为其幼年读书处。雍正元年(1723年)敕建大殿，赐名福佑寺。寺坐北朝南，北垣门朝西。主要建筑有影壁、山门、钟鼓楼、天王殿与东西配殿、大雄宝殿与东西配殿、后殿等。大雄宝殿五间，歇山调大脊，正脊中央有须弥座，上有莲花座铜塔，檐下为重昂七踩斗拱，旋子彩画，前有月台，雕云纹御路。后殿五间，供奉清“圣祖仁皇帝大成功德佛”牌位，东案陈设御制文集，西设宝座。大门前东西两侧各有一座木牌楼。整座寺院皆为黄琉璃瓦顶。寺内建筑保存完好。

毛泽东青年时代来北京，曾在该寺住过。民国十六年(1927年)改为西藏班禅驻北平办事处。新中国成立后，西藏班禅驻京办事处仍在此。1984年，福佑寺被公布为北京市文物保护单位，不对社会开放。

14. 西黄寺

西黄寺，一座藏传佛教的寺院，位于朝阳区安定门外黄寺路中段路北，级别很高，是清代理藩院直辖的皇家寺院，作为达赖喇嘛和班禅额尔德尼在北京的驻锡地，在藏传佛教界具有重要的影响。

西黄寺之东原有一寺，称东黄寺，也是藏传佛教寺院。两寺仅一墙之隔，为同垣异构，人称双黄寺，为北郊名刹。1958年两座寺院被拆，今天人们所看到的是西黄寺西侧的塔院建筑群。由于塔院规模大、形制全，具有寺院的格局，因此仍将其称为西黄寺。

西黄寺始建于清顺治八年(1651年)，翌年建成，是清政府专为迎接第五世达赖喇嘛进京而建的。其原址是辽萧太后在燕京的行宫。清顺治九年十二月，五世达赖喇嘛抵达北京，朝见了顺治皇帝，奉旨下榻于西黄寺为其专建的仿藏式楼房内。以后，十三世达赖喇嘛、六世班禅、九世班禅都曾在此驻锡。藏传佛教的多位领袖人物来京时也都曾来此下榻。此外，西黄寺还负责接待过达赖喇嘛和班禅额尔德尼派来朝贡的贡使。总之，西黄寺成了清中央政府联系西藏地方的重要纽带，同时也见证了自古以来西藏是中国不可分割的一部分。

1983年，西黄寺被国务院列为汉族地区佛教全国重点寺院。1987年9月，十世班禅额尔德尼·确吉坚赞亲手创建的中国藏语系高级佛学院在西黄寺成立，十世班禅成为首任院长。至今，中国藏语系高级佛学院已培养出众多位活佛，包括藏传佛教的格鲁派、噶举派、萨迦派、宁玛派、觉囊派和本波教的活佛。

西黄寺于 2001 年被国务院公布为全国重点文物保护单位；2018 年 5 月 18 日成立西黄寺博物馆，正式对外开放。

西黄寺的建筑集藏、汉、印建筑艺术于一体，堪称藏传佛教皇家寺院建筑艺术之瑰宝。寺内现存的清静化城塔院采用的是汉传佛教寺院“伽蓝七堂”的传统布局格式，共分三进院落。山门坐北朝南，绿琉璃瓦黄剪边单檐庑殿顶，面阔三间。

第一进院落的主要建筑有山门殿、钟鼓楼、东西配楼；第二进院落的主要建筑有天王殿、垂花门、东西禅房；第三进院落的主要建筑有大雄宝殿、清静化城塔、乾隆御笔碑亭、东西禅房、慧香阁。

天王殿供奉弥勒和四大天王像；弥勒身后供奉的不是韦陀，而是藏传佛教十六罗汉之一的达摩罗汉。此殿的塑像是 2007 年至 2008 年重新塑造的。

大雄宝殿原系重檐，面阔五间，带有三间后庑座(即后券房)。现大殿为 1927 年九世班禅大师组织重修西黄寺时所建，黄琉璃瓦绿剪边歇山顶，面阔五间。殿内原供西方三圣：西方极乐世界主尊佛阿弥陀佛及其左右胁侍观音菩萨和大势至菩萨。如今殿内西侧供奉释迦牟尼佛及其两大弟子阿难和迦叶，两侧供奉阿弥陀佛和药师佛；东侧供奉强巴佛(藏语，即弥勒佛)，两侧供奉十一面观音菩萨和“卡萨尔巴尼”观音(观世音菩萨化身的一种)。大殿中间靠墙是班禅大师的法座，座后是十一世班禅的画像，九世和十世班禅的画像分挂两侧。

清静化城塔是一座既有很高建筑艺术价值，又极具历史价值的佛塔。塔内安葬六世班禅的经咒和衣履。乾隆四十四年(1779 年)六月，六世班禅罗桑巴丹益希(1738—1780 年)从后藏驻地——日喀则扎什伦布寺，启程前往参加乾隆四十五年(1780 年)八月十三日举行的清高宗乾隆皇帝七十大寿庆典，行程万里，历经艰辛，于次年七月十二日到达热河(今承德)行宫，觐见了乾隆皇帝，受到热情隆重的接待。九月初二班禅额尔德尼随乾隆皇帝回到北京，被安排在 100 年前为西藏黄教领袖达赖五世所建的西黄寺下榻。六世班禅在京期间，多次受到乾隆皇帝的接见、赐宴和赏赐；前来顶礼膜拜西藏活佛的王公大臣、善男信女络绎于途，西黄寺香火之盛，一时间名噪京城。班禅六世在京师住了两个月，还曾在雍和宫等处讲经说法，雍和宫内特意为他建造了班禅楼。乾隆四十五年(1780 年)十一月，六世班禅因染天花，在西黄寺圆寂。乾隆皇帝为此辍朝一天，敕命亲王致祭，并命近畿各寺喇嘛唪经四十九天。次年，乾隆四十六年(1781 年)二月十三日，将其舍利金龛送回后藏，乾隆皇帝亲到西黄寺拈香送灵。为纪念班禅六世，乾隆皇帝于乾隆四十七年(1782 年)特在西黄寺西侧建造“清净化城塔院”，塔内安葬了六世班禅的经咒、衣履。

清净化城塔的名称，来源于佛教《法华经·化城喻品》中的故事。故事说，一切众生成佛的地方为清净宝所。到此清净宝所，路途遥远险恶。路程约有五百由旬。由旬是古印度长度单位。一由旬的具体长度是多少，说法不一。有的说，一由旬为四十里，有的说为三十里，还有的说八十里。若按四十里计算，五百由旬约合二万里。众生在行进途中，畏难欲退。于是导师在三百由旬之处，化作一城。这座城郭，房舍庄严，楼阁高大，人烟稠密，园林四布，渠水清流，浴池洁净。于是众生走进了化城，心里欢喜，身得憩休。导师又对众人说：“我见你们疲倦，中途都想退回，就施以神通力，化作这座大城；你们既已休息，不再觉得疲劳，就应该继续前进，共至清静宝所。”于是将化城灭掉。佛教的“化城”故事，流传甚广。乾隆皇帝根据《法华经》中的这个佛教典故，将封藏班禅六世的咒经、衣履的塔，赐名为清净化城塔，寓意丰富而深广。

清净化城塔为金刚宝座式塔，建在 3 米多高的石台基上，具有汉、藏与印度佛教相融合的风格。中心为一座高 16 米的藏式佛塔，四隅各有一座高约 7 米的密檐式经幢，上面刻有佛像及经咒。南面台阶两侧分列石狮一对，昂首吐舌，身侧附短翼，蹲于石须弥座上，形象十分生动。塔的前后各有一座石牌坊，四柱三间三楼，通体汉白玉雕成。塔的前方左右各有碑亭一座，红墙黄琉璃瓦重檐歇山顶。东碑刻《清净化城塔记》，西碑刻《写寿班禅圣僧并赞》诗，均为清乾隆四十七年(1782 年)乾隆御笔。西碑的正面还刻有一棵巨大的大椿树，即著名的“祈寿长椿图”。

清净化城塔的北面是慧香阁，阁呈转角式二层楼。一层是藏经殿，悬挂匾额“藏经阁”，正中供奉的是主掌智慧的文殊菩萨，两边藏有藏传佛教的古老经卷。二层是班禅行宫，悬挂匾额“光明殿”，未开放。慧香阁的东、西配殿，被辟为展厅，展出的内容是“凉州会谈专题展”、“清净化城塔专题展”、“六世班禅展”和藏传佛教“学衔制度展”。

15. 法海寺

法海寺位于北京石景山区模式口翠微山南麓。该寺为明英宗朱祁镇的近侍太监李童(1389—1453)倡议并集资，由许多官吏、太监王振、西藏喇嘛教上层领袖共同助缘，工部营缮所修建，历时四年，于明代正统八年(1443 年)建成。英宗钦赐额曰“敕赐法海禅寺”，取佛法广深大如海之意。

寺院坐北朝南，规模宏大，殿堂形制布局是汉藏两族僧俗官员共同设计的，这在北京寺院建筑史上是独一无二的。寺内的《敕赐法海禅寺碑记》和《法海禅寺记》，记述了法海寺的地理位置、寺院情况、建寺经过和寺院的布局。寺内有大雄宝殿、伽蓝祖师二堂、四天王殿、护法金刚殿、药师殿、选佛场、钟鼓楼、藏经楼、云堂等建筑。法海寺外西南坡下，有李童的墓，墓前立有《御用太监朴庵李公碑》。

历史上法海寺曾多次维修，如明弘治十七年至正德元年(1504—1506 年)和清康熙二十一年(1682 年)就曾两次重修。1953 年、1983 年、1988 年北京市政府多次拨专款修缮。自 2001 年至 2007 年，北京市和石景山区两级政府又拨专款进行两期修缮，恢复了药师殿、藏经阁及三、四进院的全部建筑，基本恢复了明代法海寺的建筑格局。1988 年国务院将法海寺确定为全国重点文物保护单位。

大雄宝殿内现存的明代工笔重彩壁画、寺前“四柏一孔”桥、大雄宝殿的曼陀罗藻井、享誉“北京白皮松之王”的千年白皮松和梵文经咒佛铜钟被称为法海寺“五绝”。此外，寺内三座经幢式塔、明代木雕佛像、供桌和较为完整的法器，也都是艺术珍品。

大雄宝殿内的佛像在“文革”中被毁，但大殿内的壁画却神奇般地存活下来，成为今日不可多得的国之瑰宝。可以说，这些明代壁画，是北京地区所存最精美、保存最完好的壁画。壁画共计 10 幅，分布在大雄宝殿北门西侧、殿中佛龛背后和殿中十八罗汉身后的墙上。佛龛背后，中绘水月观音，右绘文殊菩萨，左绘普贤菩萨，周围绘有善财童子、韦陀、供养佛、马川狮、驯象人及鹦鹉鸟、清泉、绿竹和牡丹等。其中以“水月观音”画得最为传神，给人以清新明净之感。10 幅壁画共绘有 77 个人物，姿态各异、栩栩如生。虽是近 600 年前的作品，至今仍保持着鲜艳的色彩，堪称佛教艺术的瑰宝，为明代壁画之最，是元明清以来现存少有的由宫廷画士官所绘作品，与敦煌、永乐宫的壁画相比各有千秋，并可与欧洲文艺复兴时期的壁画相媲美。

从法海寺附近一块明正统九年(1444 年)太监李福善等立的楞严经幢上，我们了解到这些精美绝伦的壁画，出自宫廷画士官宛福清、王恕，画士张平、王义、顾行、李原、潘福、徐福林等十五人之手。

法海寺的壁画之所以完好地保留至今，在很大程度上应归功于一位叫作吴效祖的先生。法海寺大殿曾被一中学所使用。吴效祖是该校的一位职工。此前他曾在文物部门工作过，深知大殿壁画的珍贵价值。为了壁画的安全不受损坏，他用荆条编成护片，置于壁画墙体前，使壁画被较好地保存下来。

珍贵的壁画被保存下来，但由于空气、灰尘的日久侵蚀，饱经沧桑近 600 年的壁画出现了剥落、颜色褪色等情况。为了保护这些艺术瑰宝，市文物局对壁画进行了复制，而将原壁画很好地封存起来。在原来药师殿的基础上重建了一座与原来一般规模的药师殿，复制的壁画全部在这里存放、展示，而存有明代壁画的大雄宝殿只是有限度地开放。

16. 通教寺

通教寺位于东直门内针线胡同，由明代一太监创建。清代改建为尼寺，更名为"通教禅林"。现寺中有一碑记载："本寺创建于明，重兴于清。"

通教寺的山门，原本为坐北朝南，后来扩建时，将山门改为坐西朝东，形成了今天的规模和格局。寺名也改为"通教寺"。

通教寺现存主要建筑有山门、大雄宝殿、五观堂、念佛堂、僧舍等。其中较为独特的是大雄宝殿，因其殿内有《善财童子五十三参画图》而闻名遐迩。寺内还有碑刻两块，珍藏日本《大正藏》一部。

现常住和挂单尼众二十位，净人四位。所谓净人，系指寺院内担负勤杂劳务的非出家人员。

北京现存的尼姑庵还有几处，如东城区方家胡同内的明代白衣庵、海淀区的摩诃庵、石景山区西黄村的显应寺(俗称皇姑寺)、什刹海银锭桥胡同的海潮庵、什刹海附近龙头井胡同的天寿庵、陶然亭内的慈悲庵、陶然亭附近窨厂街的三圣庵等，但对外开放且拥有尼众住庵的，却仅此通教寺一处。

(七)其他寺院

北京的佛教寺院除上述几处以外，还有很多处，下面以表格的形式再向读者介绍一些寺院(见表 2-11)。

表 2-11　北京部分佛教建筑一览

序号	寺院名称	所在区域	地址	备注
1	雍和宫	东城区	雍和宫大街	建于清代，原为雍亲王府；北京最大的喇嘛庙，全国著名喇嘛庙之一；全国重点文物保护单位；本章第四节有较详细的介绍。
2	柏林寺	东城区	雍和宫之东	建于元代；京师八大寺庙之一；全国重点文物保护单位。
3	嵩祝寺	东城区	景山后街嵩祝院	建于清雍正十一年(1733 年)，作为藏传佛教蒙古转世活佛章嘉呼图克图的住所；与其西侧之智珠寺同为北京市文物保护单位。
4	普胜寺	东城区	南河沿 111 号	顺治八年(1651 年)敕建；民国时改建成欧美同学会，使用至今；北京市文物保护单位。
5	夕照寺	东城区	广渠门内夕照寺中街	建寺年代不详，明正统年间(1436—1449 年)即已存在；壁画《古松图》为陈寿山作；区级文物保护单位。
6	普度寺	东城区	南池子大街内普度寺前巷	始建于明代，原名为皇城东苑，又名“小南城”，清初为摄政王、睿亲王多尔衮的府邸，乾隆二十年(1755 年)重新修葺扩建，后乾隆皇帝赐名普度寺；全国重点文物保护单位。
7	法华寺	东城区	崇文门外法华寺街	始建年代不详，清康熙及同治年间重修；现存山门、三进大殿和部分配房；区级文物暂保单位。
8	隆安寺	东城区	崇文门外白桥南里 1 号	明景泰五年(1454 年)始建，北京外城著名佛寺；北京市文物保护单位；现为东城区崇文青少年科技馆。
9	万松老人塔	西城区	西四南大街路西 41 号	建于金代，院内有塔；全国重点文物保护单位。
10	天宁寺	西城区	广安门外滨河路	天宁寺始建于北魏，天宁寺塔建于辽代；全国重点文物保护单位。

续表

序号	寺院名称	所在区域	地址	备注
11	妙应寺（白塔寺）	西城区	阜成门内大街路北	始建于辽代，元建白塔、建寺，名“大圣寿万安寺”，明代修葺白塔和寺院，寺改称妙应寺，俗称白塔寺，白塔为北京年代最老、最大的喇嘛塔；全国重点文物保护单位；本章第九节有较详细介绍。
12	长椿寺	西城区	宣武门外长椿街偏南口，宣武医院的东面	建于明代万历二十年（1592 年）；现辟为北京宣南文化博物馆；北京市文物保护单位。
13	报国寺	西城区	广安门内大街路北	始建于辽代；全国重点文物保护单位。
14	拈花寺	西城区	旧鼓楼大街大石桥胡同	建于明万历九年（1581 年）；北京市文物保护单位。
15	净海寺	西城区	大金丝胡同甲 33 号	原名槐宝庵，建于明天启年间（1621—1627 年）；寺内一古槐，传说曾为人祟（suì），用铁链锁住，今铁链已无，树仍在；西城区普查登记文物。
16	净业寺	西城区	德胜门内顺城街	建于明嘉靖三十七年（1558 年），现存前殿和西配楼；区级文物保护单位。
17	崇圣寺	西城区	西黄城根北街 45 号	始建年代不详，清乾隆四十五年（1780 年）重修；坐西朝东，基本保持原建格局；西城区普查登记文物，现为交通队使用。
18	观音寺	西城区	德内大街东明胡同（原观音寺胡同）16 号	始建年代不详；除山门外尚保持原建筑格局，现为民居；西城区普查登记文物。
19	隆长寺	西城区	西四北三条 3 号	敕建于万历四十五年（1617 年）；寺内有敕建碑记；区级文物保护单位。
20	护国寺	西城区	护国寺大院 11 号	始建于元至元二十三年（1286 年）；现存金刚殿，北京市文物保护单位。
21	普济寺	西城区	西海南沿 48 号	原为道观，民国期间改为佛寺；始建年代无考，重建于明正德十四年（1519 年）；清康熙年间为大学士明珠家庙；清咸丰十年（1860 年）恭亲王奕訢将关押在刑部监狱的英法联军代表巴夏礼等人送至此处囚禁；区级文物保护单位。

续表

序号	寺院名称	所在区域	地址	备注
22	海潮庵	西城区	银锭桥胡同9号	建于明代；西城区普查登记文物；现为民居。
23	静默寺	西城区	北长街81号，昭显庙南	始建于明崇祯元年(1628年)，为关帝庙；清康熙五十二年(1713年)重建，赐名静默寺；西城区普查登记文物。
24	德胜庵	西城区	德胜门内铁影壁胡同19号	又名护国德胜庵；始建于明嘉靖三十四年(1555年)，寺内原有铁影壁，现立于北海北岸；西城区普查登记文物。
25	三圣庵	西城区	陶然亭路附近的黑窑厂街	始建于1000多年前，供奉西方三圣的尼姑庵；清末名妓赛金花死后曾停灵于此；北京市文物保护单位。
26	慈悲庵	西城区	太平街19号，陶然亭公园内	毛泽东、周恩来、李大钊等同志1920年至1923年间进行革命活动的地址之一；北京市文物保护单位。
27	万寿寺	海淀区	苏州街偏西口路北	创建于明万历年间(1573—1620年)；慈禧太后去颐和园途中驻跸休息之所；古代寺庙和园林建筑结合的典范；全国重点文物保护单位。
28	龙泉寺	海淀区	聂各庄凤凰山自然风景区内	始建于辽应历元年(951年)；佛教活动昌隆，义工踊跃；1949年以来海淀区第一所新开放的“三宝”具足的佛教寺院。
29	瑞云庵	海淀区	聂各庄西北车耳营村	建于明正统二年(1437年)，原为金章宗黄普院旧址；靠近山门的天然巨石上建有密檐砖塔，十分奇特；海淀区重点文物保护单位。
30	摩诃庵	海淀区	西八里庄南玲珑巷，慈寿寺塔东边	建于明嘉靖二十五年(1546年)，寺院较完整；现为八里庄小学校舍；全国重点文物保护单位。
31	大慧寺	海淀区	魏公村	明正德八年(1513年)创建；全国重点文物保护单位。
32	普照寺	海淀区	苏家坨镇徐各庄村西北	建于明天顺五年(1461年)；建筑格局完整，是研究明清佛寺的重要实例；北京市文物保护单位。

续表

序号	寺院名称	所在区域	地址	备注
33	福生寺	丰台区	长辛店镇张郭庄村	始建于明代，具有明代建筑特征，为研究明代建筑提供了实物资料；北京市文物保护单位。
34	三教庙	通州区	大成街1号院	儒、释、道三教各自独立地集中在一个区域内，故今人称三教庙；孔庙创建于元大德二年(1298年)，供奉孔子；佑胜教寺供奉释迦牟尼老师燃灯佛，院内燃灯塔为北京市文物保护单位；紫清宫供奉老子。
35	普济寺	密云区	县城东北5公里	寺内的冶仙塔，初建于辽代重熙八年(1039年)，1967年以“破四旧”为名被炸毁，2001年重建。
36	显应寺(俗称皇姑寺)	石景山区	西黄村	始建于明天顺初年，初名“顺天保明寺”，康熙五十年(1711年)重建，改称“显应寺”，俗称“皇姑寺”；北京现存规模较大的敕建尼寺；北京市文物保护单位。
37	龙泉寺	石景山区	模式口街，法海寺西侧	始建年代不详，根据寺东法海寺《敕赐法海禅寺碑记》载，正统四年(1439年)于“龙泉古寺之左”建法海寺，说明龙泉寺应早于法海寺。
38	慈善寺	石景山区	天泰山(又称天太山、天台山)	始建年代不详，集佛教、道教、民间诸神为一体的寺院；冯玉祥曾在此疗养；北京市文物保护单位。
39	承恩寺	石景山区	模式口大街	创建于明正德年间(1506—1521年)；全国重点文物保护单位。
40	灵岳寺	门头沟区	斋堂北10余里的白铁山上	创建于唐贞观年间(627—649年)，以后各代均有整修或重建；建造格局保留元代风格；全国重点文物保护单位。
41	灵严寺大殿	门头沟区	齐家庄乡齐家庄村	始建于唐武德年间(618—626年)，元至正年间(1341—1368年)重建，明成化二十二年(1486年)、嘉靖六年(1527年)重修；整体体现了元代工艺手法，为北京地区所罕见；北京市文物保护单位。

续表

序号	寺院名称	所在区域	地址	备注
42	双林寺	门头沟区	清水镇上清水村西北山坡间	辽称清水院，金、元、明、清历经重修；现存辽统和十年(992 年)经幢一座；元代建筑的小殿堂一座，梁架使用叉手，是北京地区少有的元代风格建筑；北京市文物保护单位。
43	白瀑寺	门头沟区	雁翅镇淤白村北金城山下	创建于辽乾统元年(1101 年)，以后各代历经重修；有塔三座：圆正法师塔、源衍长老塔、本勤禅师塔；圆正法师塔建于金皇统六年，形制罕见，是金代组合式塔；北京市文物保护单位。
44	西峰寺	门头沟区	永定镇岢罗坨村西	创建于唐代，初名会聚寺，元称玉泉寺，明改称西峰寺；现存天王殿等建筑；寺后建有清末郡王载洵的墓地，其享堂、地宫保存完好。现为某单位办公地。
45	仰山栖隐寺	门头沟区	妙峰山镇樱桃沟村	创建于辽代，是金章宗八大水院之一的灵水院；有僧塔多座，今仅存三座。
46	红螺寺	怀柔区	城北 5 公里的红螺山南麓	始建于东晋咸康四年(338 年)，原名“大明寺”，明正统年间(1436—1449 年)易名“护国资福禅寺”，因红螺仙女的美妙传说，俗称“红螺寺”；北京市文物保护单位。
47	万佛堂、孔水洞	房山区	河北镇万佛堂村	万佛堂建在孔水洞出口的墩台上，创建于唐玄宗时期(713—755 年)；是房山石经早期刻经地点之一；全国重点文物保护单位。
48	常乐寺	房山区	青龙湖镇常乐寺村	创建于明代；区级文物保护单位。
49	白水寺	房山区	房山西北 6 公里的歇山岗	又名兴隆寺，俗称大佛寺，始建年代不详；寺内石佛为目前北京保存最大的石佛像；北京市文物保护单位。
50	弘恩寺	房山区	良乡南 10 公里	创建于明万历年间(1573—1620 年)，重修于清康熙五十七年(1718 年)；区级文物保护单位。
51	瑞云寺	房山区	史家营乡曹家房村	创建于辽金，现存建筑为清代重建者；从寺后的元代《故大行禅师通圆懿公功德碑并序》碑文中可间接了解到金末元初百姓的悲惨生活情景。

续表

序号	寺院名称	所在区域	地址	备注
52	铁瓦寺	房山区	河北镇政府院内	因殿顶满铺铁瓦而得名；铁瓦殿呈圆柱状，攒尖顶，顶上满铺铁瓦，计有458块，瓦表多有铸字，如“菩萨顶正德十年造”“五台山菩萨顶铁瓦寺”等；北京市文物保护单位。
53	银山塔林	昌平区	县城北30公里的下庄乡海子村西南	现存五座密檐式塔；全国重点文物保护单位。
54	和平寺	昌平区	南口镇花塔村	建于唐，尉迟恭督建；北京市文物保护单位。
55	灵照寺	延庆区	妫水湖北岸湖北西路7号，县政府西侧	始建于金代，原名观音寺，明永乐十二年(1414年)重修，明正统五年(1440年)英宗赐“灵照寺”匾额；布局完整，规格较高，具有较高的历史价值；北京市文物保护单位。
56	白龙潭龙泉寺	密云区	龙潭山下	始建年代待考，清与民国时重修；潭侧有康有为的摩崖石刻“飞圣境则灵潭”，寺内有明将戚继光赋游龙潭的诗碑，有清乾隆、嘉庆皇帝的御笔碑及李鸿章、袁世凯为修建龙潭的记事碑；北京市文物保护单位。

四、伊斯兰教与北京的伊斯兰教建筑

(一)伊斯兰教简介

伊斯兰教是世界三大宗教之一，中国旧称大食法、大食教、天方教、清真教、回回教、回教、回回教门等。1956年国务院发布的《关于“伊斯兰教”名称问题的通知》中规定：“今后对伊斯兰教一律不要使用‘回教’这个名称，应该称‘伊斯兰教’。”对伊斯兰教的名称进行了统一。

伊斯兰教于公元7世纪在阿拉伯半岛创立，迄今已有1400多年的历史了。伊斯兰教的创立人是穆罕默德(约570年—约632年)，生于阿拉伯半岛的麦加城，病逝并葬于麦地那。伊斯兰教教徒之间俗称穆罕默德为“穆圣”。

伊斯兰教经过长时期在中国大地上的传播，已成为回族、维吾尔族、哈萨克族、乌孜别克族、柯尔克孜族、塔吉克族、塔塔尔族、东乡族、撒拉族、保安族等十个少数民族中的共同信仰。

伊斯兰教的教派主要分为两种：逊尼派和什叶派。中国的穆斯林多属于逊尼派；塔吉克族和部分维吾尔族人信仰什叶派。

伊斯兰教传入中国的时间，说法不一。目前史学界普遍接受的是唐永徽二年(651 年)说。传入的路线有两条：旱路，即丝绸之路，从阿拉伯半岛经波斯及阿富汗到达新疆天山南北，经青海、甘肃直至长安；水路，即香料之路，大多由波斯湾和阿拉伯海，经孟加拉湾、马六甲海峡到广州、泉州、杭州、扬州等地。

伊斯兰教何时传入北京呢？学术界存在着不同的看法。有的学者依据北京最古老的牛街清真寺建于辽统和十四年(996 年)的佐证判断，应当不迟于996 年，也就是说，伊斯兰教在北京地区已经传播了 1000 多年了。而伊斯兰教比较大规模地传入北京地区还是在元朝。

(二)伊斯兰教的建筑

清真寺，也称礼拜寺，是穆斯林举行礼拜、过宗教节日、举办宗教教育、处理宗教和日常事务的中心场所。在中国，唐宋时期称“堂”“礼堂”“礼拜堂”；元代称“寺”；明清以后称“清真寺”，沿用至今。依据《古兰经》的要求，清真寺内不得有任何的崇拜物。因此，清真寺的建筑，形形色色、多种多样，但都基于反对偶像崇拜而设计的。随着伊斯兰教向外传播，各地在建造清真寺的过程中，吸收了当地的建筑艺术和风格，出现了带有本地装饰艺术特色的清真寺建筑群。

伊斯兰教自 7 世纪中叶传入中国后，清真寺建筑逐渐中国化。元代开始吸收中国传统建筑的平面布局和木结构体系，出现了从阿拉伯式向中国建筑的过渡形式或中阿混合式的清真寺，如清康熙年间大规模重修的北京牛街礼拜寺、西安化觉巷清真寺等。明清以后，中国清真寺建筑形式大致可分为两大体系：一类是以木结构为主，采用中国传统的宫殿式(或庙宇式)，即四合院或递进四合院的建筑形式，如北京的东四清真寺、马甸清真寺，而且北京清真寺的拜殿的屋顶基本都是硬山勾连搭式；另一类是以阿拉伯建筑风格为主，糅进中国地方和民族特色的形式，如北京广安门内南横街的中国伊斯兰教经学院和福长街北京伊斯兰教经学院的建筑。

中国各地的清真寺建筑，无论以何形式为主，其主体建筑均为礼拜大殿，且大殿都必须坐西朝东，穆斯林礼拜时都面向西方麦加克尔白(礼拜时的正向，又称“天房”)。寺内没有任何崇拜物，有的只是用各种阿拉伯文艺术体书写的经文作为装饰，体现伊斯兰教认主独一的特点。清真寺内其他的建筑是望月楼、宣礼楼、对厅、讲堂、碑亭、沐浴室等。

清真寺里的彩绘别具一格。礼拜殿、垂花门、讲堂的檩枋、明柱等构件上，除了绘制传统彩画外，另在中心部位写有阿拉伯文的各种书法，有经堂体、库法体、苏拉西体等。书法内容有《古兰经》选段、穆圣训言和祈求平安慈惠的祷词；还有绘制穆斯林常用的宗教礼仪器皿，如汤瓶、经卷、“炉瓶三饰”(即香炉、香瓶、香盒)，其图案绘制缜密而精湛。传统的彩绘艺术与伊斯兰艺术融为一体，产生出一种独特的艺术之美。

不少清真寺内设有香炉，供穆斯林插香之用。伊斯兰教的教义规定穆斯林在庆典节日里，如开斋节、宰牲节必要做七件喜悦之事，其中就有用美香这一项，即在诵读《古兰经》时宜燃美香。清真寺内的香炉，质地各异，造型多样，多为珍品。如马甸清真寺的香炉是圆形的，炉身底色是黄琉璃釉，炉围有蓝彩“六狮戏球图”，做工十分精细。东四清真寺有两个香炉，一个通身为黄色琉璃釉，形似鱼瓮，炉内剔刻阿拉伯文“清真言”，炉下有云头三足栗色盘式琉璃底座；另一个是灰瓷琉璃混合釉三足碗式炉，较为罕见。牛街礼拜寺藏有一套“炉瓶三饰”——琉璃香炉、香薰、香盒，各自配有琉璃座；三件施以黄绿琉璃彩釉和黑色阿拉伯文字，边围绘有“忍冬”缠枝图案，上下底边为“回字连索锦”旋绕一周，字与图案均是先凸雕后上釉，雕纹很深。炉之上沿刻有“敕赐礼拜寺”五字。炉下底款“康熙戊寅年(即清康熙三十七年，1698 年)许碧张国钦造”。全套三件，庄重大方，肃穆壮丽，特别是写有鲜明的阿拉伯经文，光彩夺目，具有浓郁而古老的伊斯兰风格。

(三)北京伊斯兰教的清真寺

根据标有清真寺的北京地图，北京有清真寺大约 80 处，其中著名的有牛街礼拜寺、东四清真寺、花市清真寺、永寿寺、马甸清真寺、前门清真寺和清真女寺等。

1. 牛街礼拜寺

牛街礼拜寺，位于北京南城广安门内牛街，是北京历史最悠久、规模最大的清真寺，也是世界上著名的清真寺之一。牛街礼拜寺是全国重点文物保护单位。

牛街礼拜寺始建于辽代统和十四年(996 年)，由阿拉伯学者纳苏鲁丁创建；明正统七年(1442 年)进行大规模扩建；明成化十年(1474 年)，奉敕赐名“礼拜寺”；清康熙三十五年(1696 年)，又按明朝风格对该寺进行了修复和扩建，逐渐形成今日之规模。中华人民共和国成立后，政府曾于 1955 年、1979 年、1996 年多次对该寺进行修葺。

牛街礼拜寺采用了中国传统宫殿式的建筑形式，并带有浓厚的阿拉伯装饰风格，形成了中国式伊斯兰教建筑的独特形式。建筑集中、对称，别具格局。主要建筑有望月楼、礼拜大殿、宣礼楼、对厅、讲堂、碑亭等。

望月楼是登高望月用的，因为穆斯林的入斋和出斋都以望见新月为标准，因此其作用是用来望看新月的，是伊斯兰教寺院中特有的建筑物。望月楼平面呈六角形，重檐歇山顶，檐下施斗拱，并绘以彩画。上檐正中悬挂一横匾，上书“牛街礼拜寺”，它与门前的牌楼和影壁组成一个庄重、瑰丽的入口。

礼拜大殿是全寺的核心建筑，坐西朝东，五楹三进，纵深十多丈，屋顶采用三个勾连搭式和一座六角攒尖亭式建筑组成。礼拜大殿包含三个部分：窑殿、大殿和抱厦。窑殿在大殿的西部，象征着圣地麦加，建于辽代。其余部分经由明、清两代陆续建成。殿内总面积 760 平方米，可容纳上千人同时礼拜。内部装饰融阿拉伯艺术和中国传统风格为一体，极富特色。礼拜大殿有“米哈拉布”(龛式木雕经文阁)和“敏拜尔”(宣讲台)等珍贵文物。

宣礼楼，又称邦克楼或唤醒楼，在礼拜殿的正前方，是一座重檐歇山顶的方亭建筑，其作用是做礼拜前高声念“安赞”、登楼向教民报告时间和召唤教民做礼拜。

寺内保存着一批重要文物与碑刻，其中有两块阿拉伯文墓碑，以及明弘治九年(1496 年)用汉文、阿拉伯文两种文字所刻的《敕赐礼拜寺记》碑，是研究伊斯兰教历史的重要实物资料。寺内还藏有阿拉伯语与波斯语对照的手抄本《古兰经》、清代木刻版《古兰经》、明清香炉以及宋代彩画等珍贵文物。

2. 东四清真寺

东四清真寺，位于北京市东四南大街路西 13 号，现为北京市伊斯兰教协会驻地，1984 年被列为北京市文物保护单位。

东四清真寺始建于元至正十六年(1356 年)；也有人认为它始建于明正统十二年(1447 年)，由后军都督同知陈友捐资创建。

该寺坐西朝东，大门三间，灰筒瓦硬山顶，上有吻兽、望兽和压脊小兽，这是民国九年(1920 年)改建的。改建前的大门为三间“封火墙式”建筑。所谓“封火墙式”，即外面不露木材，与一般庙门制度相同。大门左右有旁门。寺的正门有石额，上题“清真寺”，正面灰墙上“清真古教”四个金字，清晰醒目。

二门过厅有五个券门，前后有走廊。与过厅相对的是垂花门。据记载，垂花门处原有邦克楼(即宣礼楼)，是招呼教民来做礼拜的楼。此楼在一次地震中倒塌。如今大殿抱厦的廊下，尚存有该楼的铜宝顶。

垂花门内的庭院，其主要建筑是礼拜殿，坐西朝东，灰筒瓦庑殿顶，面阔五间，可容纳 500 多人同时礼拜。殿内雕梁画栋，金碧辉煌，前半部为木结构，后半部的窑殿为无梁式穹窿顶结构。大殿的三座拱门门额上精致的《古兰经》经文砖刻为国内其他清真寺所罕见。无梁殿的建造时间，最少也在 500 年以前，无梁殿至今仍安然无恙地屹立着。殿内彩绘采用花卉纹型，专家们认为，殿内全部彩画虽经多次修缮，至今仍保持了明代图案及其彩画特点，是极其珍贵的文物。

殿前轩内立有明万历七年(1579 年)的《清真法明百字圣号》碑。碑阳为汉文，记述伊斯兰教创始人穆罕默德的事迹；碑阴用阿拉伯文和汉文刻“理本无极”四字。

有人称东四清真寺是回族与伊斯兰文化的摇篮，这种说法名副其实。东四清真寺于 1921 年创办回民育德小学，1924 年创办第一所清真中学，1929 年将马松亭大阿訇(1895—1992)与山东济南道尹唐柯三创办的达成师范学校，从济南迁入寺内。马松亭大阿訇两次远赴埃及聘请两位博士来校任教，并派中国回族学生去埃及爱资哈大学留学，从而培养一批颇具才华的伊斯兰教阿訇和学者。

1932 年马松亭大阿訇在埃及考察教育期间，得到埃王福德一世和开罗爱资哈大学校长佐瓦希理先生赠予的图书 441 部。马老回国后，在各界人士的募捐和支持下，于 1936 年在南院建起两层小楼，创立了图书馆；为了纪念逝世不久的埃王福德一世，将其命名为“福德图书馆”；成立了福德图书馆的筹备委员会，蔡元培、陈垣、顾颉(jié)刚、陶希圣、冯友兰、白寿彝、翁文灏、艾宜栽、徐炳昶、张星烺(lǎng)、王梦扬等 27 位各界知名人士被推举为常务委员。由此可见该图书馆的规格之高，影响力之广。筹备委员会向社会发出了“征书启”，立即得到社会的热烈支持，征得图书 1240 种，3000 余册。北平解放后又购进大批图书，藏书达 3 万余册。

今天在礼拜殿南配殿的资料室内，依旧保存着各种版本与手抄本的《古兰经》，其中最为珍贵的是一部元代延祐五年(1318 年)默罕默德·伊卜尼·艾哈迈德的手抄本，文字精美，保存完好，被视为国宝。此外这里还存有埃及国王赠送的图书等许多奇珍异宝。图书馆还聘请知名教授、学者来馆辅导、讲学，曾聘请过北京大学东方语言文学系教授马坚先生。

3. 花市清真寺

花市清真寺，位于北京市东城区崇文门外西花市大街南侧，是北京伊斯兰教四大古寺之一。1984 年，花市清真寺被列为崇文区文物保护单位。原崇文区伊斯兰教协会曾设于此寺内。

花市清真寺始建于明朝永乐十三年(1415 年)，据说原为明朝开国元勋常遇春(回族)的府第，后改成清真寺。该寺所存刻石载，明、清两朝对该寺多次重修，其中明朝崇祯元年(1628 年)、清朝康熙四十一年(1702 年)的重修规模较大。雍正七年(1729 年)，赐该寺御碑，并建碑亭一座；乾隆三十二年(1767 年)因附近地区失火殃及该寺，故再次重修该寺；光绪二十五年(1899 年)又重修。

寺内现存清朝康熙二年(1663 年)裕亲王所书“清真”木匾，乾隆五十二年(1787 年)“真一无二”牌匾，分别悬于大殿敞厅两侧墙壁。寺内还有雍正七年(1729 年)御赐碑和乾隆三十五年(1770 年)《重修礼拜寺碑记》碑。

寺内主要建筑原有礼拜大殿、敬古堂、沐浴室、寻月台、经房、碑亭等。现除寻月台已拆除外，其余建筑均保存完整。

礼拜大殿是全寺最大的建筑，坐西朝东，前有敞厅三间，屋顶采用三卷勾连搭式，殿阔三间，进深四间，总面积 500 平方米。

辛亥革命后，宋教仁、蔡元培等人常在此议事，支持孙中山“五族共和，振兴中华”，反对袁世凯复辟。1912 年 7 月 7 日，中国回教俱进会在该寺成立。

1984 年对花市清真寺进行了一次全面修缮，面貌焕然一新。

4. 永寿寺

永寿寺，在西城区三里河一区丙 52 号楼-3，始建于明万历三十三年(1605 年)，天启四年(1624 年)重修。重修碑为进士石三畏撰文。寺之旧址名“翁僧荒堂”。

如今清真永寿寺处于楼群之中，穿过狭长的楼道方可见到距前楼仅数米、坐西面东的寺门一间，面阔 3.5 米，进深 2 米，石门额上书“清真礼拜永寿寺”。寺外原有一座石桥，今已无存。寺内现有大殿、讲堂、学堂及规洁室等建筑。

大殿为明三暗九，面阔三间，屋顶采用绿琉璃瓦硬山、二卷勾连搭形式，前出轩。大殿南北各有耳房，后有六角亭一座。

据记载，寺内原有碑 7 通，现仅剩 3 通，其中阿拉伯文碑与《重修清真寺碑记》碑还在。寺界内原有伊斯兰教墓地，方圆约 8.5 千米，归清真寺管辖。清末著名回族爱国将领马福禄(1854—1900)在抵抗八国联军的战斗中，英勇作战，壮烈牺牲，时年46岁，其从弟马福贵、马福全，族侄马耀图、马兆图等也同时遇难，战后均被安葬于此地。新中国成立初期，曾规划在这一带修建飞机场，墓葬均迁移他处，政府派专列护送将军遗体从北京三里河墓地迁回老家甘肃临夏。后来修建机场的规划被否，该处建起了国家计划委员会、国家经济委员会等机关办公大楼。

永寿寺在“文革”期间遭到破坏，1982年在北京市各级政府的支持下得以修缮，宗教活动重新恢复。该寺建筑风格独特，文化内涵丰富，被列为北京市西城区文物保护单位。

5. 马甸清真寺

马甸清真寺，位于德胜门外马甸桥西北角马甸南路7号，建于清康熙年间(1662—1722年)，道光三十年(1850年)重修。

由于马甸地区的穆斯林多由西北迁徙而来，所以这里的清真寺具有西北建筑风格。大殿为窑洞式建筑，殿内16间，可容纳四五百人做礼拜。大殿门柱上有取自伊斯兰教创始人穆罕默德训义的抱柱联：化人化物能化化，生天生地更生生。寺内除大殿外，另有房舍20余间。寺内有古槐古柏，有的树龄高达400余年，历经沧桑，目前仍然枝叶繁盛，生机勃勃。

寺内原有康熙御书匾额(民间称“皇匾”)，并保存明万历年间铸造的铁钟、铁磬及宣德年间制造的铜钟等文物，现已无存。如今，清道光三十年(1850年)所立的《重修京都德胜门外马甸礼拜寺碑记》碑犹在。此碑在追述伊斯兰教传入燕京的同时，主要记载了道光年间的这次扩建重修的经过，是一份很珍贵的历史资料。

1958年，马甸清真寺停止宗教活动，改为工厂，阿訇们参加生产。“文革”中，拆毁清真寺垂花门及大殿蓝色琉璃顶子，将瓷花大鱼缸、明代古玩、地毯、大铜香炉拉走，古柏也遭到砍伐。

马甸清真寺原有独立的清真女寺，即西村女寺，位置就在今附近的堂子胡同，1980年被收回，改做回民服务所，后来又改建为三层楼房的回民托儿所。

1982年，马甸清真寺收回寺产，重新恢复宗教活动。1989年，由本地乡老发起，重修了大殿和南北讲堂。1995年和2006年又进行了两次修缮。1999年马甸清真寺被公布为海淀区重点文物保护单位。

6. 前门清真寺

前门清真寺，位于北京市西城区大栅栏扬威胡同9号，原来寺门南临笤帚胡同，故曾名为笤帚胡同清真寺，2000 年改今名。该寺建于明代，清康熙十九年(1680 年)、乾隆六十年(1795 年)重修。寺内原存有蕃人华巴巴手抄本《古兰经》一本，硬木经箱一个。

礼拜寺坐西朝东，为北京传统四合院形式，三进院落，由门楼、过厅、礼拜殿组成，占地面积约 1100 平方米。整个院落呈正方形，环境非常静谧。寺内主体建筑是礼拜大殿，为六脊连套结构，前有抱厦，后有窑殿，上为六角亭顶。大殿的前三套为明代建筑，后三套为清末、民国时续建；殿内可容 800 人做礼拜。全殿古貌典雅，悬有多幅《古兰经》阿拉伯文匾，门柱镌刻阿拉伯文缠枝图案石浮雕，柁檩绘明式“大旋子”彩画，隔门有“一利万代”木浮雕。

据说本寺始建于明初，约于 1369—1414 年间，大明开国元勋常遇春将军跟随燕王朱棣来到北京后，先后在北京修建了三座清真寺，前门清真寺是其中之一，另外两座是昌平清真寺和花市清真寺。

7. 清真女寺

清真女寺，位于宣武门外寿刘胡同路西 39 号，现为西城区(原为宣武区)文物保护单位。

民国时期牛街附近聚居的清真教胞，多经营小商，居室狭小，男人有礼拜寺沐浴礼拜，一般妇女沐浴困难。于是由牛街乡老闵德仁发起，马志清捐献寿刘胡同空地一块，水井一眼，在众乡老赞助下，购料施工，于民国十一年(一说民国十二年)建成专供女教胞礼拜的清真寺。其建筑风格与清真男寺相比，没有什么明显区别。新中国成立后，政府曾出资将清真女寺油饰一新。原建筑物基本保留下来。

(四)其他清真寺

俗话说，哪里有穆斯林，哪里就有清真寺。目前北京地区除了上述清真寺外，还有不少清真寺遍布穆斯林居住区，现将其中一部分列表介绍(见表 2-12)。

表 2-12　北京部分清真寺建筑一览

序号	清真寺名称	所在区域	地理位置	备注
1	东直门外清真寺	东城区	东直门外小街北下关 68 号	建于元代；区级文物保护单位。
2	清真法源寺	西城区	德外大街 200 号	清康熙初年重修。
3	清真普寿寺	西城区	锦什坊街 63 号	明清均有重修；区级文物保护单位；西城区伊斯兰教协会所在地。

续表

序号	清真寺名称	所在区域	地理位置	备注
4	茶儿胡同清真寺	西城区	宣外延寿寺街茶儿胡同2号	兴建时间无考；康熙、乾隆年间重修；区级文物保护单位。
5	南下坡清真寺	朝阳区	朝阳门外南下坡（距雅宝路西口不远）	建于清光绪年间；区级文物保护单位。
6	西会清真寺	朝阳区	西会村内（双桥往南）	建于清代。
7	管庄清真寺	朝阳区	管庄村	建于清代。
8	海淀清真寺	海淀区	海淀镇西栅栏（路西）	始建于明末清初。
9	长辛店清真寺	丰台区	长辛店大寺口胡同	建于清代；区级文物保护单位。
10	通州清真寺	通州区	通州清真寺街	建于元代，北京的清真古寺之一；北京市文物保护单位。
11	张家湾清真寺	通州区	张家湾	始建于明；县级文物保护单位；在抗击英法联军的战斗中发挥过重要作用。
12	薛营村清真寺	大兴区	庞各庄乡薛营村	始建年代不详，清光绪末年重修。
13	昌平清真寺	昌平区	昌平县城五街	始建年代不详，大殿为金丝楠木。

五、基督教与北京的基督教建筑

(一)基督教简介

基督教主要分为天主教、东正教、新教三大派别。

基督教在中国以外地区的含义，是天主教（即罗马公教）、东正教和新教的总称。在中国，基督教则仅指新教，不包括天主教和东正教。笔者按照中国人的习惯称谓，将天主教、基督教和东正教分别扼要介绍如下。

1. 天主教

天主教最早于唐代传入中国。845年唐武宗灭佛，唐初传入中国的天主教的一个小流派——景教受牵连，几乎被绝迹。幸运的是，现西安仍存有大秦景教流行中国碑。天主教传入北京的时间，应是元代，今房山区的十字寺可以为证。

明万历十年（1582年），意大利传教士利玛窦（1552—1610）来我国传教，并于万历二十六年(1598 年)和万历二十九年(1601 年)两次来到北京传教。他向明神宗献了基督像、圣母像、《圣经》、十字架、自鸣钟和《万国舆图》等物,向中国介绍西方的天文、历法、地理和数学等科学知识。利玛窦以传播科学知识为媒介,并努力学习中国文化,他以天主教教义与儒家思想相融合作为传教方针,为天主教在中国的广泛传播奠定了基础,获得了传教的成功,受到万历皇帝的接见,并经允许在今宣武门外创建了北京第一座天主教教堂——南堂。当时教徒很多,其中不乏士大夫在内的高层人士,最著名的有时称中国天主教"三大柱石"的徐光启、李文藻、杨廷筠等人。利玛窦于万历三十八年(1610 年)在北京逝世。明万历皇帝特将其赐葬于阜成门外二里沟,即今北京市委党校内。

清初,以耶稣会会士为主体的传教士基本继承了利玛窦的传教方针。德国人汤若望、比利时人南怀仁、葡萄牙人徐日升等传教士赢得了顺治、康熙两位皇帝的信任,天主教有了进一步的发展。

但是,后来进入中国传教的传教士,反对利玛窦的传教方针,干涉中国教徒参加"敬孔"和"祭祖"仪式,于是出现了天主教史上的"中国礼仪之争"。康熙三十九年(1700 年)起,争论发展为教皇与清朝皇帝的公开冲突,该年康熙皇帝声明,敬孔和祭祖乃中国习俗,不含宗教意义。康熙四十三年(1704 年),教皇坚持严禁中国教徒行中国礼仪。康熙五十四年(1715 年),教皇发布《从这日起》通谕,重申不准中国教徒行中国礼仪的前禁,违者与异端同罪,受绝罚。康熙皇帝认为此乃干涉中国内政,遂拘捕传教士,禁止传教。乾隆七年(1742 年),教皇本笃十四世重申康熙五十四年(1715 年)禁令,令传教士设法使中国教徒顺从教皇,清廷毫不退让,严禁传教,直至道光二十二年(1842 年)。1939 年,罗马教廷撤销了有关中国礼仪的一切禁令。

鸦片战争后,由于门户开放,天主教又有了较大规模的传播,并进入内地和新疆。中国的天主教教徒人数增长很快,从 1840 年到 1949 年的 100 多年中,天主教在中国有教徒 300 万,但教会的领导权却一直在外国主教手里,中国天主教成了外国势力支配的宗教。1949 年,中华人民共和国成立后,中国天主教会摆脱了外国势力的控制,推行"三自",即"自传、自治、自养"的方针,走上了独立自主自办的道路。

2. 基督教(即新教)

18—19 世纪以来,随着殖民主义的扩张,基督教兴起传教运动,而在北京取得长足发展的是在第二次鸦片战争时期。北京现存的基督教教堂多为同治二年(1863 年)以后所建。由于北京基督教教会是由欧美不同国家的不同宗派差遣的传教士组织起来的，所以基督教新教所建的教堂很多。据不完全统计，近代时期北京所建礼拜堂近百所，其中最著名的是崇文门教堂、西四缸瓦市教堂、珠市口教堂等。

3. 东正教(亦称正教)

东正教进入中国应是康熙年间，源于战争之故。清康熙二十四年(1685年)雅克萨战役后，一部分被俘虏的哥萨克士兵及家属被安置在北京东直门内北官厅一带的胡家圈胡同(该胡同早已拆除盖了大楼)，编入镶黄旗。清政府对他们的待遇与旗人相同。除了供给他们一切生活必需品外，还允许他们与中国人通婚。康熙皇帝还特赐一座关帝庙，允许他们按照自己的宗教信仰进行祈祷。康熙二十八年(1689 年)，中俄签订尼布楚条约后，他们将原关帝庙改为东正教教堂。不久，沙俄教区发来证书命名该教堂为圣尼古拉教堂。北京正式有了第一座东正教教堂。

1900 年(光绪二十六年)6 月，义和团放火将该教堂烧毁。义和团运动被镇压后，清政府赔款几万两白银，重建教堂，改名为“致命堂”，人们称之为“北馆”。

(二)教堂建筑

天主教教堂的建筑风格有巴西里卡式、拜占庭式、罗马式、哥特式、文艺复兴式、巴洛克式等。北京的天主教教堂多为哥特式，但也有罗马式和巴洛克式风格的。如西什库的北堂和西直门内的西堂是哥特式风格，宣武门的南堂是巴洛克式风格，而王府井的东堂则属罗马式风格。

罗马式教堂在主体设计上多采用长方形会堂布局，因模仿古罗马建筑而得名。主要特征为教堂建筑空间宏大，宽阔的横厅和纵深的中殿使堂基呈纵长方的拉丁式十字架形。在建筑上运用厚重的石墙、圆形的穹隆、半圆形的拱券和狭小的窗户以及层叠相重的连拱柱廊。教堂的各个部分均可独立，自成单元，但又互相联结成一个整体。

哥特式教堂源于 12 世纪的法国，其特点是高耸，运用尖拱券、小尖塔、飞扶壁和修长的立柱，增加建筑物的高度，用色彩斑斓的玻璃花窗增添神圣感。

巴洛克式教堂发源于 17—18 世纪意大利的文艺复兴时期，其特点是外形自由，追求动态，装饰富丽奢华，建筑物内外布满精美的雕塑和壁画，喜爱强烈艳丽的色彩。

北京的基督教新教教堂多为清代晚期以来的近代建筑，造型比较质朴，大多没有天主教教堂那么高耸。礼堂的建筑、陈设没有统一规定，教堂内除十字架外，一般不用其他宗教表像。有的教堂连十字架也不用。

近、现代天主教教堂和基督教教堂的建筑风格呈现出多样化发展的趋势，除传统的西式建筑风格外，也竭力体现民族意识和现代意识。

(三)北京的教堂

1. 天主教教堂

(1)十字寺。

十字寺位于房山区周口店镇三盆山，是北京地区已知唯一的元代基督教之一派的景教活动场所遗址。其前身为始建于东晋建武元年(317 年)的佛教寺院。到了元至正十八年(1358 年)，寺院扩建，方改为景教寺院，元顺帝特赦赐寺名“十字寺”。明代又改回佛教寺院，民国后逐渐衰落。

寺内原有建筑几乎荡然无存。遗址上仅能看到残存的殿基、院墙、石臼和树围 3 米、高 30 余米的白果树。此外，院内还有两通碑刻：明代重刻辽应历十年(960 年)的《三盆山崇圣院碑记》和元至元二十年(1283 年)的《大元敕赐十字寺碑记》，具有珍贵的历史价值。

当年十字寺的匾额和立于大雄宝殿前的两块石雕如今还在，现存于南京博物院，是当年国民党政府将文物南迁时，运到南京的。两块石雕上面刻有古叙利亚文，意思是：仰望它，寄希望于它。用叙利亚文，是因为景教的创建者聂斯托利是叙利亚人。目前，房山云居寺有这两块石刻的复制品，供游人观赏。

遗憾的是，到目前为止有关十字寺的文字资料极少，上述十字寺遗址上的《大元敕赐十字寺碑记》碑和现存于南京博物院的两块石雕，仅能证明此处曾经是景教的寺院。而对于元代作为景教寺院的实物建筑体貌、内部陈设，景教的组织结构，以及景教的活动仪式等都没有具体的描述。其他途径的相关历史资料也极为稀少。在十字寺课题的研究上，专家学者们只能做些推测性的判断。

尽管如此，十字寺仍被视为古代中西文化交流的重要实物证据，具有珍贵的保存价值，因此国务院于 2006 年将其公布为全国重点文物保护单位。

(2)南堂。

南堂位于西城区前门西大街路北 141 号，是北京最古老的天主教堂。因地处南城，故名。南堂系意大利传教士利玛窦于明万历三十三年(1605 年)创建，德国传教士汤若望于清顺治七年(1650 年)重建，康熙五十一年(1712 年)又予重修、扩建，大致形成今天的格局。南堂后来毁于 1900 年的义和团运动。现存建筑为光绪三十年(1904 年)所建。

东院的大堂为巴洛克式拱券形建筑，磨砖对缝，正面砖雕花纹精美，门窗俱镶彩色玻璃。大堂建筑面积约 1300 平方米，附属建筑约 400 平方米。大堂的祭台和讲经台亦有精美装饰。南堂内有原教堂石碑二通，嵌于大堂前两侧墙壁上，其一为清世祖顺治皇帝御制天主堂碑记碑，今已字迹不清，大堂西墙上的铁十字架，约高 1 丈 2 尺，是南堂最早的遗物。西院有堆砌的假山，山上安置圣母玛利亚塑像和祭台。南堂还建有天文台、藏书楼、仪器室和传教人员、司译(翻译)的住宅。南堂于 2006 年被国务院公布为全国重点文物保护单位。

(3)东堂。

东堂位于东城区王府井大街路东 74 号，南临金宝街西口。清顺治十二年(1655 年)，意大利传教士利类思和安文思(国籍不详)二位神父在其赐地上创建圣若瑟堂，因地处东城，故俗称东堂，为当时北京城内继南堂之后的第二座天主教堂。康熙五十九年(1720 年)毁于地震，次年重建；重修后的东堂内，有多幅意大利画家郎世宁绘制的圣像。嘉庆十二年(1807 年)遭火后废毁。光绪十年(1884 年)又重建，16 年后被义和团焚烧，光绪三十年(1904 年)法国和爱尔兰利用庚子赔款，再次重建，即今之所见东堂的格局。

东堂坐东朝西，总占地面积近万平方米，是一座罗马式建筑风格的教堂，也是中、西建筑风格共融的典范。它的顶部由三个半圆拱建筑组成。堂内设施大体上与南堂相同。21 世纪初，伴随着王府井大街的改造，北京市政府拨款在教堂前兴建了一座广场。

东堂从建堂至今，已有 300 多年的历史。一些知名的神父如比利时的南怀仁都曾在此任职。2013 年，东堂被国务院公布为全国重点文物保护单位。

(4)西堂。

西堂位于西直门内大街偏西端路南，是北京四大天主教堂中最年轻的一座，建于清雍正元年(1723 年)，由德理格神父购地修建，初称圣母七苦堂，因地处西城，故俗称西堂。嘉庆十六年(1811 年)教堂被毁，同治六年(1867 年)重建，光绪二十六年(1900 年)被义和团烧毁。民国元年(1912 年)重修后，改名为圣母圣衣堂，沿用至今。1949 年以后被工厂占用。“文革”后工厂迁走，1994 年，西堂重新开放。21 世纪初，西堂进行全面整修，重修了钟楼与庭院，恢复了民国时期的原貌。

西堂为灰砖砌筑，哥特式风格，南为祭台，北为三层高的钟楼。现在教堂正面的北墙是依着原来的北墙后接出来的，新建洗礼池，重新强调入门圣事的完整性。洗礼池为八角形，采用北京本地出产的白色大理石；池中嵌有蓝色马赛克，池底中央有一金色十字架。洗礼使用后的圣水，最后被排放到院子里圣母山前的水池中。这种样式的洗礼池在北京教区比较罕见。

2007 年，西堂被公布为西城区文物保护单位。

(5)北堂。

北堂，也叫西什库教堂，位于西城区西安门内西什库大街 33 号，是北京四大天主教堂之一。

北堂的原始位置是在中南海的中海西边，即今文津街北京图书馆斜对面。因康熙皇帝患上疟疾，被天主教传教士洪若轩(有人译为洪若翰)、刘应和张诚等用奎宁治愈，康熙赏赐给他们中海西边的处所，建设教堂一所，于康熙四十二年(1703 年)建成。康熙帝御题“万有真原”横匾及长联，命名该堂为救世堂。道光七年(1827 年)，清廷籍没北堂，将大堂拆除，变卖土地。咸丰十年(1860 年)，与英法签订《北京条约》，依条款将北堂归还并重建。光绪十二年(1886 年)对南海、中海、北海进行整修，以便光绪帝亲政后供慈禧太后颐养之用。慈禧太后顾忌坐落在中海西畔的北堂塔高，容易窥看宫苑内的活动，令其迁至今址西什库，拨款 35 万两白银用作搬迁费以建新堂。西什库是明清两代的皇家仓库，因有 10 个库房，又在皇城西北角，所以叫西什库。新教堂占去了西什库南段的 8 个仓库，由法国传教士参考巴黎圣母院式建筑进行设计，光绪十三年(1887 年)建成。

在 1900 年的义和团运动中，北堂是攻击的主要目标之一。经过两个月的激战，北堂未被攻破，而结果令人叹息：无数的义和团平民中枪倒在血泊中，北堂的建筑也受到重创。1901 年，《辛丑条约》签订后，西什库教堂得以重建，恢复了原来的规模，并将原有的钟楼加高了一层。

北堂属于哥特式尖拱建筑。大堂平面呈十字形，建筑面积约 2200 平方米，高 16.5 米，钟楼塔尖高约 31 米。正中尖拱形大门上方的木匾上书“敕建天主堂光绪十三年”。堂前有月台，三面有汉白玉石栏杆，堂正面镶汉白玉石一方，镌刻着耶稣善牧圣像。大堂正门两旁，各建有中国式碑亭一座，黄琉璃瓦重檐歇山顶，亭内分别立光绪十四年(1888 年)天主教堂迁建谕旨碑和满汉文天主堂碑。大堂内有 36 根明柱和 48 组尖形拱肋，建有正祭台和配台。

大堂正门内有唱经楼。

1949 年以后，北堂一度曾作为数家机构的办公地；1985 年国家拨款将北堂修葺一新；2006 年 6 月国务院将其列为第六批全国重点文物保护单位。

(6)圣米厄尔教堂。

圣米厄尔教堂位于东城区台基厂大街 14 号，建于光绪二十七年(1901年)，为法国司铎(神父)高嘉理创建，后又由法国人斩利国扩建。这座教堂是外国人在北京修建的最后一座天主教堂。

圣米厄尔教堂与北京四大堂相比规模最小，却综合了其他四堂的优点，在造型上别具特色，为哥特式建筑，小巧玲珑。圣堂坐北朝南，南北进深 14 间，东西面阔 3 间。堂顶北端有两个高耸的尖塔是钟楼，共 3 层，塔的四周均有塔花。正门上有米厄尔的站像。米厄尔是圣经中的一位天使。正门两侧各有壁龛，称为圣贤阁：东龛奉圣保禄，西龛奉圣伯多禄。教堂东西两侧装饰着清末从法国定制的彩色花玻璃，但台基厂小学使用期间，大部分被打破。堂顶为斜坡形，上覆灰色筒瓦。堂内由 32 根圆柱支撑，地面铺木地板，北为讲经台，台上方墙上供有圣米厄尔的雕像。教堂院内还建有一座灰色砖砌的二层西式楼房，是神职人员的居所。

1949 年以后，圣米厄尔教堂由北京天主教爱国会正式接管，后改为小学校舍。1986 年小学迁出，教堂经整修后，继续进行宗教活动。1995 年被公布为北京市文物保护单位。2002 年被北京市宗教局命名为“北京市五好宗教活动场所”。2019 年被公布为全国重点文物保护单位。

(7)后桑峪村教堂。

后桑峪村教堂位于门头沟西部山区斋堂镇后桑峪村，是一座古老的天主教堂，宗教事务隶属宣武门内的南堂。

据当地人讲，早在元代就有外国传教士在后桑峪村行医、传教，当时传教所仅为 1 间民房。元统二年(1334 年)建教堂 2 间，但外国传教士不常住。明代中期，由传教士在此修建了教堂，并有神甫长住。光绪二十一年(1895年)重建教堂。

光绪二十六年农历七月十三日(1900 年 8 月 7 日)斋堂川 58 村 2000 多名义和团成员，攻打后桑峪教堂，因教堂火器精良，未能攻入。义和团运动失败后，宛平县齐家司责令 58 村向教堂赔礼，挂了“万有真原”金字匾。抗日战争期间，日军将教堂及村落烧毁，只留下断壁残垣。20 世纪 80 年代末，教堂得以修复，并恢复了宗教活动。

教堂坐北朝南，正门上方有横匾，上面刻有“万有真原”四个字。教堂面阔三间达 8.85 米，进深九间达 31.5 米，外用青砖包砌内衬石墙，高达 7 米多。教堂内，东部是祭台，西部为音乐楼，顶部是高耸的穹隆顶。教堂院内东侧建有圣母塑像。教堂东面的山坡上建有圣母山。

(8)永宁天主教堂。

永宁天主教堂，又称耶稣圣心堂，位于延庆区老城东约 17 公里的永宁镇，是北京地区最偏远的天主教堂。该堂始建于清末同治十二年(1873 年)，光绪二十六年(1900 年)“庚子事变”中被义和团烧毁，光绪二十八年(1902 年)利用“庚子赔款”重建。“文革”期间教堂遭到破坏，1986 年维修后恢复宗教活动，2003 年文物局拨专款进行全面整修。教堂为哥特式建筑，面阔 13.5 米，进深 26.4 米，周围有中式风格配房 8 间及大门，院内有“诸位信友致命者墓碑”一通。

永宁天主教堂于 2001 年被公布为北京市文物保护单位。

2. 基督教教堂

北京的基督教教堂大多建于清末民初。1958 年北京市基督教实行联合礼拜，将原有 64 座教堂合并为 4 所，在东、南、西、北城设立四个堂会：东城崇文门教堂、南城珠市口教堂、西城缸瓦市教堂以及北城宽街教堂。

(1)东城亚斯立堂。

亚斯立堂，现称北京基督教会崇文门教堂，位于东城区崇文门内后沟胡同丁 2 号，是北京目前最古老的基督教新教教堂之一。始建于同治九年(1870 年)，是美国卫理公会（美以美会）在北京乃至整个华北地区建立的第一所礼拜堂。教堂最初建成时，外观和现在一样，只是规模比较小，仅能容纳四五百人聚会。光绪六年(1880 年)卫理公会在原址重建教堂，光绪八年(1882 年)新堂落成。该堂于光绪二十六年(1900 年)夏，在义和团运动中被焚毁，光绪二十八年(1902 年)清政府拨款重建，于光绪三十年(1904 年)春建成。此即今天的这座礼拜堂，是北京现存最大的基督教堂。

卫理公会在教堂周围先后开办了同仁医院、妇婴医院、汇文幼儿园、汇文小学(后更名为丁香小学)、汇文中学(后更名为二十六中)、慕贞女中(后更名为女十三中、125 中)、护士学校，以及汇文大学(后合并于燕京大学)、汇文神学院（后改名北京神学院)等。1949 年以后，这些教会办的医院、学校皆由政府接管改为公立。

1982 年修缮后的亚斯立堂正式更名为北京基督教会崇文门教堂，重新对社会开放。2001 年 8 月，北京市人民政府拨专款重新修缮礼拜堂及附属房屋，安装了教堂传统的彩绘玻璃，座椅更换成礼拜专用长条木椅等。

亚斯立堂现存大门、礼拜堂、牧师楼及附属用房，均为砖木结构灰砖清水墙铁皮屋顶。礼拜堂，坐北朝南，造型为美国近代折中主义风格。正立面由三组不同风格的造型组成：中间一组为教堂立面主体，有中间大、两边小的三个拱券窗造型，突出立面。主体立面左右为入口，不对称。西部入口为三角形山花墙、开券门；东部入口做四角攒尖顶的独立门厅大门，上部用雉堞造型的女儿墙装饰，门厅旁又立小塔一座，造型与教堂钟楼一致。整座礼拜堂占地面积为 8246 平方米，地上一层，地下半层；地下半层为砖柱支撑，地上一层为全木结构。堂内分为正、副两堂，两堂中间以上下活动的木墙相隔，既可分开，又可连用。

崇文门教堂在国内外都享有一定声誉。1924 年冯玉祥与李德全女士曾在此举行婚礼。改革开放以后，崇文门教堂接待过很多国际著名人士，如美国前总统乔治·布什、克林顿，英国坎特伯雷大主教乔治·凯瑞博士；著名布道家葛培理牧师(1918—2018)也曾经多次来访。每个主日都有外国使馆的官员及外国信徒来此礼拜，国际教会间的交流活动也经常在这里举行。2006 年 5 月 25 日，亚斯立堂被公布为全国重点文物保护单位。

(2)南城珠市口教堂。

南城的珠市口教堂是卫理公会(美以美会)在北京创设的一座基督教教堂，也是北京目前仍在使用中的几座基督教教堂之一。与其他教堂不同的是，珠市口教堂从建堂一开始就由中国牧师主持。

珠市口教堂位于东城区前门大街 129 号，即广安大街(又称两广路)和前门大街两条繁华路段的交会处。教堂始建于 1904 年，1921 年进行扩建，基本形成了今天珠市口教堂三层的建筑格局。2000 年拓宽修建两广路时，为不影响教堂，专门在其南北修建了延伸辅路，使珠市口教堂原地不动，成为广安大街上的一个小环岛。2002 年 6 月对珠市口教堂进行了大规模加固、维修，并安装了闭路电视，使信徒可同时观看二层主堂进行的礼拜活动。

珠市口教堂坐西朝东，是北京南城唯一一座具有简易哥特式风格外貌的基督教教堂。外形高耸轻盈，内部是镶嵌画和彩色玻璃画，大窗子辉煌而神秘。线条轻快的尖拱券，造型挺秀的小尖塔，轻盈通透的飞扶壁，修长的高柱或簇柱，给人形成一种向上升华、令人神往的神秘幻觉。

(3)西城缸瓦市教堂。

缸瓦市教堂位于西城区西四缸瓦市，为英国伦敦会(London Missionary Society)于同治二年(1863 年)所建。英国伦敦会是近代最早到中国，也是最早到北京传教的西方宣教团体。

1900 年(光绪二十六年)6 月 13 日，缸瓦市教堂与北京城内其他十余座教堂在同一天被义和团烧毁。1922 年改建新堂，就是现在仍在使用的主堂。1966 年，教堂停止聚会。1980 年 7 月 13 日，缸瓦市教堂恢复礼拜，成为“文革”后第一间恢复礼拜的教堂。

缸瓦市教堂在北京有一定名望，美国总统小布什访问北京期间，于 2005 年 11 月参加了缸瓦市教堂主日礼拜；美国国务卿赖斯也曾参加缸瓦市教堂主日礼拜。

(4)北城宽街教堂。

宽街教堂是北京地方教会的聚会场所，建造于 1930 年。教堂原址在东城区地安门东大街 50 号，为中式平房。后因修建平安大道，于 2000 年在新址，即今地安门东大街东吉祥胡同 10 号兴建新教堂，仍沿用原名称宽街教堂。新教堂由政府出资建造，为二层楼房，使用面积扩大一倍，可同时容纳 1000 多人聚会。

2008 年北京奥运会期间的一个上午，美国总统布什携家人前往北京宽街教堂参加主日礼拜，教堂的儿童唱诗班用英语和汉语演唱了《奇异的恩典》，令他深为感动和喜悦。

(5)中华圣公会教堂。

中华圣公会教堂，位于北京市西城区佟麟阁路 85 号，是华北地区建设较早的基督教中心教堂，始建于清光绪三十三年(1907 年)，由英籍主教史嘉乐(1847—1927)主持建造。

教堂坐北朝南，平面呈十字形，外形为中西结合风格，砖木结构，顶部有两个八角亭作为天窗和钟楼，立面门窗仿哥特式，山墙和屋面采用中式灰砖清水硬山式做法。教堂入口位于南立面硬山山墙上，中国传统大门式样。正门上方的山墙上开有圆形玫瑰花窗一座，体现出哥特式建筑的痕迹。教堂内部采用木柱支撑，木柱上为三角桁架。教堂内部多采用中国传统装饰。

中华圣公会教堂是教会建筑中体现中国传统建筑风格的早期作品，2013 年 3 月 5 日被公布为全国重点文物保护单位。目前该教堂已被辟为书局对外开放，不再是宗教活动的场所了。

3. 东正教教堂

北京的东正教教堂很少，大约只有三处：北馆、南馆及圣母堂。

(1)北馆。

北馆原名圣尼古拉教堂，位于东直门内俄罗斯大使馆内，是康熙二十八年(1689 年)《中俄尼布楚条约》签订后，将康熙帝所赐之关帝庙改建而成的。这是东正教在北京的第一座教堂。光绪二十六年(1900 年)，圣尼古拉教堂被义和团烧毁，该堂的一批教徒被杀。义和团运动失败后，清政府赔款，将教堂予以重建、扩大。重建后的教堂取名“致命堂”，被义和团杀死的教徒都被册封为“致命圣人”，其尸骨被装殓在三口棺材中，葬于致命堂下。

北馆改作使馆(时为苏联大使馆)后，致命堂建筑被拆除，堂下所葬三个棺木的尸骨，被移葬于安定门外圣母堂西的俄国坟地。使馆区内原有的一组中式古建筑被保留下来：北大殿五间，为绿琉璃瓦庑殿顶，西殿三间，亦为绿琉璃瓦顶，吻兽为鸽形，这在中国古建中较为罕见。2009 年俄罗斯驻华使馆在原教堂的遗址处，修建了一座教堂，名曰“圣母安息堂”，为使馆内部工作人员以及众多北京的俄罗斯东正教教徒提供了礼拜之所。教堂内一楼东侧是礼拜大厅，二楼有许多历史照片和遗迹陈设，记录着俄罗斯人在中国的传教历史。

(2)南馆。

南馆位于东城区东交民巷路北、清代俄驻华领事馆内，是俄国东正教北京传教士团根据雍正五年(1727 年)《中俄恰克图界约》(也称《中俄恰克图条约》)规定，于清雍正七年(1729 年)兴建的，名曰“奉献节教堂”，或称圣玛利亚教堂，因地处北京内城的南部，故俗称南馆。建立该堂的目的，主要是方便领事馆内的俄国人做祈祷。

(3)圣母堂。

圣母堂位于东城区安定门外青年湖公园内之东北隅，建于 1918 年前后，坐西朝东，为十字形建筑。堂内装饰金碧辉煌，富丽典雅。圣母堂下有地下室，是停放灵柩的场所。堂西是俄国坟地。1957 年东直门苏联大使馆内的北馆拆除时，曾将其致命堂下的棺木移葬于这里的俄国坟地。1987 年，东城区在青年湖建造青年宫时，将圣母堂拆除，俄国坟地也早已不再使用。

(四)北京的传教士墓地

在北京西城区车公庄大街路南 6 号的北京市委党校内，有一处专为安葬外国传教士的墓地。这座墓地就是明万历皇帝为逝世于万历三十八年(1610

年)的意大利传教士利玛窦而建的赐葬墓地。

利玛窦于明万历年间两次进京，一方面宣传天主教，一方面向皇帝敬献自鸣钟和《万国舆图》等物，并向中国介绍西方科学知识。为此受到万历皇帝的赏识和礼遇，利玛窦死后皇帝下诏“以陪臣礼葬阜成门外二里沟嘉兴观之右”。当时墓后有一六角亭，墓前有堂二重，堂前有晷石勒铭曰：“美日方影，勿尔空过，所见万品，与时并流”。

清光绪二十六年(1900 年)义和团运动中墓地遭破坏，一些附属建筑也被损毁。后清政府拨银 1 万两重修墓地，并新建教堂，将 77 尊墓碑嵌在教堂的外墙上。“文革”期间，利玛窦墓与附近诸传教士墓又被夷平，教堂被拆毁，利玛窦等人的墓碑被埋入地下。1984 年墓地被修复，挖出原碑，重新立起。重修的墓地分为坐北朝南、东西毗连的两个墓院，四周皆以砖砌花墙围绕。东院为利类思等 60 位明清传教士墓碑碑林，西院为利玛窦、汤若望、南怀仁 3 位传教士的墓院。

利玛窦墓正中是一尊大理石墓碑，为明万历三十八年(1610 年)顺天府尹王应麟所立，碑的四周用方砖砌护。碑上刻有“耶稣会士利公之墓”八个大字，右侧的小字是：“利先生，讳玛窦，号西泰，大西洋意大利亚国人。自幼入会真修。明万历壬午年航海首入中华衍教。万历庚子年来都，万历庚戌年卒，在世五十九年，在会四十二年。”左侧是内容大体相同的拉丁文。墓碑后是重新砌成的长方形墓葬，已非原来的形制。现墓高 1.5 米，长 2.4 米，宽 1.3 米。

利玛窦墓的左右分别安葬着南怀仁和汤若望。南怀仁是比利时传教士，清顺治十四年(1657 年)来中国，曾任清朝的工部右侍郎，清康熙二十七年(1688 年)逝世于北京，墓前立碑。汤若望，德国传教士，明天启年间(1621—1627 年)来我国，曾任钦天监监正，病逝后葬此，墓前有碑。紧挨着利玛窦墓的东侧墓院，安葬的是明清时期来自葡萄牙、意大利、德国、法国、比利时等欧洲各国的传教士。此处的利玛窦和外国传教士墓地，于 2006 年被公布为全国重点文物保护单位。

第九节　北京的古塔

一、北京古塔概述

塔是外来的一种建筑形式；“塔”字本身也是由外来语，即印度古代的一种语言——梵文翻译而来的，采用的是“音”和“意”相结合的译法，其意为“埋葬”，是埋葬佛的遗骨或遗物的地方。

从历史文献记载来看，“塔”的这种建筑是和佛教一起，于东汉时期传入中国的。由此可见，塔和寺院是密不可分的，而且最早的寺院还是以塔为中心的，如中国最早的佛教寺院河南洛阳的白马寺，就是以塔为中心的寺院。而白马寺的塔当属中国第一佛塔。后来在佛寺中建造佛殿供奉佛像，供信徒膜拜，塔与殿并重。随着佛教建筑在中国的发展，佛塔的主体地位逐渐被佛殿取代，其位置也从佛寺中心移至后侧，甚至有的寺院中已经难觅塔的踪影。

北京现存的古塔很多，汪建民和侯伟在其所著的《北京的古塔》一书中写道：“据文物部门统计，北京现存古塔 220 余座，但从实地考察中来看，数量远不止这些，在北京山区偏僻的山谷中，一些古代的寺庙遗址上，还保存有一些古塔。”①这些为数众多的古塔主要分布在房山、海淀、门头沟、石景山等北京西部及西南部的山区。

北京最早的塔建于何时？从现有的文献中我们了解到，北京最早的塔应是建于隋代，如房山昊天塔和市区内天宁寺塔的前身就是始建于隋代的塔，但遗憾的是，实物已不存在了。据专家考证，现存的昊天塔和天宁寺塔均为辽代所建。目前北京所能见到的最为古老的塔，是唐代所建的塔，数量也不多，大约不会超过 10 座，除原宣武区的 1 座外，其余都集中在房山区，如房山云居寺中的几座唐代石塔。北京建塔最兴旺的时期，是辽代及明、清两代。

佛教是以不同的途径传入中国境内的，有南传佛教、藏传佛教和汉传佛教。因此塔的样式和风格也各有不同，南传佛教风格的古塔，北京地区未曾见过。藏传佛教的藏式塔，北京现今还存在一些，最为著名的有北海白塔、妙应寺白塔、西黄寺的清净化城塔以及颐和园后山香岩宗印之阁的四大部洲塔等。汉传佛教的塔，在北京最为普遍，如通州运河畔的燃灯佛舍利塔、朝阳区王四营的十方诸佛宝塔（又称延寿寺塔）、京西八大处第二处灵光寺的佛牙舍利塔等。

二、北京古塔的种类

（一）按塔的材料分类

从建筑材料的角度来划分，塔可分为木塔、石塔、砖塔、砖石仿木塔、

① 汪建民、侯伟：《北京的古塔》，北京：学苑出版社，2003 年版，第 299 页。

琉璃塔、金属塔等。

佛教传入中国的早期，佛塔多为木结构，但由于木塔难以永固，故唐代以后，用砖、石建塔逐渐多了起来。据文献记载，北京地区也曾建有木塔，但是没有实物遗存。例如，北京南城法源寺的前身悯忠寺内，唐代安禄山和史思明曾先后各在寺前左右建造木塔一座。唐中和二年(882 年)塔被焚毁。后有人重修二塔，不幸的是，辽清宁三年(1057 年)幽州大地震，双塔与寺院一同震毁。震后重修悯忠寺时，将塔改建成砖塔；元末明初砖塔却又毁于兵燹，此后双塔再没恢复。

北京地区的石塔也不是很多，只有少数寺院有石塔，如房山的云居寺还现存数座唐代的石塔，北京动物园北门对面真觉寺中现存金刚宝座石塔等。

琉璃塔，目前北京还有几处，如颐和园万寿山北麓的多宝琉璃塔、玉泉山西麓圣缘寺的多宝琉璃塔，以及香山昭庙内的琉璃塔等。

北京的金属塔为数不多，如原属外城长椿寺的镇寺宝物，现保存于海淀区万寿寺的渗金多宝佛铜塔(下面有较详细的介绍)，西城北长街福佑寺大雄宝殿正脊中央的莲花座铜塔，北京故宫珍宝馆中珍藏的金嵌珍珠宝石覆钵式塔、金累丝嵌珍珠宝石覆钵式塔和金嵌宝石八角覆钵式塔等。故宫内还收藏有数座金塔，其中最大、最重的一座是乾隆皇帝为供奉母亲头发而建造的“金发塔”，高 147 厘米，重 107.5 千克。北海公园大慈真如宝殿内有一对七层八方铜塔，塔高 6.59 米，塔身镶有铜胎无量寿佛 712 尊。这对双塔曾毁于八国联军和日寇的野蛮行径。今日所见之塔是 2008 年根据清皇室档案记载重新建造的。

北京的纯砖塔不多见，西四南的万松老人塔，可能是北京城内唯一一座密檐式的砖塔。

北京现存比较多的是砖石结构的塔，如玉泉山之巅、北京地理位置最高的玉峰塔以及各个寺院里所见到的几乎都是砖石结构的塔。

令人感到新奇的是，北京还有泥制的塔。大约在 20 世纪 50 年代，人们曾在京西门头沟区永定镇王村的月严寺遗址和妙峰山乡仰山栖隐寺遗址，发现了一种用香泥制作的小塔。月严寺遗址出土的香泥小塔，高 7.5 厘米，腰径 6 厘米，底径 3.5 厘米。泥塔为模印，呈土黄色，钵形塔基上印有一圈梵文“如是我闻……”，字迹清晰，为 19 世纪的“天城体”，梵文上边浮雕八座不同样式的小塔，围护着中心盔式的塔尖，八座不同样式的小塔象征着佛祖的八个里程碑。据说，在月严寺塔的塔腹内装有成千上万个这样的小泥塔。仰山寺遗址出土的小塔也为模制塔，呈砖红色，塔基已残，塔身残高 7.5 厘米，塔身上为三层小塔，错落有致地排列着，围护着中心盝式的塔尖，盝式塔尖周围模印梵文，此塔整体形状为花塔形。这类的泥塔，在 1910 年、1914 年、1963 年以及 1983 年至 1984 年间，先后在新疆、内蒙古、敦煌等地亦有发现。另外，1987—1988 年期间，文物部门还发现过大量制作小塔的“塔模”。

加工制作小泥塔，可能出于“种福田”，积功善德的目的，通过制作小塔的方式，来表达对佛的崇敬和虔诚。目前这些被发现的小泥塔及塔模，收藏于门头沟区永定河文化博物馆内。

(二)按塔的功能分类

按其功能来划分，塔还可以分为佛塔、墓塔、纪念塔等。随着时代的更变，塔在中国的建筑发展中也发生着变化，由原来的佛塔，即安奉佛骨舍利、纪念佛祖的唯一功能，演变出存放佛经、登塔眺望、纪念先人等的多样化功能，融合了中国文化的元素。比如良乡起瞭望功能的昊天塔、房山独乐村的姚广孝墓塔、海淀温泉的辛亥滦州起义革命先烈纪念塔等。

除此以外，塔原本为佛教建筑，但土生土长的道教并不保守，接受了这种佛教建筑形式，将其融入本教文化之中，如北京白云观东路的墓塔罗公塔，便是一例。罗公，即罗真人，于雍正五年(1727 年)至白云观坐化，笃信道教的雍正皇帝敕封他为“恬淡守一真人”，并为他建塔藏其遗蜕。

(三)按塔的形状分类

塔的分类，最为普遍、最为有趣的是按其形状样式来划分。形形色色、形状各异的塔，可以分为楼阁式塔、亭阁式塔、密檐式塔、覆钵式塔、金刚宝座式塔、经幢式塔、花式塔、宝箧印经塔、过街塔门式塔和组合式塔等。这些类型的塔，除宝箧印经塔以外，北京都有实物存在。

1. 楼阁式塔

楼阁式塔是塔与中国古代传统建筑中的楼阁相结合的产物。这种塔的内部是空心的，装有楼梯，可攀登到塔的各层向外瞭望，如果各层设有塔门，还可到塔外观望。早期的楼阁式塔为四方形木塔，隋唐以后建塔材料转向砖、石、金属等材料，其中以砖石仿木构楼阁式塔的数量最多。

北京地区的楼阁式塔有玉泉山的玉峰塔和多宝琉璃塔、香山琉璃塔、颐和园的多宝琉璃塔、房山岳各庄的天开塔、房山良乡的昊天塔、房山陀里北车营村的般若禅寺塔、怀柔黄花城的火门洞塔，以及平谷东高村的文峰塔等。

北京城内龙潭西湖附近曾有一法藏寺，寺内原有一座七层砖塔，是北京少有的楼阁式砖塔。该塔塔高约 30 米，平面为八角形，各层每面设有明窗，窗内置一组佛像，共有 58 尊。可惜，该塔于 20 世纪 60 年代被拆除了。

2. 亭阁式塔

亭阁式塔是塔与中国古代亭阁相结合的产物。这种类型的塔，结构简单，塔身的外表像一座亭子，易于修建，多为高僧、和尚的墓塔。现存的实物多为砖石结构。宋以后，随着花式塔和覆钵式塔的兴起，亭阁式塔逐渐衰落下来。

北京的亭阁式塔不太多，有房山云居寺的唐代石塔、西城白云观内的恬淡守一真人罗公塔、北海公园内的妙相亭塔和门头沟妙峰山乡南樱桃沟仰山栖隐寺的单层亭阁式墓塔等。

北海的妙相亭塔建在北海植物园的妙相亭内，为一座亭阁式石塔，塔高 6.88 米。塔的下端为八角形石须弥座，塔呈十六角，形成塔身十六个立面，上面嵌刻仿五代后蜀名僧贯休所画的十六应真(即罗汉)像和乾隆御题“贯休画十六应真像赞”，刻像仪态古朴庄严。

3. 密檐式塔

密檐式塔是指在一个高大的塔身上建有多层密檐的塔，是由楼阁式塔发展而来的，在我国北方比较常见。密檐式塔的塔身层数几乎都是奇数。通常，第一层塔身比较高，以上每层的塔身都很短，塔檐显得很“密”，塔体多为实心建筑。南北朝至隋唐时期，是密檐式塔发展的早期阶段，造型简单。辽金时期达到鼎盛，宝塔装饰繁复。元明清时期，密檐式塔的建造日趋衰落。

北京现存的密檐式塔的塔身平面多为八角形或六角形。塔的层数，除房山区豆各庄塔为 8 层个例外，余者多为奇数，如 5 层、7 层、9 层、11 层或 13 层，北京都有实物存在。

目前北京地区这种密檐式塔的遗存比较多，约有 40 座，如西城天宁寺塔、西四砖塔胡同西口的万松老人塔、玉泉山华藏海塔和玉峰塔、朝阳区王四营的十方诸佛宝塔、西山八大处之第二处的招仙塔和佛牙舍利塔、通州的燃灯塔、门头沟潭柘寺的妙严公主塔、房山姚广孝墓塔、昌平银山塔林之五座砖塔等。下面将其中的几座塔向读者做一简单介绍。

(1)灵光寺佛牙舍利塔。

在今石景山区的西山八大处之二处灵光寺，有一座高大伟岸的绿琉璃瓦密檐式佛塔，建成于 1964 年，是 1949 年新中国成立后佛教建筑中唯一一座大型佛塔，也是北京地区最年轻的佛塔。这座佛塔的缘起，与距其南侧不远的招仙塔有着密切的关系。招仙塔是一座建于辽咸雍七年(1071 年)的古塔，毁于清末八国联军的炮火。1901 年，寺中僧人清理残塔时，在塔基内意外发现了一石函，函内有一沉香木盒，上有“释迦牟尼佛灵舍利，天会七年四月廿三日记，善慧书”的题记。天会七年(963 年)乃五代北汉睿宗刘钧的年号，说明盒内所供奉的释迦牟尼佛灵牙距发现时已有 930 余年，如果从建塔时算起，也有 830 年了。1955 年，中国佛教协会将佛牙舍利从灵光寺迎送到阜成门内西四的广济寺，供奉在舍利阁内。为永久供奉这颗佛牙，中国佛教协会在政府的支持下，特在招仙塔的北面，兴建了这座佛牙舍利塔。

新建的佛牙舍利塔坐北朝南，塔高 51 米，为八角十三层密檐式，在造型上保持了中国古典佛塔传统样式，在结构上采用了现代建筑技术。全塔为砖石结构，塔身采用唐宋时期北方流行的单层密檐形式，每层檐角都挂有铜铃，宽阔的底座以汉白玉为塔基，每层配以绿色琉璃瓦，塔顶安有鎏金宝瓶。塔内分为七层殿堂，底层四壁镶嵌碑刻经文，有石梯直达佛牙舍利堂，堂内以七宝金塔供奉佛牙舍利。金塔为覆钵式，系真金制造，高约 1 米，重 153 千克，嵌有 861 颗珠宝。

1964 年 6 月 25 日，中国佛教协会为此塔举行了隆重的开光典礼。

(2)慈寿寺永安万寿塔。

永安万寿塔，坐落在海淀区八里庄慈寿寺内。寺院早已无存，但是永安万寿塔依旧巍然屹立在那里。永安万寿塔为八角十三层密檐实心砖塔，高约 50 米，由塔基、塔身、塔刹三部分组成，秀美端庄，古色古香。塔基分上下两层，下层为边角镶石的三层平台，上层是双层须弥座，雕有精美的莲花座台。须弥座上部雕刻有各种古代乐器，具有十分珍贵的史料价值，有吹管乐器：笙、箫、笛等；拉弦乐器：胡琴；弹拨乐器：古琴、琵琶等；打击乐器：钟、鼓、钹、铙、锣、响板等。但由于长年风化，现在已经模糊不清，很难辨认。塔身四面有砖雕的拱券门和半圆形雕窗。拱券门上的匾额分别是：南面“永安万寿塔”，东面“镇静皇图”，北面“真慈洪范”，西面“辉腾日月”。每层有佛龛 24 个，原供奉铜佛 312 尊。门窗两侧塑有金刚力士像，这些塑像历经风雨，损伤严重。塔身各处布满砖雕和泥塑人物像，均遭到严重风化，但仍可辨出当年威武雄浑和俊美生动的风采。塔刹为宝瓶状鎏金铜宝顶。

永安万寿塔于 1957 年被公布为北京市文物保护单位，2013 年被公布为全国重点文物保护单位。

(3)金刚石塔。

在北京海淀区聂各庄车耳营村的西北方附近，有一名叫瑞云庵的寺庙。在其山门东侧有一密檐式小塔，十分奇特。小塔建在一块高十余米、倾斜而立的巨石之上。巨石名曰“金刚石”，故人称古塔为“金刚石塔”。塔高约两米，六角七层，塔基各角饰有砖雕兽头。原塔是妙觉禅寺明代住持尹奉的墓塔，系弟子遵其嘱而建，已毁无存。今所见之塔为民国仿造者。据郝仲泉所著《神山景观及传说》介绍，1924 年秋，国民党文人李石曾和段其光因疑该塔下藏有“镇塔之宝”，就派人搭起架子爬上去将塔拆毁，以寻宝物。但将塔拆毁之后，却并未发现塔下有任何东西。因怕被人发现遭耻笑，遂请工匠仿照原塔的式样又重建了一座，即为今塔。

(4)长椿寺渗金多宝佛铜塔。

北京宣武门外的长椿寺内原有一奇特的十三层密檐式塔，建于明代，高 5.6 米，总重约达十余吨，是用铜铸成的，叫作“渗金多宝佛铜塔”。这座渗金宝塔，工艺精湛，是我国不可多得的铜铸宝塔。但是该塔历经多年风侵雨蚀，渗金锈蚀严重，塔体残损破落不堪，许多部件被砸烂、肢解。1986 年，经文物修复人员的缜密研究和精细修补，这座明代珍品终于重新恢复了原貌。此塔现存海淀区万寿寺。

(5)银山塔林。

银山塔林，又称铁壁银山塔林，位于北京昌平区十三陵之东北，距昌平地铁站约 30 公里。1988 年被公布为全国重点文物保护单位。

该处原有古寺数十座，聚集了众多享有盛名的高僧、和尚和尼姑，他们在这里圆寂，火化后的舍利子(即火化后所剩骨块)便葬入灵塔之中，灵塔不断增加，形成可观的塔林，遍布银山脚下。抗日战争时期，银山的寺院建筑遭到日军的拆毁、焚烧，大批林木被砍伐，灵塔遭劫，加之年久失修，自然损毁坍塌，只残存下辽金时代的五座大塔和元明时期的十几座小塔。

五座大塔均为建于金代的密檐式实心砖塔，塔内葬金代五位高僧，其中佛觉、懿行、晦堂三塔为八角形十三层檐；圆通、虚静二塔为六角形七层檐，佛觉塔位居中央。五座大塔，建筑秀丽挺拔，雕造装饰精巧，是研究佛教艺术和砖石建筑的重要实物资料。

4. 覆钵式塔

覆钵式塔的塔身造型如同倒扣的钵一样，是以模仿坐佛的造像为造型依据的。北京的覆钵式塔多出现于元代喇嘛教的寺院中，因此又叫作喇嘛塔。

覆钵式塔主要用来做舍利塔，以供奉佛舍利之用。当然，这种塔更多的还是作为僧人的墓塔，在北京的寺院中比较常见，如西山八大处的一、二、三、四、五处等地，就有多座覆钵式僧人墓塔。

北京最著名的覆钵式塔有两处：西城阜成门内妙应寺的白塔和北海公园内的白塔。

(1)妙应寺白塔。

阜成门内妙应寺的白塔，其前身是辽代所建的佛舍利塔，塔身内藏有释迦牟尼佛的舍利戒珠 20 粒、香泥小塔 2000 座、《无垢净光大陀罗尼经》5 部。这座塔后来毁于战火，其形制已无考。到元代，忽必烈于至元八年(1271 年)敕令在原辽塔的遗址上建造这座白塔。该工程由尼泊尔工艺家阿尼哥主持，经过八年精心修建，于至元十六年(1279 年)竣工，并迎释迦佛舍利藏于塔中。同年，忽必烈又下令，以塔为中心，建造寺院一座，面积约 16 万平方米。元末一场大火烧毁寺院，而塔却保存了下来。

妙应寺白塔通高 51 米，由塔座、塔身、相轮、华盖和塔刹组成。塔座面积 810 平方米，高 9 米；分为三层：下层为护墙，平面呈方形；中层和上层均为折角须弥座，平面呈“亞”字形，四角均向内递收二折；上层须弥座上周匝放有铁灯龛，其上为覆莲座，莲座外有 5 道环带形的“金刚圈”，用以承托塔身。塔身是一巨型覆钵体，直径 18.4 米，外形浑雄，环绕 7 条铁箍，使塔身成为一个坚固的整体。塔身之上又是一层折角式的须弥座，用以连接塔身和相轮。相轮层层拔起下大上小，呈圆锥状，共 13 层，故又名“十三天”，给人以高耸之感。相轮顶端承托着华盖(又名天盘)，直径 9.7 米，厚木为底，上包铜质筒瓦及铜板，四周悬挂着 36 片铜质透雕佛、梵文字的“华鬘”流苏和 36 个风铃。华盖之上是塔的最上部分——塔刹。塔刹是一座高 5 米、重 4 吨的鎏金铜质小塔，也有覆钵体和相轮，在高大洁白的塔体上金光闪烁，醒目壮观。

1976 年唐山大地震时，古老的白塔严重受损。1978 年对白塔进行修缮，古建专家在塔顶铜质刹顶内发现了乾隆十八年(1753 年)修缮白塔时存留的一批佛教文物。其中数量最大的是清朝唯一官刻汉文《大藏经》724 函。遗憾的是，塔刹渗雨，经册被水浸蚀，致使约三分之一已残损。这些文物中，还有乾隆帝手书的经咒、高 20 厘米的铜质三世佛像、黄檀木观音像及数十粒舍利子、精雕的赤金舍利长寿佛、五佛冠、补花袈裟和哈达等。这些文物都在殿中展出。可以说，妙应寺的白塔是北京地区喇嘛塔中佛塔的典范。

关于妙应寺的白塔还有一物值得一提，那就是白塔的覆钵正面所立的一块小铜碑。碑通高 95.5 厘米，碑身(包括碑额)高 66.5 厘米，宽 38 厘米，厚 6 厘米。这么小的碑和高 51 米的白塔比起来，显得太小了，加之位置又高，在塔下几乎看不到，因此很少有人注意。碑身正面有三行阳文："大明慈圣宣文明肃皇太后懿旨，重建灵通万寿宝塔天盘寿带，万历岁次壬辰季春吉日造。"额书阴刻"万古流芳"；碑阴是凿出的捐资人题名。从碑文中得知，万历二十年(1592 年)修塔时，由慈圣皇太后下懿旨，宫女及宫中服役的女性捐资，补造一些天盘上的流苏、华幔、铃铎等铜饰件，立下这方小碑以示纪念。①

(2)北海白塔。

坐落在北海琼华岛顶峰的白塔，是一座藏式喇嘛塔，通体洁白，在蓝天的映衬下，巍峨壮美，早已成了北海公园所独有的标志。此塔建于清初顺治八年(1651 年)。据建塔石碑记载，当时"有西域喇嘛者，欲以佛教阴赞皇猷(帝王的谋略或教化)，请立塔寺，寿国佑民"，得到皇帝的恩准，于是修建了永安寺和白塔。

北海白塔通高 35.9 米，上圆下方，塔基为须弥座，砖石结构。塔身下部为三层圆台，中部塔肚呈圆形，上部是相轮，又称"十三天"。塔顶为鎏金宝顶，设有宝盖、宝顶，并装饰有日、月及火焰花纹，以表示"佛法"像日、月那样光芒四射，永照大地。塔身正面有一盾形小龛，内塑红底黄字的藏文图案，含"吉祥如意"之意。此龛俗称"眼光门"，又叫"时轮金刚门"。塔下立有顺治八年(1651 年)、雍正十一年(1733 年)、乾隆三十八年(1773 年)等所建碑记。

康熙十八年(1679 年)该塔被地震所毁，次年重建。1976 年唐山地震波及北京，塔顶被损。在修复时，发现塔内藏有一个二寸见方的金漆盒子，盒盖绘有太极图，盒内藏有两颗舍利，证明此塔是一座舍利塔。

5. 金刚宝座式塔

金刚宝座式塔是佛教密宗的一种佛塔建筑形式，经印度僧人传入我国。这种塔系由方形金刚宝座和上部五座塔构成。金刚宝座代表密宗金刚部的神坛，五座塔代表金刚界五部佛主。佛经说，金刚界有五部，每部都有一个部主，即主要之佛：中为大日如来佛，东为阿閦佛，南为宝生佛，西为阿弥陀佛，北为不空成就佛。人们习称这些佛为"五方佛"，每一尊佛都有各自不同

① 赵迅：《南柯庭集》，北京：北京燕山出版社，2018 年版，第 271 页。

的坐骑。

按现存大型实物看，金刚宝座塔在我国已知的共有 10 座，大多为明清时期所建。北京有 4 座：海淀区真觉寺(俗称五塔寺)的金刚宝座塔、香山碧云寺的金刚宝座塔、西黄寺塔院的清净化城塔和玉泉山的妙高塔。

(1)真觉寺金刚宝座塔。

真觉寺金刚宝座塔在北京动物园北门对面的真觉寺(俗称五塔寺)内，是北京地区建造最早、造型最为精美的金刚宝座塔，建成于明成化九年(1473 年)。真觉寺的修建缘起，是明代初年一位印度高僧来到北京，向永乐皇帝进贡了五座金佛和金刚宝座塔的模型。永乐帝在紫禁城武英殿召见他，封他为大国师，赐给他金印，并为他修建了这座真觉寺，以后又按照他带来的模型修建了金刚宝座塔。

(2)香山碧云寺金刚宝座塔。

香山碧云寺金刚宝座塔在香山公园北门对面的碧云寺内，建于清乾隆十三年(1748 年)，是按照印度僧人贡奉的样式，按比例放大，并依着碧云寺的山势而建，式样与真觉寺的金刚宝座塔相似，但其规模却远超过真觉寺的金刚宝座塔，可以说是中国现存最高、最大的金刚宝座塔。

(3)西黄寺清净化城塔。

西黄寺塔院的清净化城塔，建于清乾隆四十七年(1782 年)，塔内安葬六世班禅的衣冠经咒，故又被称为“班禅塔”。六世班禅为祝贺乾隆皇帝七十寿辰，于乾隆四十四年(1779 年)六月，从后藏启程赴热河(今承德)，不幸，第二年，即乾隆四十五年(1780 年)十一月初二，因染上天花，在北京西黄寺圆寂。乾隆四十六年(1781 年)，清政府将他的舍利金龛恭送回后藏。乾隆四十七年(1782 年)，乾隆皇帝在西黄寺的西侧建了一座“清净化城塔院”和这座塔，以示纪念。

(4)玉泉山妙高塔。

玉泉山妙高塔位于玉泉山妙高寺内，建于乾隆年间(1736—1795 年)。妙高塔的造型十分独特，中间的主塔为一座宝瓶式塔，四周的角上各为一座圆形亭阁式小塔，塔刹细高呈锥形，所以又被称为“锥子塔”。其造型具有小乘佛教建塔的特征，与北京的其他三座金刚宝座塔在风格上有所区别。

1860 年静明园被英法联军焚毁，妙高寺也没能幸免，加之疏于管理和维护，于民国期间倒塌，妙高塔也坏损严重。1983 年国家拨款对塔身进行了修缮，基本恢复了原貌；2017 年，又对妙高寺进行整体复建，同时对塔也进行全面整修。如今一座全新的妙高寺塔展现在玉泉山的北峰上，洁白的塔身配上金光耀眼的塔刹，在蓝天的映衬下，显得分外挺拔、秀美。

6. 经幢式塔

经幢式塔是仿佛教法器宝幢的形式、结合塔在建筑结构艺术上的特点而发展起来的一种塔。“幢”本是佛教寺院中的一种柱状法器，幢身上下垂丝帛并绣有佛经或佛名，后来逐渐被石质经幢所替代，主要镌刻《佛顶尊胜陀罗尼经》或镌刻幢主的姓名、生平。经幢式塔在唐代开始兴起，宋、辽盛行，一直延续到清代。一部分经幢式塔成为经塔，另一部分成为墓塔，如戒台寺元代经幢式墓塔。

北京现存的经幢式塔为数不算少，如北海公园大慈真如宝殿前方左右的经幢塔、玉泉山的镇海塔、房山云居寺的压经塔和静琬法师塔、房山张坊的正慧大师灵塔、怀柔红螺寺的和尚灵骨塔，以及石景山区法海寺大雄宝殿东、西两侧的“佛顶尊胜陀罗尼经幢”、“三宝施食幢”和山门殿西南方山脚的“楞严经幢”等。

7. 花式塔

花式塔的主要特征是塔身的上半部装饰着各种繁复的花饰，多为莲花瓣、佛龛、佛像、菩萨和神兽等佛教题材。花式塔的出现，是中国古塔建筑由高大质朴向华丽发展变化的必然趋势。花式塔多为辽金时期所建造，元代以后，濒于绝迹。全国现存花式塔数量较少。北京地区可能只有两处，是房山万佛堂村的万佛堂花塔和丰台长辛店乡云岗的镇岗塔。

(1)万佛堂花塔。

万佛堂花塔位于北京市房山区万佛堂村孔水洞附近的山峰上，系北京重点文物抢救项目。1995年春动工修复，1996年完工。万佛堂的花塔与佛堂、孔水洞一起被国务院确立为第五批全国重点文物保护单位。

花塔坐北朝南，塔身有“咸雍六年”(1070年)、“寿昌七年”(1101年)等字样，可知该塔建于辽代。塔平面呈八角形，通高约30米。塔身周围自下而上错落有序地布满砖雕和佛龛，并装饰着各种复杂的花饰，整体看上去十分俊美。

(2)镇岗塔。

镇岗塔位于北京丰台区长辛店镇张家坟村和云岗街道交界的云岗山坡上，俗称云岗塔。金代建筑，九级砖砌实心花塔，坐北朝南，通高18米，底周长24米。底座呈八角形，低矮敦实，平座上有双抄五铺作斗拱，每面各一攒，拱眼壁上有盆花、兽头等精美古朴的浮雕。西北面还有两武士、两文官和大鹏金翅鸟浮雕。塔身像一座八角亭，有短檐、斗拱，每角各竖有圆柱一根。八面做仿木菱花格子门和直棂窗。塔身上部有一层须弥座，座上密布佛龛相错环绕而上，且逐渐向内收拢。从第二层龛以上，每个佛龛内端坐一尊佛像，神态庄严逼真。再上是一个带宝珠的塔刹，塔刹下有一层须弥座承托。

此塔在明代曾重修过一次，到民国期间，塔已残破，抗日战争时期，又饱受日本侵略军炮火的轰击，塔基和塔刹受损严重。1958 年进行了一次修整，1982 年重修塔基和避雷针，并加固塔下的护坡。

镇岗塔在北京诸塔中占有重要地位，因此，1957 年被公布为北京文物保护单位，2013 年又被国务院列为全国重点文物保护单位。

8. 宝箧印经塔

宝箧印经塔是一种特殊形式的塔。箧，指箱子一类的东西。五代时期，吴越王钱弘俶仿照印度阿育王建造八万四千塔的故事，建造了八万四千座小塔作为藏经之用。因其形状好似一个宝箧，内藏印经，所以就叫宝箧印经塔，又叫阿育王塔。这种塔只有在南方的寺院里能够看见，如福建泉州的开元寺中现在还存有这种塔(见图 2-1)。北京寺院里未曾见过此类型的塔。

图 2-1　福建泉州开元寺的宝箧印经塔

9. 过街塔和塔门

过街塔和塔门是元代以后才出现的。过街塔是建在街道或大路上的塔，而塔门则是将塔的下部建成门洞的形状，有的过街塔下可以通行车马、行人，而塔门一般只容行人通过，不行车马。北京的过街塔不多见，建有行人塔门的塔也比较少。

(1)居庸关云台。

在居庸关关城的中心，有一座巨大的汉白玉石台，人称“云台”。实际上它原本是一座过街塔的台座，建于元至正二年至五年(1342—1345 年)。塔座呈下大上小的梯形，高 9.5 米，长 26.84 米，宽 17.57 米。台基正中有券门洞贯通南北，可通行车马。洞口楣额和洞的内壁上，雕刻有各种佛教的精美浮雕及梵文、八思巴蒙文、藏文、维吾尔文、西夏文、汉文等六种文字的经咒和造塔功德记。雕刻手法圆润流畅，具有很高的历史和艺术价值。台上原建有三座并排的白色藏式佛塔，毁于元末明初。明正统年间曾于台上建佛殿，后也被毁。如今在台上仍能见到遗留的柱础。居庸关云台于 1961 年被公布为全国重点文物保护单位。

(2)颐和园须弥灵境。

颐和园众香界后面的山坡上有一组藏传佛教建筑，名曰“须弥灵境”。其中建有白、红、黑、绿四种颜色的塔，分别名为天洁塔(白)、皆莲塔(红)、吉祥塔(黑)、地灵塔(绿)。四座塔座均开有券洞，供人通行。这四座塔所代表的“大圆镜智(白)”、“妙观察智(红)”、“平等性智(黑)”、“成所作智(绿)”与中央的香岩宗乘之阁所代表的“法界体性智”，共同组成佛教密宗的五智。这四座藏式塔，造型非常别致，塔身小巧玲珑，挺拔俊秀，具有一定的观赏性。

10. 组合式塔

组合式塔是将两种类型的塔结合在一起而建的一种塔，有的是把楼阁式塔和覆钵式塔相结合，有的是把密檐式塔和覆钵式塔相结合，有的是将经幢式塔与金刚宝座式塔相结合。组合塔的造型独特美观。

北京地区组合式塔的数量很少，有房山云居寺的北塔、门头沟田庄白瀑寺的圆正法师塔和妙峰山乡南樱桃沟仰山栖隐寺的古塔。

(1)云居寺的北塔。

云居寺北塔，塔高 34.2 米；塔基为金刚宝座式；塔身下半部是楼阁式结构，内有磴道，上半部是藏式结构。据专家考证，北塔的塔基，建于唐代，塔身建于辽代。

(2)田庄白瀑寺圆正法师塔。

门头沟田庄白瀑寺圆正法师塔，建于金皇统六年(1146 年)。塔坐北朝南，高约 10 米，平面呈六角形，塔基为须弥座式，塔身为密檐式塔和覆钵式塔的结合体。有学者认为，此塔系密檐式塔向覆钵式塔形制演变的极其珍贵的例证，为国内所少见。

(3)栖隐寺古塔。

门头沟妙峰山乡南樱桃沟的仰山上，原有一座寺院，曰栖隐寺，历史上屡修屡毁。寺内现存三座古砖塔，一座为单层亭阁式塔，一座是密檐式塔，还有一座则是组合式塔。这座组合式塔的塔高约 6 米，须弥座塔基呈六角形，塔身的下半部为腰鼓形，上部为三层密檐式塔，造型独特而秀美。

第十节　北京的牌楼

牌楼，又称牌坊，诞生于中国传统文化之中，成为中国建筑文化中一道独特的景观，在世界建筑史上独树一帜。在我国古代，牌楼常常被用来当作装饰性建筑，增加主体建筑的气势，旌表纪念某人或某事，以及作为街巷区域的分界标志等。

牌楼的种类很多。按牌楼的位置划分，有街巷道路牌楼、坛庙寺观牌楼、陵墓祠堂牌楼、桥梁津渡牌楼、风景园林牌楼、商业铺面牌楼等。

按牌楼的建筑材料划分，主要有木牌楼、砖牌楼、石牌楼、琉璃牌楼等。人们习惯将木质牌楼称为牌楼，而将石质牌楼或琉璃牌楼称作牌坊。

按牌楼的造型划分，有柱子不出头和柱子出头的，柱子出头的被称作“冲天式”牌楼；从牌楼的柱头部分看，又有“有楼”和“无楼”之分。若按柱子、间隔及楼的数量来划分，则更有“一间二柱一楼”“一间二柱三楼”“三间四柱三楼”“三间四柱七楼”“三间四柱九楼”“五间六柱五楼”“五间六柱十一楼”等形式。

牌楼上的楼，屋顶虽小，但也有屋脊和脊上小兽，也有庑殿顶、歇山顶、悬山顶等样式。

牌楼的历史很悠久，有人说早在周朝就有牌楼的存在了。而北京的牌楼则大多建于元代以后。其内城，历经元、明、清至今已700多年，外城西部自辽、金以来，年代更为长久，因此所建牌楼众多，再加上远、近郊区的园林、寺庙、陵寝等处的牌楼、牌坊，数目更是可观，而且种类较多。上述的各种形式的牌楼、牌坊，在北京地区均有所见。兹向读者简介如下。

一、木牌楼

这类牌楼很常见，多为街巷道路牌楼、风景园林牌楼、商业铺面牌楼和桥梁津渡牌楼等。

木牌楼的结构通常是，基础以下（地下部分）用柏木桩（现代用水泥浇铸），称地丁。基础以上各根柱子的下部用“夹杆石”包住，外面再束以铁箍，以防散裂。柱子上安横枋，将左右两根立柱连为一体。横枋上安屋顶，屋顶为庑殿顶、歇山顶、悬山顶等样式，也安有小兽。由于屋顶的重量容易造成整体的不稳定，所以在立柱的前后有时会增加两根戗木，斜撑于地面，并在屋顶下的挑檐枋和牌楼梁枋之间加铁质的挺钩，以防屋顶部分的不稳定。楼顶所用之瓦，亦因牌楼的作用、地点或等级不同而相异。皇家建筑的牌楼用黄、绿琉璃瓦，街巷诸坊多用黑色布瓦。

冲天式(或称柱出头式)牌楼，每根柱端耸出脊外，柱顶覆以云罐(也叫毗卢帽)以防风雨侵蚀木柱。如果是不出头式牌楼，其最高处为明楼的正脊。

(一)街巷的木牌楼

历史上，北京街巷的木牌楼很多，最著名、最典型的有东单牌楼，西单牌楼，东四牌楼，西四牌楼，东、西长安街牌楼，前门五牌楼等。

(1)东单牌楼：一座，位于今东单十字路口偏北的位置上，南北向，题额为“就日”(民国初改为“庆云”)。

(2)西单牌楼：一座，位于今西单十字路口偏北的位置上，南北向，题额为“瞻云”(民国初改为“景星”)。

(3)东四牌楼：四座，每个路口各一座，位于今东四十字路口处，题额：南北两座均为“大市街”，东西两座均为“履仁”。

(4)西四牌楼：四座，每个路口各一座，位于今西四十字路口处，题额：南北两座均为“大市街”，东西两座均为“行仁”。

这些牌楼均为四柱三间三楼、悬山顶柱出头式牌楼，都在20世纪50年代因妨碍交通而被拆除。如今它们只作为地名保留了下来，分别简称为东单、西单、东四、西四。

(5)东、西长安街牌楼：两座，东长安街的牌楼在台基厂北口外的西边，横跨在东长安街上；西长安街的牌楼在北新华街北口外的东边，横跨在西长安街上，在新华门迤西。这两座牌楼于1954年被拆除，使东、西长安街得以贯通。

(6)前门五牌楼：一座，在前门外大街北端。北京内城的九个城门外面原都建有一座牌楼，正阳门是北京的正门，因而正阳门外的牌楼也是其中最大的一个，形制为五间六柱五楼式，其他城门外的牌楼皆为三间四柱三楼式。至1949年中华人民共和国成立时，只剩正阳门、朝阳门及东直门外还有牌楼，后因交通所需均被拆除。

正阳门俗称“前门”，其城楼、箭楼、瓮城与正阳桥及牌楼构成了北京最雄伟的一组城门建筑，由于牌楼位于正阳桥前故称正阳桥牌楼，其匾额上书“正阳桥”三字，因其建制为五间六柱五楼式，又称“前门五牌楼”。“五牌楼”是这组经典建筑的起点标志，是前门大街的地标。老北京人把前门大街称五牌楼大街，这里是北京著名的商业大街，鲜鱼市、肉市、果市、粮市、珠宝市、草市、布市分布四周。月盛斋、便宜坊、都一处、老正兴、同仁堂、瑞蚨祥、大栅栏、琉璃厂、八大胡同环绕周边，为皇城心脏之市井商圈。

五牌楼始建于明代初期，明万历，清乾隆、道光、同治年间，曾多次遭遇火灾。正阳桥牌楼于1955年被拆除。1996年在老五牌楼消失40年之后，有关部门曾参照老牌楼的外形，在前门箭楼以南复建过一次五牌楼，钢筋水泥结构。当时的设计师考虑到对交通的影响，牌楼的6根立柱中有4根采取悬空设计，距地面为6.5米，样子极其古怪，因此被称之为“假五牌楼”。

2009年重新建五牌楼。本次修缮基本按照历史照片和文字记载进行，照原样、原工艺在原地重新复建。新建的五牌楼，为“五间六柱五楼、绿琉璃瓦庑殿顶、柱出头式木牌楼”，上书“正阳桥”三个大字。新建牌楼已成为北京前门地区的地标式建筑。所不同的是，明、清两代的五牌楼有戗柱，民国二十四年(1935年)修缮时被取消，2009年重建时仍未建戗柱。

(7)成贤街牌楼。雍和宫对面的成贤街上共有四座牌楼，均为一间两柱三楼式、悬山顶。东、西两个街口各有一座，题额均为“成贤街”；街中国子监门前左右的路上各有一座，题额均为“国子监”。这四座牌楼在民国期间，全部改建为钢筋混凝土结构。

(8)首都博物馆的牌楼。走进首都博物馆的大厅，迎面会看到一座美丽的木质牌楼。这座牌楼便是原阜成门内历代帝王庙门前的牌楼，那里原有两座牌楼，横跨于阜内大街上。因其匾额上书“景德街”，因此北京人习惯称之为“景德牌楼”或“景德坊”。作为皇家坛庙建筑整体格局的一部分，无论在建筑规制或艺术造型上，都体现出京城皇家建筑的气度与风格。

历代帝王庙建于明嘉靖十年(1531年)，景德街牌楼也随之兴建。景德街牌楼为三间四柱七楼样式，两侧有戗柱相对支撑，造型古朴端庄，制作华美。大小额枋及高拱柱间有两层透雕的龙凤板，特别是它的花板，雕刻精美，次楼大花板为双龙凤祥云纹，各式小花板龙凤祥云纹搭配相间。花板上龙凤穿行于祥云之间。其头部均做高浮雕装饰，凸嵌于板面之上，穿云腾雾，显示出威武雄健般的帝王气。明间正中挂刻有“景德街”三字楷书匾额。各楼均为黑琉璃瓦绿剪边庑殿顶，绿琉璃脊吻兽。

1954年因景德街牌楼影响交通而被“拆卸”。拆下来的斗拱、花板等主要建筑构件被妥善保存。2004年，因建设首都博物馆新馆需要，将景德街牌楼遗存构件修复组装，复原陈列于首都博物馆新馆大厅，供人们观赏。复原后的牌楼除了下面的夹杆石是新制构件外，其他部分均为原物。牌楼正面进行了油漆，背面保持原状。

著名古建筑学家梁思成先生曾赞美此牌楼：北京的古牌楼数这两座(指历代帝王庙前的两座原建牌楼)构造形式最好，雕作最为精美。牌楼装点着街市景观，从它的东面向西望去，有阜成门城楼的衬托，晴天时可看到西山，尤其傍晚日落时特别美。

(9)大高玄殿的牌楼。故宫紫禁城外西北方向的大高玄殿前，有牌楼三座：东、西、南各一座，均为三间四柱九楼式。东西两座牌坊横跨在景山前街上，始建于明嘉靖年间(1522—1566 年)。南牌坊正对大高玄殿，是清雍正八年(1730 年)重修大高玄殿时增建的，并于乾隆、嘉庆年间重修。

牌楼通宽 14.42 米，通高 9.75 米。楼顶为黄琉璃瓦庑殿式，檐下有斗拱，旋子点金彩画，雕龙贴金花板，红柱子，汉白玉夹杆石，夹杆石顶部各有一对石兽环抱牌楼柱子。明朝的两座牌坊是楠木的，立柱入地很深，所以无须戗柱扶持。老北京人有一句俗语，“大高玄殿的牌坊，无依无靠”，就是说这里的牌坊没有戗柱。三座牌楼均有题额，都是镌在汉白玉石上。东边牌楼，东面题额为“太极仙林”，西面题额为“先天明境”；西边牌楼，东面题额为“孔绥皇祚”，西面题额为“弘佑天民”；南牌楼，南面题额为“乾元资始”，北面题额为“大德曰生”。

1917 年，南牌楼因糟朽倾斜而拆除，后于 1937 年重建。20 世纪 50 年代，为改善交通，又先后将这三座牌楼拆除。1960 年，从东、西牌楼拆下的构件被重新拼装成“弘佑天民”牌楼，安置在中央党校的院内，保存至今。因构件残缺，仅复建了这一座牌楼，且由原来的三间四柱九楼改为三间四柱七楼。

据报载，南牌楼的“乾元资始”石匾则流落到月坛公园，成为林中石桌的桌面。为重现北京古风貌，2004 年，在大高玄殿门前的筒子河北岸重新建筑南牌楼，并将“乾元资始”石匾从月坛公园请回，安装在该牌楼上归其原位，另新刻“大德曰生” 匾额镶嵌于牌楼北面。

(二)北海的三处牌楼

(1)北海与中南海之间的金海桥(又称御河桥，俗称北海大桥)两端，原来各有一座牌楼，名曰“金鳌”和“玉蝀”。这两座牌楼，不仅成为桥梁津渡的指示标志，而且也是桥梁津渡的建筑艺术装饰。遗憾的是，“金鳌”和“玉蝀”两座牌楼现已无存。

(2)北海公园南门内，有一座连接湖中琼岛与南岸的石桥，名永安桥，其两端各有一牌楼，名曰“积萃”“堆云”，三间四柱三楼、带戗柱，绿琉璃瓦庑殿顶，脊兽三种，但没有仙人骑凤，脊上饰有望兽。

(3)进入北海的陟(zhì)山门(即北海的东门)，迎面便可看见一座汉白玉石桥，名陟山桥，桥的西端、琼岛山下，耸立着一座巨大的红柱木牌楼，十分壮观——三间四柱三楼，黄琉璃瓦庑殿顶，小兽三种，前有仙人骑凤，脊上装有螭吻和望兽，所有这一切都彰显出皇家建筑的气派。但奇怪的是，此牌楼没有匾额题字。

(三)颐和园内的牌楼

(1)颐和园东宫门外的涵虚牌楼。颐和园东宫门外约200米处，有一座名为“涵虚”的牌楼，三间四柱七楼，正楼大额枋匾曰“罨(yǎn)秀”，后檐匾曰“涵虚”。其实这座牌楼不是原始实物，其原始位置也不在这里。据《颐和园志》及《颐和园史话》记载，清乾隆十五年(1750年)修建清漪园时，在大宫门(后改称东宫门)外，修建了一座三间四柱三楼的木牌楼。牌楼东侧的匾额上书“罨秀”，西侧匾额上书“涵虚”。光绪十二年(1886年)，慈禧太后修复清漪园时，因乾隆年间所建的牌楼历经百余年，损伤严重，于是将其拆毁，在东向200米处，即今址，重建新牌楼。新建的牌楼由原来的三间四柱三楼改为三间四柱七楼，仍东西向坐落，前后檐有龙凤透雕花板，两面彩绘有金龙176条、凤36只，顶部变成了高低错落的七条脊，由此彰显出皇家牌楼的富丽堂皇和高大气派。但匾额上的字前后却调换了位置，东侧改为了“涵虚”，西侧改为“罨秀”。有研究者分析，这可能是慈禧太后为了突出新建的颐和园和被焚毁的清漪园的不同。

(2)云辉玉宇牌楼。云辉玉宇牌楼位于万寿山南麓，为万寿山中轴建筑群的起点，规格很高。牌楼坐北朝南，三间四柱七楼，黄琉璃瓦庑殿式顶。正楼上有蓝底金字木匾，北面书“云辉玉宇”，南面书“星拱瑶枢”，周围浮雕双龙戏珠。

(3)颐和园万寿山北麓的多宝琉璃塔前，有一座牌楼，为一间二柱一楼“冲天式”的牌楼。

(四)其他场所的木牌楼

北京的寺庙多有木牌楼的建设，如香山碧云寺的一座，一间两柱一楼式；西城北长街的福佑寺内两座，均为三间四柱七楼式，楼顶为黄琉璃瓦绿剪边。

雍和宫三座，东、西、北各一，形制基本相同，属皇家建筑等级，均为黄琉璃瓦顶；所不同者，北为正牌楼是三间四柱九楼，东、西牌楼是三间四柱七楼。牌楼的梁柱原为金丝楠木，1939年侵华日军将其拆运回国，代之以水泥梁柱。

白云观前一座，三间四柱七楼，正楼前后嵌额，前书“洞天胜境”，后书“琼林阆苑”。

牛街礼拜寺门前一座，三间四柱七楼，匾额上题“达天俊路”。

二、石牌坊

石牌坊以坛庙寺观和陵墓祠堂前为多，城中街巷也有所见。石牌坊的结构，繁简不一，有的极简单，只有一间二柱，无明楼。复杂的有五间六柱十一楼者。由于本身的结构特点，有的虽为三间四柱式，却只有花板而无明楼。石牌坊的明楼也比较复杂，浮雕镂刻亦极有特色。如果石质坚细，不仅浮雕生动，而且其精细的图案历经数百年也不泯没。北京的石牌坊为数不少，下面介绍几座比较著名的。

(一)明十三陵陵门的石牌坊

1. 神道最南面的石牌坊

这座石牌坊位于神道的最南面，是一座五间六柱十一楼的彩绘石牌坊，建于明嘉靖十九年(1540年)，总宽28.86米，高14米，是北京乃至全国现存最大、最精美的石牌坊。这座牌坊是整个明十三陵陵区最南端的标志性建筑，穿过此牌坊就意味着进入了皇陵的陵区。

石牌坊为汉白玉仿木结构，额枋和柱石的上下，刻有龙、云图纹及麒麟、狮子等浮雕，展现出皇家建筑的特质。这些图纹上原来曾饰有各色彩漆，因年代久远，现已剥蚀净尽。整个牌坊结构恢宏，雕刻精美，反映了明代石质建筑工艺的卓越水平。它开创了明清帝王陵建立大型牌坊的先河，成为典范性建筑，清皇陵的牌楼建筑便沿袭了这个规制。

这座石牌坊建于明嘉靖十九年(1540年)，而非建于首陵之初，说明是后来补建的。为什么要补建呢？对此，清初著名学者梁份(1641—1729)在其所著《帝陵图说》一书中，做了这样的解释：“天寿山势层叠环抱，其第一重东西龙砂欲连未连，坊建其中，以联络之。”据此可知，是出于风水的考虑。建陵之始，对于风水方面，考虑不周，事后兴建石牌坊予以补牢。

2. 神道石像生之北的龙凤门

棂星门又叫龙凤门，三个门的门框是由三座形制相同、独立、并排的汉白玉石牌坊组成，各门之间连以红色短垣。牌坊无楼，六根门柱类似华表，柱上均有云板，柱顶饰以石雕坐龙(望天吼)。三个门额枋上的中央部分，还分别雕有“宝珠火焰”，因而该门又称“火焰牌坊”。牌坊没有太多装饰，显得庄重、沉稳、大度而又有一番威严之气。

(二)北海濠濮间的石牌坊

濠濮间在北海东岸、冰窖土山包的北侧，是一座三面临水的水榭。一座曲折的石平桥跨越水面，桥北头立有仿木结构石牌坊，一间两柱一楼，小巧精致。牌楼两面各有联额。北面的楹联是“蘅皋(héng gāo)蔚雨生机满，松嶂横云画意迎”，横额是“汀兰岸芷吐芳馨(xīn)”；南面的楹联是“日永亭台爽且静，雨余花木秀而鲜”，横额是“山色波光相罨画”。

(三)保卫和平石牌坊

保卫和平石牌坊坐落于中山公园南门内，是一座三间四柱三楼蓝琉璃瓦顶的青石牌坊。牌坊正中镌刻郭沫若题写的“保卫和平”，字迹遒劲凝重。关于这座牌坊的来历，还有一段历史故事。

清光绪二十六年(1900 年)，当时的德国驻华公使克林德亲手镇压义和团。当年 6 月 20 日，克林德一行去总理各国事务衙门(在今东堂子胡同内)，轿子走到总布胡同西口，正在巡逻的神机营枪队章京恩海令其停下检查，但克林德却从轿子里开枪。出于自卫，恩海将克林德击毙。光绪二十八年(1902 年)，清政府屈从于德国的无理要求，竟在克林德被击毙的地方，建了一座石制克林德牌坊，以赔礼道歉，作为对“克林德事件”的了结。此牌坊坐落于克林德毙命之处，即今东单北面的西总布胡同西口，横跨于东单北大街上，白石柱座，四柱三间七楼，东西宽度“足满街衢”。牌楼的三块坊心石上刻有以拉丁文、德文、汉文等三种文字书写的大清皇帝“惋惜凶事之旨”。牌坊铭文曰：“德国使臣男爵克林德，驻华以来，办理交涉，朕甚倚任。乃光绪二十六年五月，拳匪作乱，该使臣于是月二十四日遇害，朕甚悼焉。特于死事地方，敕建石坊，以彰令名，盖表朕旌善恶恶之意。凡我臣民其各惩前毖后，无忘朕命。”①

第一次世界大战中，德国战败，群情激愤的中国人民一举将其捣毁。民国八年(1919 年)，中国政府将残存的牌坊移到当时的中央公园(今中山公园)，改称“协约公理战胜纪念坊”，以表示公理战胜强权，额题为“公理战胜”。

① 盖建中：《中山公园》，北京：北京出版社，2018 年版，第 98 页。

1952 年，亚洲及太平洋地区和平会议确定更今名“保卫和平坊”，以表彰中国人民志愿军在抗美援朝战争中的丰功伟绩，并由郭沫若手书“保卫和平”。

(四)颐和园内的石牌坊

1. 谐趣园的石牌坊

谐趣园知鱼桥头有一座小巧的石牌坊，高 2.57 米，一间二柱一楼，是北京最小的石牌坊。坊上有乾隆皇帝御题的桥额“知鱼桥”和刻于牌坊柱上的楹联：“回翔凫雁心含喜，新茁苹蒲意总闲”，“月波潋滟金为色，风濑琤琮(chēng cóng)石有声”。

梁枋上刻有乾隆的九首诗。此外，牌坊上还镌刻着以“安知鱼之乐”为命题抒写的御制诗句。乾隆在知鱼桥牌坊上的刻诗、题词多达 21 处，他一生写的有关知鱼桥的诗，一首不落，都镌刻在这座石牌坊上。

2. 画中游的石牌坊

画中游前有一座小巧精致的石牌坊，为清漪园时期的遗物。石坊坐北朝南，高 3.19 米，庑殿顶，青石瓦，有垂吻兽戗兽；正脊南北雕有二龙戏珠图案。立柱南北是巨大的抱鼓石，两个抱鼓石和立柱为整石雕出，用料巨大。牌坊两侧与砖墙相邻，墙心为实心砖花饰。

牌坊南面的横额为“山川映发使人应接不暇”，楹联为“幽籁静中观水动，尘心息后觉凉来”。牌坊北面的横额为“身所履历自欣得此奇观”，楹联为“闲云归岫连峰暗，飞瀑垂空漱石凉”。楹联、题额均为乾隆御笔。

3. 五方阁石牌坊

五方阁建筑群以宝云阁(俗称铜亭)为中心，影壁北面有一座三间四柱三楼的石牌坊，高 3.83 米。上额枋为八仙捧寿图，体现了乾隆为其母祝寿的孝心；下额枋为三幅云式样。

牌坊的柱、枋、椽、瓦、斗拱等，均用石材仿木制作，两面精雕细琢着繁密但流畅的龙云图案。牌坊两面镌刻乾隆御书的题额、联句，词句全部选自乾隆御制诗。南面横额“暮霭朝岚常自写”，横联“山色因心远，泉声入目凉”；北面横额“侧峰横岭尽来参”，横联“川岩独钟秀，天地不言工”。两面各有楹联两副，南面中间为：境自远尘皆入咏，物含妙理总堪寻；南面两侧为：几许崇情托远迹，无边清况惬幽襟。北面中间为：苕霅(tiáo zhà)溪山吴苑画，潇湘烟雨楚天云；北面两侧为：众皱峰如能变化，太空云与作沉浮。

(五)香山碧云寺的道场牌坊

香山碧云寺孙中山纪念堂后面通往金刚宝座塔的山道上，有一座通体洁白的三间四柱三楼冲天式石牌坊，建于乾隆年间。牌坊呈一字形，楼顶为庑殿式，面阔 13.1 米，高约 9 米。明柱及边柱巨大的汉白玉石上镌祥云到顶的图案，上有两对狮子，栩栩如生。正楼、次楼均为五踩斗拱；正间、次间的下横枋刻有二龙戏珠，腾于云雾中。匾额上刻楷书“西方极乐世界阿弥陀佛安养道场”，龙门枋上刻有飞翔仙鹤，正中则是乾坤符号，为北京石质牌楼中所独有。高大的石鼓戗石遍刻花草。总之，此坊雕刻精美、细腻，在青松的簇拥下显得特别庄重、华丽，其雕刻的技法和风格与金刚宝座塔浑然一体、相得益彰。

(六)西黄寺清净化城塔的牌楼

西黄寺清净化城塔的塔台南、北两面各有一座四柱三间三楼通体为汉白玉雕成的石牌坊，南面正向的牌坊题额为“慧因最上”“妙祥真空”，北面牌楼的题额为“圆觉观音”“华严海会”。楼顶为庑殿式，楼下施斗拱，额枋浮雕龙凤和藏文经咒；二边楼柱面上浮雕缠枝八宝，正楼阳面刻清高宗御书楹联，石柱和抱框为整石雕成，柱脚用浮雕莲瓣串珠夹柱石，中间锢以铁箍。

(七)祭坛的棂星门

北京的天、地、日、月和社稷坛等祭坛的内坛壝墙上，都开有棂星门，门框都是按石牌坊的做法建成。天坛圜丘坛的东西南北四方各开门三座，门框均由三个独立的两柱一门无楼式的石牌坊组成；地坛、日坛和月坛形制一样，正门三座，门框由三个独立的两柱一门无楼式的石牌坊构成，其他三面各开一门，门框为两柱一门无楼式的石牌坊；社稷坛四面各一座门，均为两柱一门无楼式。这类的牌坊没有什么装饰，倒显得十分的沉稳、庄重，增添了肃穆的祭祀氛围。

三、琉璃牌坊

琉璃牌坊多用于佛寺建筑群内以及陵墓祠堂前。经初步调查，北京的琉璃牌坊只有三间四柱七楼一种。其结构为砖石结构，是在石基础上筑砌 6—8 尺的砖壁，壁内安喇叭柱、万年枋为骨架。砖壁上辟圆券门三个，壁下为青、白石须弥座，座上雕刻着各种风格的艺术图案。壁上的柱、枋、雀替、花板、揹柱、龙凤板、明楼、次楼、夹楼、边楼等均与木牌楼相似。所不同的是，这种牌楼用黄、绿二色琉璃砖嵌砌壁面，远远望去威严壮观。琉璃牌坊在诸种牌楼中，等级最高，也最为华丽。

北京现存的琉璃牌坊仅有十座：朝阳门外东岳庙一座、东城国子监一座、颐和园的众香界一座、卧佛寺一座、香山昭庙一座、北海西天梵境一座、北海小西天四座。这十座琉璃牌坊均为三间四柱七楼式。除了东岳庙一座是明万历年修建的，其余都是清乾隆年间所建。琉璃牌坊拱门门券除东岳庙牌楼为青砖发券外，其余都是雕花大理石发券。

琉璃牌坊中心拱门上的枋心石都刻有文字，东岳庙有传是严嵩所写，但是牌楼枋心落款为万历丁未年所立，那时严嵩已经死去四十年了，可见传说不实。其余九座琉璃牌坊枋心前后均是乾隆御笔，除了香山昭庙琉璃坊的刻字为满、汉、蒙、藏四种文字外，其余均只有汉字。题字枋心，除了东岳庙外，其余琉璃牌坊的枋心石均有边饰。边饰为龙戏珠和升龙图案，龙的数量不等。颐和园和北海西天梵境牌坊为十二龙边饰，卧佛寺和国子监牌坊为十龙边饰，香山昭庙和北海小西天牌坊则为六龙边饰。牌坊两侧的拱门上，是琉璃牌坊装饰最为华丽的，多为“二龙戏珠”图；清漪园因为是乾隆皇帝专为其母祝寿而建的，所以特别设计为“二龙捧寿”图。

四、砖牌楼

砖牌楼的外形与琉璃牌坊相似，只是没有用琉璃瓦包砌，而是全部用砖筑造，看上去稳重而朴实。砖牌楼在北京很少见。古建专家孔庆普先生在其《北京城里的牌楼修与拆》中提到，广安门外大井村迤西的京保路上有一座砖牌楼，于 1954 年被拆除。笔者曾在香山碧云寺金刚宝座塔的前面，见到有一座三间四柱七楼的砖牌楼，至今完好。

五、水泥牌楼

水泥牌楼是近代建筑技术的产物，始于民国，其数量随着社会的发展逐渐增多。新建的牌楼或原址重建的古牌楼多为钢筋混凝土构筑，如雍和宫对面成贤街的四座牌楼，地坛西门外 1990 年因亚运会而复建的牌楼，2008 年北京奥运会前夕复建的西单三间四柱三楼“冲头式”牌楼，和平门外琉璃厂文化街新建的“冲天式”牌楼，以及王府饭店、紫玉饭店等现代高级酒店前的牌楼等，都为钢筋混凝土结构。南锣鼓巷、雨儿胡同、烟袋斜街等胡同口近年来新建的牌楼也都属于这一类。

第三章　北京的近、现代建筑

第一节　清朝末年与民国初期的近代建筑

清末民初建筑的重要特点之一，是西洋建筑艺术的引进。其实，早在清乾隆年间，就开创了引入西洋建筑形式的先河，在圆明园两个附园之一的长春园，首次建造了西洋式建筑。到了清末，这种引进的力度更大了，范围更广了。各国列强在东交民巷建造了使馆、银行、饭店等，将欧式建筑带入了北京的街巷胡同。这种时尚甚至影响到皇宫建设。

光绪十九年(1893 年)，将咸丰十年(1860 年)被英法联军焚毁的清漪园石舫上部建筑，重建成西洋式游轮舱楼。光绪三十年(1904 年)十月，中南海内建成一组西洋式楼群，名海晏堂(与长春园的海晏堂同名，后改为居仁堂)，作为慈禧太后专门用来接见外国女宾的场所。光绪三十二年(1906 年)清政府拆除铁狮子胡同和亲王王府与斐苏贝勒府，在原址(即今张自忠路 3 号)建了两组西洋式砖木结构的建筑群，东为海军部，西为陆军部，今犹存。

宣统元年(1909 年)，在道光二十五年(1845 年)因火灾烧毁的紫禁城延禧宫原址上，动工兴建一座三层的西洋式建筑——灵沼轩(又名水晶宫)，以石材、金属做栋，玻璃为墙，可置水观鱼。后因国库空虚，未能完成，锈迹斑斑的烂尾楼至今还静静地伫立在那里。

民国初期，北京的建筑出现了短暂的繁荣，涌现出一批欧式或中西结合式建筑，其中，有行政办公建筑、纪念性建筑、文教科研建筑、宗教建筑、使馆建筑、公共性建筑、官邸建筑、工业建筑、交通建筑、民居建筑等，如段祺瑞执政府、中南海新华门、袁世凯总统府、民国国会议场、辛亥滦州起义纪念园、协和医学院及附属医院、北京中央医院(今位于白塔寺的北京大学人民医院分院)、北总布胡同 2 号住宅、西山的别墅、东城救世军礼堂、东城基督教青年会、北京大学红楼等，不胜枚举。

1914 年到 1918 年，北平当局在南城规划建设了所谓的“新市区”，总设计师为朱启钤(qián)。其范围大约在今香厂路、仁寿路、仁民路、留学路、永安路一带，建筑设计仿照上海的石库门风格，著名的建筑有新世界、东方饭店、华康里、泰安里等。

在此期间，北京的四合院也出现了一些变化。一些新式人家将住宅进行了改造，引进自来水管线，安装电气照明，增加西式卫生间和带有浴盆的洗浴室，把煤炉取暖改为锅炉加暖气片的供热系统等，为四合院的改进做出了有益的探索和尝试。

综上所述，清末民初时期北京出现了很多样式新颖、风格时尚的新建筑，给北京这座古老的城市带来了些许新的气象。传入的西方建筑艺术，经过中国人的选择、吸收、整合，丰富了中华民族的建筑艺术文化，打破了京城几百年的封闭格局和单一的传统四合院建筑模式。下面就将其中具有代表性的建筑介绍给读者。

一、北京大学红楼

北京大学红楼(简称北大红楼)位于东城区五四大街路北 29 号，是以前北京大学校舍的一部分，因墙体大部用红砖砌成，故名“红楼”。该楼于 1916 年开始动工兴建，1918 年 8 月竣工。红楼坐北朝南，呈工字形，为五层(含半地下室)砖木结构，红砖墙体，红瓦屋顶，东西面宽总长 100 米，正楼南北进深 14 米，东西两翼楼南北进深 34.34 米，总面积约 1 万平方米，地上建筑约 8000 平方米。红楼原为学生宿舍，后改为北京大学校部、图书馆和文科教室。半地下室设有印刷厂，第一层为图书馆，第二层为行政办公室，第三、四层为教室。

北京大学红楼在中国近代历史上，具有重要的地位和作用。蔡元培 1917 年任北京大学校长，在楼的西部(今 208 室)办公；李大钊 1918 年被聘为北京大学图书馆主任兼经济学教授；鲁迅先生在此期间任北京大学国文系教授；陈独秀 1916 年任教授。与此同时，钱玄同、刘半农、杨昌济、胡适、马叙伦、马寅初、李四光等名流学者聚集北大，先后在此任职、任教。毛泽东于 1918 年 8 月至 1919 年 3 月，曾在北大图书馆工作过。

北大红楼是五四运动的策源地。1919 年 5 月 4 日的反对帝国主义、封建主义的爱国运动，就是从红楼北边的民主广场集合出发的。声势浩大的五四运动席卷全国，成为中国近代史上最为重要的事件之一。

北大红楼一层东南角有两间西向的房间，曾是李大钊的办公室。在这里，李大钊、张申府(北大讲师)、张国焘(北大学生)三人秘密成立北京的共产党小组，这是北京历史上第一个中国共产党的党组织。

北大红楼于1961年被国务院公布为全国重点文物保护单位，现为北京新文化运动纪念馆。

二、北京民国国会议场旧址

北京民国国会议场旧址，位于西城区宣武门西大街57号，建于民国初年，是国会建筑群的一部分。

中华民国当时计划于1913年4月8日在北京举行第一届国会开幕典礼。为此，国民政府在原财商学堂的旧址上建造了众议院部分建筑，其中包括目前尚存的仁义楼、礼智楼、信字斋、圆楼及国会议场。这组建筑中规模最大、实用价值最高的是国会议场。它坐北朝南，为两层砖木结构，建筑面积约2100平方米。国会议场外面为灰砖清水墙，只有极为简单的壁柱和线条，室内为抹灰壁柱装饰，钢木屋顶，里面的座椅和暖气管道都是当年的原物。

议场的北面是国会办公室，为二层小楼，楼内会议厅平面呈椭圆形，故得名“圆楼”，内设总统与议长办公用房和会议厅。楼的墙体以灰砖砌筑，屋顶为三角钢木桁架。

议场的东侧有两栋二层小楼，即当年的仁义楼和礼智楼，是议员起草宪法的办公场所，为灰砖清水墙建筑、三角桁架、坡屋顶。因外墙廊柱皆为红色又称“红楼”。此外，还有信字斋，也是供议员使用。

上述五座老楼就是原民国国会的旧址，1984年5月被北京市政府确立为市级文物保护单位，2006年5月又被国务院公布为全国重点文物保护单位。

其实，就建筑本身而言，这五座老楼与民国早期的建筑物相比，并没有什么奇特之处，尤其是国会议场和圆楼，从建筑到装饰都属简约和平淡。它们之所以被定为北京市和全国重点文物保护单位，很大程度上是因为它们的历史价值，它们是中国早期议会政治那段坎坷历史的承载体和见证物。当年袁世凯强选和曹锟贿选，以及国会的许多闹剧都发生在这里。目前这几栋楼房供新华社使用。

三、京奉铁路正阳门东车站

京奉铁路正阳门东车站，俗称前门火车站，位于东城区前门大街东侧的甲2号，建于1906年，从清末至新中国成立，一直是北京最大的火车站。1959年北京新站建成投入使用后，前门火车站才退出运输舞台，改成北京铁路职工俱乐部，20世纪90年代后还曾用作商业大厦，现为中国铁道博物馆。

车站建筑为典型欧式风格，平面呈矩形，地下二层，地上三层。整栋建筑面积3500平方米，由中央候车大厅、辅助用房、钟楼等组成，是中国近代铁路车站建筑的早期代表作。现存建筑，除北部拆除部分以外，基本保留原状。

正阳门东车站地处正阳门东侧，紧靠南城墙，北邻东交民巷使馆区、南接正阳门商业区，作为始发站站房建筑，它不仅是京奉铁路兴建、发展的见证，是中国铁路近代化过程的见证，也在中国近代社会政治、经济、文化史研究中具有十分重要的历史地位。

历史上，不少重大事件在这里发生。1905年9月24日，震惊全国的火车爆炸事件就发生在东站。年轻的革命党人吴樾怀揣炸弹，欲将出访欧洲的清政府五大臣炸死在车厢内。因意外，炸弹突然提前引爆，五大臣中两人受伤，而吴樾却当场牺牲。此事对朝野产生了不小的影响。1912年和1924年，孙中山先生曾两次经正阳门东站来京，第一次是应就任民国临时大总统的袁世凯之请，来北京“晤商要政”；第二次是应段祺瑞、张作霖、冯玉祥之邀，从广州启程来北京。孙中山先生第二次进京后不久竟溘然病逝于协和医院。1929年5月26日，盖着蓝灰色棺罩的孙中山灵柩从香山碧云寺启程，在正阳门东车站上火车，前往南京中山陵。当时前门箭楼和火车站前都高搭灵棚，30万人为孙中山先生的灵柩送行。1949年，宋庆龄应毛泽东、周恩来的诚恳邀请来北京参与国政，依然是在正阳门东车站下车。基于历史和建筑价值，2001年京奉铁路正阳门东车站被确立为北京市文物保护单位。其实在前门大街西侧原来也有一座火车站，叫正阳门西站，又称前门西车站，是京汉铁路在北京的终点站，主要用于货物运输，其历史早于东站，于20世纪50年代被拆除。

四、东交民巷使馆建筑群

东交民巷使馆建筑群位于北京市东城区东交民巷，形成于1901年至1912年。东交民巷原为“江米胡同”东部一段，后改名“东江米胡同”；1900年以后，被划为外国使馆区，逐渐形成一个集使馆、教堂、银行、官邸、俱乐部为一体的欧式风格街区。

现存建筑有法国使馆旧址、奥匈使馆旧址、比利时使馆旧址、日本公使馆旧址、意大利使馆旧址、英国使馆旧址、正金银行旧址、花旗银行旧址、东方汇理银行旧址、俄华银行旧址、国际俱乐部旧址及法国兵营旧址等。现存建筑均保留原状，保持20世纪初欧美流行的折中主义风格，用清水砖砌出线脚和壁柱，砖拱券加外廊，木结构角檩架，铁皮坡顶。

东交民巷使馆建筑群，是北京仅存的20世纪初的西洋风格建筑群，也是帝国主义侵略中国的实物遗存和爱国主义的教育基地。

2001年6月25日，东交民巷使馆建筑群作为近现代重要史迹及代表性建筑，被国务院批准列入第五批全国重点文物保护单位名单。2017年12月2日，入选“第二批中国20世纪建筑遗产”。

五、西交民巷近代银行建筑群

西交民巷是晚清以来到20世纪后期约一百年的金融街，是华北地区的金融中心，许多大型银行均在此设有机构，从而形成近代银行建筑群，包括大陆银行北京分行旧址、华资商业银行（原保商银行）总办事处旧址、中央银行北平分行旧址、中国农工银行北平分行旧址、户部银行旧址等。其中户部银行是中国第一家国家银行，后改称大清银行、中国银行。

西交民巷近代银行建筑群于2013年被国务院公布为全国重点文物保护单位。

（一）中国农工银行北平分行旧址

位于西城区西交民巷50号，建于1922年，现为中国记者协会办公楼。电视剧《编辑部的故事》便是在此楼拍摄的。

该建筑地下1层，地上2层，建筑面积约750平方米，正立面为欧洲古典风格，是文物价值重点保护部位。立面用花岗石装饰，大门入口做柱廊，保存完好。由于该办公楼地处拟建全国人大机关办公楼的施工区域内，根据有关部门的要求，该办公楼向西平移约50米，并顺时针旋转3度。该工程已于2008年11月30日顺利竣工。

（二）大陆银行北京分行旧址

大陆银行成立于1919年，是第一次世界大战中随民族工商业发展而建立的民资资本银行，由北洋政府要人出资创办，是旧中国重要私营银行之一。它与金城、盐业、中南三家银行统称“北四行”。大陆银行总行设在天津，后于1942年迁至上海。北京大陆银行是其分行，位于西城区西交民巷。

大陆银行始建于1924年，由贝寿同设计，仿英国银行建筑，地上5层，地下1层。立面为西方古典式，基座用大块花岗岩砌筑，上层檐口挑出。入口大门做重点装饰，三层拱门内镶嵌券柱，两侧做科林斯壁柱。钟楼上为穹顶，比例适度，是中国建筑师设计西方古典建筑质量较高的一座。其内部设备在当时也是最先进的。

(三)北洋保商银行旧址

北洋保商银行是清朝及中华民国时期的一家银行，创办于1910年，原是为了清理天津商人积欠外商款项，维持天津华洋商务而设，所以名为"保商"，由北洋政府和华洋商人共同出资成立。该银行在实现设立时的全部目标后，于1920年改为华资商业银行。总行最初设在天津。20世纪30年代，总行迁至此地，建筑新楼。保商银行大楼位于今北京市西城区西交民巷17号。该建筑地上3层，地下1层，立面采用花岗石做成希腊式柱廊，檐口突出，坚固感强，是典型的西洋与中华传统、古典与现代相融合的近现代建筑。1937年"七七事变"后停业。1949年北平和平解放后，中国人民银行从石家庄迁到北平，行长和综合处室在户部银行旧址办公，各专业部门则在这里办公。此楼现为中国钱币博物馆。

(四)户部银行旧址

户部银行旧址位于西交民巷23号，建于1905年，是中国最早的中央银行。户部银行运行三年以后，户部改名度支部，户部银行也改名大清银行。1911年辛亥革命爆发，清政府倒台。1912年，大清银行改组为中国银行。新中国成立以后，此地曾是"工商银行北京西交民巷储蓄所的工作地"。2006年，该储蓄所被撤销。

户部银行的建筑是在中国传统建筑上受西方建筑风格影响的早期折中主义建筑。1912年改为中国银行以后，很可能进行了较大的改建，整体建筑发生很大变化。现存的入口及临街房屋似仍为旧物，是西式建筑，面阔五间，入口的建筑风格简洁古朴，坚实稳固，门窗、栏杆的铁艺也很精美。从户部银行的平面布局上，我们可以看到中国银行建筑的发展变化。

(五)中央银行北平分行旧址

中央银行北平分行旧址位于西交民巷17号，建于1931年，是中国近代金融史的实物遗存。中央银行是民国政府的国家银行，此处是原中央银行北平分行。1931年9月10日中央银行北平办事处成立，受天津分行管辖。1949年2月由中国人民解放军北平市军事管制委员会金融处接收，成为中国人民银行总行办公用房。2006 年交由中国钱币博物馆使用。

该建筑是自南而北的长方形二层楼房，地上两层，砖混结构，在拐角入口处做西洋柱式外廊，檐部用瓶座栏杆做女儿墙，一层外立面采用块石装饰，楼内墙壁镶嵌整块大理石。

六、盐业银行旧址

盐业银行位于前门西河沿街 7 号，是中国民族资本成长的实物遗存，建于 20 世纪 30 年代，设计师是中国著名近代建筑师沈理源(1890—1951)。盐业银行由北洋政府和民间共同出资开办，为官商合办银行，总部设在北京。该建筑为西方古典风格，地上三层，临街立面采用当时欧美银行流行的两层列柱前廊、爱奥尼柱式、红砖墙面及粗大的腰檐和块石墙面，以表示银行的庄重和坚固。整座建筑做工精细，现保存完好。

1995 年，盐业银行旧址被公布为北京市文物保护单位。

七、交通银行旧址

交通银行旧址，坐落于前门西河沿街 9 号，由我国著名建筑师杨廷宝(1901—1982)设计，竣工于 1932 年，是中国近代金融业发展的实物记录，也是中国近代民族形式建筑的实物遗存。该建筑基本采用西式建筑构图，在重点部位施以中国古典建筑构件。建筑立面为四层，正立面用中国传统牌坊构图，顶部做斗拱、琉璃檐和灰塑大片云团，门窗上加琉璃门罩和雀替。内部营业大厅有天花藻井、隔扇栏杆，在梁柱上绘中式彩画。

交通银行的旧址建筑历经 90 年沧桑，至今保存完好，1995 年被公布为北京市文物保护单位。

八、六国饭店

六国饭店位于北京市东交民巷(原使馆区)核心区，是一座历史悠久、闻名海内外的饭店。六国饭店由英国人于 1905 年建立，地上 4 层，地下 1 层，因英、法、美、德、日、俄六国合资，故名“六国饭店”。1925 年，对饭店进行了扩建，在原来的基础上加高了一层。扩建后的六国饭店，占地约 2 万平方米，建筑面积约 8000 平方米，大约设有 300 套客房，是当时北京最高的洋楼之一。饭店为各国公使、官员及上层人士提供住宿、餐饮、娱乐服务，形成达官贵人的聚会场所。另外，当时这里还是下台的军政要人的避难所。

1945 年日本投降，这里曾是美国军官的驻地。1949 年 4 月，已经进入北平的中国共产党，在这里迎接以张治中为首的国民党政府和谈代表团。

九、北京饭店

北京饭店位于东长安街与王府井商业街交会处，是著名的五星级百年老店，始建于 20 世纪初。1900 年，两个法国人在东交民巷外国兵营东面开了一家小酒馆，并于第二年搬到兵营北面，正式挂上“北京饭店”的招牌。1903 年，饭店迁至东长安街王府井南口，即饭店现址。1907 年，中法实业银行接管北京饭店，饭店扩建为 5 层的大楼，十年后又新建了一幢 7 层砖混结构的大楼，具有近代欧洲折中主义的风格。1949 年以后，北京饭店归为国有，隶属于国务院机关事务管理局，成为新中国国务活动和外事接待的重要场所。1954 年、1974 年和 1988 年，北京饭店相继进行了三次扩建。

1954 年在旧楼的西侧增建了一座新楼，称为西楼，是由戴念慈先生(1920—1991)设计的。戴先生没有采取当时流行的大屋顶，而是用简化了的中国传统的小坡檐屋顶，这样既保持了与原建筑的协调，又充满了中国建筑的神韵。

1974 年又在旧楼的东侧建造了一座 20 层的大楼，俗称东楼。其设计师是张镈(bó)(1911—1999)。张先生采用了典型的现代旅游饭店的造型，立面的开窗与阳台，组合成均匀的韵律，比例和谐，造型完整。

1988 年在西楼的西侧又兴建了一座新楼，取名“贵宾楼”。

不同时代所建造的四座大楼，风格虽有差异，但在总体构架上却又能相互呼应，协调地组合在一起，使人们看到了中华民族传统文化的和谐观念在建筑艺术中的精彩展示。

扩建后的北京饭店一度成为北京城内现代化和国际化的标志建筑。2008 年北京饭店成为奥林匹克大家庭总部饭店，成为奥林匹克大家庭主要成员的驻地和国际奥委会的总部及指挥中心。

1990 年北京饭店初期建筑部分被公布为北京市文物保护单位。

十、救世军中央堂

救世军(The Salvation Army)是基督教新教的一个派别，也是一个慈善组织。它的前身为 1865 年创建于英国的基督徒会(The Christian Mission)，1878 年改名为救世军。和其他教派多叫作××会(例如圣公会、长老会、遣使会等)相比，这个名字显得与众不同。这是因为救世军模仿军队的建制来组织，教徒称为军兵，传教者称为军官。军官有军衔，全球最高领导为大将。除此以外，救世军还以街头布道和慈善活动、社会服务著称。

救世军在20世纪初传入我国，1916年在北京成立组织，先后在城区设立八个分部，分别设有会堂。其中东队会堂也是救世军在华总部所在地，因而称为救世军中央堂。

救世军中央堂位于王府井大街北段路东，1922年建成，采取中西合璧的建筑风格，是北京近代建筑中传统复兴的代表作品之一。该堂分南北两部分，北部是会堂，屋顶仿歇山顶式样，堂内东部有较大的舞台，类似于剧场的形式。南部是三层办公楼，屋顶有一座三重檐攒尖顶钟楼。1976年，钟楼因地震倒塌，南部遂改建成了两层楼房。如今，北部的会堂用作金帆音乐厅；南部的办公楼则分隔成小间改为宿舍。

十一、北京协和医院东区老楼及协和医院住宅群

北京协和医院东区老楼位于东城区东帅府胡同，由两部分组成：协和医院和协和医学院(门开在东单三条西口路北)，其原址是清代豫亲王府。豫亲王是清初八大铁帽子王之一，名多铎，系清太祖努尔哈赤第十五子，和第十二子武英亲王阿济格、第十四子睿亲王多尔衮为一母同胞，同是大妃阿巴亥所生。如今协和医学院门前的一对石狮是豫亲王府的唯一遗存。协和医院东区老楼是西方建筑师设计的中国“传统复兴式”(也称“宫殿式”)建筑的第一个成熟作品。在这组著名的建筑上，可以看到中国传统建筑中，最引人注目的构成部分——老北京人俗称的“大屋顶”。这里采用的是绿琉璃瓦庑殿式屋顶，灰色精磨细作的大砖墙壁；立面用中国传统红柱子竖向分割；屋檐下有梁枋、彩画和斗拱造型。石制台基上建有汉白玉栏杆。所用建筑材料、结构和功能都是近现代的。建筑群整体布局严谨，体态巍峨，美轮美奂，一派宫殿气派。

协和医院老楼于2006年被公布为全国重点文物保护单位。

协和医院还附有两组住宅群，分处两个区，即位于北极阁三条26号的南区和位于外交部街59号的北区。两组建筑群均为美国近代折中主义风格的独立别墅形式住宅，砖木结构，灰砖清水墙，建筑造型多样。每栋建筑与中轴线基本对称，但又相对灵活有变化。大门处用突出的三角门罩装饰。院内布局规则，道路、花坛等井然有序，是完整保留西洋风格的别墅群。协和医院住宅群已于2003年被公布为北京市文物保护单位。

十二、大栅栏商业建筑群

大栅栏商业建筑群位于前门外大栅栏地区，由瑞蚨祥旧址门面、谦祥益旧址门面、祥义号旧址门面和劝业场旧址组成，为全国重点文物保护单位。

(一)瑞蚨祥旧址门面

瑞蚨祥绸布店位于大栅栏街内路北，开业于清光绪十九年(1893年)，是民国时期北京最大的绸布店。当时名扬北京城的“八大祥”，是八家带“祥”字的绸布洋货店，即瑞蚨祥、谦祥益、瑞林祥、瑞增祥、瑞生祥、益和祥、广盛祥、祥义号(民间对八大祥的名字说法不一)。而瑞蚨祥则位居“八大祥”之首，拥有五个字号：瑞蚨祥总店（也称东号)、鸿记皮货店、东鸿记茶庄、西鸿记茶庄、西鸿记绸布店(也称西号)，均位于大栅栏街内。1900年，瑞蚨祥毁于义和团的大火，不久重建开业。瑞蚨祥提倡的“至诚至上、货真价实、言不二价、童叟无欺”等经营原则，赢得社会好评，其开办的“传统服装服饰展”亦为文商结合的典范。1949年开国大典，天安门广场升起的第一面五星红旗的面料就是周恩来总理指定瑞蚨祥提供的。1954年，瑞蚨祥率先实行了公私合营。

北京瑞蚨祥绸布店的门面具有巴洛克式风格，如今基本保持了原来的建筑风貌。两层砖造木屋架结构，入口墙体砖结构，镶汉白玉石雕，两层高的壁柱由横向线分成两段。爱奥尼柱的柱头饰以花草，门头有横匾，“瑞蚨祥”三个大字端庄大气，横匾上及门两侧弧形墙饰松鹤及莲花、牡丹图案。整个门面豪华尊贵，气度不凡。

(二)谦祥益旧址门面

谦祥益绸布店位于大栅栏珠宝市街路西，同治年间(1862—1874年)创建，经营寨子布(即土布)，后改经营苏杭丝绸。谦祥益为京城“八大祥”之一，在北京曾先后有三个铺面：谦祥益，先在前门外“荷包巷”(1913年拆除)，后移至廊房头条；分号“益和祥”，在现址珠宝市街路西；第二分号“谦祥益北号”。1953年谦祥益全部移至珠宝市街的益和祥处，合并后统称谦祥益，以后曾有一段时间分别改称“人民布店”、“庆丰布店”及“北京丝绸店”，现已恢复老字号“谦祥益绸布店”。

珠宝市街的谦祥益绸布店铺面建于清末，坐西朝东，为二层砖木结构建筑。一层用西洋古典式柱将立面分成三部分，各设拱券门；二层为铁栏外廊，墙上用壁柱和出檐装饰，屋顶做女儿墙。目前该建筑保存完好。

（三）祥义号旧址门面

祥义号绸缎庄位于大栅栏偏东口路北，其门面为清末遗存，两层砖木结构建筑，保存完好。立面用铁栏做铁花装饰，上盖铁雨棚，棚下挂铁花眉子。大门入口处有一高两层的西洋巴洛克风格的铁艺大棚，具有很高的观赏价值和历史意义。

祥义号绸缎庄创始于清光绪二十二年（1896 年），以经营贡品绸缎和高级成衣定制为主业，服务于宫廷及上流阶层。该绸缎庄由当时杭州著名丝绸商贾世家冯氏家族传人冯保义联合慈禧太后的太监总管“小德张”（本名张祥斋）共同创办。“祥义”二字，取自创办人张祥斋的“祥”字和冯保义的“义”字，寓意“天降祥瑞”“恪守信义”。

祥义号绸缎庄因创办人身份显赫，制衣业务深入清朝内宫。慈禧太后的寿服、宫内自用的宫服和戏服、大臣们的朝服皆为该店承做。因该店做工精美，质量上乘，京城的达官显贵都汇聚到此定做服装。

在为内宫制衣时，经“小德张”牵线搭桥，慈禧同意以宫内贡品绸缎折合成银两当作加工费。由此，祥义号开始对外经营宫内的贡品绸缎，把皇室的丝绸用品引入民间，广受欢迎。清末民初，祥义号一跃成为北京绸布业“八大祥”之一。

1954 年祥义号绸缎庄转为公私合营；1956 年，更名为前门妇女服装店；1999 年，重新改回原名祥义号绸布店；2008 年，随大栅栏的改造工程完成，以全新的风姿迎接来自五湖四海的宾客。

（四）劝业场旧址

劝业场旧址位于大栅栏北侧的廊房头条 17 号，最早建成于光绪三十二年（1906 年），名“京师劝工陈列所”，后于 1918 年和 1923 年两次重建，改今名。现在的建筑应是 1923 年重建的状况。

劝业场是近代北京第一幢大型综合性商业建筑，地上 3 层，地下 1 层，钢筋混凝土砖石结构，内部纵向设置大厅 3 个，四周为 3 层回廊。临街立面为巴洛克式。2—3 层做周围跑马廊，屋顶设有采光玻璃天窗。正门入口有门廊，门柱用爱奥尼式，门头上有女儿墙和雕刻。二层设通长阳台，前为花瓶状栏杆，两次间的窗上加拱形山花，中间门头为三角形山花。三层为方形门窗，外加饰套，门外挑出阳台，花瓶栏杆，2—3 层门窗间加爱奥尼式壁柱 4 根，上承檐口挑檐及花瓶式女儿墙，正中又凸起巨大山花。北门也用爱奥尼柱、挑阳台和圆拱花等。

劝业场，顾名思义是“劝人勉力、振兴实业”。根据史料记载，劝业场大楼内曾设剧场、舞厅、台球厅以及照相馆、理发店等，集商贸、餐饮、娱乐于一体，内装饰豪华。1949 年后，劝业场一度关张；1956 年公私合营；1975 年改为“新新服装店”；2000 年前后，又被改为“新新宾馆”。

劝业场旧址于 1995 年被公布为北京市文物保护单位；2006 年，作为“大栅栏商业建筑”的一部分，被列为第六批全国重点文物保护单位。

十三、通州近代学校建筑群

通州近代学校建筑群位于北京市通州区玉带河西街南侧，包括潞河中学、富育女校、北京护士学校三所学校的近代建筑。2013 年被公布为全国重点文物保护单位。

潞河中学位于通州区新华南路 135 号，始自 1867 年 12 月美国基督教公理会传教士江戴德夫妇在通州新城开办的男童寄宿学校，即潞河男塾。该校后来发展为包括小学、中学、大学和一所神学院在内的教育机构，名为潞河书院。1895 年，异址扩建，先后更名为协和书院和华北协和大学；1900 年迁入现址重建；1917 年与汇文大学合并为燕京大学；1918 年，其大学部迁出，组建燕京大学，中学部仍在通州原址，改名为私立潞河中学校；1951 年由人民政府接管，成为公立完全中学。此后经历了河北省通县中学校、河北省通州一中、北京市通州一中、北京市通县一中等发展阶段，1988 年恢复潞河中学校名。现存重要建筑有卫氏楼(今称人民楼)、谢氏楼(今称红楼)、文氏楼(今称解放楼)、潞友楼、教士楼、饭厅、博学亭等，属近代美国折中主义风格。著名校友有民国行政院长兼财政部长孔祥熙、著名物理学家黄昆、著名作家刘绍棠、民族音乐家王洛宾、著名历史地理学家侯仁之等。

富育女校(现为通州第二中学)位于通州区玉带河大街 72 号，是 1866 年美国基督教牧师富善创建的安士学道院。该校于 1900 年“庚子事变”中被烧毁，1902 年起陆续重建。现存映竹楼、翠柏楼、图书馆和百友楼，均为砖木二层结构。著名校友有冯玉祥夫人、新中国卫生部长李德全、中国近代妇幼卫生事业创始人杨崇瑞女士等。

北京护士学校现存四座洋楼，为民国建筑，保存基本完好。现在仍为医疗教育机构。

第二节　新中国成立以来的现代建筑

新中国成立后，北京的建筑业发展飞快，取得了辉煌的成就，兴建了一批批反映新时代气息的大型建筑。它们犹如一座座丰碑，记录着新时代的劳动人民在政治、经济与科学文化方面的卓越成就和新时代的理想追求。它们是北京新文化宝库中的瑰宝，是北京人的骄傲与自豪。从每十年举行一次的“北京十大建筑”评比活动中投票产生的具有代表性的十大建筑，人们可以看到时代的特征、国力发展的轨迹，以及人文思想观念的变化。若将20世纪50年代以来各阶段的十大建筑联系起来进行观赏、比较，人们会不由自主地从内心深处发出惊叹，我们国家的建筑业、首都北京的面貌发生了多么大的变化！

一、20世纪50年代末的十大建筑

为了庆祝新中国成立十周年，也是为了实际需要，北京兴建了能够展现时代风貌和新中国成立后科学技术水准的十大建筑，它们分布在北京城内和近郊，建筑总面积为60万平方米。这十大建筑是人民大会堂、中国革命博物馆和中国历史博物馆、中国人民革命军事博物馆、全国农业展览馆、北京火车站、北京工人体育场、民族文化宫、民族饭店、中国美术馆、华侨大厦(见表3-1)。

表3-1　20世纪50年代十大建筑一览

序号	建筑物名称	坐落地点	落成时间	备注
1	人民大会堂	天安门广场西侧	1959年	建筑面积17.18万多平方米，由万人大会堂、宴会厅、人大常委会办公楼三个主要部分组成。还有以各省区市名称命名、富有地方特色的厅室。
2	中国革命博物馆和中国历史博物馆	天安门广场东侧	1959年	2003年2月28日，合并为中国国家博物馆。
3	中国人民革命军事博物馆	海淀区复兴路9号，西长安街延长线上	1959年	建筑面积15.3万平方米，43个陈列厅(区)，陈列面积近5.9万平方米；主楼高94.7米，南北两侧各4层。

续表

序号	建筑物名称	坐落地点	落成时间	备注
4	全国农业展览馆	东三环北路农展桥东侧	1959年	占地面积43公顷，总建筑面积2.55万平方米，主馆上部是三重檐绿色琉璃瓦八角形亭阁及四方亭，高33米；主馆后是一座大型人工湖；全馆设10个不同形式的分馆。
5	北京火车站	建国门内大街南侧	1959年	中国铁路枢纽之一，全国铁路客运特等站，总占地面积25万平方米，总建筑面积8万平方米；两座钟楼各高43米；站场设16股线路、8座站台。
6	北京工人体育场	朝阳区工人体育场北路	1959年	北京市最大的一座综合性体育场之一，占地面积35公顷，建筑面积8.7万平方米。中心运动场能容纳8万名观众。
7	民族文化宫	复兴门内大街49号	1959年	建筑面积约3.2万平方米；主楼高67米，地上13层，地下2层，洁白的楼体在孔雀蓝琉璃瓦顶的映衬下十分壮丽；两翼为对称的3层建筑，向东、西延伸，具有独特的中国民族风格；内设展览馆、图书馆、民族画院、礼堂等。
8	民族饭店	复兴门内大街51号(民族文化宫西侧)	1959年	国际高档酒店；1980—1983年进行大规模的改建、扩建。
9	中国美术馆	东城区五四大街1号	1958年兴建，1963年对外开放	主体大楼为仿古阁楼式，黄色琉璃瓦大屋顶，四周廊榭围绕，具有鲜明的民族建筑风格。主楼建筑面积1.8万多平方米，共有21个展览厅，展览总面积6660平方米；建筑周边有3000平方米的展示雕塑园。
10	华侨大厦	东四西大街南侧	1959年	1988年拆除重建。

上述这十大建筑，除华侨大厦于1988年拆除重建外，其他九座建筑都系原始建筑，未加变动，至今坚固如初，依然骄傲地屹立着，静观时代的发展与变迁。

二、20世纪80年代的十大建筑

1976年，特别是改革开放后，北京如雨后春笋般地涌现出一大批新型建筑。《北京日报》和《北京晚报》联合举办了“北京八十年代十大建筑”的评比活动，有20多万人参加了投票。评选出的“北京八十年代十大建筑”是：北京图书馆新馆、中国国际展览中心、中央彩色电视中心、首都机场候机楼、北京国际饭店、大观园、长城饭店、中国剧院、中国人民抗日战争纪念馆和地铁东四十条车站。这些建筑物实用、经济、美观，又各具特色，体现了传统民族形式与现代化建筑风格的有机结合，反映了20世纪80年代北京城市发展的成就，是首都城市建设的里程碑。当然从它们的身上，也会看到建筑业上所反映出的那种国门初开后的懵懂与稚气(见表3-2)。

表3-2　20世纪80年代十大建筑一览

序号	建筑物名称	坐落地点	落成时间	备注
1	北京图书馆新馆	紫竹院公园东门北侧	1987年	占地7.42公顷，建筑面积14万平方米，主楼为双塔形高楼，采用双重檐形式，孔雀蓝琉璃瓦大屋顶，淡乳灰色的瓷砖外墙，花岗岩基座的石阶，再配以汉白玉栏杆，通体以蓝色为基调，取以水镇火之意。亚洲规模最大的图书馆，居世界国家图书馆第三位。城乡建设环保部建筑设计院和中国建筑西北设计院联合设计。
2	中国国际展览中心	朝阳区北三环东路6号	1985年	乳白色建筑群，占地面积15万平方米，建筑面积7.5万平方米；结构体系分别有网架结构、钢筋混凝土结构及钢结构。北京市建筑设计研究院设计。
3	中央彩色电视中心	海淀区复兴路11号，中国人民革命军事博物馆西侧，玉渊潭湖畔	1988年3月交付使用	占地11.2万多平方米，总建筑面积8.8万平方米；由制作楼和播出楼相连而成；主楼呈书柜形，地上24层，高113米，加上信号发射塔，通高136.5米。广播电影电视部设计院设计。
4	首都机场候机楼(2号航站楼)	顺义区天竺首都机场	1980年1月1日投入使用	候机楼建筑面积约6万平方米，采用卫星式建筑体系。

续表

序号	建筑物名称	坐落地点	落成时间	备注
5	北京国际饭店	东城区建国门内大街9号，东长安街延长线与南小街交口处，面对北京火车站	1987年	总建筑面积12.6万平方米，中国建筑对称的传统布局；主楼地下3层，地上29层，通高约104米；主楼以曲面为主，并与垂直面、斜面巧妙结合；整个建筑骨架和外形均用钢筋混凝土浇筑而成；2018年11月24日，入选“第三批中国20世纪建筑遗产项目”。中国城乡建筑环保部建筑设计院设计。
6	大观园	宣武门外南菜园街12号	1989年	再现中国古典文学名著《红楼梦》中“大观园”景观的文化名园，由红学、古建、园林、清史、民俗等多方面的专家、学者设计建造，为1987年版电视剧《红楼梦》的拍摄基地，1986年被评为新北京十六景之一。
7	长城饭店	东三环北路10号，全国农业展览馆北侧	1983年	中外合资兴建；占地15万平方米，建筑面积8.3万多平方米，主楼高79.8米；钢筋混凝土框架结构，通体用镜式琉璃墙镶嵌，有楼顶花园，饭店东侧有以长城为主题的中国古典园林。
8	中国剧院（亦称歌舞剧院）	海淀区西三环路16号，紫竹院公园西北	1984年	中国第一座现代化歌舞剧场，观众厅上下两层共1758个座位，舞台面积600多平方米，分割为5块升降板，可随时迁换场景和演员，能容1000余名演员同时演出。
9	中国人民抗日战争纪念馆	丰台区宛平城内，卢沟桥畔	1987年	具有民族风格的二层白色楼房，仿古典牌楼式建筑，馆内展出抗日战争的珍贵历史资料。轻工业部设计院设计。
10	地铁东四十条车站	东二环，东直门与朝阳门之间	1984年9月20日北京地铁二期工程开通时启用	被誉为“立体交通的典范，建筑艺术与实用功能融为一体”的建筑；米黄色圆柱，紫色地面，白玉色吊顶，站台东西侧墙面上是体育题材的巨型陶板壁画等。北京城建设计研究院设计。

三、20 世纪 90 年代的十大建筑

20 世纪 90 年代十大建筑是中央广播电视塔、国家奥林匹克体育中心与亚运村、北京新世界中心、北京植物园展览温室、首都图书馆新馆、清华大学图书馆新馆、外语教学与研究出版社办公楼、北京恒基中心、新东安市场、国际金融大厦。90 年代所涌现出的十大建筑，与以往 50 年代和 80 年代的十大建筑相比，它们更具时代感，人们可以从中体会到建筑设计者在中国建筑之路上的努力和进步(见表 3-3)。

表 3-3　20 世纪 90 年代十大建筑一览

序号	建筑物名称	坐落地点	落成时间	备注
1	中央广播电视塔	北京西三环中路 11 号	1994 年	占地 15.4 万平方米，总高 405 米，是中国第三高塔；集广播、电视、发射和旅游、观光、餐饮、娱乐为一体的综合性建筑。国家广播电视总局设计院设计。
2	国家奥林匹克体育中心与亚运村	北四环中路南侧	1990 年第十一届亚洲运动会前建成并正式投入使用	大型体育建筑群；占地总面积 97.5 公顷，含供比赛使用的游泳馆、体育馆、田径馆、曲棍球场及供记者、运动员使用的亚运村、会议中心、旅馆、办公楼、公寓、康乐宫等 30 个子项、50 栋建筑；在此举办第十一届亚运会、第七届全国运动会和第二十一届世界大学生运动会、2008 年奥运会。北京市建筑设计研究院设计。
3	北京新世界中心	崇文门外大街 5 号	1995 年	大型多功能建筑，由两幢 10 层办公楼、一幢 10 层商务酒店、一幢 12 层公寓组成；中心 5 层加地下 1 层均为大型商场；地下 2—3 层为车库；整个建筑总面积达 18.7 万平方米，主体高度 48.3 米，局部高度 60 米。刘荣广、伍振民建筑事务所(香港)有限公司、中国电子工程设计院设计。
4	北京植物园展览温室	北京植物园轴路西侧	2000 年 1 月 1 日开始对外开放	总占地面积 5.5 万平方米，总建筑面积 1.7 万平方米，分为四个主要展区：热带雨林景区、四季花园景区、沙漠植物景区、专类植物展区，分别展示了不同气候带下的典型植物 3000—5000 种。北京市建筑设计研究院设计。

续表

序号	建筑物名称	坐落地点	落成时间	备注
5	首都图书馆新馆	朝阳区东三环南路 88 号，华威桥东南侧	2001 年 5 月 1 日正式启用	建筑面积 3.7 万平方米，设有 20 个阅览室，4000 余个阅览座位；馆藏文献逾 845 万册(件)。北京市建筑设计研究院设计。
6	清华大学图书馆新馆	清华园内中心区	1991 年	与 1919 年及 1931 年两次建成的老图书馆连成一体；建筑面积 2 万多平方米。清华大学建筑设计研究院设计。
7	外语教学与研究出版社办公楼	海淀区西三环北路 19 号院内	一期竣工于 1997 年 10 月，二期竣工于 1999 年 6 月	集办公、商务、接待于一体的综合性建筑；首层斜向轴线大厅形成三角立面；大厅内立亚里士多德和孔子的塑像，墙面上用小红泥烧制成多国文字："记载人类文明，沟通世界文化"；屋顶花园，小桥流水，自然与人的和谐统一；首层的西式庭院以断墙、古典柱式为符号，隐喻人类文明的源远流长。建设部建筑设计院与中旭建筑设计事务所设计。
8	北京恒基中心	建国门内大街 18 号	1997 年	地下 3 层，地上 9—22 层，钢筋混凝土框架结构，占地面积 3 万平方米，总建筑面积 30 万平方米。北京市建筑设计研究院与香港关善明建筑师事务所有限公司联合设计。
9	新东安市场	王府井大街老东安市场原址	1998 年	单体总建筑面积约 21 万平方米，地下 3 层，地上 11 层；购物、餐饮、娱乐和办公等多功能商业中心。香港王董国际有限公司与机械工业部设计研究院设计。
10	国际金融大厦	西城区复兴门内大街 156 号，西长安街南侧	1998 年	由四个相对独立的办公楼和两个弧形连接体组成；集办公、银行营业厅及银行必备设施和快餐厅、车库为一体的综合建筑。北京市建筑设计研究院设计。

四、21 世纪初的十大建筑

为了迎接第 29 届夏季奥林匹克运动会，北京在全国人民的支持下修建了一批具有现代化气息的新型建筑，包括奥运会使用的大型体育场馆、相关配套设施以及新的航空设施等。全国人民投票选出了最受人民喜爱的 21 世纪初十大建筑，它们是：首都机场3号航站楼、国家体育场(鸟巢)、国家大剧院、北京南站、国家游泳中心(水立方)、首都博物馆新馆、北京电视中心、国家图书馆(二期)、北京新保利大厦、国家体育馆(见表3-4)。

表3-4　21世纪初十大建筑一览

序号	建筑物名称	坐落地点	落成时间	备注
1	首都机场3号航站楼	首都机场	2007年底	由T3A、T3B、T3C和一座停车楼及交通中心等4个独立单元组成；主航站楼T3A为3号航站楼的核心，建筑面积51.5万平方米，地下2层，地上5层。主楼由荷兰机场顾问公司(NACO)、英国诺曼·福斯特建筑事务所负责方案设计，北京市建筑设计研究院负责设计管理和施工图设计，民航机场(成都)电子工程设计所负责弱电/信息系统专项设计。
2	国家体育场(鸟巢)	北京奥林匹克公园内	2008年	2008年第29届北京夏季奥林匹克运动会的主体育场，是2008年北京奥运会标志性建筑物之一。由雅克·赫尔佐格、德梅隆、艾未未以及李兴钢等设计。
3	国家大剧院	北京人民大会堂西侧，西长安街路南	2007年	总占地面积11.89万平方米，总建筑面积约16.5万平方米；歌剧院共有观众席2207个，音乐厅共有观众席1859个，戏剧场共有1036个席位。由法国建筑师保罗·安德鲁主持设计，设计方为法国巴黎机场公司。
4	北京南站	永定门外	2008年	在原站地址建新站，主体共有5层，自上而下分别是高架候车厅层、站台轨道层、地下一层换乘大厅层、地下二层地铁4号线层和地下三层地铁14号线层；地上2层，地下3层，站台位于地面层。由铁道第三勘察设计院、泰瑞·法瑞建筑师事务所(TFP)、澳亚娜工程设计有限公司(ARUP)设计。

续表

序号	建筑物名称	坐落地点	落成时间	备注
5	国家游泳中心(水立方)	北京奥林匹克公园内	2008年	2008年第29届北京夏季奥林匹克运动会主游泳馆，是2008年北京奥运会标志性建筑物之一；有1个标准竞赛池、1个标准热身池和1个标准跳水池及近5000平方米的嬉水乐园。中建设计联合体、澳大利亚PTW建筑设计事务所、ARUP奥雅纳工程顾问公司、北京清华同衡规划设计研究院有限公司建筑声学与室内设计研究所等单位参加设计。
6	首都博物馆新馆	西城区复兴门外大街16号，白云路北口西侧	2005年	占地面积2.48万平方米，总建筑面积63390平方米，地上5层，地下2层；采用中国古代建筑常用的木材灰砖，并模仿铜釜的形状以表达博物馆具有中国的、历史的含义，用玻璃幕墙和巨大的钢屋盖以表示现代，从而体现博物馆是历史和现代的交融。法国AREP公司和中国建筑设计研究院联合设计。
7	北京电视中心	北京市朝阳区中央商务区(CBD)，东长安街延线	中心工程于2006年底竣工	综合业务楼地上41层，纯钢结构；多功能演播楼地上10层，包括10个演播室和一个可容纳1200名观众的多功能剧场及配套技术用房等，可满足每天三十余场直播或大型节目的录制。由日本设计事务所日建公司与北京市建筑设计研究院共同设计。
8	国家图书馆(二期)	海淀区中关村南大街33号	2008年	建筑面积80538平方米，檐高27.1米，分为主楼和车库两部分，主楼地上5层、地下3层，框架剪力墙加巨型钢桁架结构。德国KSP Engel und Zimmermann建筑事务所、华东建筑设计研究院和ASP联合体设计。
9	北京新保利大厦	东城区东四十条桥西南角	2006年	总建筑面积近11万平方米，地下4层，地上23层，建筑总高度105.2米；90米高、70米宽单层双向点式柔索幕墙，采用强韧钢索连接。美国SOM设计公司与北京特种工程设计研究院联合设计。

续表

序号	建筑物名称	坐落地点	落成时间	备注
10	国家体育馆	北京奥林匹克公园内	2008年	2008年第29届北京夏季奥林匹克运动会主要比赛场馆之一；总建筑面积为80890平方米；设有固定座位数1.8万个、临时座位数2000个。北京市建筑设计研究院和北京城建设计研究院联合设计。

第四章　北京的胡同

第一节　概述

北京的“胡同”，来源于蒙古语，相当于南方的“小巷”或“里弄”，是北京城的重要组成部分。它不仅是北京四九城的脉络，疏导着交通，而且是北京城区文明的载体，承载着老北京的历史和文化。

一、北京胡同的形成与发展

(一)北京的胡同最初形成于元代

元大都的规划、建设奠定了北京胡同的基础，确立了北京胡同的格局。元大都是在原始的土地上，依据《周礼》对都城的礼制标准营建而成的全新大都市。元大都城建设基本符合《周礼·考工记》“匠人营国，方九里，旁三门。国中九经九纬，经涂九轨”的要求：大城设十一座城门。南城垣三门，自东而西：文明门、丽正门、顺承门；北城垣两门，自东而西：安贞门、健德门；东城垣三门，自南而北：齐化门、崇仁门、光熙门；西城垣三门，自南而北：平则门、和义门、肃清门。城中“九经九纬”体现得十分完美，且至今仍在为这座城市的交通做着贡献。所谓“经”，是指南北走向的大街或小街；而“纬”，则是指东西走向的大街或小街。

1. 元大都的“九经”

即南北走向的九条大街或小街，自东而西分别是：

(1)沿齐化门、崇仁门、光熙门三座城门内侧城墙的东顺城街。此路南段今已无存，而北段还有遗存，即今之东土城路。

(2)以文明门至大都东墙的中点为起点，向北延伸至北顺城街的路，即今南起建国门内大街的朝阳门南小街(含南段的方巾巷)向北，接朝阳门北小街、东直门南小街、东直门北小街北口，跨过安定门东大街继续向北，至北顺城街。元代北顺城街在今健安东路、健安西路一线。

(3)文明门内大街，即今东单北大街向北，接东四南大街、东四北大街、雍和宫大街，跨过安定门东大街继续向北至北顺城街。

(4)安贞门内大街，即今安定门外大街、安定门内大街，过交道口继续往南，跨越朝阳门(元称齐化门)内大街，接王府井大街至南顺城街。元代南顺城街应在今天建国门古观象台下的东裱褙胡同，及其向西的延长线上。

(5)丽正门内大街，其南端即今长安街至午门之间的甬道，之后是皇城，北段从皇城北门厚载红门至中心阁，即今地安门外大街。

(6)健德门内大街，即今德胜门外大街、德胜门内大街，往南至皇城根。

(7)顺承门内大街，即今西单北大街向北接西四南大街、西四北大街、新街口南大街、新街口北大街，继续向北到海子，然后越过海子到北顺城街。

(8)以顺承门至大都西墙的中点为起点，向北延伸至北顺城街的路，即南起今西单闹市口北街，接锦什坊街，往北与东西走向的平则门内大街相交，然后再往北绕过元代社稷坛继续向北与西直门(元之和义门)南、北小街相接，直至北顺城街。

(9)沿平则门、和义门、肃清门三座城门内侧城墙的西顺城街，此路南段今已无存，而北段还有遗存，即今之西土城路。

2. 元大都的“九纬”

即东西走向的九条大街或小街，自北而南分别是：

(1)沿健德门和安贞门两座城门内侧城墙的北顺城街，即今健安东路、健安西路一线。

(2)自光熙门和北城墙之间的中点起，向西应有一条道路，但今已无考。

(3)光熙门与西城墙的肃清门之间的大街。在元代，这是唯一贯通东西的大道。今析为两段，东段是起于今安定门外大街的和平里北街；西段是今学院南路。

(4)自光熙门和崇仁门之间中点起，向西的小街。此街之北，元时有漕河，明代改建元大都，将北城墙向南缩减 5 里，此漕河成了北城墙外的护城河。

(5)崇仁门与和义门之间的大街，此路被中间的海子一分为二，崇仁门内大街向西至中心台、鼓楼后，沿海子北岸，斜着向西北延伸，称斜街，与健德门大街相接；西边的和义门内大街向东至海子西岸止，与健德门内大街相交。这条道路就是今天东直门与西直门之间的道路，分为东西两段。东段起于东直门立交桥，称为东直门内大街，往西过北新桥路口，接交道口东大街，越过交道口接鼓楼东大街至鼓楼止。西段起于西直门立交桥，称为西直门内大街，往东到新街口，北转弯再东拐，进新街口东街至德胜门内大街止。

(6)自崇仁门与齐化门之间的中点起，向西延伸的道路。应与今平安大道重叠，从今之北海与什刹海之间穿过。

(7)齐化门与平则门之间的大街，被皇城分为两段。东段即今朝阳门内大街向西，经东四西大街、五四大街到东皇城墙止；西段即今阜成门内大街向东，跨过西四北大街进西四东大街向东到西皇城墙止。

(8)自齐化门至南城墙的中点的东顺城路起，向西的道路，今已无考。

(9)沿文明门、丽正门、顺承门三座城门内侧城墙的南顺城街。有学者认为此路有可能就是今天建国门古观象台下的东裱褙胡同，及其向西的延长线。

上述的元大都九条南北干道和九条东西干道，相互交织在一起，就形成了若干个井字形空间。住宅与胡同就在这“井”字形的空间中建成。

大都城建好后，元帝忽必烈下诏，从原金中都老城迁徙居民住进新城，就在这井字形的空地上盖起房舍。分配给每个宅院的建筑面积为 8 亩。为了采光和保暖的需要，所建宅院均坐北朝南，院内以北屋为正房。这样的宅院沿东西一线一个挨着一个地建造，严整有序。中间按一定的距离留出南北走向的巷道，既是防火巷道，又便于交通。此排院落与下一排院落的后山墙之间留出来的通道空间，就是胡同。这样形成的胡同，一条条多起来，便构成了北京城内通畅、宽敞、平直、有序的胡同网络。据《析津志辑佚》记载，元大都城内有“三百八十四火巷，二十九街通”。

今天，在北京内城原属于元大都的区域内，即德胜门、安定门一线以南，东单、西单一线以北，东、西二环路以内的空间范围内，还存留着多条形成于元代的古老胡同。如东城区的王府井大街(元时称丁字街)、南锣鼓巷、东四以北各胡同、国子监街及其周边的官书院胡同、砖儿胡同、箭厂胡同、前肖家胡同、公益巷、东吉祥胡同、东单三条、金鱼胡同(一说出现于明代)、校尉胡同、帅府胡同、建国门内的贡院头条等；西城区西四附近的砖塔胡同，新街口南大街的前公用胡同，西四北头条至八条，西四北的新成胡同、姚家胡同、小绒线胡同、前车胡同、南兴胡同，阜成门内的锦什坊街、六合胡同及六合头条、二条、三条，大兴隆胡同，盒子胡同等。

随着时间的推移，这些胡同越发显得珍贵，市政府已将它们列入了历史文化保护区或风貌协调区之内。

(二)明代胡同的发展

1. 内城

明代对大都城进行了改建，北缩 5 里，南展 2 里，建成了北京的内城。换言之，明代的北京内城，是由缩减后的元大都和新建的南段区域两部分构成的。改建后的北京内城，南北两面城垣是新建的，但城门数量未变，仍然是南面三座，北面两座，而东西两面城墙的城门却各减少了一座，各剩两座城门。这种新的格局对“九经”没有影响，但对“九纬”产生了影响。也就是说元代的南北干道的数目在明代没有变化，仍然是九条，只是位置向南移动了。这九条南北走向的道路，自东而西分别是：

(1)沿东直门、朝阳门两座城门内侧城墙的顺城街，位于今东二环路的西侧，现已无存。

(2)自崇文门与东城墙之间的中间点至北城墙的道路，即今北京站街对面的朝阳门南小街、朝阳门北小街、东直门南小街、东直门北小街，到安定门东大街止。

(3)崇文门内的道路，即今崇文门内大街，往北接东单北大街、东四南大街、东四北大街、雍和宫大街，最北端与德胜门、安定门内侧的顺城街相连。

(4)安定门内的道路，明时称安定门大街。即今安定门内大街，过交道口往南，接交道口南大街、美术馆后街。

(5)正阳门内的道路，即今正阳门内大街，分为南北两段。南段，正阳门起，北至大明门；北段，北安门(即今地安门)至鼓楼，时称鼓楼下大街。

(6)德胜门内的道路，明代称德胜门大街。即今德胜门内大街，往南与地安门西大街相连。

(7)宣武门内的道路，即今宣武门内大街，往北接西单北大街、西四南大街、西四北大街、新街口南大街、新街口北大街，至安定门、德胜门内侧城墙的顺城街止。

(8)以宣武门至西墙的中点为起点向北的道路，即南起今闹市口南街、闹市口中街，越过复兴门内大街，接闹市口北街、锦什坊街；明时称圆洪寺街、闹市口、金城坊胡同。

(9)沿阜成门、西直门两座城门内侧城墙的顺城街，位于今西二环路的东侧，现仅存阜成门南顺城街一段。

东、西两面的城门各减少一座，致使东西走向的干道减少了三条：一条是光熙门与肃清门之间的道路；一条是光熙门到大都北城墙的中点，肃清门到北城墙的中点，两中点之间的道路；一条是从光熙门到崇仁门之间，肃清门到和义门之间，两中点之间的道路。

但明皇城承天门(今天安门)前的宫廷广场东、西两侧各开了一座门，即长安左门和长安右门，这样就增加了一条新路——东、西长安街。

这样计算起来，明代内城的“纬路”，即东西走向的道路共有七条，它们自北而南，分别是：

(1)沿德胜门、安定门两座城门内侧城墙的顺城街，位于今北二环路，现已无存。

(2)东直门与西直门之间的道路，即元大都崇仁门与和义门之间的道路。东直门往西这条路，明代分为三段，东段是东直门大街；中段无名；西段是顺天府街到鼓楼，绕过鼓楼和德胜门、鼓楼之间的斜街相接。今天，这条路仍分为三段：东直门内大街；过北新桥路口接交道口东大街；过交道口接鼓楼东大街到鼓楼，绕过鼓楼和德胜门、鼓楼之间的斜街——鼓楼西大街相接。西直门往东这条路，分为两段：西直门至红桥一段称西直门大街，再往东至新街口称新开路。如今这条路，自西直门内至新街口，统称西直门内大街。

(3)穿越于什刹海与北海之间的道路。这条路，东、西两向都不能通到城墙，东端只到旧太仓西墙外的旧太仓西门小街(今属朝阳门北小街的一段)；西端只到太平仓东墙外的皇墙西大街。具体说，东起旧太仓西门小街向西到崇文门里街和集贤街一线的大街，此段明时无称(从位置看，即今之十条)，越过大街向西接铁狮子胡同(今之张自忠路)，过安定门大街，经布粮桥、北安门接皇墙北大街抵达太平仓东墙外的皇墙西大街。按今天的位置说，自东起朝阳门北小街的十条，向西接张自忠路、地安门东大街、地安门西大街到西黄城根止。

(4)朝阳门至阜成门之间的道路，即元大都的齐化门与平则门之间的道路。朝阳门内的路分为两段：朝阳门大街(今称朝阳门内大街)和双碾街(今称东四西大街)。阜成门内的道路，明代称阜成门街，相当于今天的阜成门内大街。

(5)自朝阳门至内城南城墙，阜成门至内城南城墙，两个中点之间的道路。

(6)长安左、右门外的道路。长安左门至东单的道路，其位置相当于今劳动人民文化宫南门偏东至东单的东长安街；长安右门至西单的道路，其位置相当于今中山公园南门偏西至西单的长安街。

(7)沿崇文门、正阳门、宣武门三座城门内侧城墙的顺城街。

通过以上对明北京内城经纬干道的描述，我们可以得出如下的结论。

首先，明代北京内城，较之元大都城有所改变，东西向的“纬路”减少了，但元大都时期所形成的道路格局，并没有什么变化，即胡同形成的基础与胡同布局的形式没有发生根本性的变化。明北京内城的胡同依旧延续着元大都的风貌。

其次，北京内城，今东、西长安街一线南侧以南，崇文门、正阳门、宣武门以北区域内的胡同基本都形成于明代以后。如东城崇文门内的麻线胡同(明代称麻绳胡同)，苏州胡同，船板胡同，治国胡同(明代称姚治国胡同)，三源胡同，西裱褙胡同(明代称裱褙胡同)，台基厂大街(明代其南段称红厂胡同，北部称台基厂)，台基厂一条、二条、三条，侯位胡同，东、西镇江胡同，东、西交民巷(明代统称江米巷)；西城宣武门内的文华街，东、西绒线胡同(明代统称绒线胡同)，东、西栓胡同，鲍家街，教育街(明代称铁匠营)，新文化街(明代称石驸马大街)，未英胡同，东、西旧帘子胡同，东、西文昌胡同，石碑胡同，辇儿胡同，双栅栏胡同，平安胡同，羊毛胡同，油坊胡同等。

2. 外城

为了加强北京城的防卫功能，明嘉靖年间增建了外城。外城的胡同、屋宇的格局、走向、结构以及形成的历史都比较复杂，和内城相比存在着很大的差异。外城的建设缺乏规划，街道弯曲、倾斜，街巷互相交错，呈不规则状；住宅也不像内城那样“院落宽阔，屋宇高宏”，而是“式近南方，庭宇湫(jiǎo，低洼)隘”。

外城偏西的部分，恰是辽南京城、金中都城的故地所在，因此辽、金，甚至更为久远的唐代旧街巷仍有遗存。此外，元大都城是土筑城墙，为防雨水冲刷浸损，“故以苇草覆盖”，“乃于文明门(明之崇文门)外向东五里立草场，收苇以蓑城”。而这“草场”，就在明崇文门外不太远的地方，属明代新增建的外城之内，因此，这一地区有多条元代形成的胡同也就不足为奇了。

目前外城形成于唐代的胡同遗存有：广安门内大街(唐代称檀州街)、法源寺前街、南横西街的七井胡同、烂缦胡同和菜市口附近的南半截胡同等。

形成于辽代的胡同遗存有：长椿街南面的三庙街胡同、三庙后街，菜市口附近的南横西街，上斜街的老墙根街等。

形成于元代的胡同遗存有：南芦草园，中芦草园，新湖胡同，小席胡同，草场头条、二条、三条、四条、五条、六条、七条、八条、九条、十条，草场横胡同，北桥湾胡同，罗家井胡同，前营胡同，后营胡同，奋章胡同，得丰东巷，得丰西巷，戴家胡同，同乐胡同，施兴胡同，庆隆胡同，肉市一巷，南凤翔胡同，南深沟胡同，北深沟胡同，南官园胡同，北官园胡同，銮庆胡同，高筱胡同，崇文门西河沿，长巷二条、三条、四条、五条，南武胜巷，北武胜巷，群智巷胡同，薛家湾胡同，青云胡同，南晓顺胡同；此外原宣武区区域内还有：上斜街、下斜街、报国寺前街、报国寺东夹道胡同、报国寺西夹道胡同、乐培园胡同、厂甸胡同。

形成于明代的新胡同有：崇文门外的莲子胡同(明代称帘子胡同)，东、西打磨厂街(明代统称打磨厂)，东八角胡同(明代称巴家胡同)，大席胡同(明代称席儿胡同)，大江胡同(明代称蒋家胡同)，北芦草园胡同(明代称芦苇园)，冰窖厂胡同(明代称冰窖胡同)，冰窖斜街，西半壁街，刷子市，山涧口街，东晓市街(明代称苜蓿园北)，西厅胡同，西唐街，石板胡同，东四块玉南街，东四块玉北街，西四块玉胡同，安化北里等。宣武门外的校场口胡同，西草厂街(明代称草场胡同)，魏染胡同，四川营胡同(明代称四川营)，南、北柳巷(明代统称柳巷儿)，前、后孙公园胡同，保安寺街，南大吉巷(明代称羊肉胡同)、北大吉巷(明代称打劫巷)，方盛园胡同，粉坊琉璃街，福州馆街(明代称崇兴寺)，果子巷，贾家胡同(明代称贾哥胡同)，前兵马街，北火扇胡同，茶儿胡同，大宏巷，大栅栏街(明代称廊房四条)，大栅栏西街，廊坊头条、二条、三条，琉璃厂东、西街，取灯胡同，笤帚胡同，佘家胡同，抬头巷，炭儿胡同，前门西河沿街，杨梅竹斜街，百顺胡同，蔡家胡同，臧家桥胡同，大安澜营胡同(明代称安南营)，大百顺胡同，大外廊营胡同(明代称外郎营)，甘井胡同，韩家胡同，煤市街，培英胡同，青风夹道，陕西巷，施家胡同，湿井胡同，石头胡同，桐梓胡同(明代称筒子胡同)，王皮胡同，小沙土园胡同，樱桃斜街(明代称斜街)，云居胡同，掌扇胡同(明代称张善家胡同)，朱家胡同，储子营胡同(明代称厨子营)，校尉营胡同，鹞儿胡同(明代称要儿胡同)，赵锥子胡同，留学路(明代称牛血胡同)，灵佑胡同(明代称灵佑宫)，大保吉巷(明代称宝鸡巷)，阡儿胡同(明代称千儿胡同)。

依据目前所掌握的资料，北京城区的胡同，在明代有很大的发展，数量猛增。根据嘉靖三十九年(1560 年)出版的《京师五城坊巷胡同集》(作者：张爵)，当时北京共有 1170 条街巷，其中有胡同 459 条，街巷胡同总数比元代增加了 757 条，直接称为胡同的比元代增加了 430 条。北京的外城加筑于嘉靖三十二年(1553年)，从时间上分析，《京师五城坊巷胡同集》所统计的数据应包括了外城的胡同。

(三)清代胡同的发展

清朝定鼎北京后，在行政管理上采取旗、民分城居住的管理制度。要求旗人居住在内城，非旗人居住在外城，对于非旗人的内城原住房，按每间4两白银核实发给。于是大批原住在内城的汉民和其他非旗人居民，搬迁到外城。因为旗、民分城居住，原内城的汉族商户也迁到外城，外地来京赶考的举人也只能在外城居住。此外，清廷还规定，内城不准开设戏园、车店等。所有上述这些情况，都促使外城快速发展起来，官、民、商等纷纷在外城筑建房屋。他们在外城空地所盖的房屋院落相连，就形成了一条条新的胡同。于是，外城的胡同数量大增，达到263条，街巷增加到337条，胡同街巷合计共600条。

与此同时，内城的胡同数量也在不断增长。从《燕都丛考》一书中我们了解到，紫禁城与皇城之间的区域，在明代“悉为禁地，民间不得出入”。到了清代，情况发生了变化，“东安、西安、地安三门以内，紫禁城以外，悉为民居列肆之所”。由此可知，皇城之内在清一代出现了一些新的胡同，从而基本形成了今天该地区的格局。新出现的胡同有恭俭胡同、米粮库胡同、大石作胡同、光明胡同、惜薪胡同、图样山胡同、真如镜胡同、天庆胡同、教场胡同等。

根据清末人士朱一新所著《京师坊巷志稿》中的统计，当时北京内、外城的街巷胡同，总计2077条，其中直接称胡同的有978条。据此，清代街巷胡同总数比明代街巷胡同总数增加了907条，胡同总数比明代增加了519条。

(四)民国改变了北京城的格局，胡同数量增加

民国期间，为了改善交通，拆除了正阳门、安定门和朝阳门的瓮城，拆除了德胜门城楼和瓮城，拆除了宣武门和阜成门箭楼、东直门箭楼和瓮城；拆除了绝大部分的皇城；将城墙扒开豁口开辟了新门：和平门、建国门和复兴门。所有这些做法都使北京城的街巷胡同格局发生了很大的变化。比如，东、西长安街原本是不相通的，皇城的长安左、右门拆除之后，就连成了一条路。中华门到天安门之间的道路、西安门到翠花胡同西口之间的道路、南池子、北池子、南长街、北长街等都因皇城的拆除而袒露出来，直通东、西长安街。

此外，民国期间填平洼地，将明沟改为暗渠，上面盖上石板筑成了新路，或因商业需要盖了房，形成新的胡同，使北京的街巷胡同数量继续增长。比较出名的，有纪念抗战英烈的赵登禹路和佟麟阁路；有城内最窄胡同之一，却曾经是前门地区金融中心的钱市胡同等。

据日本人多田贞一所著的《北京地名志》的统计，到 1944 年北京内、外城共有街巷胡同 3200 条，比清代的城内街巷胡同总数又增加了 1123 条。

(五)新中国大规模建设引发胡同巨变

1949 年新中国成立后，北京城内的胡同基本没有增加，变化却很大。首先环境变化最为明显，市政设施、环境卫生大为改观；其次现代化程度大为提高，胡同数量和胡同面貌变化之大，令人惊叹。

1. 胡同环境改善

随着时代的发展、管理水平的提高和科技的进步，特别是国力的增强，北京胡同的面貌发生了巨大的变化，市政服务性设施改观尤其大。

(1)胡同卫生大改观。

民国时期，随着北京城市规模的扩大和人口的增加，城市环境卫生的管理力量严重不足，人们环境卫生意识未萌，“随意泄污倾秽于当衢等积习未除”，而居民宅院垃圾无处消纳，“乃将灶烬炉灰、瓷碎瓦屑、禽畜骸骨，悉数弃之于户外”。“岁延时续，致使城市街道重污叠秽，触目可睹，恶浊之气，无处不闻”①。有资料显示，北平和平解放时堆积在太平仓、天安门、顺城街一带的垃圾山几乎与城墙一样高，儿童爬上“垃圾山”可登城玩耍，住在附近的居民外出也都要“翻山而行”。这条垃圾长龙由正阳门以西沿内城城墙堆积，一直延伸到西直门内城根以北，长达 15 里。市区内较大的“垃圾待运场”多达 31 处。

1949 年 3 月，刚刚组建不久的市人民政府邀集各界代表商讨清除市内积存的垃圾，动员全市人力、物力，“清除各宅巷积存垃圾，以维护公共卫生”；“扫除街道零星垃圾，以保持整齐清洁”；“扫除积存场所垃圾，以整顿市容观瞻”；“消纳垃圾填洼充肥，提倡废物利用”。垃圾清除了，街道胡同干净整洁了。市政府同时还组织力量，解决街道、宅院污水排放的问题，消灭城区内所有的明沟；并大规模地治理、疏浚、改造北京城的下水系统，将龙须沟、泡子河、李广桥等处的臭水沟或填平或改成大型下水道，平整近百处大大小小的积水坑洼，很好地解决了长期困扰居民的生活污水排放问题。老舍先生

① 《北京志·市政卷·环境卫生志》，北京：北京出版社，2002 年版，第 3 页。

创作、由北京人艺演出的话剧《龙须沟》真切而生动地反映了这一现实。

随后北京市又开展了“爱国卫生运动”，对环境卫生常抓不懈，并注意加强宣传和教育，以提高人们维护公共卫生的自觉意识，收到了很好的效果。北京胡同的环境卫生大为改观。

(2)土路变成沥青路。

早先，北京市内的胡同都是土路。扬尘的问题，给居民和行人带来很大的困扰。“无风三尺土，下雨一街泥”是老北京人对胡同环境最生动、最形象的描述，也暗喻着北京人对此既烦恼而又无奈的心境。大风刮时，尘土飞扬，兜头盖脸，回到家中，头上、脚下满是沙尘，苦不堪言。下雨时，又是一片泥泞，胡同变成了泥塘。很多孩子打着赤脚上学，到了教室再把鞋穿上，否则布底鞋踏上稀泥雨水，可能就无法再穿了。旧年间的老人们常说：“当年，皇上出宫，都得清水泼街，黄土垫道。”这一方面说明皇权至上，皇帝出门的排场大，另一方面也反映出当时的路面环境是多么的恶劣。如果不采取措施，皇帝的轿辇也照样享受暴土攘烟的待遇。

直到 1908 年，北京开始在一些比较繁华的地方、官府衙门所在地的东四和西四牌楼南北大街、东西长安街、前门大街、户部大街和东直门大街修建石渣路。北京最早的沥青马路出现于 1913 年的总布胡同，是由时任北洋政府要职的周自齐先生出资修建的。1915 年东交民巷使馆区、1920 年西长安街新华门前和 1928 年王府井大街，也先后铺设了沥青马路。

新中国成立以后，为了减小扬尘，市政采取了一些措施，由专业清洁队负责全市主、次干道的清扫与用水泼洒工作，胡同巷道则由街道居委会负责组织居民每日清洁打扫，午后还要用水泼洒路面。这样做的结果，使扬尘有所减少，但“下雨一街泥”的情况仍未改善。直到 20 世纪六七十年代，市政府全面整修胡同路面，所有胡同全部建成柏油路，才使这一难题得到了彻底的解决。

(3)胡同照明的改善。

北京老年间的路灯，不是电灯，而是油灯。据记载，光绪年间在前门大街、崇文门大街、地安门大街的路灯都是烧煤油的纱罩灯。更夫每天夜晚负责添油点灯，所耗费用来自街道住户缴付的油灯捐。1906 年，东城安装了官办路灯，是北京最早的电路灯。煤油灯最后退出历史舞台是 1943 年。

新中国成立初期，北京街头的路灯还不普遍，有路灯的地段也不够明亮。为了安全，交通法规特别规定：骑自行车必须要有照明。当时，安在自行车上的照明设备五花八门，有“摩电型”的，即在车前安一个灯头，在车后或车前安装一个滚动式发电机(老百姓管它叫“电滚子”)，骑行时车轮带动发电机转动产生电流，车灯就亮了，车速越快，灯就越亮；有装干电池灯的；有装煤油灯的(人力三轮客运车，普遍使用这种灯)；还有将手电筒绑在车把上的；甚至还有人出行时在路边买个纸灯笼，点着后挂在车把上。相声大师侯宝林先生的相声名段《夜行记》，其中就有手提纸灯笼骑车夜行北京城的内容。后来，大街小巷都安装了路灯，到了晚间，大街亮起来了，胡同也亮起来了，要求非机动车晚间行车须带照明设备的交通法规，自然也就取消了。

(4)胡同饮用水的变化。

北京自古缺水，尤其缺少饮用水。旧年间，北京的饮用水靠水井提供。很多胡同里都有水井。清代朱一新所著《京师坊巷志稿》一书中，对于有井的胡同都注上了井的数目。比如，西四附近的砖塔胡同井一，羊肉胡同井二，劈柴胡同(今辟才胡同)井三；东城的无量大胡同(今红星胡同)井一，南池子井二，南湾子井一，裱褙胡同井一，麻线胡同井一，石大人胡同(今外交部街)井三；南城的上四条胡同井四等。

北京的井水按水质分为三种：甜水、苦水、二性水。“二性水”又叫“中性水”，即甜咸兼有、不太苦的水。人们用甜水沏茶，二性水做饭，苦水洗衣服。北京城内胡同的甜水很少，若有，人们便给以响亮的名称，如大甜水井胡同。由于甜水少，北京就出现了推着木制水车给宅院送水的行业，按担收费，两桶为一担，员工多为山东人。此行业直到20世纪60年代还依稀尚存。

1908年北京开始在东直门外兴建自来水厂，胡同内出现了公共水龙头，凭票取水，胡同里的水井逐渐消失。新中国成立以后，自来水业有了长足发展。自来水公司自20世纪70年代开始，将临街的公共水龙头逐年分期分批改装接入院内，送水的行当也就彻底消失了。

(5)茅房变为卫生间。

人进食饮水就得排泄，因此厕所就成了人们生活中必不可少的设施。古代的厕所简陋至极，就是露天挖一个大坑，人在坑边如厕，不小心就有掉进粪坑的危险。《左传·成公十年》就有晋景公“如厕，陷而卒”的记载。到了汉朝，厕所一般设在宅院的后方，搭建在高处，下面连通猪圈，称为“圂(hùn)”或“圂厕”。这种“圂厕”至今还流行于陕西、四川等部分地区。而20世纪80年代在江苏徐州考古发掘的汉代楚王墓中，所发掘出的厕所和近代住宅中的厕所很相近。

老北京院内的厕所，俗称“茅房”，很简陋，多安排在外院的西南隅。厕位一般是长条形的坑(与上述楚王墓遗迹中的厕所蹲坑相似)，宽约30公分，深不到1米，四壁垒砌青砖，北京人习惯管它叫“茅坑儿”。也有平地埋下一口小缸，两侧铺以木板作为如厕时放脚的地方。不论哪种茅坑儿，都不是冲水式的。有专门的淘粪行业，定期派人进院淘粪。淘粪人，手持长把大粪勺，肩背上粗下细的圆形木桶，桶高约80公分以上，劳动强度非常大，没膀子力气，是干不了的，所以淘粪工多半都是清一色的山东大汉。20世纪60年代末，茅房的卫生条件恶劣，异味呛鼻，加之院内的人口猛增致使厕所不敷使用，所以取消了院内厕所，改为在胡同里建水冲式的公共厕所。这样不但解决了院内的如厕问题，也大大方便了街上的行人。随着国家财力的增长，公共厕所的数量在逐年增加，厕所的环境卫生也得到很大的提升，增加和改善了卫生设施。北京市民不再管厕所叫“茅房”了，而是雅称“卫生间”了。

2. 大规模建设引发胡同巨变

(1)胡同数量减少。

为了交通更加方便、通畅，需开通新路，因此就要拆除一些胡同。比如东、西长安街的延长，平安大道、金宝街的开通等。1958年，长安街向东修建，东、西观音寺胡同被拆除。平安大道的开通，就意味着柳巷等胡同的消失。如今的西单商圈，西单路口北侧原本有白庙胡同、藤牌营、大门巷、大沙果胡同、小沙果胡同、库资胡同、宗帽四条、保安胡同等，也因疏通、扩展路面而被拆除。

地标性建筑拔地而起，往往意味着原址胡同的成片消失。比如建国门内大街偏西口路北，建起了妇联大厦、政协大厦等大型建筑群后，周边大片的胡同几乎消亡殆尽。开发建设金融街时，有资料记载，该地区有51条胡同被拆除。西城宣武门外“大吉片儿”的成片拆除，也是因为大型新建项目需要用地所致；拆除的区域：东起粉房琉璃街，西到菜市口南大街，南起南横东街，北至骡马市大街，东西宽约700米，南北长约600米，拆除的胡同街巷30多条、院落300余个。这片区域因有南、北大吉巷而被称为“大吉片儿”，是原宣武区腹地，形成于明代中叶，曾建有多家会馆。

根据北京市规划委员会、北京市城市规划设计研究院和北京建筑工程学院(今称北京建筑大学)合编的《北京旧城胡同实录》(中国建筑工业出版社，2008年版)，“依据2004年北京市测绘设计研究院《北京旧城胡同现状与历史变迁调查研究》，北京旧城胡同1949年为3073条，1965年为2382条，1980年为2290条，1990年为2242条，2003年为1559条。据本课题调查数据，

2005 年北京旧城内共有胡同 1353 条”。通过这些数据可知，北京的胡同从 1949 年的 3073 条减少到 2005 年的 1353 条，减少了一半以上，共计减少了 1720 条。从发展现状判断，2005 年后，北京的胡同还在继续减少。关于北京城内胡同增减变化的情况见表 4-1。

表 4-1　北京城区街巷胡同数目统计一览表

时间	数目(条)	资料来源
元代	413(其中 384 条称火巷，29 条称胡同)	《析津志辑佚》(元末熊梦祥著)(北京图书馆善本组辑)。
明代	约 1170(其中直接称胡同的为 459 条)	《京师五城坊巷胡同集》(明张爵著)。
清代	约 2077(其中直接称胡同的为 978 条)	《京师坊巷志稿》(清朱一新著)。
1944 年	3200	《北京地名志》(多田贞一著)。
1949 年	3073	《北京旧城胡同实录》(中国建筑工业出版社，2008 年版)。依据 2004 年北京市测绘设计研究院《北京旧城胡同现状与历史变迁调查研究》。
1965 年	2382	《北京旧城胡同实录》(中国建筑工业出版社，2008 年版)。依据 2004 年北京市测绘设计研究院《北京旧城胡同现状与历史变迁调查研究》。
1980 年	2290	《北京旧城胡同实录》(中国建筑工业出版社，2008 年版)。依据 2004 年北京市测绘设计研究院《北京旧城胡同现状与历史变迁调查研究》。
1990 年	2242	《北京旧城胡同实录》(中国建筑工业出版社，2008 年版)。依据 2004 年北京市测绘设计研究院《北京旧城胡同现状与历史变迁调查研究》。
2003 年	1559	《北京旧城胡同实录》(中国建筑工业出版社，2008 年版)。依据 2004 年北京市测绘设计研究院《北京旧城胡同现状与历史变迁调查研究》。
2005 年	1353	《北京旧城胡同实录》(中国建筑工业出版社，2008 年版)。依据 2004 年北京市测绘设计研究院《北京旧城胡同现状与历史变迁调查研究》。

(2)胡同形状发生变化。

在北京人的观念里，胡同应是笔直、平坦且狭长的，宽度不太宽，大约在 3—6 米，长度却很长，大致在数十米到数百米之间，两侧通常为单层瓦房建筑。新中国成立以来，特别是 20 世纪 80 年代以来，大规模的城市改造工程，使得北京城内的街巷胡同发生巨大变化。这样的变化，归纳起来大致有以下几种。

一是胡同变短。为了便于交通，需拓宽原有的街道，这样就使拓宽的街道两侧与之垂直相交的胡同向内缩短，如崇文门大街拓宽后其东侧的苏州胡同、麻线胡同等胡同的西段就被截去一大段；朝阳门内南小街的拓宽则影响到大羊宜宾胡同、赵堂子胡同等多条胡同，向东缩进一大块。

二是胡同变宽。有的胡同拓宽后完全改变了模样，不再是胡同了，比一般的大街还要宽。比如辟才胡同，拓展以后，完全失去了胡同的形象，更似“辟才大街”，而与之相垂直的跨车胡同就缩短到只剩下一个门户的长度了，该户若非国画大师齐白石的故居，则必拆无疑，而这条胡同也早已从北京的交通地图上被抹掉了。再比如东城的金鱼胡同、大甜水井胡同、东四十条、西单闹市口等原先的小胡同，如今早已成为宽阔的大街了。东单的东面原来有一条胡同也叫闹市口，建北京火车站时被展宽，变成了大街，就是今天的北京站街，原本的胡同名称“闹市口”自然也就消亡了。

三是活胡同变成死胡同。有的新建的项目占据了胡同的一部分，将原本畅通的胡同截堵成死胡同。比如东四头条，原来是通行的胡同，但 1969 年因建外交部大楼，该胡同被截为互不相通的两部分，后来又因建东四地铁站，胡同南侧被裁去一段，北侧盖起了二层建筑，致使胡同原貌发生巨大变化。

(3)胡同景观在改变。

胡同本是平房院落的集合，但是由于时代的变迁，或为改善居住条件，或为经济的发展，不少胡同里的院落被拆除，在原地建起了各式各样、功能各异的房屋建筑，有居民住宅楼，有饭店、酒楼、商场，还有办公大楼等，有楼房，也有平房，高的达百十米，低的不过三五米，样式、风格差别很大，改变了胡同本来的面貌，也改变了胡同原有的功能。胡同一改原本静谧、安闲、平和的氛围，成了热闹、繁华的街道。

二、胡同的形状与制式

(一)胡同的形状

北京的胡同是按规划建设的，因此比较规矩，大多走向平直。只有为数不多的胡同因地势关系，特别是地面上的排水沟或河汊所致，形状曲折或斜向，如烟袋斜街、白米斜街等。这种斜街、斜巷在南城，即前三门以南的外城比较多。如东起宣武门大街南至长椿街的上、下斜街，形成于元代，呈东北向西南倾斜走向，总长 986.7 米，早年为河流故道，不直而得名。前门外鲜鱼口东面长巷地区的数条胡同，它们的走向就是依着昔日河流方向而形成的，呈斜街形状。北京内城最长的斜街是赵登禹路。赵登禹路，原名北沟沿，在元代曾是大都金水河的故道，由和义门(今西直门)引护城河水东流，经小河漕流入太液池。明代称大明壕，清代称西河沿，是京城重要的排水防洪设施。民国初年，改为暗沟，民国十年(1921 年)修成路，仍沿用原名北沟沿，抗日战争胜利后，为纪念抗日爱国将领赵登禹而更现名。东城东单往南路东的麻线胡同，自西北向东南偏斜，弯曲不直，是因当年元大都的护城河河道由此经过所致，河道形状影响了胡同的走向。

当然，也有特例，即有的胡同虽然由河道转变而成，其走向却不弯斜。例如，西城二龙路地区有一条叫“受水河”的胡同，东起振兴巷，西至佟麟阁路，原名“臭水河胡同”，历史悠久。据考证，这条胡同本身是唐幽州的北护城河，河道比较直，后来河道干涸，成了臭水河，大约到了清代才形成胡同，胡同走向不弯不斜。

还有一些斜街、斜巷非因地形、水道所致，而是行人走踏出来的。比如琉璃厂东面的杨梅竹斜街，从东北向西南倾斜，就是行人踩踏出来的。元朝废弃了金中都而在其东北建了大都城，但新建的大都城商业尚未发展起来，百姓因此仍愿到原金中都城的施仁门(今虎坊桥西侧)内丁字街(今菜市口附近)一带去购物，那里有繁华的市场。人们出丽正门(今正阳门北)往西南进中都的施仁门，久而久之就走出了一条斜道来。后来人们沿斜道两侧建造房屋，于是便造出了一条斜街。

(二)胡同的制式

元大都时，城内的街巷、胡同的宽度有没有标准呢？历史文献《析津志辑佚》是这样记载的：“大街二十四步阔，小街十二步阔。”这是区分大街与小街的标准。但是胡同的宽度标准，《析津志辑佚》并未提及。

1964—1974 年，中国科学院考古研究所和北京市文物工作队共同对元大都的城垣、街道、河湖水系进行了勘察和发掘。其中一项成果是，在元大都城的东北部发现了元大都的街道遗迹。这些街道布局齐整，在南北向主干大街的东西两侧，等距离地排列着许多东西向的胡同。大街宽 25 米左右，胡同宽 6—7 米。这些胡同与今天北京内城胡同的布局基本相同。可见，今天北京内城的许多街道胡同的布局，基本上仍保留着元大都街道的旧迹。

有文章说，“1965 年，中国科学院考古研究所在光熙门一带进行钻探，发现那里的街巷的宽度约在 9.24 米，相当元人的六步。”有人据此就认为，元代城内胡同的宽度是六步(合 9.24 米)。

据考证，北京东四头条至十二条、西四北头条至八条，以及西四附近的砖塔胡同是现今遗存的元代时期的胡同，这些胡同的宽度如何呢？如表 4-2 所示，东四地区胡同的宽度除东四头条为 5 米外，其他各胡同的宽度均在 7—9 米之间；西四地区胡同的宽度为 4—6 米之间，北京城内历史最久远、被视为北京胡同之根的西四砖塔胡同的宽度是 6 米。因此笔者推断，元代对于胡同的宽度并没有一个严格的规定。

表 4-2　胡同宽度统计表

序号	胡同名称	胡同长度(米)	胡同宽度(米)	备注
1	东四头条	193	5	变化较大
2	东四二条	386	9	
3	东四三条	722	8	
4	东四四条	726	7	
5	东四五条	781	7	
6	东四六条	715	9	
7	东四七条	724	9	
8	东四八条	717	8	
9	东四九条	718	7	
10	东四十条			已改建成大街
11	东四十一条	720	8	
12	东四十二条	722	7	
13	东四十三条	724	8	
14	东四十四条	760	7	
15	西四北头条	600	5	
16	西四北二条	595	4	
17	西四北三条	527	5	

续表

序号	胡同名称	胡同长度(米)	胡同宽度(米)	备注
18	西四北四条	503	4	
19	西四北五条	478	5	
20	西四北六条	495	4	
21	西四北七条	430	4	
22	西四北八条	424	6	
23	砖塔胡同	700	6	
24	东单三条	520	8	
25	前公用胡同	362	6.35	

资料来源：表中数据取自北京市规划委员会、北京市城市规划设计研究院和北京建筑工程学院合编的《北京旧城胡同实录》(中国建筑工业出版社 2008 年版)的调研结果。

三、胡同的名称

(一)胡同的起名

在前面的章节中，讲到北京城的内、外城及皇城、紫禁城各门及各宫殿的名称，都是由满腹经纶的大学士们起的，因此都特别考究，均能在儒家经典中找到出处。而北京胡同的名称大多是由老百姓自己起的，因此就没那么多讲究了，甚至十分随意，但听起来却十分生动、形象而亲切。百姓给胡同起名的原则就是约定俗成，以形象、好记、不拗口为原则。

有根据地形地貌特点起名的，如羊尾巴胡同，说明该胡同不长、不直且宽窄不一；细管胡同，说明该胡同很细，像笔管儿；八道湾胡同，说明该胡同不直，而且曲折；川淀胡同，说明该胡同地势低洼，下雨容易存水；东口袋胡同，说明此胡同不能通行，是条“死胡同”。

有根据地标物起名的，如东单牌楼，即东边那个单个牌楼的位置，简称东单；西单牌楼，即西边那个单个牌楼的位置，简称西单；东四牌楼，即东边立有四座牌楼的地方，简称东四；甜水井胡同，说明该胡同内有一口甜水井；苦水井胡同，说明该胡同内有一口苦水井；三眼井胡同，胡同内有一口三个井眼的井；砖塔胡同，说明胡同里有一座砖塔。

有根据胡同里住着的各类名人而起名的，如武定侯胡同，因明朝开国元勋郭英的后人在此胡同居住，故名；广宁伯街，因明代抗倭名将、广宁伯刘荣在此住过，故名；石大人胡同，因明代武清侯石亨在此胡同居住而得名；遂安伯胡同，明永乐年间遂安伯陈志及后代在此胡同居住而得名；杨仪宾胡同，说明胡同里住着一位县主的丈夫，姓杨；刘兰塑胡同，因胡同内有元代建造的玄都胜境(乾隆年间改称天庆宫)，里面有元代著名雕塑家刘兰的塑像，故名；潘家胡同，明嘉靖年间工部尚书潘季驯居此，故名。

有根据寺庙、道观而起名的，如圆恩寺胡同，说明胡同里有座名为圆恩寺的佛教寺院；地藏庵，因胡同里有座地藏庵而得名；真武庙，胡同里有真武庙而得名；双寺胡同，因胡同内有两座寺院而得名。

有根据衙署或办事机构而起名的，如兵马司胡同，胡同里曾有明代的兵马司；按院胡同，明代胡同里有巡按察院衙署；东厂胡同，明永乐年间在此胡同内设东厂署；惜薪司胡同，因胡同内有掌管宫中薪炭事务的惜薪司而得名；禄米仓胡同，因胡同内有发放禄米的仓库而得名。

还有以市场名称而起名的，如驴市胡同、米市胡同、猪市大街、羊皮市胡同、北羊市口街、菜市口胡同、珠宝市街等。

因为胡同名称是住在胡同里的北京人自发起的，所以其中含不少北京的土语，如：背阴(儿)胡同、取灯(儿)胡同、蚂螂胡同、闷葫芦罐(儿)胡同、笤帚胡同、胰子胡同、嘎嘎胡同等。

另外还有不少胡同带有“儿”音，更显得“京味儿”十足，如：罗儿胡同、茶儿胡同、鸦儿胡同、雨儿胡同、土儿胡同、阡儿胡同、安儿胡同、辇儿胡同、鹞儿胡同、炭儿胡同、帽儿胡同、盆儿胡同、井儿胡同、香儿胡同、砖儿胡同等。

北京人喜欢喜庆的词语，如“福”“禄”“寿”“喜”“平安”“吉祥”等。这种偏好也体现在给胡同起名上，如福长巷、福祥胡同、纳福胡同、洪福胡同、禄长街、寿长街、寿逾百胡同、寿禄街、喜庆胡同、喜洋胡同、喜悦胡同、安平巷、安居里、平安胡同、吉兆胡同、吉祥头条等。

北京胡同的名称，有的十分通俗、诙谐，有的则十分雅气。而有些地名更是极富内涵，一听到这些地名，立即使人产生联想。比如，西城新街口附近有条胡同叫“百花深处”，多么美丽的名称，一听起来就使人联想起“繁花似锦，草木如茵”的美好景色。据说明万历年间，一对姓张的夫妻在此种菜，后来有了钱，又开始植树种花，菜园变成了美丽的花园，吸引着人们前来观赏，由此便留下了“百花深处”的胡同名称。当人们听到五四大街的名称时，自然而然地就会想到波澜壮阔的五四运动。但是当人们听到东厂胡同，便不由自主地想到明朝令人生畏的特务机关，让人感到恐怖。听到鬼门关胡同更让人毛骨悚然，感到瘆得慌。总之，北京的胡同名称，看似简单，却又可能暗含深意。

(二)胡同的更名

由于给胡同命名没有一个统一的机构，所以自胡同出现起，其命名的事就完全由百姓来办了。所起的名称，如上所述，十分随意、生动、活泼而形象，但也存在着一些问题。

第一，重名的现象很多，比如北京叫扁担的胡同就有十好几条，叫井儿胡同的也得有十多条，叫大栅栏的、闹市口的、拐棒的、观音寺的、鬼门关的胡同也都不止一条，等等。这就给实际生活，如邮递、寻人等，带来不便。

第二，有些胡同名起得过于随便，因此听起来很不雅，甚至很粗俗，如屎壳郎胡同、毛窝胡同、棺材胡同、臭皮胡同、粪场胡同、牛血胡同等。

第三，有些胡同名明显带有对少数民族或残疾人不尊重的色彩，如骚鞑子营、回子营、哑巴胡同、罗锅胡同、王寡妇斜街、瞎子胡同、张秃子胡同等。

于是就出现了要求给胡同更名的呼声。其实胡同更名早在清朝和民国时期都曾出现过，如罗锅胡同，乾隆年间改为锣鼓巷；朝阳门北小街上的鸡爪胡同，清宣统年间改称吉兆胡同；宣武区东南部的打劫巷，清末改称大吉巷；交道口附近的口袋胡同，民国期间改为麒麟碑胡同，至今仍称此名；景山西街上的狗鹰胡同，民国时改叫高卧胡同。根据《京师坊巷志稿》记载，北京城内有三条叫“鬼门关”的胡同，于民国时期都进行了更名或并入其他胡同：西城二龙坑西边的鬼门关改称“贵人关”，后来并入高华里；和平门外琉璃厂西侧的鬼门关改称“国门关”，后来并入西北园胡同；西城地安门西大街的鬼门关改称“旌勇里”。前面提到的南城牛血胡同，民国时改称留学路。不过，清代和民国的胡同名称“雅化”之事只是局部、个性化的。

1952 年，北京市人民政府就对少数民族带有歧视、侮辱性的胡同名称予以更名：将两条同叫“回子营”的胡同，分别改为“回回营”和“和平巷”；将三处“鞑子营”分别改为“合作巷”“互助巷”“和平巷”；将“鞑子庙”改为“友爱巷”。这也是一次个别更名的情况。

1965 年，北京市进行了一次大规模的地名整顿工作。各区县在市政府的统一领导、部署下，对北京市的街巷胡同的地名进行了普查、考证和整顿。公安局、房管局、街道办事处等单位直接参加了此项工作。对城内胡同逐条考证其历史渊源，根据“符合习惯，照顾历史，体现规划，好找好记”的原则进行整顿。对重名的要做必要的调整，对庸俗、不健康和带有迷信色彩的胡同名进行雅化更名。如崇文门外兴隆街附近的阎王庙前街和后街，听起来让人有些惧怕，于是分别更名为“远望街”和“远望东街”。再比如西四北的几条胡同原本各有名称，这次全部更名为西四北××条：礼路胡同(明代称驴肉胡同)改称西四北头条，西帅府胡同改称西四北二条，报子胡同(明代称箔子胡同)改称西四北三条，受壁胡同(明代称熟皮或臭皮胡同)改称西四北四条，石老娘胡同改称西四北五条，南魏儿胡同(明代称燕山卫胡同)改称西四北六条，泰安侯胡同(明代称泰宁侯胡同)改称西四北七条，武王侯胡同(明代称武安侯胡同)改称西四北八条。东城区报房胡同内有一条死胡同叫鬼门关，后改为贵人关，1965 年改名桂花胡同。

有一些胡同名称中的寺、庙被去掉。如正觉寺胡同改名为正觉胡同；翊教寺胡同改称育教胡同；宏通观胡同改为宏通巷。当然也有例外，如崇文门外法华寺街，1965 年将李家坡并入，但仍称法华寺街；西城南礼士路与二七剧场路东里之间的地藏庵，此名至今沿用。

屎壳郎胡同改为时刻亮胡同，毛窝胡同改为茅屋胡同，棺材胡同改为光彩胡同，狗尾巴胡同改为高义伯胡同，烧饼胡同改为寿屏胡同，熟肉胡同改为输入胡同，瘦肉胡同改为寿刘胡同，烂面胡同改为烂缦胡同，臭水河胡同改为受水河胡同，粪场胡同改为奋章胡同，臭皮胡同改为寿比胡同，油炸鬼胡同改为有果胡同，裤裆胡同改为库藏胡同，小脚胡同改为晓教胡同，大脚胡同改为达教胡同，灌肠胡同改为官场胡同，罗锅胡同改为锣鼓巷(乾隆年间)，王寡妇斜街改为王广福斜街(现称棕树斜街)，张秃子胡同改为长图治胡同(现称中教场胡同)，骚鞑子营改为达智胡同，哑巴胡同改为大雅宝胡同，穷汉市胡同改为铺陈市胡同，等等。

此外，一些小胡同被合并到大的街巷胡同之中，经此，胡同数量减少了 500 多条。

(三)胡同名称的读音

胡同的名称通常应按普通话的读音去读，但有些地名北京人却有着自己独特的读法，总结起来大致有以下四种情况。

第一，读儿化音，如柳罐(儿)胡同、王府井(儿)、天桥(儿)、鲜鱼口(儿)、沙滩(儿)、沙土园(儿)、梁家园(儿)、绒线(儿)胡同、南小街(儿)、南河沿(儿)、江擦(儿)胡同、跨车(儿)胡同、粮食店(儿)街、潘家园(儿)、箭杆(儿)胡同、取灯(儿)胡同、西八里庄(儿)、交道口(儿)大街、煤市街(儿)、宽街(儿)等。

但是有的胡同名称的读音就不能"儿"化，如前门(即正阳门)、前门大街、一尺大街、白米斜街、李铁拐斜街、樱桃斜街、地安门大街、后门(即地安门)、东单、西单、东四、西四、廊坊头条、电话胡同、西河沿等。

第二，"胡同"如果作为后置词时，读轻声，但不儿化，比如，扣钟胡同、礼士胡同、干面胡同等。但如果"胡同"一词作为名词独立使用时，则通常要儿化，如"北京的胡同(儿)多如牛毛"，"这是一条死胡同(儿)"等。

第三，带有地域性的特殊读音，如"大栅栏"，读作"大石阑儿(dà shí lànr)"；"哈德门"读作"hǎ de mén"("德"字读轻声)；羊尾巴胡同读作"yáng yǐ ba hú tong"("尾巴"，北京人读作"yǐ ba"，"巴"要读轻声)；俸伯(顺义县城东门外)读作"fēng bei"，而且"俸"音值要略长于"伯"字，"伯"轻声。

这种地域性地名的特殊读音在其他省份也很普遍，如唐山人把"乐亭"的"乐"读作"lào"，山西运城人把"解州"的"解"读作"hài"，"黄洋界"的"界"读作"gài"，"麦港"的"港"读作"jiǎng"及"沙崖"的"崖"读作"nié"，也都属于这种情况。

第四，读轻声，即地名中某个字有音值，却没有四声，要读轻声，比如"齐化门"中的"化"字，"琉璃厂"中的"璃"字，"国子监"中的"子"字，"东交民巷"中的"民"字，"帘子胡同"中的"子"字，"东四牌楼"中的"楼"字等要读轻声。但也有例外，如刘兰塑、蓝靛厂等就无轻声字。

四、街巷胡同的标识牌与宅院门牌

20 世纪 50 年代以前的街、巷、胡同标识牌，为蓝底白字；门牌标识牌也是蓝底白字，上面标明行政管辖区域名称和街巷胡同名称，以及门牌编号，上面是阿拉伯数字，下面是苏州码子，如图 4-1 是鲁迅故居的老门牌：内四区西三条胡同 21(〢〡)号。

所谓苏州码子，也叫草码、花码、商码，是我国早期民间的"商业数字"。因其最早产生于苏州，故称"苏州码子"。苏州码子使用特殊符号来代表数字。与汉字数码"一、二、三、四、五、六、七、八、九、十"相对应的苏州码子符号分别为"〡、〢、〣、〤、〥、〦、〧、〨、〩、十"，零记作〇。

图 4-1　内四区西三条胡同 21 号

如果院内有军人住户，街门上还挂有光荣军属牌；若有为国牺牲的烈士，则要挂上光荣烈属牌，政府、居委会、邻里都会给予他们特殊的敬意和帮助。

20 世纪 60 年代以后，街、巷、胡同标识牌和门牌标识牌均改为红底白字，后来标识牌上又增加了汉语拼音。

门牌的编号，以前是按序排号，如果是东西走向的胡同，则先从北侧各门自东向西编排，排至胡同西口，再从南侧各门向东编排。南北走向的胡同，则先从东侧自南而北编排，排至胡同北口，再从西侧继续往南编排。后来改为按单、双号排列。东西走向的胡同，两侧院落同时自东向西编号，北侧为单号，南侧为双号。南北走向的胡同，则由北向南编号，西侧门牌为单号，东侧为双号。但如果胡同只有一侧有住宅，如后海北沿南面是什刹海后海，没有住宅，无法分单双号，只能由东向西按序编号。

改变门牌序号的编法，可能有一定的原因或道理，但也会带来不便和麻烦。当叙述历史事件涉及某一院落时，往往要在该地名门牌的后面加上一个括号，并注明“旧门牌××号”或“即今××号”的字样，否则极易造成很大的麻烦或错误。比如胡适先生的故居，如果只写米粮库胡同 4 号，肯定会找错门，因为这是老年间的门牌号。再比如，陈独秀的故居是东城北池子胡同内箭杆胡同 9 号，但后面必须注明“即今 20 号”，不然就会找错地方。

五、胡同的保护和胡同的升级改造

(一)胡同的保护

对于北京历史传统文化及其载体——北京胡同的发展和保护工作，中央政府和市政府都十分重视。中央领导人多次视察北京，提出具体的指导意见；

北京市政府召开研讨会、听证会和座谈会，广泛听取各界人士的意见和建议，制定了多个发展规划。这些不同时段的规划，经中央政府批准后，都得到了认真的贯彻和执行。

北京市人民政府组织确定了北京老城33个历史文化保护街区，分三批予以公布。

第一批25个区域：南长街，北长街，西华门大街，南池子，北池子，东华门大街，景山东、西、后、前街，地安门内大街，文津街，五四大街，陟山门街，西四北头条至八条，东四三条至八条，南锣鼓巷，什刹海地区，国子监地区，阜成门内大街，东交民巷，大栅栏，东琉璃厂街，西琉璃厂街，鲜鱼口地区。

第二批5个区域：皇城(紫禁城、太庙、社稷坛、北海、中南海等)，北锣鼓巷，张自忠路北，张自忠路南，法源寺。

第三批3个区域：新太仓、东四南、南闹市口。

(二)胡同的升级改造

北京市政府还制定了一系列的具体措施，如《首都核心区背街小巷环境整治提升三年(2017—2019年)行动方案》和相关实施方案。上下齐努力，对核心区背街小巷的环境进行了全面整治提升。经过整改、修饰后的胡同，达到了“十无”和“十有”的标准。“十无”：无乱停车、无违章建筑、无“开墙打洞”、无违规出租、无违规经营、无凌乱架空线、无堆物堆料、无道路破损、无乱贴乱挂、无非法小广告；“十有”：有街巷长、有自治共建理事会、有物业管理单位、有社区志愿服务团队、有街区治理导则和实施方案、有居民公约、有责任公示牌、有配套设施、有绿植景观、有文化内涵。

同步改造升级智慧公厕，增设立体停车设施，将街巷胡同里拆除违章建筑后所腾出的空间，精心建设成众多的社区花园、小微绿地、“口袋公园”、体育休闲场所、居民活动中心、图书阅览室，甚至城市森林公园。据报道，在“‘留白增绿’，让百姓推窗见绿，出门进园”的目标推动下，“十三五(2016—2020年)”期间，北京市民身边新增城市休闲公园190处，小微绿地和“口袋公园”460处，城市森林52处。①

很多胡同设置了标识牌，上面有文字说明，介绍胡同名称的由来、历史沿革，胡同里的历史事件和名人故居等。

---

① 《“十三五”期间北京留白增绿新增城市绿地3600公顷》，京报网，2021年1月18日。

自2017年起，西城区大栅栏区域珠宝市街、粮食店街等五条街区进行了整体保护性修缮，以再现该区域历史文化风貌。历史上，珠宝市街是“炉房一条街”，廊坊二条是“古玩玉器街”，门框胡同是“小吃一条街”，粮食街是“戏院老字号”，施家胡同曾是“银号一条街”。整体保护性修缮完成后，再现了该区域的历史文化风貌。其中，北京最窄胡同大栅栏钱市胡同是西城区区级保护单位，腾退后恢复原貌，重现清朝小银号群——中国最早的金融交易大厅，同时建为“银钱业博物馆”。谭鑫培故居也建成了京剧文化博物馆。

饱经沧桑的老北京胡同，重新抖擞起精神，焕发出新的活力，展现出新的美丽容貌。

第二节 北京的胡同文化

四合院的建筑成就了北京胡同的形成，而居住在四合院里的各类人群为胡同注入了生命。自元大都时代起至今的七百多年以来，北京的四合院里居住过形形色色的人，有皇帝、亲王、总统、总理，有贤臣良将、民族英雄，有各路豪杰、云游侠客，有文人大家、专家学者，有戏剧名人、梨园名伶，有儒释道、伊斯兰教、基督教、天主教等宗教人物，有人人敬仰的正面人物，也有人人唾弃的民族败类，更有芸芸众生的黎民百姓，加之胡同中的五行八作、酒肆商铺和一路叫卖的行脚小贩，所有这些融合交织在一起，构成了五彩斑斓、独特而鲜活的北京胡同文化。

一、四合院

四合院是老北京普遍采用的一种住宅形式，即东、西、南、北四面都建有房屋，合围起来形成一座“口”字形的院落。

北京的四合院是承载北京文化的主要载体，从四合院所折射出的文化内涵，反映出北京人的精神理念、精神寄托、精神追求以及对待生活的态度和实际生活的状态。北京四合院传统营造技艺，于2011年5月23日，经国务院批准列入了《国家级非物质文化遗产代表性项目名录》。

元大都的规划与建设为北京的四合院住宅奠定了基础，而明朝则是四合院发展的高潮阶段，把四合院的建筑推到了极致。现如今北京城内的四合院，则大多是晚清和民国时期保留下来的实物。20世纪90年代以后，北京兴起营造四合院的风潮，出现了众多掺用新建筑材料的四合院，有的还对游客开放。

从元代遗留下来的胡同来看，胡同的宽度为6—9米；从一条胡同的中心线到下一条胡同中心线的垂直距离在元代被规定为50步，约合77米，减去胡同的宽度6—9米，院落的纵深长度约为70米，可建三进院的房宅。这便是北京标准四合院的雏形。换言之，北京标准的四合院应是三进院的。

(一)四合院的建筑格局

北京标准的四合院是三进院的建筑格局，大多坐北朝南，街门开在东南角，门的样式、大小各异，普通民宅多为如意门。进门后迎面便是一个影壁，上面有的绘有花卉、松竹或“松鹤延年”、“喜鹊登梅”、“麒麟送子”等吉祥图案，也有的影壁上书写“福”“禄”“寿”等象征吉祥的字样，为四合院内营造了一种书香翰墨的气氛。影壁可以是独立的一面墙，也可以是借用东厢房的山墙。向右拐，是个小跨院，有倒座南房2间；向左拐，是圆形月亮门，配四扇屏门，屏门多为绿色，上面常书“吉祥如意”、“四季平安”、“宁静斋庄”或“福禄寿喜”等。跨过屏门，就进入了第一层院落，或称外院。院内倒座房，即南房，间数依照规模2—6间甚至有10多间不等，房前檐下可能栽有洁白如玉的玉簪花，外院还常常种有枣树。南房对面是垂花门，又称二道门或二门，即进第二层院落的门。垂花门上有精美的透雕花卉，其前檐两端有下垂不落地的短木柱，柱头被雕成莲花形的垂珠或风摆柳形。垂花门是门楼式的，从二层院内看，又像是一座方形亭子，勾连搭顶。进入门楼内，可见开启的三个门，正门和左右各一的侧门。正门是礼仪之门，只在重要时刻或贵客来时才开启，平时走侧门；两侧门各有游廊，俗称抄手廊，与院内各房相连。第二层院落，又称正院，有正房，即北房，3—5间不等，正房两边各有耳房1间或2间，也有3间的；院内有东、西厢房各一座，2间、3间甚至5间；东、西厢房靠二道门一侧，通常也盖有类似正屋耳房的小房间，人们称之为“盝顶”。东、西厢房之间及正房与垂花门之间都有砖墁甬道相连，四角空出的土地可种树木，如海棠、丁香、玉兰、柿子、龙爪槐或翠竹等；甬道交叉点处有的人家放上大鱼缸养鱼，并围以盆栽石榴、花卉等，也有人家喜欢在正房与垂花门间的甬道上架上葡萄架或紫藤架。在正房的耳房边上，多在东侧，有夹道通向第三层院落。第三层院落，俗称后院，一般只有一排北房数间，称为后罩房。

普通民宅的房屋，是在抬梁式木构架外围砌砖墙，屋顶为起脊的硬山式，次要房屋也有用平顶或单庇顶的。屋内，讲究人家的地面铺设方砖，按照生活需要，还饰以各种不同样式的落地罩、博古架、隔扇，以划分室内空间。

隔扇上还可糊上绘有山水、花鸟、花卉图景的细纱。北京冬天较冷，有的人家在室内砌上暖炕。

小型的四合院，有两进院的，甚至一进院的，即只有一个院落。

两进院的四合院，只有前院和正院，没有后院。有的两进院，面积较小，为了节约空间，二道门做成随墙门，十分简约，如宣外佘家胡同 31 号民宅和东城丰富胡同 19 号的老舍故居都属此类。西四北三条胡同 19 号院，是一座典型的两进式小型四合院。该院坐北朝南，建筑面积约 270 平方米。屋宇式如意院门开在东南角，进门迎面是借墙影壁，左拐进入前院，院内倒座南房；二道门是垂花门，经此进入正院。院内北房 3 间，东西两端各带耳房 1 间；东西厢房各 3 间。南锣鼓巷后圆恩寺街茅盾故居的两进院很特殊，俨然是一个没有二道门的三进院落四合院，前院为四合房：倒座房 6 间，北房 3 间，东西厢房各 3 间，正房东侧有一狭窄通道，引入后院。后院北房(应视为三进院的后罩房)6 间，西厢房 2 间。

一进院的小四合院，在北京也十分常见，有的两进院的二道门，因年久失修而毁圮(pǐ，塌坏，倒塌)，也就变成了“一进院”。有的一进院四合院，院落很小，北房 3 间，南房 2 间，东西厢房各 1 间，而且都是不起脊的平顶房。还有很多的一进院，空间更小，称不上四合院，甚至三合院都算不上，只有南北房。

比标准的三进四合院大的，是向纵深发展的四进院、五进院等，而更多的则是横向拓展，成为并行的三进院、四进院的组合，增加了花园或其他用房。如东城黑芝麻胡同 13 号的大宅院，原为一个带花园的建筑，东部为花园，西部为住宅。住宅为五进院落，大门一间，门内有影壁，西侧有屏门，经此进第一层院落，院内有倒座房 12 间(含大门)。二门一间，带抱鼓石，厅房 8 间半(含二门)，在厅房与正房之间，有一垂花门，将整个院落分为内宅和外宅，垂花门三面有屏门，东西屏门连接带坐凳栏杆的抄手廊。院内北房 3 间，左右各带耳房 1 间，东西厢房各 3 间。第四进院落，只有东西厢房各 3 间，均有走廊。第五进院落，有带走廊的后罩房 7 间。东部花园现已改为小学校。

地安门西大街 153 号院，也是一个五进院落的大宅门四合院。广亮大门开在东南角，门外两侧为八字影壁，大门内迎面是院内影壁，第一层院落为倒座房；通过垂花门进入第二层院落，有正房和东西厢房；通过过堂进入第三层院落，也是正房和东西厢房；第四进院落与前两个院落相同；第五进院落是一排后罩房。

西四北三条胡同 11 号院，是一座四进院，带有小花园的中型四合院，建筑面积 1800 平方米。西院为四进院住宅：广亮大门开在东南隅；第一进院有倒座房；进垂花门是第二进院，院内是正房和东西厢房；第三进院的格局和第二进院相同；第四进院是后罩房。东院是小花园。花园的东墙前，建有假山，上有爬山游廊，廊前有亭，因其曲折，使景观增色不少。爬山游廊前是一座太湖石假山，北面、南面、西面建有花厅。该院以硬山顶为主，墙面和屋顶是灰青色的。在大门、二门(垂花门)和走廊施彩画，大门、影壁、犀头上的砖面上加雕饰，雕饰以花卉和吉祥图案为主。室内用各种形式的落地罩划分室内空间，上装纸顶棚。

东城金鱼胡同那桐府邸是大型四合院横向发展的典型实例。那桐是晚清大臣，先后任户部主事、鸿胪寺卿、内阁学士、内阁协理大臣、直隶总督等职。随着职位的提升，那桐在金鱼胡同的府邸也在不断扩大，先后三次大兴土木，最后拓展至多半条胡同，形成并排的四合院群。府邸为东西布局，正门开在金鱼胡同；两个后门开在紧临其北的西堂子胡同，均为随墙门。府邸南侧是一排很长的连檐通脊的倒座南房。府邸的西部是住宅，中部是花园，东部为戏楼，东、西、北三面都有围廊环绕。

从西向东，最西端是马号，马号往东，是一座三进院的大院落，叫西大院，进了垂花门，是 3 间带廊的前厅、正房(即北房)、东西耳房以及后罩房，两边是抄手游廊。西大院往东，是两个并列的四合院，各四进厅堂，向里依次是倒座房、垂花门、3 间带廊正房(即北房)、东西耳房、东西带廊盝顶厢房、3 间带廊的后罩房，四周环绕转角游廊。

过了这两座并列的院落，再往东又是一座很大的院子，院落十分开阔，布局却很简单：没有东西厢房，仅有 5 间大北房，东连耳房，前面是宽敞的廊子。南边相对应的是 5 间两卷勾连搭、前后出廊的花厅。

由此院往东，是那家花园。花园面积不大，但假山、水池、亭、台、轩、榭等，一应俱全，布局紧凑、精巧，引人入胜。花园的北端还建有宗祠，抱柱上悬有光绪皇帝的御笔对联：辑睦敦盘资盖尽，调和鼎鼐迓蕃釐。花园以东，是东大院。院子中心是 7 间三卷勾连搭顶、前后带 5 间抱厦的大厅，东西带耳房，名叫“乐真堂”，也称戏楼，是府中最大、最壮丽的建筑。室内东边是戏台，中间是分开来的男女座位。南面为 3 间带廊的南房，北面为 5 间带廊的后罩房，东西各带耳房。院内点缀有山石，东西有抄手游廊环绕。

从上面对那桐府邸的简单描述，可以看出四合院的拓展由于受到纵向空间的限制，只能横向发展。可惜的是，宏大的那桐府邸已经被彻底拆除，不复存在，原址上盖起了高层豪华的西洋式宾馆：东面是和平宾馆，胡同中间是台湾饭店。金鱼胡同也已名存实亡，变成了现代繁华的大街。只有台湾饭店门前保留的原那府花园的古树，见证着金鱼胡同和那家府邸与花园的历史存在。

(二)四合院的房屋分配

对于普通人家，四合院房屋的使用分配问题，虽没有法定的要求，却有着传统的原则，即长幼、男女、尊卑、内外要分清，要有序、有别。通常正院中位置最好、最舒适的北房，给长者或尊者使用。东厢房为书房，东厢房南侧的房间用来做厨房和餐厅。西厢房给成婚的儿子住，西厢房南侧的房间，有的用作堆房，有的用作正院的厕所。前院进门右手，往往建有一个小跨院，院内所建倒座房，有的人家还盖有北房，是家塾或佣人的用房。前院的倒座房，有的辟为接待室、客房或佣人用房。倒座房最西端的一间，往往建有隔墙，使之自成一独立小院与外院隔开，多辟为厕所或杂物间。后院的后罩房，常用来做闺房，供未出阁的女儿们使用。

房屋的安排，反映了我国封建社会根深蒂固的宗法观念和家族制度，这种思想理念至今仍旧继续影响着人们的生活。

(三)四合院的门对

门对，就是刻在临街大门上的对联。这种门对通常只出现在普通人家四合院的大门上，而王府大门、广亮大门或金柱大门上则比较少见。

对联古称“桃符”，或叫“仙木”，起源于五代时期后蜀后主孟昶(chǎng，五代十国时期的后蜀末代皇帝)的桃符题词。据北宋人张唐英所著《蜀梼杌(tǎo wù)》载：“蜀未亡前一年岁除日，昶令学士辛寅逊题桃符版于寝门，以其非工，昶命笔自题云：‘新年纳余庆，嘉节号长春’。”人们大都认为这是我国最早的对联。北京的门对最早出现在元代。

四合院的门对，一般为四言、五言或七言，内容多为警示、希冀或忠告。一副副寓意深刻的门对，不仅反映出主人的人生观与价值观的取向、品位追求、处世哲学和对子孙后代的期许，同时也为四合院和胡同增添了浓浓的文化气息。路人看到这言简意赅的门对，顿觉眼前一亮，朗朗上口读起来，也会大受启迪而精神为之一振。有的门对则寓意深刻，需细细研读、思索，方得其义。下面是笔者采集的一些门对实例，愿与读者共享。

忠厚传家久，
诗书继世长。

为善最乐，
诗书最佳。

兰馨松寿，
玉洁冰清。

继善为乐，
逑(qiú，匹配)德乃嘉。

立德齐今古，
藏书教子孙。

无欺心自安，
有容德乃大。

修身如执玉，
积德胜遗金。

持家遵古训，
教子有义方。

忠厚培元气，
诗书发异香。

结庐在人境，
但无车马声。

钟鼓乐清晨，
诗书敦风好。

天临华盖星辰近，
地接蓬壶雨露深。

圣代即今多雨露，
诸君何以答升平。

礼乐百年承燕翼，
诗书千载荷龙光。

慎言语节饮食，
永佑庆长寿康。

露慎言语节饮食，
文昌新入有光辉。

乾坤清泰，
天地长春。

诗书教子，
忠厚传家。

物华天宝日，
人杰地灵时。

春秋多佳日，
山水有清音。

春秋多佳日，
礼义为丰年。

知足常乐，
能忍自安。

勤襄国用研周礼，
克振家声读鲁论。

传家有道惟存厚，
处世无奇但率真。

和气承北极，
瑞气霭南宫。

荆树有花兄弟乐，
书田无税子孙耕。

绵世泽莫如为善，
振家声远是读书。

富春吉祥大寿考，
和亲安乐宜子孙。

栽培心上地，
涵养性中天。

门庭清且吉，
家道泰而昌。

静以修身俭以养德，
入则笃行出则友贤。

子孙贤族将大，
兄弟睦家之肥。

春暖观鱼跃，
秋高听鹿鸣。

花鸟四时春，
江山千古秀。

松柏有本性，
瑾瑜有奇光。

悦心通妙法，
善道悟真源。

海阔凭鱼跃，
天高任鸟飞。

贵寿无极，
喜庆大来。

二、名人故居

北京的名人故居是北京历史与文化的重要组成部分，具有很高的价值。这些分布在北京胡同内的形色各异的名人故居，不但是历史名人们在北京留下的足迹，也是北京这座历史名城的一道亮丽的人文景观，极大地丰富了胡同文化的内涵，成为北京胡同文化中一笔珍贵的历史遗产。为此，我们应当珍视这些遗留下来的名人故居，并加以妥善保护，使它们能长久地保存下去，供后人瞻仰。

(一)毛泽东在北京曾经居住过的地方

毛泽东(1893—1976)1949年以前曾经几次来过北京，前后居住过的地方有：东城区景山东街吉安所左巷8号、西城区北长街的福佑寺以及鼓楼东面豆腐池杨昌济老师家等。其中东城区景山东街吉安所左巷8号(旧称景山东街三眼井吉安东夹道7号)，是毛泽东1918年第一次来北京的住处。在此期间，毛泽东组织了湖南新民学会会员赴法勤工俭学活动，并开始研究马克思、列宁主义。此处已被列为市级文物保护单位。

吉安所左巷8号是一座极为普通的小院，坐东朝西，北房三间，其两侧各带耳房一间，东房两间。毛泽东和其他七个人居住在北房靠西的一间。屋子很小，只有十多平方米。地面铺着青砖，纸糊的顶棚，一铺通炕占据了屋子的主要空间。毛泽东、蔡和森、罗章龙等八人挤住在这间小屋里，可谓"隆然高炕，大被同眠"。毛泽东曾对美国记者斯诺说："……我们大家都睡到炕上的时候，挤得几乎透不过气来。每逢我要翻身，得先同两旁的人打招呼。"房东按每人每月食宿合计四五元收费，不算贵，但对他们来说也非容易之事。在此期间，毛泽东在李大钊时任图书馆馆长的北大图书馆工作，月薪仅八元。

1949年进城后，毛泽东先是入住香山的双清别墅，在此指挥了解放军渡江作战，同时与党内外人士共商建国大业；1949年10月迁到中南海丰泽园；1966年8月又搬到中南海怀仁堂东侧、游泳池旁的房间办公和生活，直到逝世。

(二)李大钊故居

李大钊(1889—1927)，字守常，河北乐亭人，是中国共产主义运动的先驱、中国共产党的主要创立者之一。

他在北京的故居有不同的说法，一说五处：西单回回营2号、西单石驸马后宅35号、西城铜幌胡同甲3号、西安门内朝阳里3号、东交民巷庚子赔款委员会院内。一说八处：西单皮裤胡同、朝阳门内南小街竹竿巷(今竹竿胡同)、北新华街回回营2号、石驸马后宅35号(即今西城区文华胡同24号)、宣武门内铜幌胡同甲3号(今铜光胡同)、北闹市口邱祖胡同、府右街后坑朝阳里3号、东交民巷内原俄国兵营。

不过人们对于李大钊在西单石驸马后宅35号(即今西城区文华胡同24号)的故居，看法比较一致，认为该处是李大钊先生最为重要的住所，居住的时间长，其间从事的革命活动比较突出，且该院落保存比较完整。因此将其视为李大钊先生在北京的故居，顺理成章。故居于1979年8月21日被列为市级文物保护单位。2007 年 5 月 8 日正式对外开放。

李大钊故居有南北两个院落，总面积约 1000 平方米。李大钊一家租住的房屋在北院，北房是李大钊、赵纫兰夫妇的卧室和堂屋，堂屋正面墙上挂有李大钊手书的一副对联：铁臂担道义，妙手著文章。出自明代忠臣杨继盛的千古名联“铁肩担道义，辣手著文章”。李大钊先生将其中的“辣”字改为“妙”字。这副对联反映出李大钊先生一生的精神追求，也是先生恪守一生、践行一生的精神风范。

西厢房是李大钊的书房和会客室。东厢房是长子李葆华的卧室和客房。东、西耳房是长女李兴华、次女李炎华及次子李光华的卧室。

在此居住期间，李大钊发起组织马克思学说研究会，传播马克思主义，发起成立北京共产主义小组，直接参与创建中国共产党的活动。中国共产党成立后，李大钊代表党中央，指导北方工作，领导发动北方工农运动，参与促成了第一次国共合作。

(三)陈独秀故居

陈独秀(1879—1942)，字仲甫，安徽怀宁(今安庆)人，是中国共产党的主要创始人和早期领导者之一。1921 年 7 月，中共一大在上海召开，陈独秀在缺席的情况下，被选为中央局书记。此后，陈独秀被选为党的第二届、第三届中央执行委员会委员长，第四届、第五届中央委员会的总书记。1929 年 11 月 16 日，陈独秀因路线错误，特别是放弃了对武装力量的领导权，致使第一次国内革命战争失败，被开除出党。1931 年 5 月，陈独秀出席中国各托派小组织的“统一大会”，被推选为中国托派组织的中央书记。1932 年 10 月陈独秀以创办非法政党的罪名被捕，1937 年 8 月陈独秀被提前释放。出狱后，他谢绝高官厚禄，拒绝出任劳动部长，拒绝蒋介石出资让他组织“新共党”，拒绝胡适的邀请去美国，拒绝谭平山要他出面组织第三党的建议，蛰居四川江津。1942 年 5 月 27 日在四川江津逝世，安葬在江津。1947 年其子遵父遗嘱将灵柩迁回安庆，与原配夫人高晓岚合葬。安庆墓园内建有陈独秀纪念馆。

东城区箭杆胡同 20 号(旧门牌 9 号)是陈独秀 1917—1920 年就任北京大学文科学长时的住处。宅院不大，有北房三间，是《新青年》编辑部用房，其东侧靠街门有类似耳房的小房一间；南房三间，是陈独秀一家的住房。1917 年，陈独秀受聘为北京大学文科学长，租住在此院，《新青年》编辑部遂从上海迁到这里。陈独秀、李大钊、胡适、钱玄同、刘半农、高一涵、沈尹默等人曾任《新青年》的编辑。

该处住所于2001年被公布为北京市市级文物保护单位。2020年3月，北京市将《新青年》编辑部旧址（陈独秀旧居）列为“北大红楼与中国共产党早期北京革命活动旧址”之一，经保护修缮后，对社会开放。院内现设“历史上的《新青年》专题展”和“陈独秀在北京专题展”。

（四）刘少奇在北京曾经居住过的地方

刘少奇（1898—1969），生于湖南省宁乡县，伟大的马克思主义者，伟大的无产阶级革命家、政治家、理论家，党和国家主要领导人之一，中华人民共和国开国元勋，是以毛泽东同志为核心的党的第一代中央领导集体的重要成员。他于1936年至1937年期间，曾任中共中央代表、北方局书记，在北平和天津工作过。

在北京，他先后居住在西城区砖塔胡同南四眼井2号（原四眼井10号）和西城新文化街207号（原鲍家街17号）。在平津工作期间，他先后写了十多篇论述白区工作的文章，其中《关于过去白区工作给中央的一封信》就是在南四眼井胡同2号写就的。在距此不远的粉子胡同19号，北方局设置了一部秘密电台，通过这部电台，刘少奇与中央保持联系和传递情报等。

可惜的是，南四眼井2号、新文化街207号和粉子胡同19号均已被拆除，不复存在了。

（五）鲁迅故居

鲁迅（1881—1936），原名周树人，字豫才，浙江绍兴人，是我国著名的现代文学家和思想家。1912年5月，鲁迅随临时政府教育部从南京迁来北京，任科长；1920年以后，先后在北京大学、北京师范大学、北京女子师范大学任教；1926年“三一八惨案”后，离京南下。他在北京生活了十四年，故居有四处。

一是宣外南半截胡同7号绍兴会馆。鲁迅先生1912年至1919年曾在此居住，先是住在“藤花馆”，后移至“补树书屋”。其间，写下了《狂人日记》、《孔乙己》、《药》和《一件小事》等名作。

二是西直门内八道湾胡同11号。鲁迅先生于1919年11月至1923年8月在此居住。这处房子是鲁迅先生用绍兴老家合族共居的老房变卖后所分得的款购置的，由鲁迅全家，包括母亲、鲁迅和夫人朱安、大弟周作人和二弟周建人共同居住。鲁迅住前院三间南房，母亲住北房，两个弟弟住在后院北房。鲁迅先生在这里写下了《阿Q正传》《风波》《故乡》《社戏》等九篇小说。

三是砖塔胡同61号（今84号）。1923年8月2日，鲁迅因与周作人矛盾无法调和，搬离了八道湾胡同，住进此院的三间北房。这里房屋矮小，环境嘈杂，但他仍写下了《祝福》《在酒楼上》《幸福的家庭》《肥皂》《中国小说史略》等多部作品。

四是阜成门内宫门口西三条21号(老门牌)，今称宫门口二条19号，是全国重点文物保护单位。这是一座小型四合院，鲁迅于1924年购得后，按照自己的设计方案，请人进行了改建。经金边黑漆小门进入院内，向左拐是四扇绿色的屏门，屏门内是正院，南北房各三间，东西厢房各两间，院中有一棵古老的枣树和鲁迅亲手栽种的三棵丁香树。北房中间为起居室；起居室北面一间是鲁迅先生的工作室兼卧室，俗称“老虎尾巴”；东面一间是鲁迅母亲的卧室；西面一间是鲁迅先生原配夫人朱安的卧室。南房为两明一暗的布局，是鲁迅先生的书房兼会客室。西厢房是女工的住房，东厢房堆放杂物。从正院西北角可进到后院。后院有一口枯井，北墙边种有黄刺玫、花椒树和榆叶梅等灌木丛。整个住宅从建筑到陈设，都十分简朴。鲁迅先生在简陋的工作间“老虎尾巴”中，写下了散文诗集《野草》，杂文集《华盖集》《华盖集续编》，以及小说集《彷徨》和散文集《朝花夕拾》中的部分文章，印行了《中国小说史略》(下卷)以及《热风》等译著，同时主编或参编与指导主编了《雨丝》《莽原》等周刊。也是在这座小院里，鲁迅先生培养了很多的青年作家，帮助他们编选集、写序言、校对文稿。鲁迅先生自1924年5月至1926年8月，共在此院居住了两年零三个月；此后，离开北京去了南方。1929年5月和1932年11月，鲁迅两次从上海回北京看望母亲，也都是住在这里。鲁迅的母亲鲁瑞和鲁迅的原配夫人朱安先后均病故于这个小院里。鲁迅的母亲葬在西直门外板井村，朱安埋在了西直门外的保福寺。

1949年以后，鲁迅夫人许广平将阜成门内西三条21号故居及大批文物捐献给国家；1956年鲁迅逝世二十周年之际，人民政府为了纪念这位伟大的文学家、思想家、革命家，遂在“鲁迅故居”东隔壁建立了“鲁迅博物馆”。

(六)老舍故居

老舍(1899—1966)，原名舒庆春，满族，北京人，著名文学家，1951年被授予“人民艺术家”的称号。

老舍在北京住过的地方不少，如西城小羊圈胡同(今称小杨家胡同)、东城方家胡同、德胜门外关厢华严寺、西城翊教寺胡同、东城北长街的雷神庙、西城观音庵和东城灯市口西街丰富胡同19号院等。但最应记述的故居有两处：一处是位于新街口地区的小杨家胡同8号，这是老舍先生的出生地；一处是东城区灯市口西街丰富胡同19号院，这是老舍先生1950年至其生命结束前一直居住的地方。丰富胡同19号院已辟为老舍纪念馆，对外开放，是市级文物保护单位。

小杨家胡同，旧名小羊圈胡同，西城新街口往南不远路东的一条胡同，胡同深处路南的8号(旧门牌5号)院便是老舍的出生地。院子东西狭长，南北各一溜房屋，还有东房两间，北房三间。老舍的父母居住在东边的两间，老舍先生就出生在这里。院内种有枣树。一百多年过去了，小院的格局和枣树的棵数虽然有了一些变化，但这个院子的主体结构依然如旧，基本保持原状，有居民居住。老舍的剧本《四世同堂》对小羊圈胡同及该小院有过亲切而细致的描述。

东城灯市口西街，明代称奶子府，清代称迺兹(nǎi zī)府或乃兹府，其近西端路北有一条南北向小胡同，叫丰富胡同，路西把口的19号院就是老舍的故居。老舍1949年从美国回来后购得此宅，经简单修葺于1950年3月迁入。这是一座北京旧式的两进小院，小小的黑门向东而开，进门是一个很小的院子，只有两间小南房。小院的西边和北边还各有一院。西边院是一狭长条，有几间房；北院是一个三合院，为本宅的正院，北房三间带耳房，东、西各有厢房三间。正房的东次间是卧室，明间和西次间是客厅，西耳房与客厅相通，是老舍先生的书房兼工作室。院内种有很多花卉，正房前种有两棵柿子树，为老舍和夫人一起栽种的。每至深秋，红色的柿子挂满枝头，给小院带来不少红火热闹的气氛。老舍的夫人为此给小院起了一个美好的名字："丹柿小院"。1966年8月24日，老舍先生走出这个院落，从此无归，投入西直门外的太平湖。

老舍先生除了北京，还在其他省市或国外居住过，这些地方都成了纪念老舍先生的重要场所。如山东济南市历下区南新街58号已辟为"老舍纪念馆"，是省级文物保护单位；青岛市市南区黄县路12号辟为"骆驼祥子纪念馆"，是青岛市重点文物保护单位；重庆市天生新村63号副16号(原蔡锷路24号)辟为"四世同堂纪念馆"。

老舍先生在英国时居住的伦敦市圣詹姆斯花园31号，于2003年11月25日由英国遗产委员会正式镶上蓝牌，确立为老舍故居。蓝牌上写着：老舍，1899—1966，中国作家，1925—1928年生活于此(老舍的名字系用汉语和汉语拼音标写)。这是英国纪念已故文化名人的一种方式。英国遗产委员会下设的蓝牌委员会成立于1867年，已为700位名人的故居镶上了蓝牌，老舍先生是第一位获得故居蓝牌的中国文化名人。

(七)梁实秋故居

梁实秋(1903—1987)，现代文学评论家、散文家、翻译家，代表作有《雅舍小品》《看云集》《秋室杂文》《槐园梦忆》等；译著有《莎士比亚全集》等；主编《远东英汉大辞典》。

梁实秋的故居在东城区内务部街 39 号(原 20 号)，是一座三进四合院，坐北朝南，院门为屋宇式如意门。梁实秋出生在里院的西厢房。梁实秋在这里前后三次共住了二十多年：第一次，从 1903 年住到 1919 年；第二次，从 1934 年住到 1937 年；第三次，从 1946 年住到 1948 年。以后定居台湾。

抗日战争时期，梁实秋曾于 1939 年和原清华同学吴景超夫妇在重庆共同购得北碚主湾 10 号一栋十分简陋的平房，并以吴景超夫人龚业雅的名字将其命名为“雅舍”。“雅舍”共有 6 间房，梁实秋居住其中的一室一厅，直至 1946 年，共居住 7 年。梁实秋对“雅舍”有着深厚而美好的感情。“雅舍”作为梁实秋的故居，已修葺一新，于 2004 年 2 月 2 日正式挂牌对外开放。

(八)徐悲鸿故居

徐悲鸿(1895—1953)，近代画家、美术教育家，曾留学法国，是中央美术学院第一任院长、全国美术家协会主席，被国际评论为“中国近代绘画之父”。他的史诗巨作《田横五百士》《徯我后》，以精湛的技巧和中国气派奠定了中国油画的基石。他毕生为发展美术教育呕心沥血，培养了大批优秀画家和美术界的栋梁之材，被世人誉为“画坛伯乐”。

徐悲鸿故居坐落在东城区建国门内的东受禄街，由四个院落组成。“徐悲鸿故居”的匾额为周恩来总理亲题。院内有徐悲鸿亲手种下的榕树和花草。1954 年，徐悲鸿故居被辟为徐悲鸿纪念馆，对外开放。郭沫若为之题写了“徐悲鸿纪念馆”的馆名。此馆在北京地铁 1 号线的一期工程中被拆除。1973 年，徐悲鸿纪念馆移至西城区新街口北大街路西的“婴园”重建，1983 年对外开放。2010 年后进行改、扩建，于 2019 年 9 月 17 日重新对外展出。新建纪念馆有四个展厅，主要展出徐悲鸿的生平资料、历史收藏、各时期的代表作以及东受禄街原故居的复原场景。另设一临时展厅，举办各类艺术展览。

(九)纪晓岚故居

纪昀(1724—1805)，字晓岚，河北献县人，清代著名学者，乾隆年间的进士，官至礼部尚书、协办大学士。纪晓岚任大型百科全书《四库全书》的总编纂官，历时 13 年，他同时还撰写了二百卷的《四库全书总目提要》。他所著的《阅微草堂笔记》具有很高的思想、学术和文献价值。

纪晓岚故居位于西城区珠市口西大街 241 号，是一座两进四合院，内有“阅微草堂”。纪晓岚当年亲手所植之紫藤萝和海棠至今存活，且生机盎然，每年四五月份，鲜花烂漫，吐香争艳。1930 年，爱国民主人士刘少白租下此宅。1936 年，京剧科班富连成将其购买，用作学员宿舍和练习场。1958 年，在此建立了晋阳饭庄。1986 年，纪晓岚故居被列为宣武区(今属西城区)文物保护单位，现对外开放。2003 年被公布为北京市文物保护单位。

(十)林则徐故居

林则徐(1785—1850)，福建省侯官(今闽侯)人，字元抚，又字少穆、石麟，晚号俟(sì)村老人、俟村退叟、七十二峰退叟、瓶泉居士、栎社散人等，是清朝时期的政治家、思想家和诗人，曾任湖广总督、陕甘总督和云贵总督，两次受命钦差大臣。

林则徐坚决维护国家的安全，全力禁烟。他的虎门销烟壮举，为国人所敬仰。后因投降派的诬害，被清政府革职，充军新疆。1845 年被重新起用。1850 年林则徐受命镇压洪秀全的拜上帝会起义时，病逝于广东潮州普宁行馆。林则徐为官 40 年，一反当时的官场颓风，所至之处，关心民瘼，兴利除弊，惠民政绩卓越。他带领民众兴修水利，改善漕运，发展生产；他目睹灾民惨状，奋力赈荒救灾。

林则徐坚决抗击西方的入侵，但对于西方的文化、科技和贸易则持开放态度，主张学其优而用之。根据文献记载，他至少略通英、葡两种外语，且着力翻译西方报刊和书籍。晚清思想家魏源将林则徐及幕僚翻译的文书合编为《海国图志》，此书对晚清的洋务运动乃至日本的明治维新都具有启发作用。康有为认为，林则徐的探求新知“为讲求外国情形之始”。范文澜先生说，“林则徐是清朝开眼看世界的第一人”。

林则徐在北京的故居有两处，都在南城：一处是贾家胡同 31 号的莆阳会馆，嘉庆十八年(1813 年)林则徐考中进士两年后，偕夫人来京师赴任，曾在此居住。这是一所长方形小四合院，在这里他结交了有思想的文人和士大夫，对他有一定的影响。另一处是骡马市大街 51 号，现地铁 7 号线虎坊桥站西侧，曾作为福州会馆新馆。林则徐为建此馆花费心血，出资并居住。2019 年完成腾退与修缮，并于当年 12 月作为“北京市林则徐禁毒教育基地”，对外开放。2021 年 12 月又将其命名为“全国禁毒宣传教育基地”。

(十一)冯公度故居

冯公度(1867—1948)，名恕，字公度，号华农，原籍浙江。曾任海军部参事、海军部军枢司司长、海军协都统等职，曾随时任海军都统的载洵到英、美、法等八国考察。

冯公度还是一位书法家、实业家。他曾为多家店铺题写过牌匾，如张一元茶庄、同和居饭馆等，北京旧时流传有"无匾不恕"的说法。1905年，冯公度参与创办了京师华商电灯股份有限公司，该公司于1958年改组为北京供电局，又于2004年5月17日更名为北京电力公司，其地址就在今前门西大街41号北京电力公司院内。

冯公度一生热爱文物，收集了大量的文物。冯公度过世后，他的家人按其遗愿，将其所藏文物——古玉、石屏、金文砚等147件，及17650册图书，捐献给国家。为此，当时的文化部部长沈雁冰，副部长周扬、丁西林特颁发了褒奖状。

冯公度的故居在今西四羊肉胡同甲75号(旧门牌24号，后门在今阜成门大街148号)和羊肉胡同73号(原炭厂胡同4号)。这所住宅原为陆润庠所有，冯公度于1920年购得居住，直至1948年逝世前一直寓此。

故居坐北朝南，大门外有影壁、上马石和石狮。宅内有五进院落，东部前为花园，中为祠堂(炭厂胡同4号)，后为菜地。西北角是马号。原有房屋130多间，现大门已拆除，花园、菜地、马号均已建房。保存较好的是祠堂院，现由冯公度后人居住，门开在羊肉胡同73号(原炭厂胡同4号)。祠堂院外的墙上挂有北京市西城区文化和旅游局制作的标志牌"西城区一般不可移动文物 冯公度故居"。

(十二)张自忠故居

张自忠(1891—1940)，抗日将领，山东临清县人。1940年5月，身为抗战序列中的国民革命军第三十三集团军总司令兼第五战区右翼兵团总指挥的张自忠，率部参加枣宜会战，于湖北宜城南瓜店激战九昼夜后壮烈殉国。张自忠是盟国各战区殉职军衔最高的将领。当时国民政府为之举行了国葬，国共双方领导人均为之题书挽词。毛泽东题：尽忠报国；朱德题：取义成仁；周恩来题：为国捐躯。1952年毛泽东签署了"革命牺牲军人家属纪念证"。在北京、天津、上海、武汉、宜昌、汉口等地均设有张自忠路。

张自忠的故居在北京西城区西安门大街南侧的西椅子胡同15号(现为自忠小学)。府右街拓宽后，西椅子胡同成了府右街的一部分，该宅院现在的门牌是：府右街丙27号。张将军殉国后，自幼随张将军生活的侄女张廉瑜，于1947年在其故居创办了自忠小学。府右街拓宽时，东椅子胡同被拆除，位于西椅子胡同内的张将军故居东院亦被拆除。所幸留下了张将军住过的卧室、书房与盥洗室(今为小学校长办公室)。1988 年，有关部门在院内安放了纪念碑，碑文是周恩来 1940 年在重庆为张将军所致的悼词："其忠义之志，壮烈之气，直可以为我抗战军人之魂。"其书房已辟为纪念张自忠将军生平的展室。张自忠将军葬在重庆市。

张自忠故居于 2011 年被公布为北京市文物保护单位。

(十三)佟麟阁故居

佟麟阁(1892—1937)，原名凌阁，字捷三，河北高阳人，抗日爱国将领，时任第二十九军副军长。1937 年卢沟桥事变爆发，将军曾言："国家多难，军人应当马革裹尸，以死报国。"7 月 28 日，日军机械化部队配以空军，向北京南苑留守部队发动进攻，佟将军亲临前线指挥。战斗惨烈，佟将军不幸中弹，壮烈殉国，时年 45 岁。佟麟阁将军是全民族抗日战争爆发以来，牺牲的第一位高级将领。一同牺牲的还有赵登禹师长。为纪念这位抗日英雄，北起复兴门内大街，南至宣武门大街的马路，被命名为佟麟阁路。

佟麟阁将军的故居有两处，一处在香山东南，是佟麟阁于 1933 年买下的，原为清末海军管带熊某别墅，他在此读书、耕田隐居。此处已辟为佟麟阁纪念馆，对外开放。将军的墓地就在其故居侧畔的山坡上。1979 年，北京市人民政府为其修墓立碑。另一处在东四十条，据佟麟阁的小儿子佟兵回忆说"院子很大，有好几十间房子，还有一个大花园"，如今已遗址难寻。

(十四)赵登禹故居

赵登禹(1898—1937)，字舜诚(一作舜臣)，山东菏泽人，抗日爱国将领。1933 年率部在长城喜峰口抗击日军获胜。1937 年 7 月 28 日，日军向南苑发起进攻，时任 132 师师长的赵登禹率军奋勇抗击，战斗中不幸中弹，壮烈殉国。抗战胜利后，其遗骸葬于北平西山，新中国成立后移葬卢沟桥畔西道口，该墓至今维护得很好。为纪念这位抗日英雄，北起西直门内大街，南至阜成门大街的马路，被命名为赵登禹路。

赵登禹将军的故居在鼓楼东南的辛安里 98 号，曾经是东城区中医院所在地，现为民进中央开明画院，据说院中前些年还遗存着两座假山和一口荷花缸，如今只有遗址了。

(十五)齐白石故居

齐白石(1864—1957)，湖南湘潭人，现代画家、篆刻家，是世界文化名人之一。他擅长画花鸟、虫鱼、山水、人物，笔墨雄浑滋润，色彩浓艳明快，造型简练生动，意境淳厚朴实。所作鱼虾虫蟹，妙趣横生。齐白石书工篆隶，取法于秦汉碑版，行书饶古拙之趣；篆刻自成一家，善写诗文。他的艺术水平高超，成为我国美术界的一代大师，1953 年被文化部授予“人民艺术家”称号，1955 年荣获国际和平奖，同年被德意志民主共和国艺术科学院授予通讯院士称号，1963 年被联合国列为世界名人。

齐白石先生 1917 年 55 岁时来北京，并于 1919 年确定在北京定居，先后居住的地方有 7 处。起初的 3 个住处都是寺庙：南城的法源寺、陶然亭附近龙爪槐胡同内的龙泉寺(已无存)及现民族宫南街路西的石灯庵(已无存)；后来又分别居住在西四三道栅栏胡同 6 号、太平桥高岔拉胡同(今之高华胡同)1 号、西单跨车胡同 13 号及东城南锣鼓巷内的雨儿胡同 13 号。跨车胡同的住宅是齐白石先生买下的私宅，雨儿胡同的住宅是文化部分给他的一个四合院，在此住了不到一年，又搬回了跨车胡同，直至逝世。跨车胡同的齐白石故居为北京市文物保护单位；雨儿胡同 13 号院住所现辟为齐白石纪念馆，游客可前往参观。

齐白石 1957 年逝世，享年 94 岁。其墓在魏公村，是海淀区重点文物保护单位，墓碑上篆刻着弟子李苦禅先生手书的“湘潭齐白石墓”。墓的右侧为其继室夫人胡宝珠之墓。2013 年 6 月，因城市建设占地，这两座墓被迁到北京香山南面的金山陵园。

(十六)梅兰芳故居

梅兰芳(1894—1961)，原籍江苏泰州，生于北京，是杰出的戏曲表演艺术家，京剧“四大名旦”之首。他在半个多世纪的舞台实践中，继承传统，博采众长，勇于创新，形成自己独特的艺术风格。梅兰芳主演的《西施》《贵妃醉酒》《游园惊梦》《宇宙锋》《洛神》《断桥》《贩马记》《穆桂英挂帅》等优秀代表作，征服了无数的观众。他的艺术成就成为中国戏曲表演艺术体系的代表和标志。

1949 年后，他的艺术人生更加灿烂，政治人生也得到了升华。他于 1959 年加入了中国共产党。他先后担任了第一届全国人民代表大会代表、第一届中国人民政治协商会议常务委员、中国戏曲研究院院长、中国戏曲学院院长、中国京剧院院长，并著有《梅兰芳文集》《舞台生活四十年》等书。

1961 年 8 月 8 日梅兰芳先生因心脏病在北京逝世，棺木葬于香山公园东北方向的万花山中，墓碑“梅兰芳之墓”由戏剧家、梅兰芳的秘书和挚友许姬传老先生书写。后来马连良先生也葬于此处。

梅兰芳先生的故居在西城区护国寺街 9 号(原甲 1 号)，坐北朝南，二进院落，原是清庆王府的马号，虽为四合院的规格，但只有北房和西厢房。梅兰芳居住前进行了扩建。前院三明一暗的倒座房是大客厅；后院为三合院，建有北房和东、西厢房。后院北房中间是小客厅，客厅西侧是梅兰芳先生的书房，名为“缀玉轩”，他生前常在此写字、作画；客厅东侧是卧室。东、西厢房现辟为“戏剧艺术资料室”等。故居内还有一座西跨院，一排西房供客人居住。故居现名“梅兰芳纪念馆”，对外开放，是全国重点文物保护单位。大门外的匾额为邓小平先生手书。

除护国寺街的故居外，北京还有多处与梅兰芳有关的宅院，其中有：前门外李铁拐斜街45号(今称铁树斜街101号)两进院的四合院，是梅兰芳的出生地，为其祖父所购置，1900年售出；崇文门外北芦草园西口往南青云巷8号(今青云胡同29号)，梅兰芳1916—1923年在此居住；东城区无量大人胡同5号(已拆除)，梅兰芳29岁时迁入，住到1932年冬，后移居上海；西城区西旧帘子胡同29号小四合院，是梅先生在护国寺街居住时，为了工作方便自己出资购得的，梅兰芳逝世后，家人继续在此居住，故居现已无存。

(十七)蔡元培故居

蔡元培(1868—1940)，著名的民主革命家、教育家，“现代中国知识界的卓越先驱”。他出身科举，是清末翰林学士。他曾出任南京临时政府的教育总长；1917年初，任北京大学校长一职。

蔡元培先生在北京东城、西城、外城都曾居住过，但先生一生未置产业，后经研究确定蔡元培1917—1920年租住的东城区东堂子胡同75号(旧门牌33号)为其故居。此处故居于2011年6月被公布为北京市文物保护单位。

故居坐北朝南，有东、西两个三进院落，现分为74号、75号两院。75号院的第一进院，有倒座房五间，当年是客厅。第二进院，有北房三间，前带廊，左右各有耳房一间；东西厢房各三间，南房四间。第三进院，有北房五间，前出廊。

蔡元培1940年3月5日病逝于香港，仅留下两句遗言：“科学救国，美育救国。”这位伟大的教育家留给后人的遗训和其生前所述，“律己不苟，责人以宽；无所不容，有所不为；以美育代宗教，倡科学以救国；志在民族革命，行在民主自由”将深深铭刻在人们的脑海中。他所建立的“学术自由，兼容并包”的北大办学方针与学术氛围，至今仍为人们称颂。

(十八)朱启钤故居

朱启钤(1872—1964)，贵州开阳人，清光绪年间举人。曾任清末京师大学堂译学馆监督，民国时期历任交通部总长、内务部总长、代理国务总理等职务。中华人民共和国成立后，曾任全国政协委员和中央文史研究馆馆员。

1964 年 2 月 26 日，朱启钤在北京病逝，葬于北京八宝山革命公墓。北戴河的“朱家坟”内，有朱启钤先生的衣冠冢。

朱启钤是改造北京旧城，使其具有现代城市雏形的第一人。1914 年，他提出《修改京师前三门城垣工程呈》，并于 1915 年起开始有计划地进行北京市政工程建设。朱启钤主持前门的改造工程：拆除瓮城东西月墙和关帝庙、观音大士庙以外的所有建筑；在前门城楼两侧城墙各开两个门洞，新筑两条宽 20 米的马路，并筑人行道，修排水暗沟；打通东西长安街；打通府右街、南北长街及南北池子等南北向交通。同时对前门箭楼加以改建，形成今日前门箭楼的面貌。1915 年修建“京师环城铁路”，全长 12.6 公里。这条铁路为北京服务了 55 年零 7 个月，于 1971 年 8 月被拆除。民国初年大总统府设在中南海，朱启钤把位于中南海南侧的宝月楼的下层改为“新华门”，拆除内侧皇城墙，使大门直通西长安街，又在门内修建大影壁，至今这些建筑仍在发挥着作用。与此同时，拆除天安门对面的千步廊，形成民国时期的天安门广场。

朱启钤是提出将社稷坛等辟为公园对外开放的第一人。在他的建议下，社稷坛被辟为北京第一家对外开放的公园——中央公园(后改今名中山公园)，此后又陆续开放了天坛、先农坛、文庙、国子监、黄寺、雍和宫、北海、中南海、景山、颐和园、玉泉山、汤山等名胜风景区。

朱启钤先生创办了中国第一个国立博物馆——古物陈列所；该馆 1946 年与故宫博物院合并。

朱启钤还是中国古建筑研究工作的开拓者与奠基人。1917 年，朱启钤在江南图书馆(今南京图书馆)发现了宋代李诫的《营造法式》手抄本，便委托商务印书馆以石印本印行，同时又在北京刊行仿宋本。之后，又组织人员对《清钦定工部工程做法》一书进行校注。朱启钤先生认为，中国营造是属于全世界的辉煌遗产，其研究也要对全世界开放，与世界同行平等交流。为此，他于 1930 年创办了国内第一所古建筑专门研究机构“中国营造学社”，并自任社长。建筑学家梁思成、林徽因、刘敦桢、杨廷宝、赵深、罗哲文，史学家陈垣，地质学家李四光等都是该学社的成员。中国营造学社是最早研究中国传统建筑式样和设计的学术团体，其成果颇丰，先后出版了《中国营造学社汇刊》《工段营造录》《元大都宫苑图考》《营造算例》《牌楼算例》《清式营造则例》《梓人遗制》《哲匠录》《同治重修圆明园始末》等书刊。

营造学社野外实地测绘重要古建筑达206组，足迹踏遍北京、河北、河南、山东、山西、陕西及江浙等地，探索出一整套研究中国古建筑的科学方法，为撰写中国建筑史构建了扎实的科学体系。梁思成先生于1944年完成的《中国建筑史》就是其中一项重要成果。

中国营造学社的社址，最初在东城区宝珠子胡同7号，1932年7月移至天安门内西朝房，但不久就搬到了赵堂子胡同2号(现为3号)院。抗战期间中国营造学社南迁，最终落脚四川宜宾的李庄镇。中国营造学社于1946年停止运行。2009年11月7日，在纪念中国营造学社成立80周年之际，中国营造学社纪念馆在清华大学建筑馆2楼隆重揭幕，中国营造学社的文物在此公开亮相。

朱启钤故居有两处：一处在东城区赵堂子胡同3号，另一处在东四八条111号。

赵堂子胡同3号(旧门牌甲2号)的故居坐北朝南，是一座四进的四合院，占地近3000平方米。宅院的前半部为中国营造学社用房，后半部为朱启钤的内宅。这座宅院是朱启钤在20世纪30年代购置的一所未完成的建筑，由他自己重新设计并督造。据朱启钤家人回忆，院内的彩画及建筑上的做法，完全按《营造法式》进行。

宅院的街门为广亮大门，门内西侧是6间倒座南房，街门东侧有4间南房，正对着广亮大门的是一条贯通南北的走廊，形成一条南北轴线，将整个宅院分成东西两个部分，共8个院落，院内回廊环绕。西部，一进院有6间倒座南房和一座两卷垂花门；二进院、三进院、四进院各有北房3间、西厢房3间，北房西侧建有2间耳房。东部，一进院有南房4间、正房3间，正房西侧建有2间耳房，北房与二进院的南房为三卷勾连搭歇山顶建筑，用料讲究，工艺精细；二进院有北房、南房、东厢房各3间，在北房和南房的西侧各建有2间耳房；三进院有北房5间、东厢房3间；四进院是园林，如今已经改建。赵堂子胡同3号院于1984年被确立为东城区文物保护单位。

东四八条111号也是朱启钤先生的故居，先生晚年在此院度过，现为其后人居住。1957年周恩来总理曾到这里看望朱启钤先生。

此故居原本是一座较完整的四合院，如今正门被一户人家使用，朱家在东北角另辟小门，门内是一狭长走道，走到尽头左拐，进入正院。院内砖墁地，正房3间，宽敞明亮；东、西厢房各3间。整个院内建筑保存完好。

(十九)张伯驹故居

张伯驹(1898—1982)，原名张家骐，号丛碧，别号游春主人、好好先生，河南项城人。爱国民主人士，收藏鉴赏家、书画家、诗词学家、京剧艺术研究家。

张伯驹曾任故宫博物院专门委员，国家文物局鉴定委员会委员，吉林省博物馆副研究员、副馆长，中央文史馆馆员，燕京大学国文系中国艺术史名誉导师，北京中国画研究会名誉会长，中国书法家协会名誉理事等职。

自1956年起，张伯驹陆续将其收藏的100余件珍贵文物捐献给国家，包括我国传世书法作品中年代最早的晋代陆机《平复帖》卷，传世最早的山水画隋代展子虔《游春图》卷，唐李白《上阳台帖》卷、杜牧《张好好诗》卷，宋范仲淹《道服赞》卷、蔡襄《行书自书诗》卷、黄庭坚《诸上座帖》卷、宋徽宗赵佶《雪江归棹图》卷，元赵孟頫《千字文》卷，明唐寅《王蜀宫妓图》轴，清《汇草辨疑》册等。他曾言道："予所收蓄，不必终予身为予有，但使永存吾土，世传有绪。"他以实际行动，真诚地兑现了自己的初衷。为了纪念张伯驹先生，也是为了感恩，故宫博物院于2018年，在武英殿举办了"予所收蓄 永存吾土——张伯驹先生诞辰120周年纪念展"。

张伯驹、潘素夫妇的故居，位于西城区后海南沿26号，紧邻什刹海后海南岸，是一座非标准的四合院，只有南北两排平房。大门横眉"张伯驹潘素故居"由书法家欧阳中石题写。故居被辟为纪念馆，院内设有铜像。纪念馆内设五个展厅：声像厅、生活居室展厅、收藏陈列室、张伯驹著作展厅、潘素艺术展厅。

(二十)熊希龄故居

熊希龄(1870—1937)，字秉三，别号明志阁主人、双清居士，清光绪年间进士，出生于湖南湘西凤凰县，祖籍江西丰城石滩。熊希龄是民国时期著名的教育家、社会活动家、实业家和慈善家，曾任北洋政府国务总理，也是一位杰出的爱国主义者。

1920年，熊希龄在北京香山静宜园成立香山慈幼院，以培育人才，5月1日正式招生，专门收养孤贫儿童。此后，其规模不断扩大，1930年发展到了1670人的规模。后来在中华人民共和国重要部门，如全国政协、铁道部、邮电部等担任高级领导职务的，有好几位就都曾在香山慈幼院长期学习生活过。香山慈幼院于1949年迁至今西安门大街22号，又于1954年搬到阜成门外白堆子新建校舍，并两次更改校名：先改为"立新学校"，后改为今名"北京实验学校"。

熊希龄先生对于中国共产党人怀有同情之心。1927年4月李大钊先生被捕后，他将李大钊的夫人和子女接到香山保护起来，而后把他们转移到中共地方党组织。

1931年“九一八事变”后，熊希龄与黄炎培等知名人士发起组织中华民国国难救济会，致电张学良、冯玉祥、阎锡山等将领，吁请坚持抗日，共赴国难，护我疆土，并保证凡殉难将士之父母、兄弟、姐妹、妻子、子女无力赡养者，均设法照料。为了表明自己奔赴国难，矢志于社会慈善之决心，他还在香山熊家墓园为自己筑了生圹，表示一旦在抗日救亡中倒下，即埋葬在这里。1937年12月25日，熊希龄因脑溢血在香港逝世，享年68岁，葬于香港华人公墓。1992年夏熊希龄的灵骨归葬于北京香山熊家墓园。

熊希龄先生在北京的故居有两处：一处为香山公园内的双清别墅，是其创办香山慈幼院期间，在香山为自己建造的住所；另一处在北京城里，今西城区新文化街53号原清代克勤郡王府，是民国后熊希龄从最后一代克勤郡王晏森处购得的，作为住宅。1932年，熊希龄将包括此宅在内的全部家产捐给慈幼事业。

如今，克勤郡王府后寝两山墙的角柱石上，尚存熊希龄和夫人朱其慧将财产交由北京救济会管理的刻字内容。东墙柱石上的刻字是：“公元1932年，湘人熊希龄先生，愿以其祖遗及生平服务所得俸给暨朱其慧夫人节约购置之动产不动产，完全捐助成立熊朱义助儿童幸福基金社，捐助财产详细说明书，次第举办儿童教育事业。今社址北京石驸马街(今称新文化街——引者注)，即先生之故宅也。先生于举世行财产私有制度时代，独倡此举，实为社会主义之先进者。勒诸贞石，用志勿谖(xuān，忘记)。1949年10月本社董事会立。”西墙角柱石上的刻字是：“本社事业及全部财产于1952年8月交由中国人民救济总会北京市分会接管。熊朱义助儿童幸福基金社董事会立。”

熊希龄先生为慈善事业与教育事业所做出的奉献，值得人们永远铭记。毛主席曾这样评价熊希龄先生：一个人为人民做好事，人民是不会忘记他的。熊希龄做过许多好事。

(二十一)伍连德故居

伍连德(1879—1960)，祖籍广东广州府新宁县，1879年3月10日出生在马来西亚的槟榔玙，1903年获英国剑桥大学医学博士学位。他是我国现代医学奠基人，公共卫生检疫、防疫事业的先驱，中华医学会首任会长，北京协和医学院及北京协和医院的主要筹办者，北京中央医院(今位于白塔寺的北京大学人民医院分院)的创建人和首任院长。伍连德先生在医学事业中做出了卓越的贡献，1935年被提名为诺贝尔生理学或医学奖的候选人。

伍连德先生在1910年末东北肺鼠疫大流行时发挥了巨大作用。这场时称“20世纪世界上最严重的一次流行性鼠疫”，卷走了6万余人的性命。伍连德先生临危受命全权总医官，他深入疫区领导控制疫情的进一步蔓延。伍连德当年所采取的查疫源、消毒、隔离、阻断交通、火化染病逝者遗体等措施十分科学，至今仍有借鉴意义。此外，他还参加了1917年山西的灭疫工作。

伍连德先生的故居在北京东城区东堂子胡同4号(旧门牌55号)，靠近胡同东端，是一栋坐南朝北的法式三层红砖小楼，为东城区文物保护单位。伍连德在此居住了20多年，1937年抗日战争全面爆发后，被迫举家返回马来西亚。1960年伍连德去世后他的家人遵照其遗嘱将此住宅无偿捐献给了中华医学会。2009年笔者实地考察的时候，该故居正由多户人家居住，整座建筑破旧不堪，亟待修葺。

2020年新冠肺炎疫情肆虐全球，人们又纷纷想起和深切怀念伍连德这位百年前的“鼠疫斗士”，并强烈呼吁在伍连德故居处建立“伍连德纪念馆”。东城区政府顺乎民意，很快就着手组织伍连德故居的腾退和维修工作，目前已修葺一新。相信不久就会对社会开放。

(二十二)沈家本故居

沈家本(1840—1913)，字子惇，号寄簃，浙江归安(今吴兴)人，清朝著名法学家，光绪年间进士，是维新及立宪运动时，修订法律的主持人。他精通刑律，建议废止凌迟、枭首(把头割下来悬挂在木上)、戮尸(打开棺材，用利刃毁损尸体)、刺字等酷刑。他将《大清律例》修改为《大清现行刑律》，并参考西方国家和日本的刑律，制定适合君主立宪政体的《大清新刑律》。此外，他还著有《沈寄簃遗书》，编有《枕碧楼丛书》。

故居位于宣武门外金井胡同1号，沈家本于1900年庚子年迁入，一直住到民国二年(1913年)去世。故居坐北朝南，三进院落，为区级文物保护单位，经腾退修缮后于2018年对外开放。屋室辟为展厅，分别介绍沈家本生平、清末修律、中国法治进程、修订法律人物和中国古代法治人物等内容，其中包括沈家本关于清末四大疑案之一的“杨乃武与小白菜”案的奏折手稿复制品，里面记载了清政府反复查验案件的经过。故居还陈列着沈家本用过的桌椅及砚台、印章等文物。

(二十三)十世班禅额尔德尼·确吉坚赞在北京的住处

十世班禅额尔德尼·确吉坚赞(1938—1989)俗名贡布慈丹，1938年藏历土虎年正月初三诞生于青海省循化县温都乡的一个农户家庭。1941 年班禅行辕堪布会议厅按宗教程序认定贡布慈丹为九世班禅的转世灵童，取法名为班禅额尔德尼-洛桑赤，迎往青海塔尔寺供养。1949 年 6 月 3 日，经当时国民政府总统李宗仁批准为十世班禅。中华人民共和国成立后，历任全国人大常委会委员、全国人大常委会副委员长、全国政协副主席、中国佛教协会名誉会长等职。

班禅大师是中国藏传佛教格鲁派(黄教)的领袖，他一生为佛教事业，为祖国和平统一，为西藏的繁荣昌盛及西藏人民的福祉，呕心沥血，做出了巨大贡献，受到人民的敬仰和崇拜。

1989 年 1 月 9 日，班禅从北京前往西藏日喀则市扎什伦布寺主持五世至九世班禅大师遗体合葬灵塔祀殿——班禅东陵扎什南捷开光典礼。由于操劳过度，心脏病突发，经多方抢救无效于 1 月 28 日圆寂，享年 51 岁。班禅的遗体被长期保存。

十世班禅在北京的住所有两处：西城区北长街的福佑寺和东城区东总布胡同 57 号。福佑寺靠近北长街北口，外垣门朝西，原为清康熙皇帝的避痘处，民国十六年(1927 年)改为西藏班禅驻北平办事处。中华人民共和国成立后，这里仍是西藏班禅驻京办事处。东总布胡同 57 号原是最高人民法院院长、全国人大常委会副委员长、全国政协副主席、民盟中央主席沈钧儒的住处，为西洋式建筑。十世班禅于 20 世纪 60 年代搬入。十世班禅圆寂后，其家属继续在此居住。

(二十四)方大曾故居

方大曾(1912—卒不详)，原名方德曾，笔名小方，北平人，出生于外交官家庭，毕业于中法大学经济系；是中国战地记者的先驱、“七七事变”报道的第一人。他以相机和文字为武器，为抗日救亡而奔走，为后人留下了十分珍贵的抗日战争的文字和影像资料：《卢沟桥抗战记》《卢沟桥事件》《日军炮火下的宛平城》《奋勇杀敌的二十九军》《平汉线北段的变化》等。1937 年 7 月 10 日，卢沟桥事变爆发后的第三天，方大曾只身骑着自行车来到卢沟桥，成为到达现场报道的第一位新闻记者。他用震撼人心的文字和照片报道了英勇不屈的中国人民抗击日本侵略者的真实情况。

1937 年 9 月 18 日，他在保定写完战地通讯《平汉线北段的变化》后，由蠡县寄出，此后再无消息，失踪至今已逾八十年。

人们没有忘记他，一直在寻找着他的下落。原中国摄影出版社副社长陈申先生为此付出了极大的心血，做出了卓越的贡献。他于 2000 年组织拍摄了纪录片《寻找方大曾》，又于 2014 年出版了《方大曾：消失与重现》一书。2015 年 7 月 7 日，在方大曾曾经居住、工作和失踪地的保定建成方大曾纪念室，中国新闻史学界泰斗方汉奇先生为纪念室题写了匾额。

方大曾故居在北京东城区协和胡同 10 号(旧门牌 7 号)。协和胡同，南北走向，位于外交部街和东堂子胡同之间。胡同中部向东凹进一段，故居就在凹进部分的东南隅，坐南朝北，是一座普通的四合院建筑，未被视为文物保护单位，院门及院内房屋已经翻新，只有院内两棵古槐依旧。有人建议，应将方大曾的北京故居辟为他的纪念处，以使更多的人记住这位“七七事变”报道的第一人。

表 4-3 是笔者整理的北京名人故居一览表，供读者参考。

表 4-3　北京名人故居一览表

故居主人	地理位置	文物级别	备注
毛泽东(1893—1976)	东城区景山东街吉安所左巷 8 号	北京市文物保护单位	第一次来北京的住处。
刘少奇(1898—1969)	西城区砖塔胡同南四眼井 2 号(旧门牌为四眼井胡同 10 号)	北京市文物保护单位	1936 年至 1937 年，刘少奇任中共中央代表、北方局书记时曾在此居住。现已无存。
李大钊(1889—1927)	西城区文华胡同 24 号	北京市文物保护单位	对外开放。
陈独秀(1879—1942)	东城区箭杆胡同 20 号	北京市文物保护单位	1917—1920 年就任北京大学文科学长时的住处。
孙中山(1866—1925)	东城区张自忠路 23 号院	全国重点文物保护单位	孙中山先生逝世纪念地。
宋教仁(1882—1913)	动物园内西北部的鬯(chàng)春堂		1916 年在鬯春堂的后面立“宋教仁纪念塔”，塔于 1967 年被毁，现存遗址。
蒋介石(1887—1975)	东城区后圆恩寺胡同 7 号	北京市文物保护单位	蒋介石在北京的行辕。
段祺瑞(1865—1936)	东城区东直门内南小街仓南胡同 5 号(原名：吉兆胡同)	东城区文物保护单位	存留部分建筑。

续表

故居主人	地理位置	文物级别	备注
周自齐 (1869—1923)	东城区弘通巷 4 号		北洋政府国务总理兼教育总长，短期代行民国大总统之职，做过有益于人民的事，但也拥护袁世凯复辟帝制。故居已无存。
熊希龄 (1870—1937)	故居两处：①香山双清别墅；②西城区新文化街 53 号克勤郡王府	北京市文物保护单位	民国总理，慈善事业家。故居保存较好。
祖大寿 (1579—1656)	西城区富国街（原名：祖家街）3 号	北京市文物保护单位	明末将领。
曹雪芹 (约 1715—约 1763)	海淀区香山正白旗村 39 号（北京植物园内）		可能是曹雪芹家道衰落后隐居西山的处所，现辟为"曹雪芹纪念馆"。
郭沫若 (1892—1978)	西城区前海西街 18 号	全国重点文物保护单位	对外开放。
鲁迅 (1881—1936)	西城区阜成门内宫门口西三条 21 号（旧门牌）	全国重点文物保护单位	对外开放。
李鸿章 (1823—1901)	东城区西总布胡同 27 号		原为李鸿章住所，后改建为李鸿章祠堂，现已拆改他用，仅残存一段原院墙。
张之洞 (1837—1909)	什刹海东侧的白米斜街 11 号		现为机关宿舍，基本保持原建格局。
张伯驹 (1898—1982)	西城区后海南沿 26 号		现辟为"张伯驹潘素故居纪念馆"。
谭鑫培 (1847—1917)	大栅栏地区的大外廊营胡同 1 号	西城区文物保护单位	京剧史上第一个老生流派——谭派创始人；故居东半部为两进四合院，西半部为二层小洋楼；2018 年进行腾退拆迁，未来将辟为京剧文化博物馆。
郝寿臣 (1886—1961)	东城区（原崇文区）奋章胡同 51—53 号		著名京剧表演艺术家，架子花脸；1985 年其后人遵其遗嘱将此宅捐送给北京市政府。
齐白石 (1864—1957)	西城区辟才胡同内跨车胡同 13 号	北京市文物保护单位	保持原貌。

续表

故居主人	地理位置	文物级别	备注
徐悲鸿（1895—1953）	东城区东受禄街16号		修地铁1号线时拆除；于西城区新街口北大街53号处建徐悲鸿纪念馆。
纪晓岚（1724—1805）	西城区珠市口西大街241号	北京市文物保护单位	对外开放。
林则徐（1785—1850）	故居两处：①西城区宣武门外贾家胡同31号，莆阳会馆；②骡马市大街51号，福州会馆新馆，现地铁7号线虎坊桥站西侧		骡马市大街51号，修缮后将辟为北京市禁毒教育基地，对外开放。
马辉堂（1870—1939）	东城区魏家胡同18号	北京市文物保护单位	清末营造家。
朱启钤（1872—1964）	故居两处：①东城区赵堂子胡同3号；②东四八条111号	赵堂子胡同3号宅院为东城区文物保护单位	赵堂子胡同3号为机关家属宿舍；东四八条111号为朱启钤后人居住。
蔡元培（1868—1940）	东城区东堂子胡同75号	北京市文物保护单位	对外开放。
章士钊（1881—1973）	东城区史家胡同51号	北京市文物保护单位	保存尚好，2012年故居局部曾被拆除。
胡适（1891—1962）	东城区米粮库胡同1号（旧门牌4号）		现为民居。
老舍（1899—1966）	东城区灯市口西街丰富胡同19号	北京市文物保护单位	对外开放。
梁实秋（1903—1987）	东城区内务部街39号		著名的现当代散文家、学者、文学批评家、翻译家。
梁漱溟（1893—1988）	西城区积水潭畔小铜井1号		1914年至1968年梁漱溟在此居住。
茅盾（1896—1981）	东城区后圆恩寺胡同13号	北京市文物保护单位	对外开放。
马寅初（1882—1982）	东城区东总布胡同32号	北京市东城区普查登记文物	经济学家、教育学家、人口学家，中国计划生育倡导者。
侯德榜（1890—1974）	东城区外交部街29号		化学家，侯德榜制碱法的创立者。

续表

故居主人	地理位置	文物级别	备注
沙千里 (1901—1982)	东城区东四六条55号		保存尚好。
叶圣陶 (1894—1988)	东城区东四八条71号	东城区文物保护单位	作家、教育家、出版家、政治活动家;故居保存完好,现为私宅。
欧阳予倩 (1889—1962)	东城区张自忠路5号	东城区文物保护单位	保存较好。
田汉 (1898—1968)	东城区细管胡同9号	东城区文物保护单位	中华人民共和国国歌《义勇军进行曲》词作者,故居保存完好。
侯宝林 (1917—1993)	东城区东四头条19号		1987—1993年在此居住。
杨昌济 (1871—1920)	东城区豆腐池胡同15号	东城区文物保护单位	杨昌济是杨开慧的父亲。
孙连仲 (1893—1990)	东城区北总布胡同2号	北京市文物保护单位	著名抗日将领。该宅保存完好。
张恨水 (1895—1967)	故居五处:①怀宁会馆(宣外阎王街,今称迎新街,1919年暂住);②潜山会馆,宣外山西街,居住6年;③前门外大栅栏内门框胡同12号,1930—1933年在此居住;④西城区北沟沿(今称赵登禹路),1946—1949年初居住;⑤西城区砖塔胡同95号		著名作家,著有《金粉世家》《啼笑因缘》《春明外史》等。砖塔胡同95号已无存。
爱新觉罗·溥仪 (1906—1967)	西城区西直门内东冠英胡同40号(原东观音寺甲22号)		末代皇帝。该宅因暴雨损毁严重,将重新修缮复原,由于溥仪旧居未纳入文物保护范畴,也未被认定为名人故居,故应按老旧房屋进行重建。
爱新觉罗·溥杰 (1907—1994)	西城区护国寺街52号		宣统帝溥仪的胞弟。
庄士墩 (1874—1938)	西城区地安门内油漆作胡同1号		末代皇帝溥仪的英文教师。

续表

故居主人	地理位置	文物级别	备注
梅兰芳 (1894—1961)	西城区护国寺街 9 号(原甲 1 号)	全国重点文物保护单位	保存完好,对外开放。
宋庆龄 (1893—1981)	故居两处:①东城区方巾巷(1949—1963 年居住);②西城区后海北沿 46 号(1963—1981 年逝世)	全国重点文物保护单位	方巾巷宅院已拆除。 西城区后海北沿 46 号对外开放。
程砚秋 (1904—1958)	西城区西四北三条 39 号	北京市文物保护单位	现为后人居住,不对外开放。
马连良 (1901—1966)	复兴门内大街路南的 54 号(原为报子街乙 74 号)		著名京剧表演艺术家。
龚自珍 (1792—1841)	故居两处:①西城区西单手帕胡同 21 号;②宣武门外上斜街 50 号		西单手帕胡同故居已无存。上斜街故居为西城区一般不可移动文物。
谭嗣同 (1865—1898)	西城区宣武门外北半截胡同 41 号(原湖南浏阳会馆)	西城区文物保护单位	现为民居。
康有为 (1858—1927)	西城区宣武门外米市胡同 43 号(原广东南海会馆)	北京市文物保护单位	现为民居。
梁启超 (1873—1929)	东城区北沟沿胡同 23 号	东城区文物保护单位	现为民居。
于谦 (1398—1457)	东城区西裱褙胡同 23 号	北京市文物保护单位	对外开放。
杨继盛 (1516—1555)	西城区宣武门外大街达智桥 12 号(杨椒山祠,又名松筠庵)	北京市文物保护单位	明嘉靖时,冒死弹劾权相严嵩。
朱彝尊 (1629—1709)	西城区宣武门外海柏胡同 16 号(顺德会馆)	北京市文物保护单位	清代著名学者。
吴晗 (1909—1969)	西城区北长街 38 号(西院)		历史学家,曾任北京市副市长。
陈垣 (1880—1971)	西城区兴华胡同 13 号(原兴化寺街 5 号院)		史学家,曾任辅仁大学校长。
蔡锷 (1882—1916)	西城区棉花胡同 66 号(原 17 号)		民初护国运动首领。

续表

故居主人	地理位置	文物级别	备注
周怀民 (1906—1996)	西城区什刹海西海西沿7号		著名画家。
张自忠 (1891—1940)	西城区府右街丙27号(原西椅子胡同15号)		抗日爱国将领。
佟麟阁 (1892—1937)	香山东南麓		抗日爱国将领。故居辟为佟麟阁纪念馆。
赵登禹 (1898—1937)	东城区鼓楼辛安里98号		抗日爱国将领。故居已无存。
何基沣 (1898—1980)	西城区宝产胡同29号		打响中国人民八年全面抗战第一枪的抗日名将。
马海德 (1910—1988)	西城区后海北沿24号		新中国卫生事业的先驱,批准加入中国国籍的第一个外国人。
黎锦熙 (1890—1978)	西城区成方街35号		著名语言文字学家、九三学社创始人之一,故居已无存。
萧军 (1907—1988)	西城区什刹海鸦儿胡同6号		著名作家,鲁迅的学生。
田间 (1916—1985)	西城区什刹海后海北沿38号		著名诗人。
陈半丁 (1876—1970)	西城区西四北六条21号和西城区东新帘子胡同31号(后门开在东旧帘子胡同)		著名画家。故居保存完好,现由其后人居住。
王雪涛 (1903—1982)	西城区西斜街内古直胡同1号		著名画家。
林白水 (1874—1926)	西城区宣武门外骡马市大街棉花头条1号	西城区文物保护单位	教育家、中国报界的先驱,故居对外开放。
沈家本 (1840—1913)	宣武门外金井胡同1号	西城区文物保护单位	法学先贤,中国近代法学奠基人,故居对外开放。
杜聿明 (1904—1981)	东城区美术馆东街25号	东城区文物保护单位	国民党将领。
伍连德 (1879—1960)	东城区东堂子胡同4号(原55号)	东城区文物保护单位	现已修葺一新。

续表

故居主人	地理位置	文物级别	备注
十世班禅额尔德尼·确吉坚赞(1938—1989)	东城区东总布胡同57号		现由十世班禅家属居住。
赵朴初(1907—2000)	西城区东绒线胡同内南小栓胡同1号		书法家、社会活动家、中国佛教协会会长、中国佛学院院长、中国藏语系高级佛学院顾问、中国宗教和平委员会主席。
安德烈·罗凯特·迪特·铎尔孟(1881—1965,André Roquette Dit d'Hormon)	东城区新鲜胡同71号		法国人,法汉双语文学家、汉学家、诗人,在中国生活了48年,73岁回国后参与他的学生李治华和夫人雅歌翻译《红楼梦》的工作,担任该译著的修润专家,历时10年,直至病逝。国家图书馆藏有他的两部书:《说帖》和《中华民国立法院组织私议》。现代文学馆藏有他校过的《红楼梦》法文版手稿。
埃德加·斯诺(1905—1972,Edgar Snow)	东城区北京站东街盔甲厂13号(老门牌,今6号)		美国记者,曾在北京大学任教。1936年从盔甲厂胡同13号出发,秘密前往陕北采访,历时四个月,出版《红星照耀中国》(即《西行漫记》)。死后部分骨灰葬在北京大学未名湖畔。
方大曾(1912—卒不详)	东城区外交部街内协和胡同10号(旧门牌7号)		"七七事变"报道第一人。1937年失踪。
梁思成(1901—1972)、林徽因(1904—1955)	东城区北总布胡同24号(原3号)		1931—1937年在此居住。

三、北京的百姓生活

(一)大杂院里情暖融融

1. 大杂院

所谓大杂院,即多户人家集居的院落。从历史上看,北京的四合院最初是一家一院的,也就是说,一个四合院里只居住一户人家,北京人称之为"独门独户”。而随着时代的发展、社会的变迁等，一个院落，可能住上四五户或更多的人家，有的院落甚至住上二三十户也不足为奇。

大杂院大约源于清末民初。清朝实行“旗民分治”的政策，即旗人住在内城，非旗人住在外城。这时内城的住宅，基本上是一个宅门里只住一个家庭或一个家族的成员，几乎没有几户人家同住一个院落的现象。

1911年爆发了辛亥革命，大批人口涌入内城，造成房屋的奇缺。而居住在内城的旗人们，失去朝廷赐予的“钱粮”，断了生计。为了生存，他们不得不腾出一些房屋出租给他人——先是东、南房，然后是西房，最后连正房边上的耳房也租了出去；还有的将前院、后院都租出去。更有眼光敏锐的人看到了商机，将整个院落，甚至大宅门整体承租下来，然后再分租出去。这样的人，老北京称之为“二房东”。

1949年，北京和平解放。更多的外来人口连续不断地涌入北京，加之国内战争已停息，人们生活稳定了，新生人口剧增，因此对住房的需求量很大。原来官僚所住的大宅院，清朝王公大臣的府邸，民国时的公产房、会馆等，已被收为国有，其中一部分辟为家属宿舍，多家合住，也成了大杂院，比如西城贝勒[永琪(qí)]府、中国地学会旧址、南海会馆等。为了满足住房的需求，城内很多寺院、宫观都住进了民众，如东单附近的西观音寺，西城的万寿兴隆寺、天寿庵、广惠寺、火德真君庙、玉皇阁、玉钵庵等。到了20世纪70年代以后，北京很少再有独门独户的宅院了，大多数院落都成了大杂院。

2. 大杂院里情暖融融

北京人常说：“远亲不如近邻，近邻不如同院。”由于同住在一个院子里，彼此之间十分熟悉，家里几口人，在哪儿工作，甚至经济情况如何以及有什么亲戚，都一清二楚。遇到什么困难、着急的事，再近的亲戚也赶不上趟，而同院的邻居，随时可以伸出友谊之手，解决燃眉之急。人们在大杂院里经常会听到这样的对话：“大妈，我上班要晚啦！孩子不起，不想上托儿所。”“行啦，快走吧！”这屋大妈边说着，边打开屋门，快步赶着去照料孩子。“大姐，酱油没啦！我上合作社，火上做着水呢，您帮着看一下！”“成，你去吧。”“大嫂，您来看看，这孩子是怎么啦？脸通红！”“试表了吗？拿表来……哟，发烧了。赶紧的，穿上衣服，上医院。我跟着去！”……这种邻里之情，实在暖人心怀。

那年月，生活平稳，但家家都不富裕。有的人家孩子多，生活十分拮据，工资经常花不到月底就没了。好在，大家发工资的时间不一样，有的月初发，有的月中发，还有的月底发。大家互相周济着，借钱从不打借条，说那样做太生分。虽说无字据，可从来都没出过差错。接济不上，向邻居借钱者，发了工资第一件事就是先还账，毫厘不爽。这些钱上的事，都是由女人们去处理，男人从来不掺和，碍于面子嘛！互相帮助，修车、盖小厨房、修理公用水管、冬天户外水龙头保暖、换煤气罐那些力气活、技术活是男人们的事。

大杂院里还有一件事值得一说，那就是每月水、电费的计算与收纳。那时北京市政部门在各院内安装了水表和电表，但属全院共用的。每月相关部门进院核查一次，根据计量表的读数确定应缴纳费用，然后还需分摊到各户。各户轮流负责进行分摊计算。水费还比较容易计算，各户自报常住人口，按人口分摊水费；电费计算要麻烦一些，各家要报上各家使用几盏灯、各是多少瓦数，若有电子管收音机的，得报上是几个电子管，电视机要报屏幕是多少寸，等等，然后根据总费用和总用电量求出各家需缴纳的具体电费。邻里之间从没有猜疑过报来的数字是否真实，完全凭借着人与人之间的信任，而且那时候的人，以说谎、占便宜为极大的耻辱。

大家常年生活在一起，邻里之间免不了会因一些琐碎事情出现矛盾，甚至发生口角。这时院里有威望的长者就会出来说和，老人站在公正的角度，把事理说得透透的，让人心服口服。不占理的一方向对方道个歉："我错了，您大人不记小人过，宰相肚里能撑船。""其实，我也有不对的地方，话说得有点过头，别往心里去。"大家在老人的说和下，互相退一步，矛盾就解决了，和好如初。

家庭内部也如此，比如夫妻之间，也会因为孩子的教育、双方父母的照料、经济安排、家务活分工等日常生活上的事出现一些分歧，发生拌嘴、怄气甚至激烈的争吵或冷战。邻居大妈、大婶知道后，会主动过来，温言细语地劝解，总能使夫妻破涕为笑，平静下来。

大杂院是和谐的小社会，人与人之间以诚相待，相互谦让，相互关怀，彼此照顾。但遗憾的是，大杂院里存在着一个难以解决的问题，即院内空间相对于猛增的人口来说，显得太狭小了。两三代人共同挤住在一个十几平方米的房间里的情况十分普遍。由于种种原因，北京的住宅建设大大落后于人口的增长。住房的问题几乎成了北京市最大，也是最头疼的问题。笔者制作了下面的简表，从中可以了解到北京市当时的住房状况(见表 4-4)。

表 4-4　北京市城市居民居住水平统计(1949—2007 年)

年份	1949	1950	1951	1952	1953	1954	1955	1956	1957	1958
人均居住面积(平方米)	4.75	4.90	4.45	4.49	3.76	3.70	3.88	3.76	3.70	3.89
年份	1959	1960	1961	1962	1963	1964	1965	1966	1967	1968
人均居住面积(平方米)	3.42	3.24	3.49	3.67	3.66	3.67	3.68	3.90	3.88	4.04
年份	1969	1970	1971	1972	1973	1974	1975	1976	1977	1978
人均居住面积(平方米)	4.32	4.36	4.33	4.29	4.32	4.36	4.40	4.45	4.52	4.55
年份	1979	1980	1981	1982	1983	1984	1985	1986	1987	1988
人均居住面积(平方米)	4.57	4.79	5.08	5.38	5.68	5.92	6.17	6.46	6.82	7.17
年份	1989	1990	1991	1992	1993	1994	1995	1996	1997	1998
人均居住面积(平方米)	7.45	7.72	8.01	8.31	8.51	8.73	9.03	9.33	9.66	10.03
年份	1999	2000	2001	2002	2003	2004	2005	2006	2007	
人均居住面积(平方米)	10.63	11.15	11.64	11.93	12.20	25.12	25.94	26.65	27.07	

注：根据丁世华所著《当代北京居住史话》(当代中国出版社，2009 年版)一书所采用的、源于北京市统计局《北京四十年：社会经济统计资料(1949—1989)》《北京市社会经济统计资料(综合)(1986—1990)》的统计资料。

20 世纪 80 年代以后，北京市政府为了解决居民的住房问题，努力征地盖楼，商品房、经济适用房、廉租房、共有产权住房等相继出现，极大地满足了各类人群的居住需求。很快，住在大杂院里的人家开始往外搬家了，搬入了宽敞、舒适、方便的小区公寓。百姓的住房条件得到了前所未有的改善，真正实现了安居乐业的理想状态。北京人念旧，多年大杂院生活建立起来的友谊，轻易不会忘却，人们像亲戚一样相互走动，相互牵挂，热情不减当初。

(二)北京人的吃食

1. 日常饭食

老北京人的主食以面食为主，主要是白面和玉米面。

白面制品：炸酱面、打卤面、麻酱面、三合油面、汤面、面片儿、拨鱼儿、疙瘩汤、煨氽面、炒面、焖面；馒头、烙饼、炒饼、馅饼、葱花饼、烙盒子、脂油饼、春饼、饺子、包子、馄饨等。

玉米面制品：窝头、贴饼子、菜团子、糊饼、煮嘎嘎儿。

玉米面、白面混合制品：金裹银、两样面面条、丝糕。

以前，北京人很少吃大米，现如今大米已成为北京人极重要的主食之一了。而且，现代的北京人，在养生方面也不甘落后，开始了杂粮混搭：大米、江米、大麦米、薏米、紫米、高粱米、小米、燕麦、荞麦米、绿豆、红豆、黑豆、黄豆，煮成杂粮粥，喝起来心情愉悦，营养丰富。

副食，以肉为主，调以鱼、蛋、禽。

蔬菜，北京人注重吃伏地的时令菜。春夏秋三季：菠菜、小白菜、小萝卜、芹菜、韭菜、茴香、蒿子秆、青笋、油菜、洋白菜、茄子、西红柿、黄瓜、柿子椒、豇豆、架扁豆、架冬瓜、猫耳朵豆，以及后来引进的菜花、西兰花、生菜、油麦菜、茭白、荷兰豆、蛇豆、龙豆、各种鲜菇等。

冬季吃大萝卜、大白菜、土豆、绿豆芽、黄豆芽、青韭、干菜、腌菜(如芥菜疙瘩、雪里蕻)、积酸菜、麻豆腐、熟芥菜疙瘩等。

在北京人的眼里，家常菜是家里人自己做的菜，因此乐观的北京人认为，家常菜是一种解馋的乐事，更是一种艺术，一种智慧，不仅经济实惠，还色香味俱全。北京人的家常菜菜品很多，稍微特殊一些的有炖肉、米粉肉、四喜丸子、干炸丸子、木须肉、酱爆肉、辣子肉丁、氽丸子、焦熘肉，红烧鱼、侉炖鱼、酥鱼、炸茄盒、炸藕盒等。过春节，还要必备几个小菜，如豆儿酱、炒咸什(锦)、炒酱瓜儿、芥末墩儿、豆豉豆腐等。这些菜虽系家常，但老年间因经济条件所限，一般只有过年过节才能吃到。

下面介绍几种北京的饭食。

(1)炸酱面。北京人最爱吃炸酱面，而且吃法很讲究。

炸酱做法：肉切成丁，肥瘦搭配比例根据个人爱好，热锅加花生油，放入肉丁和姜末煸炒变色，加入部分葱花和黄酱(可用干黄酱加水调和)，炸至满锅起泡后改小火炸 10 分钟左右，加入剩余的葱花再炸 1 分钟即可。炸酱的时间不宜过长，以免肉丁炸老变硬，影响口感。炸酱时可加入少量甜面酱；另外炸酱不需加盐。放入肉丁前也可在油中放入两个八角大料，炸一下，制成料子油，去除大料再加肉丁，这种做法也很不错。

面码：黄瓜、青蒜末、煮黄豆或青豆、水焯绿豆芽、心里美萝卜丝、水焯芹菜末、水焯青菜(大白菜或小白菜等)。

面条：外买切面，也可自制。自制的面要和得硬一些，饧(xíng)后擀成薄厚适度的圆片，以玉米面或淀粉为薄面，折成几折切成面条，粗细随己。煮熟的面条，可以锅挑儿，也可过水。

(2)打卤面。打卤面也是北京人喜爱的面食，通常只在老人生日或客人来访时才有机会吃上一顿。卤的制作比较讲究，用料有卤煮五花白肉、水发后切成段的黄花、水发后适度改刀的口蘑(也可用鲜口蘑或水发香菇)、鹿角菜、木耳。具体做法：先将手掌大小的方块五花肉置于凉水锅中，加料酒，开锅后煮 3 分钟左右捞出；然后另起锅，加水、大料、花椒、香叶、桂皮、姜片、葱段，水热时放入原肉，煮上 30 分钟，用筷子扎肉皮，很容易就能扎透，说明肉已基本煮熟，便可捞出，切成片儿待用。这时锅里的汤已不多，除去汤中调料，倒入适量的泡发黄花和蘑菇的水，加入切好的肉片、黄花、木耳、蘑菇、鹿角菜，煮上 15 分钟左右，加酱油、盐调好味，水淀粉勾芡，均匀倒入打散的蛋液后关火。手勺内倒入花生油在火上加热，加上花椒粒制成花椒油，趁热泼在卤上，呲啦一声，面卤就做好了。煮熟的锅挑儿面(不过水)，浇上卤，伴以蒜泥即可食用。打卤面一般不加面码。

(3)春饼。北京人习惯阴历立春和大年初二吃春饼，称其为“咬春”。所谓春饼，就是将薄饼卷上什锦菜的饭食。春饼做法：热水和面，两个面剂子为一合，为防止粘连，中间刷油，擀成 20 公分左右的饼坯烙熟，一分为二即可。卷材的内容：嫩葱丝、甜面酱，酱肉、小肚等肉食，炒粉丝，炒绿豆芽，炒菠菜，炒鸡蛋，炒黄花(也可和粉丝同炒)，炒韭菜或韭黄、蒜黄。吃时，单坯饼平放盘内，放上甜面酱、葱丝及任意组合的两三种肉、菜，卷成筒状即可开吃，注意要兜住底端，免得汁水流出。

(4)豆儿酱。豆儿酱是北京人春节期间常备的压桌小菜，制作简单，习称“打豆儿酱”：肉皮洗净，冷水下锅煮，开锅一两分钟后捞出，置入冷水洗一下，去掉脂肪和残留的猪毛，然后加花椒、大料、桂皮和葱姜蒜，水煮至软烂，捞出剁成小丁，除去花椒、大料等，加入肉皮丁、胡萝卜丁、熏干丁、泡好的黄豆，再煮 5—10 分钟加盐，关火，将其盛入器皿，置于阳台或室外，凝固后便可食用。有人喜欢加入芥菜疙瘩丁，有人喜欢加酱油，各随己便。

2. 北京小吃

老北京的小吃十分丰富，其特点是：种类繁多，原料成本低，风味独特，且物美价廉。北京人常吃的有：炸三角、炸咯吱盒、炸咯吱、门钉肉饼(牛肉大葱)、芸豆饼、油饼、糖油饼、油条、排叉、炸回头、肉末烧饼、褡裢火烧、锅贴、凉粉、扒糕、炸糕、奶油炸糕、糖卷果、艾窝窝、黄米切糕、姜汁排叉、糖耳朵、馓子、麻花、糖火烧、面茶、爆肚、驴打滚、江米切糕、炒肝、卤煮火烧、杏仁豆腐、芸豆卷、糊塌子、炒疙瘩、烧卖、羊霜肠、焦圈、豆汁、灌肠、炒麻豆腐、馄饨、豆浆、豆腐脑、老豆腐、豆馅烧饼(蛤蟆吐蜜)、油炒面、烧饼、火烧、硬面饽饽、螺丝转儿、松肉、卤煮豆腐和卤煮豆面丸子、烤白薯、煮老玉米、炒铁蚕豆等。

小吃从业者多为平民百姓，小本经营，只为养家糊口，没有发大财的奢望。为了保住这份营生，经营者对技术必须精益求精，既要好吃不贵，又得讲求卫生，这样才能有回头客。做这种生意的，可能有自己的店铺，也可能在街上有固定的摊点。当然也有挑担或推小车，串胡同叫卖的，边走边吆喝，或停在一个地方吆喝，听起来亲切有趣，很容易分辨出是卖什么的。

“卤煮啊——，炸豆腐嘞——！”

“老玉米耶——，活秧儿的嘞——！”

“馄饨嘞——，开锅啦！”

“小枣儿的——，切糕耶！”

“凉粉嘞——，扒糕！”

“哎——，羊头肉哎——！”

“酥皮儿的——，铁蚕豆哎！”

“哎——萝卜赛过梨耶！”

“硬面——唉，饽饽！”

“烤白薯唉——，热乎的！”

“煮蚕豆——，烂乎的！”

“小枣儿的豌豆黄儿来——，大块儿的咧——！”

“扒糕哇——，筋道酸辣的耶——！”

“臭豆腐——，酱豆腐，卤虾小菜儿——酱黄瓜！”

“豆腐脑儿唉——热的耶——！”

“酸甜的豆汁儿来——麻豆腐！”

“葫芦儿——冰糖的唉！”

“半空儿——，多给的咧——！”

3. 老字号饭庄、餐馆[1]

老北京的餐馆有堂、楼、居之分，它们规模不同，服务对象不同，各有特色。

带有“堂”字号的餐馆，级别最高，服务的对象主要是清朝官僚，需要时可派厨子上门服务。北京最出名的八大堂：会贤堂、福寿堂、*惠丰堂、聚贤堂、聚寿堂、天福堂、燕寿堂、庆和堂，此外还有隆丰堂和德丰堂。

北京的八大楼也是高档餐馆，但一般不上门服务。号称八大楼的有：*东兴楼、*泰丰楼、正阳楼、新丰楼、万德楼、悦宾楼、庆云楼、会元楼。此外，*致美楼、*萃华楼及鸿兴楼也很有名。

带“居”字的餐馆的档次低于“堂”或“楼”，但每家都有自己拿手的招牌菜，如和顺居(砂锅居)的砂锅白肉、会仙居的炒肝儿、同和居的乌鱼蛋汤等。北京的八大居是：*同和居、*和顺居(砂锅居)、*天兴居、会仙居、天然居、鼎和居、义盛居、广和居。

上述北京的“堂”“楼”“居”餐馆，在风味上基本都属山东菜系。只有砂锅居勉强还算是北京风味。

民国初期，西单长安街一带出现数家“淮扬风味”的餐馆，他们所做的菜肴，如松鼠鳜鱼、响油鳝糊、红烧狮子头、大煮干丝、油焖春笋等，味道清香鲜美，颇受人们喜爱。这些餐馆有一个共同的特点，即各家字号中都带有一个“春”字，于是就有了“长安街十二春”的说法。这十二春分别是：庆林春、方壶春、玉壶春、东亚春、大陆春、*新陆春、鹿鸣春、回如春、宣南春、万家春、*淮扬春、*同春园。

北京除了上述的餐馆外，还有许多其他各具特色的餐馆，也颇受北京人青睐，下面向读者介绍一些老字号餐馆。

四川风味：*四川饭店、*峨嵋酒家；

山东风味：*丰泽园、*全聚德烤鸭店、*便宜坊烤鸭店；

湖南风味：*曲园、*马凯餐厅；

山西风味：*晋阳饭庄；

河南风味：*厚德福；

陕西风味：*西安饭庄；

---

① 本部分老字号餐馆名称前带星号(*)者，表示目前仍在营业。

淮扬风味：＊森隆、＊松鹤楼；

北京风味：＊柳泉居；

宫廷风味：＊仿膳；

清真餐馆：＊鸿宾楼、＊烤肉季、＊烤肉宛、＊白魁、＊东来顺；

素菜餐馆：＊全素斋。

(三)走街串巷的手艺人

老年间，北京服务于大众的手艺人或商贩，大多是流动性的，每天几乎定时出现在某个街巷中。他们招揽顾客的方法各异，有的只用响器，不吆喝，如剃头的，用一种叫“唤头”或称“报君知”的铁制响器，类似于大的音叉，长一尺左右，左手握着把儿，右手用一根细铁棒儿，猛地往上一冲，便发出“嗡——嗡——”的响声。再如算命的，多为盲人，其响器有两种，一种是手锣儿，形似一片打击乐器的小镲儿，锣边有小孔，系以绳，绳上有木把儿，木把儿系一敲锣的木槌儿，这样一只手就可提锣儿、打锣儿了，因为另一只手得拿着引路的马杆儿；另一种响器是笛子，一只手持笛吹响，曲调十分简单：1·2 | 3 - - 3·2 | 1 - - 2 1 2 | 3 - - 3·2 | 1 - - - ‖。

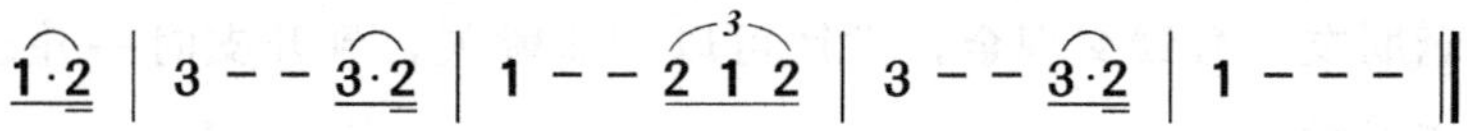

有的既用响器，又吆喝，如磨剪子磨刀的，他们的响器有两种，一种是穿成一串的铧犁片儿(通常为 5 片儿)，用手上下抖动即可发出响亮的金属声来；另一种是军号，吹的曲调也很简单：5 1̇ 3̇ | 1̇ - - 5 1̇ 3̇ | 1̇ - - 0 ‖。

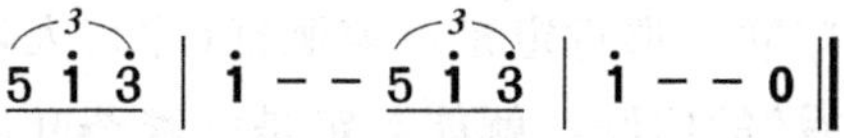

最普遍的是凭吆喝来招揽顾客，胡同里时不时地传来他们的吆喝声、叫卖声，清脆、响亮、优长、动听。邻居们都熟悉他们的声音，一听就知道是什么手艺人，或是卖什么的小贩来了。让我们一起听一听那动人的吆喝声吧。

“焊洋——铁壶唉！——”

“磨剪子来——，抢菜刀——！”

“修理沙发藤椅——！”

“锔锅——，锢漏锅！”

“焊洋铁壶喂——，换壶底！”

“拾掇皮鞋——，擦染皮鞋——！”

“打竹帘子嘞——！”

“修理——雨旱伞——！”

“修理——搓板儿——！”

“大——小喂——，小金鱼儿嘞——！”

“零卖布头儿哦——！”

“卖拢子，卖篦子！”

“打——桂花油来——！”

“换——洋取灯儿！”

“买花儿来——，买花儿！玉兰花儿——，茉莉花儿哎！”

“蛤蟆咕嘟大田螺蛳来哟——！”

“耗子药——，一包儿，一窝儿！”

(四)胡同里的店铺

为了丰富生活，北京人闲暇时爱逛街，主要去处是王府井、西单、西四、隆福寺、东安市场、西安市场、鼓楼、菜市口、前门大栅栏等商业区，或购物，或娱乐，各得其所。

而胡同里的油盐店、粮食店、澡堂子、煤铺、绒线铺、香蜡铺、文具店、酒缸、钟表铺等服务性的店铺，则为老百姓提供着廉价而热情的日常服务。这些店铺掌柜的，早已融入街坊邻里之中，相处得十分融洽，既是买卖关系，又是老熟人、老朋友。有钱交现金，没钱可以记账赊欠，到开支时一并还清，一月一清，从无差错。

胡同里的商铺，还特别重视文化品位，很多店铺的门脸都有门联，只要一看这门联，就知道是什么店铺。比如见到“一醉千愁解，三杯万事和”这样的门联，那肯定是一家酒铺(北京人习惯叫酒缸)；见到“龙井多奇味，五夷发异香”的门联，就能断定是一家茶叶店。下面请欣赏几副这样的行业门联：

功替铜壶，有条不紊
声催玉漏，勿失其时
——钟表店

悬将小日月
照澈大乾坤
——镜子店

刻刻催人资惊醒
声声呼君惜光阴
——钟表店

欢迎春夏秋冬客
款待东西南北人
——旅店

欲知千古事
须读五车书
——书店或小人书铺

百草回春争鹤寿
千方着意续松年
——药铺

调剂有方侔相业
虔修有法体天心
——药铺

雪中送炭家家暖
锦上添花户户春
——煤铺

风雨调和岁月
稻菽迎来丰年
——粮店

雅合高人履
名留博士冠
——鞋帽店

金鸡未唱汤先热
玉板轻敲客远来
——澡堂子

理世上万缕青丝
创人间头等大事
——理发店

乌金墨玉
电光石火
——煤铺

（五）消失的行当和手艺

随着时代的发展和科技的进步，北京很多的行当和手艺都已消失，如看街的、打更的、淘大粪的、摇煤球的、杠夫、棚匠、锔缸锔碗的、锔锅锢漏锅的、焊洋铁壶的、修理雨旱伞的、修理笼屉的、修理搓板的、打竹帘子的、打小鼓儿的、耍耗子的、拉洋片的、钉马掌的等。这些行当和手艺虽已消失，成为历史，但作为一种文化，应当为后人所知。下面为读者介绍几种今人不太熟悉的行当或手艺。

1. 打更的

打更的，又叫更夫，负责看街、巡逻、报时等工作。旧时，每隔几条胡同就设一更房（也叫堆子），两个人为一班，一个敲梆子，一个打锣。夜间为了安全，增加为三人一班，两个人敲梆打锣，一个人扛着绑有铁丝钩子的竹竿子。如发现有窃贼，就用竹竿子钩，钩着就难以逃脱。每晚八点为“定更”，是为一更。从一更一直打到五更，即凌晨四点止。每更都要敲梆打锣，一更打一下；二更打两下；三更打三下，一慢两快，声音如“咚！——咚！咚！”；四更打四下，一慢三快，声音如“咚——咚！咚！咚！”；五更打五下，一慢四快，声音如“咚——咚！咚！咚！咚！”。边打更还要边喊着，一更：天干物燥，小心火烛；二更：关门关窗，防偷防盗；三更：平安无事；四更：寒潮来临或天寒地冻；五更：早睡早起，保重身体。

更夫的费用由街上的店铺和住户分摊，一般店铺多于住户，按月收取。

2. 摇煤球和卖黄土的

顾名思义，摇煤球的就是将煤末制成煤球的手艺人。旧年间烧煤球或硬煤，剩余的煤末积攒多了就需要请摇煤球的帮忙了。摇煤球的多为河北定兴人，走街串巷寻找主顾，很少吆喝，也不用响器，看到哪家门口堆放着煤末，就直接进院问“要不要摇煤球的”，如果需要，谈好价钱就开工。工钱按煤量估算，大约块儿八毛的一吨，那时劳动力很便宜。

制作煤球需要加入些黄土，以增加黏性。因此，和摇煤球行当相伴的是卖黄土的。卖黄土的从城外郊区的黄土坑趸(dǔn，整批买入)来黄土，便宜卖给住户，只赚个辛苦钱。

摇煤球的工具是方形平铲、约 15 厘米×40 厘米的长把切铲、大簸箕铲、直径 1 米左右的浅帮柳条筛子、支撑筛子的花盆。制作过程：地上铺一层干煤末，把掺入黄土的煤末和成煤泥摊在上面，用平铲磨平，再撒上一层干煤末，然后用切铲切成方块，铲入筛内；双手把住筛子，以花盆为支点摇动起来，煤泥便滚成了煤球。煤球的质量很大程度上取决于黄土的掺入量。黄土少，煤球容易碎；黄土过多，则煤球不禁烧。

摇煤球的行当自 20 世纪 50 年代后就少见了，因为北京普遍改烧蜂窝煤了，70 年代用上燃气灶以后，摇煤球的行当就彻底消失了。

3. 冥衣铺和裱糊匠

冥衣铺是专门为死人糊制“烧活”(即明器)的铺子；“裱糊匠”就是做“烧活”的人。“烧活”的内容很丰富，有车、马、船、轿、扛箱、童人、冠袍、带履、楼库、金山、银山以及专为因产病而死的妇女糊制的黄牛等，民国以后又增加了汽车、四轮马车、洋车、自行车等。“烧活”所用的材料主要是纸、糨糊和高粱秆儿(又叫秫秸秆儿)。好的“烧活”做工十分精妙，与真无二。冥衣铺外面的招牌通常是“车船轿马、金山银山、童男童女、裱糊顶棚”。裱糊匠除了做“烧活”外，也为住户糊顶棚、糊纱窗和暖窗等。

有些侨居在中国的外国人受到中国文化的影响，死后也用了冥衣铺糊制的纸“烧活”。例如，居住在上海的犹太人哈同，1931 年死后，就请了几百个裱糊匠，仿照其生前住的“爱俪园”扎了一所“阴宅”，其中有楼台亭阁、池塘、假山等，还建了一座高耸的犹太教堂，占地竟达半亩多地。

冥衣铺于 20 世纪 50 年代末基本消亡；然而，21 世纪初这种行当又死而复生，“烧活”的内容更是让人眼花缭乱：高档仿真衣裤鞋帽、龙凤套装皮大衣、家庭影剧院电视音响、高级轿车凯迪拉克及奔驰等。这种现象的出现，可能与现如今攀比富贵的社会风气紧密相关。

4. 杠房和杠夫

杠房是出租殡葬用具和提供人力、鼓乐等的铺子。杠夫则是杠房雇来为办丧事人家抬棺木送至茔地下葬的人力。出多少杠夫，由丧家决定，取决于其社会地位和经济能力。金受申老前辈在其《老北京的生活》一书中写道：“杠的种类：皇杠为一百二十名杠夫，以下有六十四人大杠，四十八人大杠，三十二人大杠，二十四人，十六人，八人以至四人、二人的穿心杠等。”

杠夫的领队是“杠头”，手持“响尺”指挥杠夫。杠夫不仅要身强力壮，而且要经过培训。他们必须听得懂“响尺”暗示的指令，行进的步子必须整齐一致，不紧不慢，不论地上是否坎坷，棺材都要四平八稳，不能出现晃动。

杠夫穿的衣服叫“驾衣”，是将及膝盖的大襟小大褂，或曰“中褂”，深绿色。如果用两班杠夫，则一班为深绿色，另一班为深蓝。若为三班，就再添青色。驾衣上的图案，为一个个车轮形，周围饰以 8—12 个大圆点。脚蹬靴子，头戴黑色“荷叶帽”，帽顶上有冲天锥式的雉翎。

杠夫的工钱视路途远近而定，每抬一次能挣到块儿八毛的。如果事主讲究体面，让杠夫一律剃头穿新靴子，要多花钱。另外，杠夫还可能得到一些赏钱。行进间，每获赏钱，杠头都要一边打着响尺，一边高声喊道“×××赏钱×××”，如“本家大姑奶奶赏钱二百吊”，杠夫就会齐声和道：“诺！”

随着 20 世纪土葬改为火葬后，杠房和杠夫就不复存在了。

5. 棚铺和棚匠

棚铺是专门招揽搭建各种临时彩棚、牌楼和凉棚活计的店铺。老年间，北京人办红白喜事、为长辈举办寿庆或夏季遮阳避暑，若经济条件允许，都会请棚铺在院内搭棚。此外，各处的庙会也会请棚铺搭棚、搭牌楼。棚匠就是这类活计的从业人员，颇类似于建筑工地的架子工，不仅要身体强健，而且必须聪明、机敏、灵巧。他们要拜师学艺，跟着师傅外出搭棚，积累实践经验。搭棚所用的材料主要有杉篙、麻绳、毛竹、芦席；工具主要有弯月针、刀具、钢钎及老虎钳子等。

搭建彩棚和牌楼，是一项技术性较强的工作，不但需要深厚的力学知识，还要有一定的美学艺术修养。在北京四合院里搭棚立杉篙，讲究不挖坑，平地起，搭建的彩棚既雅致美观，又坚实牢固，无论刮多大风，棚杆、棚柱都纹丝不动。

光绪十四年(1888年)十二月十五日，太和门被大火烧成灰烬。来年正月二十六日，就是光绪皇帝的大婚吉日，如何是好？按清制规定：大婚皇后必须经由太和门进宫。至大婚日期只有一个多月，重建太和门是不可能的。于是清廷下令由北京的棚匠扎彩工。智慧聪明、心灵手巧的棚匠们竟然在如此短的时间内，搭起了一座逼真的彩棚太和门，达到了以假乱真的程度。曾任江苏江都知县的震钧在其《天咫偶闻》中记载，“……正月二十六日大婚，不及修建，乃以扎彩为之。高卑广狭无少差。至榱桷(cuī jué，指房上椽子)之花纹，鸱吻之雕镂，瓦沟之广狭，无不克肖。虽久执事内廷者，不能辨其真伪。而且高逾十丈，栗冽之风，不少动摇，技至此神矣”。

1901年，为迎接慈禧和光绪回京而在被八国联军焚毁的前门城楼上搭建的临时五彩门楼，就出自于北京棚匠之手。门楼系用杉篙、席棚搭成，再绕以彩绸，不亚于真城楼，引来众多百姓前来观看。历史上，北京的棚铺很多，但20世纪60年代以后，日渐稀少，继而销声匿迹。

6. 修理搓板的

搓衣板使用时间长了，一条条的凹槽就会磨浅不好用了，这时就需要修理搓板的工匠，用一种特殊的工具把凹槽刨深，使牙棱锐利起来。修理搓板的工具很简单，就是一把金属刮刀，呈拉长的“N”字形：下面是半圆形的刮刀刀口，直径与搓板槽相仿，上端是半圆形的托架，中间的竖杆是把手。工作时，刮刀置于凹槽里，上臂抵住托架，手握中间的竖杆用力向前推，就像槽刨子一样将凹槽刮出刨花来，然后将沟槽弄平整，搓板就好使如初了。

洗衣机问世后，搓板虽存，但修理搓板的行当却消失了。

7. 锔锅锢漏锅的和焊洋铁壶的

锔锅锢漏锅的是修补铁锅的工匠；焊洋铁壶的是焊补搪瓷脸盆、铜暖水壶(冬天暖被窝用)一类金属器具的工匠。有时一个人可承担两个角色，即黑、白铁活全做。

锔锅就是用锔子将锅的裂纹锔住。锢锅是采用“锢”的方法，将高温熔化的铁水，贴补在铁锅的破洞处。工匠带有风箱式小火炉，把装有铁屑的小坩埚，放在火炉上将其化成铁水，左手拿一块湿布垫抓些秕谷糠，抵住锅底漏处；右手用长把钳子夹住耐火土做成的小勺取出适量铁水，迅速倒在锅的漏处，然后右手拿起下端弄得极其平整的布卷，猛地将铁水挤压一下，在左右手的合力下，铁水就被挤平整，并凝固下来。这样，原本有漏洞的破锅就修补好了。

搪瓷脸盆或铜器有漏处，则先用镪水(强酸性质的液体)将破漏处及周边清理干净，然后用小火炉烧热烙铁，粘上焊锡焊补好。如果搪瓷脸盆或铁壶等的底部破坏严重就需要整个换底了。焊洋铁壶的还可为雇主打造水氽子，或为冬天室内取暖的炉子打造烟筒。

随着人民生活水平的提高和取暖方式的转变，锔锅锢漏锅的和焊洋铁壶的行当在北京地区逐渐失去了存在的价值，便自然消失了。

8. 锔碗儿的

锔碗儿的，在老北京时代很常见。他们肩挑一副担子，两端各是一个三四层小木柜，其中一个小柜的上方有一个小铜锣，小铜锣的两侧垂下两个带锁链的小铜锤，随着担子的摇摆，小铜锤便击打着小铜锣，发出“叮叮当当”悦耳的声音，告诉人们“锔碗儿的”来了。

锔碗儿的工具主要有金刚钻、小瓷酒盅儿、拉弓、小锤子；锔碗儿的材料是黄铜锔子、泥子(白灰加油)。金刚钻是一根两寸左右的竹竿儿，上端嵌入起支撑作用的金属针状物，下端嵌入金刚钻头；拉弓类似胡琴弓子，弓弦是一根很细、很松弛的细绳。

干活时，腿上蒙上一块白布，双膝夹住修补的碗，左手把握着小瓷碗儿，扣在金刚钻的上端，将拉弓的细绳缠绕在金刚钻竿上，拉动弓子，钻头就转动起来，于裂缝的两侧打出洞来，然后把锔子塞进洞孔，用小锤打牢，最后抹上泥子就完活儿了。每个锔子都按这样的工序完成。锔好的盆碗，如果不仔细看，跟新的一样。锔缸的方法与锔盆碗一样，只是要用大号的金刚钻和大号的铁锔子。

锔缸、锔盆碗按锔子的种类和数量收钱，肯定比买新的要便宜得多。

9. 修理雨伞、旱伞的

以前的雨伞大多是用油纸做的，伞面很容易弄破，伞的骨架时间久了也会损坏需要修理，于是就出现了修理雨伞、旱伞的行当。修伞所用的材料和工具主要是高丽纸、桐油、胶水、伞骨子、伞把儿、细丝绳、刀子、剪子、缝针等。修伞时，先用胶水将高丽纸或油纸粘贴在破损处，然后刷上桐油，如是两至三层。伞的里面也要贴上一层纸，刷上桐油。最后还要做些整理工作，以达到张合舒展如初。修补油布雨伞比较麻烦一些，需先用针线将破损处细心缝好，再贴上同色的油布，刷上桐油。伞把儿或骨架有问题也可进行修理或更换。

修理雨伞、旱伞的活计，季节性很强，通常到了夏季才会有需求。后来塑料伞、化纤布伞取代了油纸伞，修理雨伞、旱伞的工匠自然也就改行了。

10. 打鼓儿的

打鼓儿的，也称“打小鼓儿的”，是走街串巷收购旧货的人。他们左手拇指和食指执一直径约为四五公分的单面小皮鼓儿，右手持一藤棍当鼓槌儿，边走边击打小鼓儿，发出清脆而独特的声音，住户一听就知道收旧货的来了。

这种行当产生于特定的时代，是社会大动荡、大分化、大瓦解、大改组过后，新旧时代交替时的产物。民国初年是旧货业的黄金时代，打鼓儿的由此应运而生。

打鼓儿的分为两种，“打硬鼓的”和“打软鼓的”，其实两者打的小鼓儿是一样的，仅以营业的类别来区分。“打硬鼓的”收“硬货”，腋下夹着或肩上斜挎着一个包袱皮儿，有的怀里还揣着一个戥子(děng zi，称金银的小秤)，专收古玩、字画、金银细软等值钱的物件儿。“打软鼓的”收“软货”，肩挑一副竹筐，本钱少，只能收购旧衣服、旧钟表、旧家具等不值钱的东西。

操此行业者，个顶个儿的精明识货，眼光敏锐，口齿伶俐，通晓各种货物的质量鉴别和其行情，很少有看走眼的时候。他们将收购来的物件，倒手出去，有的卖给古玩店，有的卖给小摊贩或估衣(旧衣服)铺，赚个中间价，有时利润很大。

11. 耍耗子的

耍耗子的有点儿像马戏团的驯兽师，不同的是马戏团的表演场地宽敞宏大，动物也是较大型的，最小的也是猴子一类的；而耍耗子的场所很小，大多是进入宅院给为数不多的观众表演，很少在街头卖艺，动物是微型的小白鼠。所用道具全在耍耗子人挎在肩上的木箱上。箱子顶上固定着一根杆儿，靠近杆顶的地方是一个圆盘，上面插着多面小旗作为装饰。圆盘中间有个洞，洞中穿过一架梯子，直连到箱子上。圆盘上通常有小宝塔、小寺院、可转动的小轮子、小吊桶等。小老鼠被圈在箱子里。

小耗子的表演项目很有趣：有攀登梯子、蹬转滚筒、吊桶打水、攀登晃板和“偷油”等。费用不高，一次仅收铜圆二三十枚，20 世纪 50 年代收两三毛钱，有时不开张，一毛钱也行。干这行挣钱实在不容易。

12. 卖豆纸的

老北京人管如厕用的卫生纸叫“手纸”。老年间的“手纸”主要有两种，一种是土黄色的草纸，大小如今天的 B4 号纸，买回来一裁为四，使着方便，这种纸在杂货铺有售；另一种是土灰色的“豆纸”，大小如“文革”中的大字报纸。生产这种粗糙纸张的作坊在今阜成门外木樨地和茂林居一带以及朝阳门外，只有那么几家。他们把收买来的烂纸放在水池内泡糟，然后用铁锤砸成纸泥，摊在地上用碌碡(liù zhou，圆柱形石制碾轧工具)压平，经过几道工序制成豆纸。这种纸十分粗糙，摸上去疙疙瘩瘩，所以叫“豆纸”。卖豆纸的，有些是盲人，为了生存从作坊那里趸货，进城叫卖，其吆喝声是“买豆纸，一大子儿八张”，新中国成立以后的吆喝声是“买豆纸——”。

13. 换洋取灯儿的

火柴刚出现的时候，北京人管它叫“取灯儿”或“洋取灯儿”、“洋火”。火柴是从西方传入中国的。凡外国舶来货，国人统称为洋货。

换洋取灯儿的多为贫家妇女。她们或背筐或提篮，内装火柴，在胡同里吆喝着“换——洋取灯儿(‘灯儿’俩字分开来吆喝)”。住户人家可以用烂纸、破布、旧衣裳等来换。换洋取灯儿的将烂纸卖给做豆纸的作坊当作原料。

也有男人从事这种营生的。他们通常挑着一副竹筐，吆喝的词儿也不一样，是“洋瓶子卖”“破玻璃卖”。住户可用瓶子或碎玻璃等废品换火柴。换来的破旧物品就卖给那些做废品生意的商人或商号。

14. 点路灯的

老年间，北京的路灯是带玻璃罩的煤油灯。点路灯的负责点燃路灯和路灯的养护。每天晌午后，点路灯的就会扛着小木梯子，挨个儿给路灯添油，擦拭灯罩；临天黑前，又挨个儿用火柴将灯点燃；拂晓之时再将灯吹灭。每个点路灯的要负责多盏路灯，工作很是辛苦。

15. 卖噗噗噔的

噗噗噔是一种用玻璃吹制的儿童玩具。其外形呈葫芦状或烧瓶状，瓶颈细长，底薄如纸，颜色各异，有透明、浅蓝、茶色、浅黄等色。吹时用舌尖堵住瓶颈口调节气流，瓶底随气息而振动，发出清脆悦耳的“噗噔噗噔”的声音，调整气息可吹出花样儿来。卖噗噗噔的小贩，挑着竹筐叫卖。竹筐中，小贩用报纸一类将噗噗噔隔离开，以防相互碰坏。

由于噗噗噔易碎，有一定的危险性，很多家长不让孩子买，所以生意不大好做。20 世纪 50 年代，此物被列为危险玩具，禁止生产，市场上也见不到卖的了；80 年代又曾昙花一现地出现在庙会上，不过很快便再次销声匿迹了。

(六)儿童游戏

1. 丰富的儿童游戏

北京的儿童游戏十分丰富。女孩子们喜欢玩的游戏有欻(chuā)拐(特指羊拐)、跳皮筋儿、跳绳儿、踢毽儿、钩绳儿(或称挑绳儿)、过家家儿、跳房子等。男孩子玩的游戏则更多，有“骑马打仗”、推铁环、斗蛐蛐儿、钩老条(杨树叶梗儿)、弹球儿、拍烟画儿、扇烟画儿、抖空竹、抽汉奸(抽陀螺)、放风筝、放屁帘儿等。男孩女孩一起玩的游戏也不少，有夹包儿、砍包儿(或称拽包儿，拽读 zhuāi)、官兵捉贼、老鹰抓小鸡、跳房子(俗称跳间)、藏猫猫等。

2. 儿童游戏的玩法

(1)欻拐。

欻拐游戏所用的玩具很简单：一个装有沙石的小布包儿、一副四个大小一致的羊拐。不用猪拐，形象不好；不用牛拐，个头太大。羊拐比较小巧，形似薄长方体，有四个形状不同的表面，每个表面有不同的名字。“针儿”面是狭小的侧面；与之对称的是形似人耳的“轮儿”侧面；“坑儿”面是有凹陷的大表面；“鼓儿”面是凸起的大表面。

欻拐，可以两个人玩儿，也可四个人分为两个组，对垒比赛。四人的游戏规则是：参加游戏的四个人以锤子、剪子、布的手猜方式确定出场顺序。玩游戏的第一人一把将四个羊拐抛撒在桌子上，视其相同表面数的多少计分，即“针儿”“轮儿”“坑儿”“鼓儿”朝上的表面数。两个“坑儿”和两个“鼓儿”，或其他各面的两对儿，计 20 分；有三个一样的，只欻这三个即可，计 10 分；如果出现三样，如两个“轮儿”、一个“鼓儿”、一个“针儿”，则为 0 分。没分的也要欻起来，欻不好，也算输，就要换人了。如果有幸，一下子撒了四个一样的，全部欻起，就得 40 分。

欻满 100 分，就得到犒奖，要进行搬“针儿”了。在将包儿扔起的过程中，把四块羊拐依顺序摆成四个“坑儿”、四个“鼓儿”、四个“轮儿”、四个“针儿”，然后再全部欻起来，就算过了关。羊拐的各个部位如何翻动是有次序的，不能乱翻。在翻转其中一个羊拐的表面时，不能碰到其他羊拐，否则算输。最后把四个同面的羊拐一同抓到手里，另一只手同时稳稳接住抛空而落的布包儿才算完成。如果两手配合不默契，羊拐没全抓到或碰到其他羊拐，布包儿落地就告失败，此时就会轮到下一个人上阵了。四个人中，看谁最先准确完成全部规定的动作，就算赢家。不同地区的玩法略有不同。

欻拐的游戏源远流长，据说辽金时代就已存在，直到 20 世纪 50 年代还很盛行。

(2)夹包儿。

夹包儿是两个人以上的游戏，玩具是一个沙包儿。玩时，地上画一条中线，二人分站线的两侧，将沙包儿放在距中线 3 米的地方，然后通过“锤子、剪子、布”的方式确定谁是游戏的开局人。开局人用双脚夹住沙包儿的一个角儿，用爆发力将沙包儿夹甩出去，必须过中线，对方再把沙包儿夹回来，也必须过中线。未能把沙包儿夹过中线，就算输了。有的孩子技术非常好，一下子能把沙包儿夹过超越中线很远的地方，对方则很难将包儿夹过中线了。如果双方势均力敌，你来我往，夹得都很远，那就好玩了，大战数个回合，满头大汗，难分胜负，十分过瘾。

(3)砍包儿。

砍包儿又叫拽包儿，至少三个人参与，玩具为一沙包儿。玩法：两个人间隔 10 来米相对而立，为砍包儿者，中间一人为接包儿人。两边的人拿沙包儿砍向中间人，被击中者出局成为砍包儿的，立功者进入中间，游戏继续。中间的人灵活躲闪，如果接住了砍来的沙包儿，就多了“一条命”，再被击中时，可以“不死”，继续玩儿；此后被击中则被淘汰出局。动作灵敏机智的接包儿人可能获得“多条命”，要想将其赶出局，就不那么容易了。砍包儿的之间也讲究配合，采用灵活机动的战术，可以大喊一声“递包”，便将沙包儿直接快速扔向对面砍包儿人，中间的接包儿人如果反应不过来则很容易被击中。

砍包儿的游戏可以多人参加，分为两组：两边砍包儿的为一组，中间接包儿的为另一组。中间的全部被淘汰出局后，双方位置对换，游戏继续；如此反复，可大战多个回合。砍包儿游戏是很好的体育锻炼，玩完之后，浑身是汗，痛快淋漓。

(4)“官兵捉贼”。

“官兵捉贼”是四人玩的游戏，室内、室外都可以。游戏规则：在四张纸条上分别写上“官(即县官)”“打(即打手)”“巡(即巡捕)”“美(即贼)”。将写好字的纸条折起，打乱，放在桌上，每人挑选一张。抽到“巡”字的人，首先亮出自己的纸条，然后通过问答或审视表情等方法找出谁是贼。如果指认对了，“贼”就会受到惩罚；指认错了，则“巡捕”受罚。由“县官”下达惩罚的命令，比如“挠手心十下”“胡噜头发十次”“打屁股五大板”“揪耳朵三下”“刮鼻子两下”等等，然后由“打手”执行，当然出手不会很重。如果是室外游戏，指认对了，“贼”可以拔腿就跑，被“巡捕”捉住，“贼”受罚；未被捉住，“巡捕”受罚；指认错了，“巡捕”更得受罚。

3. 儿童游戏强身健体、锻炼心智

旧年间的儿童游戏对于儿童的身心发展、智力开发及动手能力和优秀品德的培养等，都大有裨益。

跳皮筋儿、踢毽儿、砍包儿、“骑马打仗”等，都是很好的体育锻炼项目，对于锻炼儿童体力及身体的协调性和机敏性，十分有益。逮蛐蛐、钓鱼、养蚕等活动能帮助儿童了解动物的习性，培养儿童耐心细致观察事物的能力。

此外，儿童游戏多为集体性游戏，要想取胜，除了具备好的技术之外，更需要团队意识和协作精神。个性过强、不合群的孩子肯定不受欢迎，被排斥在团队之外。

值得一提的是，以前各类游戏所用的玩具，很多都是儿童自己动手制作的。比如欻拐或拽包儿用的包儿，女孩们几乎都会做。选一块大小合适的布，将其对折，用针线先把两边缝上，成小口袋，翻过来把针脚留在里面，然后装上沙石，再将开口捏拢，要与底边垂直，缝好，一个漂亮的“粽子”形的布包就完成了。手巧的女孩子还会用不同的彩布将包儿缝成方形的，更美观。羊拐则往往是胆儿大的女孩子去羊肉床子跟掌柜的说些好听的话免费要来的，而后把羊拐上的余物剔除、水煮、清洗干净，最后涂上颜色，就能制成一副赏心悦目的羊拐来。

男孩子们玩的手枪、陀螺、弹弓子，甚至钓鱼用的鱼竿、鱼漂、铅坠儿，逮蛐蛐用的罩子、捉蝴蝶用的网子、诱捕小鱼小虾的篓子，以及风筝、屁帘儿、滋水枪等，也大都是自己动手制作的。手里把弄着亲手制成的物件，心情该是多么的愉悦和自豪！

总之，儿时的游戏所带来的快乐会伴随人的一生，终生难忘。

四、北京人的礼节

中国是礼仪之邦，中国人自古重视礼仪。北京传承了中国的礼仪文化，同时有着自己独特的地域性色彩。北京人讲礼讲面，讲究“坏什么，不能坏了礼数；丢什么，不能丢了面子”。“礼仪”就是规矩，“面子”就是自尊。举止、行为、办事都得讲规矩；对己要自尊，对人要谦和。所以北京人非常重视礼貌、礼节。和北京人打交道，必须将礼貌、礼节和揖让放在头等重要的位置上。下面仅就北京人日常生活中的礼貌、礼节之事，做些扼要的介绍。

(一)礼貌

从某种意义上说，礼貌主要强调的是自身外在的表现，包括穿戴、举止、讲话、待人处事等，是个人修养的体现。

1. 穿戴

北京人对穿戴十分讲究，不求华贵，但特别注重穿戴的整洁和得体，强调衣着打扮须符合自己的身份、年龄以及出现的场合等，不仅自己觉着体面、舒适，而且还要考虑别人的视觉感受，体现出对别人的尊重。比如参加婚礼，要穿得喜庆一些；参加正式会议、外交活动，要穿得庄重一些；等等。传统的北京老人，不喜欢家里人的穿着过度超前，过分奇特。

2. 行为举止

北京人总爱说："坐，要有坐相，站，要有站相。"要求男子，要坐如钟(尤其在长辈面前或客人面前不可懒散，更不可瘫坐)，站如松，卧如弓(侧卧，不得仰卧成"大"字形)；在长辈面前不能跷二郎腿，也不能嘚瑟腿。对女子要求更严，举止不仅要端庄，而且要优雅，不能大声说笑。

3. 注重称呼

北京人尤其注重称呼，认为这是有礼貌的重要体现。和长辈说话时必须用尊称"您"，第三人称时用"怹"；对于长辈及年龄比自己大的人，不可直呼其姓名(这一点上，英美人有着不同的习俗，他们为表示亲近友好的关系，往往请对方直呼其名，不分年龄长幼)。

有求于路人时，要用敬语"劳驾"或"劳您驾"，这是北京人常用的礼貌用语，显得说话人客气、谦和，彬彬有礼。"劳驾大伯(大爷、大叔、先生、大姐、大妈、阿姨)，我要去北京北站，请问怎么走?"北京人会很热情地给你指路，讲得清清楚楚，甚至可以引领你到达目的地。受到别人的帮助，别忘记说声"谢谢"。要求别人让路时，应该客气一些，说："劳驾，请让一让，谢谢。"

4. 饭桌规矩

吃饭时，长幼有序，长者先落座正位(面朝门者)，长者不动筷子，晚辈是不能夹菜的。北京人特别注重吃相，吃饭不出声音；尤其是口中有食物咀嚼时，不可以说话，以避免食物喷出。此外，北京人忌讳用自己的筷子给别人夹菜。

5. 待客礼貌

家里来了客人，全家都会主动、热情地打招呼、问候；敬茶时，会双手奉上；斟酒要斟满，倒茶要倒多半盅，壶嘴不能指向人。客人在，不扫地；送客要送出院门，若住楼房至少要把客人送到楼梯间，直至客人上了电梯。

6. 办事请客

为人办事，办成与否都要及时、适时向事主通报。

办喜事邀请客人，同事、朋友及同辈亲友可由当事人自己邀请，而长辈则须父母提前一个星期左右亲自登门邀请。丧事报丧，不分长幼，须跪报。如今这种习俗已不存在。红白喜事或寿宴办完后，事主要登门致谢，北京人称之为“道乏”。

7. 邻里相处

北京人常说，“远亲不如近邻”，所以很重视维护邻里关系。相处之中，强调谦和、揖让，以和为贵，相互尊重，往来对等，以诚相待。说话客客气气，与长者交谈时不可带脏字，不说忌讳语言。胡同里见到熟人总是“大爷、大妈，大哥、大姐”不离口地叫着，显得那么亲切。如果骑车路遇熟悉的长者，还须下车打招呼。在门口遇见他人时要谦让，不可抢行一步进出，尤其遇到长者或女士时更应注意揖让。邻居往来很注重细节，比如邻居用盘、碗送来些当令的瓜果，归还时盘、碗中一定会放些吃食或水果；煎药用的砂锅不能主动借给别人，而借用药锅者，用后不能立刻就还，须等药锅主人提出需要时再归还。

8. 赴约守时

老北京人相约，一定守时，绝不会迟到，一般情况下会提前 10 分钟左右到达。如不能按时到达，会提前打电话告知对方。若既晚到又不提前告知，是极其不礼貌的，会影响以后的交往，这也是诚信的表现。

9. 注重礼貌教育

北京人把对子女的礼貌教育摆在一个很重要的位置上，认为礼貌是家风传承的重要内容。这种教育是潜移默化的，随时随地、不失时机的。父母很注意平时的言行举止，不会当着孩子的面儿拌嘴吵架，或互相指责、谩骂。

(二)婚丧礼仪

北京人对于社交活动的礼节和礼仪看得非常重，尤其是红白喜事，特别注重规矩，强调礼仪的程式。以下是老北京红白喜事方面的礼节和礼仪。在这里须先说明一点，下面所述的礼节、礼仪中，有些无疑是带有迷信色彩的，相信读者在阅读过程中，能够做出自己的判断。

先说婚姻。

1. 婚姻程序

旧年间的婚姻须按如下程序进行：

(1)保亲，俗称“说媒”，古称“问名”。这事通常由男女两家的亲戚世交来做主沟通。

(2)合婚，双方家长同意联姻后，还要测男女双方的“生辰八字”，查验

“命相”和“属相”，确定婚姻是否般配，这一过程谓之“合婚”。

(3)放定，即男方对婚事的明确表态，出于慎重，分为两步进行：放小定和放大定，但都要向女方送礼。先小定，意味婚事初步定下；后大定，表示婚事最后确定。

(4)陪奁(lián)，就是将女方的嫁妆等陪嫁物于出嫁的前一天送往男家，送嫁妆的必须是娘家的近亲。

(5)迎娶，又叫“迎亲”，即举行婚礼的仪式。迎娶要搭喜棚、布置喜房、安排轿子及接亲人员等。轿到男方家，未启轿帘前，新郎要向轿帘放箭三支，名为“射煞”(也有待新娘下轿后射向新娘的)，开启轿帘，新娘下轿，迈过雕鞍，足踏红毯，到天地桌前同参天地(拜天地、拜高堂、夫妻对拜)；上炕抓盖头，吃子孙饽饽，喝交杯盏，是为“合卺”；坐帐，“拆抓髻(梳在头顶上的结)”，“开脸”(用五色衣线绞脸四下)，去掉毫毛，分开鬓角，梳头，成为妇人。

(6)婚庆酒宴，于迎娶当日举办，也有在迎娶的第二天举办。

(7)回门，又称归宁，婚礼后第三日新娘回娘家，新郎陪同前往，称“认门儿”。其潜台词是：嫁女既经回门，便是贞操确定的证明。

2. 婚姻的特别讲究和忌讳

(1)讲究门当户对。民族、社会地位、经济状况、家庭组成结构、血亲关系、本人德才体貌及“生辰八字”“命相”“属相”都在考量范围之内。

(2)忌讳近亲结婚。禁止姊妹、兄妹(或姐弟)的子女通婚，不可“骨肉还家”。亲戚之间，如果出了“五服”，则可以联姻。“五服”系指同宗同族中从自己开始，上至父亲、祖父、曾祖父、高祖父，下至子、孙、曾孙、玄孙，上下五代的亲属关系。这种禁忌，从优生的角度来看，是正确的。

(3)笃信属相之间存在着“相配”和“相克”的关系，男女婚配不能“犯属相”。人们认为，十二属相中，有六种搭配最适宜婚姻，谓之“六合”，即鼠牛合、虎猪合、兔狗合、龙鸡合、蛇猴合、马羊合。为此民间还流传一些口头禅，如“青兔黄狗古来有，红马黄羊寿命长，黑鼠黄牛两相旺，青牛黑猪喜洋洋”。人们同时还认为，有些属相“相克”，会招致不幸或灾难，比如“猪猴不到头”(也有的说“鸡猴不到头”)、“金鸡不配玉犬”、“蛇虎如刀锉”(也有的说“龙虎如刀锉”)、“龙兔泪交流”、“白马怕青牛”、“羊鼠一旦休”等。

(4)请“全福不忌人”。为图吉利，聘请参加“迎娶”事务的人，必须是“全福人”，或称“全合人”“全科人”。所谓“全合人”一般应有配偶和子女；父母健在则更为理想。总之，人伦关系上下要全，七室同堂、五室同堂者更好。鳏寡孤独者绝对不用。

(5)婚庆之日须放爆竹。新娘的喜轿一到男方家门外，便要燃放鞭炮，目的在于“驱鬼辟邪”。

(6)婚宴忌讳寡妇、孕妇及戴孝者参加。

(7)新婚之夜，新郎要将自己的鞋放在新娘踩不着的地方；洞房的灯要一夜长明，不得熄灭。

再说丧事。

1. 丧事程序

(1)易箦(即换床)。家人“落炕”了，意味着生命垂危，已到弥留之际。家属应到棺材铺去租赁一个叫作“太平床”或“吉祥板”的小床。有的人家把门板卸下来，搭个小床。在病人咽气之前，将其移到小床上，谓之“易箦”。北京人忌讳病人死在家炕上。

(2)小殓(或称衣殓)。给临终者换上寿衣，也叫穿“装裹”(或“装古”)。

(3)报丧。人死后，入大殓前，丧家要给至亲挚友送信、发讣告，以便前来探丧或吊唁。有的以“口报”或称“报丧条子”的形式发出，上面写着：“本家某老爷(或某大人，或某夫人)恸于夏历某年某月某日某时寿终正寝(逝者为夫人时，用‘寿终内寝’)，谨择于某日某时大殓，某日接三。特此口报。某宅门房张三李四谨秉。”有的则由孝子孝孙亲自上门通知，叫作报丧。如果孝衣、孝帽尚未做成，可腰系孝带，来到人家门前不能进去，拍门等人家出来，出来的人不论其为何等辈分，都要磕个丧头，通报何人过世，何时入殓，何时接三，即可告辞。

(4)开殃榜。请阴阳先生验视尸体，开具“殃榜”(类似今天的“死亡证明”)。殃榜上要写明死者出生的年月日、去世的年月日、实际年龄及入殓的具体时间、入殓时忌什么属相、何时出殡、何时出殃(又名“回煞”)等。将这些写在一张白纸上，贴在门口。

所谓“殃”“煞”，乃是指死者三魂七魄的“七魄”而言。按阴阳家的说法，亡人的七魄按一定的日时出来，化为某色气，向何方而去，谓之“出殃”。旧时，有很多关于出殃方面的传说，很神秘。比如说，“殃”是死人的“恶气”，所以出殃时，要避开，谓之“避煞”。一旦被“殃”打了，不死也要大病一场，名曰“中恶”。老北京人常说的土语中，有“遭殃了”一词就出于此，意思是“倒霉”“中恶气了”。

民国时期，北京市政当局利用民间对阴阳先生的信任，允许阴阳先生继续以此为业，但必须到公安局接受考试，合格者经立案可以营业。阴阳先生一般都有一些医学知识，能根据死者的面部和指甲等判断是否属正常死亡，如有怀疑，则立即通知官府，请法医前来验尸。

(5)选棺木。棺木选好后，丧家在棺材里装上金银财宝，由杠房的杠夫抬回家。

(6)成服。亡者亲属穿孝服。孝服包括孝衣、孝帽、孝鞋，分为五等，用粗麻布、熟麻布、熟布制成。

(7)大殓。将亡人的遗体正式殓入棺内。

(8)搭棚、停灵设灵堂、亲朋吊唁。亲朋一般在接三、首七、伴宿送库等日去吊唁。亲朋吊唁时，除礼节、仪式外，还要送一些现金或礼物助丧，谓之“奠礼”。

给丧家赠送现金，谓之“出份子”“随份子”，也叫“随礼”。现金装入黄色信封，中间贴上一蓝色纸签，上书“奠敬×元”。按老北京习俗，“出份子”是象征性的，不能攀比，不能随意增加。助丧的礼物为冥钱、香烛、祭帐、匾额等，民国后有送花圈和挽联的。

(9)准备“烧活”。到冥衣铺定制接三时准备焚烧的明器，如纸人、纸马等[参阅本章第二节三(五)中的“冥衣铺和裱糊匠”]。

(10)接三、放焰口。老北京丧事，最重接三，这是初祭，于人死后三日之夕举行。旧年间的人们认为，亡者三朝必在望乡台上瞻望家中，做最后的告别，所以三朝祭祀亡者，希望亡者尚飨，所以称“接三”。因必须送焚明器，所以又称“送三”。

接三当日，门外设“门吹”：对锣、对鼓或单锣、单鼓。主人例备“炒菜面”待客。炒菜面就是炒几盘菜(多为四盘，也有六盘八盘的)，主食是打卤面。即使极富人家也不在接三之日预备全席，因为人生的三面(出生时的洗三面、生日的寿面和死后的接三面)按例不能少。晚餐后，“烧活”已到，接三队伍出发至城外，烧纸糊的明器是车马一份、杠箱四只。和尚一路随行，吹打乐曲。

(11)放焰口。“接三”归来用餐毕，就静候放焰口了。焰口，原是形容饿鬼渴望进食时口吐的火焰。放焰口时，和尚做法事，含有向亡人鬼魂和饿鬼施舍食物之意，所以和尚放焰口时要将一个馒头掰成许多碎块抛到地上，使亡人“饱食”，不至成饿鬼。道教也有类似“施食”的法事，老北京人称之为“老道焰口”。

(12)伴宿、烧库。伴宿俗称“坐夜”，于出殡前一天进行，要伴守一整夜，因为夜过之后将终古不能相见。老北京人把伴宿看成丧事的正日，门外设门吹，和尚诵经。烧库则是到城外焚烧纸活，于晚席后举行。

(13)出殡、下葬。出殡当天先拆丧棚，因为丧棚不吉利。出殡起灵前，举行一定的仪式，杠夫起杠时长子要摔盆，如何摔有讲究：父亲死用左手摔，母亲死用右手摔，摔不碎时，忌摔二回。出殡路上经过路祭、十字路口、河沿、桥梁、井台、祠庙、城门及下葬时，要有专人负责高扬撒散纸钱。棺材抬到坟地，下葬于事先挖好的穴坑内，长子抓一把开穴的头锹土，扬在坑里，次子、三子以及其他孝属、近亲均如此抓土撒入坑内。最后由杠夫们将坑填满，堆起坟头。下葬是丧礼中的最后环节，是逝者享受哀荣的最后时刻，是极为重要的时刻，因此非常隆重、肃穆。

2. 葬后的规矩

(1)出殡回来，不能直接进入家门。为避免将“妖邪”带回家，须在门口备好的水盆沿上磨刀三下，方可进门；也有在门前焚柴草以避外鬼的。不论磨刀还是焚柴草，都要由看家人给冰糖一块，含在嘴里。

(2)出殡后，忌门三天。不接待来访，而出殡后一起回丧家的亲友也不能离开，必须等到“暖墓”后才能走。

(3)出殡三天后，孝子要到坟地培土、致祭，谓之“暖墓”，俗称“圆坟”。

3. 守孝

父母过世后，儿子(或长孙)要守孝三年，为官者也要请假居家守孝，谓之“丁忧”。这种习俗历经久远。为什么会有这样的习俗呢？有人认为，这是对父母最为辛苦的三年养育之恩的报答，因为人生下来一般要由父母怀抱三年才能生活自理。其实三年是一个概略的说法，实际是农历月的 27 个月，大约等于三年。守孝期间的禁忌很多，比如要守墓或灵堂，停止社交和娱乐活动，过年不贴对联等。

参考文献

一、图书

[1][元]熊梦祥．析津志辑佚[M]. 北京：北京古籍出版社，1983.

[2][明]叶子奇．草木子[M]. 北京：中华书局，1959.

[3][明]张爵．京师五城坊巷胡同集[M]. 北京：北京出版集团公司，2018.

[4][清]朱一新．京师坊巷志稿[M]. 北京：北京出版集团公司，2018.

[5][清]吴长元．宸垣识略[M]. 北京：古籍出版社，1983.

[6][清]允祹，等．大清会典(乾隆朝)[M]. 李春光，校点．南京：凤凰出版社，2018.

[7]王巍．中国考古学大辞典[M]. 上海：上海辞书出版社，2014.

[8]曹子西．北京历史纲要[M]. 北京：北京燕山出版社，1990.

[9]曹子西．北京通史[M]. 北京：中国书店，1994.

[10]尹钧科．北京历史丛书[M]. 北京：北京出版社，2000.

[11]爱新觉罗·溥仪．我的前半生[M]. 北京：群众出版社，1964.

[12]李治亭．爱新觉罗家族全书[M]. 长春：吉林人民出版社，1997.

[13]王同祯．老北京城[M]. 北京：北京燕山出版社，2000.

[14]梁思成．中国建筑史[M]. 北京：中国建筑工业出版社，2005.

[15]梁思成．清式营造则例[M]. 北京：清华大学出版社，2006.

[16]刘敦桢．中国古代建筑史[M]. 北京：中国建筑工业出版社，1980.

[17]臧尔忠．古建文萃[M]. 北京：中国建筑工业出版社，2006.

[18]阎崇年．大故宫[M]. 武汉：长江文艺出版社，2012.

[19]陈光．中国历代帝王年号手册[M]. 北京：北京燕山出版社，2000.

[20]王彬，徐秀姗．北京地名典[M]. 北京：中国文联出版社，2001.

[21]王彬，徐秀姗．北京街巷图志[M]. 北京：作家出版社，2004.

[22]王彬，徐秀姗．北京老宅门[M]. 北京：团结出版社，2002.

[23]王彬．实用北京街巷指南[M]. 北京：北京燕山出版社，1987.

[24]赵朴初．佛教常识答问[M]. 北京：中国佛教协会出版，1983.

[25]李德洙．宗教知识简明读本[M]. 北京：华文出版社，2003.

[26]察应坤，邵瑞．周自齐传[M]. 济南：山东画报出版社，2009.

[27]周秋光．熊希龄传[M]. 天津：百花文艺出版社，2006.

[28]柯小卫．当代北京环境卫生史话[M]. 北京：当代中国出版社，2010.

[29]金受申．老北京的生活[M]. 北京：北京出版社，1989.

[30]翁立．北京的胡同[M]. 北京：北京图书馆出版社，2003.

[31]胡玉远．京都胜迹[M]. 北京：北京燕山出版社，1996.

[32]胡玉远．燕都说故[M]. 北京：北京燕山出版社，1996.

[33]胡玉远．春明说旧[M]. 北京：北京燕山出版社，1999.

[34]胡玉远．日下回眸——老北京的史地民俗[M]. 北京：学苑出版社，2008.

[35]程曾厚．雨果和圆明园[M]. 北京：中华书局，2010.

[36]汪建民，侯伟．北京的古塔(北京旧闻故影系列)[M]. 北京：学苑出版社，2003.

[37]李犁耘．老舍在北京的足迹[M]. 北京：北京燕山出版社，1986.

[38]陈英．北京名人故居[M]. 北京：北京燕山出版社，1994.

[39]王隐菊，田光远，金应元．旧都三百六十行[M]. 北京：旅游出版社，1986.

[40]董新林．中国古代陵墓考古研究[M]. 福州：福建人民出版社，2005.

[41]晏子友．明清帝王及其陵寝[M]. 北京：台海出版社，1998.

[42]杨仕，岳南．风雪定陵[M]. 北京：新世界出版社，1997.

[43]郭松义，李新达，李尚英．清帝列传(附册)清朝典制[M]. 长春：吉林文史出版社，1993.

[44]李寅．清朝皇陵的陪殉制度[C]//丁倬云，朱诚如，中国紫禁城学会. 中国紫禁城学会论文集第3辑．北京：紫禁城出版社，2004.

[45]向斯，王镜轮．中国历朝皇宫生活全书[M]. 北京：华文出版社，1996.

[46]向斯．历朝皇宫宝籍[M]．北京：中国文史出版社，2002.

[47]陈宗蕃．燕都丛考[M]．北京：古籍出版社，1991.

[48]张淑新，张淑媛．紫禁城内外[M]．北京：中国社会出版社，1998.

[49]楼庆西．中国小品建筑十讲[M]．北京：生活·读书·新知三联书店，2004.

[50]李文君．皇帝的名字[M]．北京：中华书局，2012.

[51](日)多田贞一．北京地名志[M]．张紫辰，译．北京：书目文献出版社，1986.

[52]中共北京市委统战部，北京市民族事务委员会．民族宗教百题问答[M]．北京：开明出版社，2003.

[53]中国人民政治协商会议北京市西城区委员会文史资料委员会．府第寻踪[M]．北京：中国文史出版社，2006.

[54]中国人民政治协商会议北京市西城区委员会文史资料委员会．胡同春秋[M]．北京：中国文史出版社，2002.

[55]中国人民政治协商会议北京市西城区委员会文史资料委员会．京城什刹海[M]．北京：中国文史出版社，2001.

[56]中国人民政治协商会议北京市西城区委员会文史资料委员会．西城名人故居[M]．北京：中国档案出版社，1997.

[57]北京市规划委员会，北京市城市规划设计研究院，北京建筑工程学院．北京旧城胡同实录[M]．北京：中国建筑工业出版社，2008.

[58]北京市文物局．文物背后的抗战故事[M]．北京：北京燕山出版社，2015.

[59]北京市旅游局．北京主要景点介绍[M]．北京：中国旅游出版社，2002.

[60]北京市文物事业管理局．北京名胜古迹辞典[M]．北京：北京燕山出版社，1989.

[61]建筑工程部建筑科学研究院建筑理论及历史研究室．北京古建筑[M]．北京：文物出版社，1959.

[62]中国艺术研究院音乐研究所《中国音乐词典》编辑部．中国音乐词典[M]．北京：人民音乐出版社，1985.

[63]北京社会科学院．今日北京[M]．北京：北京燕山出版社，1991.

[64]胡玉远．京都胜迹[M]．北京：北京燕山出版社，1996.

[65]陈果．京华古迹寻踪[M]．北京：北京燕山出版社，1996.

[66]文物出版社．中国历史年代简表[M]．北京：文物出版社，2001.

[67]中国大百科全书出版社编辑部．中国大百科全书(土木工程)[M]．北京：中国大百科全书出版社，1987.

[68]当代北京编辑部．北京历史故事[M]．北京：当代中国出版社，2015.

二、相关的博物馆及网站

[1]故宫博物院

[2]首都博物馆

[3]北京市规划展览馆

[4]北京自来水博物馆

[5]北京市西周燕都遗址博物馆

[6]辽金城垣博物馆

[7]北京宦官文化陈列馆(田义墓)

[8]中国古代建筑博物馆

[9]中国铁道博物馆正阳门馆

[10]北京宣南文化博物馆

[11]北京市方志馆

[12]北京市文物局官方网站

[13]北京古观象台

后　记

由于北京文化的博大精深，本书所涉及的历史、人文等方面的知识十分宽泛，加之本人的能力所限，写作时虽然处处小心谨慎，不敢懈怠，但书中依然可能出现纰漏与谬误。我诚恳地希望本书出版后，能够引起读者的讨论和批评，以使我们能够在共同的研讨和学习中，更加贴近历史的真实，更加深入地了解和认识北京。

衷心祝福我的故乡、我们伟大祖国的首都北京，平安、稳健、与时俱进地发展，同时祝愿她在发展中永不失去其华丽的容貌与本质的特色。

本书之所以能成书并得以顺利出版，全然离不开北京建筑大学李爱群校长的关心和鼎力支持，离不开北京建筑大学机关党委赵晓红和教务处倪欣的热情帮助，离不开首都师范大学出版社的徐建辉副社长和马岩、林尧两位编辑的指导和辛勤付出，在此向他们表示真诚的谢意。

我的夫人石磊女士，在我艰难的写作过程中，给了我精神和生活上最得力、最贴心的支持。我要向她深深地鞠上一躬，以表达我对她的感激和歉疚。

此外，我在本书的写作中，参考了不少专家、学者的著作，考古界发布的考古资料和北京的一些博物馆的展览文献，除在书后一一恭录、致谢之外，在此还应向各位前辈、各位同仁、学者、考古工作者和各展览相关的工作人员，致以崇高的敬意。

在这里，我还要由衷地感谢那些报名选修我的“北京文化史略”课程的学生们，尤其要感谢那些对本课教学提出过疑问和建议的学生们。他们给了我很大的支持与鞭策，使得本课无论是内容上，还是授课方式上都有了一定的进步。我真心地喜爱他们！